中等职业教育国家规划教材
全国中等职业教育教材审定委员会审定

推销实务

（第5版）

主　编　朱亚萍
副主编　何伟祥　徐　水

中国财经出版传媒集团
中国财政经济出版社

图书在版编目（CIP）数据

推销实务/朱亚萍主编.—5版.—北京：中国财政经济出版社，2019.3
中等职业教育国家规划教材
ISBN 978-7-5095-8778-2

Ⅰ.①推…　Ⅱ.①朱…　Ⅲ.①推销-中等专业学校-教材　Ⅳ.①F713.3

中国版本图书馆CIP数据核字（2019）第014032号

责任编辑：葛　新　　　　责任校对：李　丽
封面设计：华乐功　　　　版式设计：齐　杰

中国财政经济出版社出版
URL：http：//www.cfeph.cn
E-mail：cfeph@cfeph.cn

社址：北京市海淀区阜成路甲28号　邮政编码：100142
营销中心电话：010-88191537　编辑部门电话：010-88190639
北京密兴印刷有限公司印刷　各地新华书店经销
787×1092毫米　16开　19.25印张　461 000字
2020年4月第5版　2020年4月北京第1次印刷
定价：38.00元
ISBN 978-7-5095-8778-2
（图书出现印装问题，本社负责调换）
本社质量投诉电话：010-88190744
打击盗版举报热线：010-88191661　QQ：2242791300

中等职业教育国家规划教材
出版说明

为了贯彻《中共中央国务院关于深化教育改革全面推进素质教育的决定》精神，落实《面向21世纪教育振兴行动计划》中提出的职业教育课程改革和教材建设规划，根据教育部关于《中等职业教育国家规划教材申报、立项及管理意见》（教职成〔2001〕1号）的精神，我们组织力量对实现中等职业教育培养目标和保证基本教学规格起保障作用的德育课程、文化基础课程、专业技术基础课程和80个重点建设专业主干课程的教材进行了规划和编写，从2001年秋季开学起，国家规划教材将陆续提供给各类中等职业学校选用。

国家规划教材是根据教育部最新颁布的德育课程、文化基础课程、专业技术基础课程和80个重点建设专业主干课程的教学大纲（课程教学基本要求）编写，并经全国中等职业教育教材审定委员会审定。新教材全面贯彻素质教育思想，从社会发展对高素质劳动者和中初级专门人才需要的实际出发，注重对学生的创新精神和实践能力的培养。新教材在理论体系、组织结构和阐述方法等方面均作了一些新的尝试。新教材实行一纲多本，努力为教材选用提供比较和选择，满足不同学制、不同专业和不同办学条件的教学需要。

希望各地、各部门积极推广和选用国家规划教材，并在使用过程中，注意总结经验，及时提出修改意见和建议，使之不断完善和提高。

教育部职业教育与成人教育司

第5版前言

为了全面贯彻落实《国家中长期教育改革和发展规划纲要（2010—2020年）》和《国务院关于加快发展现代职业教育的决定（国发〔2014〕19号）》，我们依据教育部新近颁布的《中等职业学校市场营销专业教学标准（试行）》对中等职业教育国家规划教材进行了修订，以满足中等职业教育财经类专业教学的实际需要。

"推销实务"是中等职业学校市场营销专业一门必修的专业课程。本书经过从2002年的第一次出版，2006年的第2版、2011年的第3版、2015年的第4版，一直都在结合课程自身的特点、发展变化、实际教学工作的需要以及弥补教材里面可能存在的问题与缺陷，知识结构的调整要求等进行不断地更新和修正。教材在编写过程中也力求体现《教育部关于深化职业教育教学改革 全面提高人才培养质量的若干意见（教职成〔2015〕6号）》的精神，同时结合中等职业技术学校《推销实务教学大纲》的要求，按照理论知识与实践知识紧密结合，突出模块式教学、案例式教学、情景式教学与课后实践相结合的教学思路，在重点、扼要、完整地阐述推销学基本理论知识的同时，培养市场营销专业学生的综合能力，特别是实践能力和创新创业能力，注重培养和提升学生基本职业技能的实效。

本次修订在第4版的基础上增删了一些理论知识的内容，其中，变化较大的是：第一，新增加了实务操作技能（项目九）。第二，体例方面，其中"任务"部分新增加了"阅读资料"，以更凸显素质教育、提升实践能力的人才培养理念与做法，并努力建立起以实践岗位能力为本位或需要的教材结构。

本教材可以作为各类中等职业技术学校的教学用书，也可以作为各类企业推销人员的学习用书。

本教材由浙江工商职业技术学院教授朱亚萍任主编，浙江工商职业技术学院高级经济师何伟祥、副教授徐水任副主编，参加本书修订和相关工作的还有陈巧儿、毛可斌等老师。

在本教材的编写和修订工作中，我们参考和引用了许多专家、学者的一些理论观点，在此，特向有关单位和个人表示最诚挚的感谢！由于编者水平有限，书中疏漏之处在所难免，敬请专家与广大读者批评指正，以便不断修正完善。

编者

2018年8月

目 录

项目一　概述 …………………………………………（1）
任务一　推销的概念和特点 ……………………………（2）
任务二　推销的功能与作用 ……………………………（11）
任务三　推销观念 ………………………………………（20）

项目二　推销模式 ………………………………………（27）
任务一　推销方格理论 …………………………………（28）
任务二　推销模式 ………………………………………（38）

项目三　推销人员的职责素质与能力开发 ……………（50）
任务一　推销人员的职责 ………………………………（51）
任务二　推销人员的素质 ………………………………（57）
任务三　推销人员的基本能力 …………………………（66）

项目四　寻找顾客 ………………………………………（79）
任务一　寻找顾客的必要性 ……………………………（79）
任务二　寻找顾客的方法 ………………………………（85）
任务三　顾客资格鉴定 …………………………………（95）
任务四　建立顾客档案 …………………………………（102）

项目五　推销接近 ………………………………………（114）
任务一　推销接近的准备工作 …………………………（115）
任务二　约见顾客 ………………………………………（121）
任务三　接近顾客 ………………………………………（129）

项目六　推销洽谈 ………………………………………（140）
任务一　推销洽谈概述 …………………………………（140）
任务二　推销洽谈的准备工作 …………………………（156）

任务三　推销洽谈的技巧与策略 …………………………………………（169）

项目七　顾客异议处理 …………………………………………………（185）
任务一　顾客异议的概念及产生原因 ……………………………………（185）
任务二　顾客异议处理的原则、时机和步骤 ………………………………（192）
任务三　处理顾客异议的基本方法 ………………………………………（199）

项目八　成交 ……………………………………………………………（210）
任务一　成交应具备的基本条件 …………………………………………（211）
任务二　成交的基本策略和方法 …………………………………………（216）
任务三　做好成交的后续工作 ……………………………………………（225）

项目九　几种常用推销方式 ……………………………………………（235）
任务一　网络推销 …………………………………………………………（236）
任务二　门店推销 …………………………………………………………（248）
任务三　体验式推销 ………………………………………………………（257）

项目十　推销管理与人力资源开发 ……………………………………（272）
任务一　推销组织 …………………………………………………………（273）
任务二　推销控制 …………………………………………………………（281）
任务三　推销的人力资源开发 ……………………………………………（288）

参考文献 …………………………………………………………………（299）

项目一
概　　述

学习目标

理解和掌握推销的定义及其要点。熟悉推销的五个要素。认识推销的特点，理解推销的功能和作用。理解和掌握现代企业推销观念。

导读案例

张强从美院毕业后，一时没找到对口工作，便干起了房地产推销的差事。

三个月后，张强的推销业绩仍然为零，按约定房地产公司不再续发底薪，他进退两难，心急如焚。

一天，张强的一个大学同学向他提供了一个信息：有位熟人是某大学的教授，该教授居住的宿舍楼正准备拆迁，教授还没拿定主意买什么样子的房子。他劝张强不妨去试一试。

第二天，张强敲开了教授的家门，说明了来意。教授客气地把他让到前厅。当时，教授上中学的儿子正在支起的画板架上画着"静物"。张强一边向教授介绍房子的情况，一边还不时地瞄上几眼孩子的画。教授半闭着眼睛听完张强的介绍后说，既然是熟人介绍来的，他可以考虑考虑。张强通过交谈，发现教授只是出于礼貌地应和他，对他所说的房子并没有产生多大的兴趣，心理一时没了谱，不知咋说才好，气氛挺尴尬。

这时张强看到孩子的画有几处毛病，而孩子却浑然不知，便站起身来到孩子跟前，告诉他哪些画得好，哪些画得不好，并拿出画笔娴熟地在画布上勾勾点点，画的立体感顷刻就凸现出来了。孩子高兴地拍着手说："叔叔真是太棒了！"略懂绘画的教授也吃惊地瞧着眼前的推销人员，禁不住赞道："没想到你还有这两下子，一看就是科班出身，功底不浅啊！"他还感激地说，"有时候，我也看出孩子画得不是那么回事儿，可我却一知半解，不知怎么辅导，经你这么一点拨，他就明白了，你真帮了我的大忙了！"

接下来，张强同教授颇有兴趣地谈起了绘画艺术，并把自己学画的经历一一道来。他还告诉教授应怎样选择适合孩子的基础训练课程，并答应说以后有时间，还会来给孩子讲讲课。张强一番话，让教授产生了好感，连连点头称是。两个人越谈越投机，教授更是高兴得不得了。

后来，还是教授主动把话题扯到房子上来。他边给张强端来一杯热茶边说："这些日子，我和其他几个老师也见了不少推销房产的，他们介绍的情况和你的差不多。我们也打算抽空去看看，买房子不是小事，得慎重。"

教授又看了张强一眼，接着说："说心里话，我们当老师的就喜欢学生，特别是有才华的。你的画技真让我佩服，十年寒窗，没白灯下苦熬啊！同样是买房子，买谁的不是买，为什么不买你这个穷学生的呢？这样吧，过两天，我联系几个要买房子的同事去你们公司看看，如果合适就非你莫属，怎么样？"

半个月后，经过双方磋商，教授学校里的十几个教师与张强签订了购房合同。

［引自张鹤主编的《核心销售技巧》，中国纺织出版社，2006 年］

提示：这则案例告诉我们：推销人员要讲究对环境的应变能力。因为许多事不是一成不变的，"事在人为"。同时，也给我们启示，推销人员要有宽广的知识面，天文、地理，不能说做到样样精通，但要"知晓"，要当一个"杂家"，这样成功的概率就会增大。

任务一　推销的概念和特点

任务驱动

小组讨论：谈谈营销、推销、促销的区别？

提示：美国著名的管理学家彼得·德鲁克曾说："市场营销的目的就是使推销成为不必要。"

必备知识

推销是现代企业拓展市场的利器，是商品价值最终实现的保证。研究推销这门学问，在现代商品经济社会里具有重要意义。

一、推销的概念

（一）推销的定义

推销作为一种社会经济现象和实践活动，它的产生源远流长，可以追溯到很久以前的古代。它又随着商品生产和商品交换的发展，随着社会的变迁而发展变化，其含义也在不断演变，至今没有统一的定论。

目前，关于"推销"的定义国内外的专家、学者说法不一，其中较有代表性的有：

1960 年美国市场学会认为，推销是用人为或非人为的方法协助和说服顾客购买某种产品或劳务，并按照对出售者具有商业意义的意见采取有利的行动。

世界著名的欧洲推销专家戈德曼则认为，推销就是要使顾客深信他购买你的产品是会得到某些好处。

日本推销之神原一平的座右铭：推销就是热情、就是战斗、就是勤奋的工作、就是忍耐、就是执着的追求、就是时间的魔鬼、就是勇气。

澳大利亚推销专家认为，推销是说服人们对推销人员所宣传的商品、劳务或意见理解、认同并愿意购买，它是一种具有发现和说服双重作用的工具，也就是要发现人们的需要和欲望，并说服他们采用被推销的商品或劳务，以满足其需要。

我国营销专家认为，推销是指推销人员在一定的推销环境里，运用各种推销技术和推销手段，说服一定的推销对象，同时达到推销人员自身特定目的的活动。

但普遍认为，推销是指企业及其推销人员在一定的经营环境中，说服和诱导潜在顾客购买某种商品或劳务，从而满足顾客需求并实现企业营销目标的活动过程。在现代市场经济条件下，推销是企业市场营销活动的重要组成部分，是促销组合的重要手段之一。

在“推销”这一定义中，主要强调以下三个要点：

首先，推销是一个活动过程。它既包括推销人员说服和诱导顾客购买商品，实现商品价值的活动，又包括顾客接受推销的商品，获得商品使用价值的活动；既包括推销人员向顾客传递信息的活动，又包括顾客向推销人员反馈信息的活动。从而构成了商品从卖者向买者手中转移的过程，卖者与买者之间信息双向沟通的过程，同时还包括卖者与买者之间的情感交流和心理活动过程。其次，推销的核心问题是说服和诱导。现代市场竞争日益激烈，推销的难度也越来越大，强行推销在实践中已遭拒绝，温和推销正为广大推销人员所采纳。因此，把推销工作的重点放在说服或诱导上，耐心帮助顾客，正确说服和诱导顾客购买，已成为当前推销的大趋势。最后，推销的目的在于满足顾客需求和实现企业营销目标。推销人员不能为推销而推销，而必须根据顾客的需求进行推销，使顾客的需要得到满足，同时心理上感到满意。只有把企业的产品和顾客的切身利益结合起来，保证满足顾客需求，才能真正促成顾客的实际购买行为，才能使顾客不断购买所推销的商品，成为长期买主。否则，难以取得推销的成功。同时，现代推销不仅是销售商品的一种形式，而且是企业与顾客之间沟通关系的一种重要手段，是一种企业活动，是企业全部市场营销活动的一个组成部分。因此它又必须服从和服务于企业市场营销活动的整体目标，保证企业营销目标的实现。

推销与营销的区别：

（1）出发点不同。推销的出发点是企业，企业有什么就卖什么。因此，工厂的生产是起点，市场销售是终点，研究的范围是有始有终的一条线。而营销的出发点是顾客，顾客需要什么，就生产什么，就卖什么，需要多少就卖多少。因此，市场是工作的起点，但市场又是终点，生产只是中间环节，研究的范围是循环往复的。

（2）目的不同。推销和营销都要取得利益。推销的目的是目前利益，工作上是短期行为，销售上是一锤子买卖。而营销的目的是长远利益，工作上是长远设计，要与顾客建立长期的互利关系，不强调一次的得失，而是追求长期的利益最大化。

（3）手段不同。推销和营销都要运用多种手段。推销为了达到某种目的可以不择手段。营销则强调多种手段的组合运用，并以有利于消费者为条件。因此，不能单凭是否运用广告手段来区分是推销还是营销。

（4）过程不同。市场营销是一个完整的循环往复的工作过程，推销则仅仅是市场营销链条中的一个环节。从管理的角度讲，市场营销管理包括三个层次：一是规划（策划），主要工作内容是通过分析现状，制定市场战略，规划未来。二是管理，其主要职责是搞好市场、人员等管理工作。三是实施，即根据营销策划方案或营销计划，将营销的各项工作落实到各相关部门和个人，根据策划方案要求和标准有条不紊地予以落实并监督检查的过程。由此可见，推销仅仅是实施过程中一个部门或环节的工作。

推销活动大致可以分为两大类：

（1）广义的推销活动。广义的推销是使自己的意图和观念获得对方认可、接受的过程。

从广义上来看，推销就是获得他人理解的行为。按照国外推销学者的观点，生活中无时无处不存在着推销，这个世界就是一个充满推销的世界，每个人都是不同意义上的推销人员。例如，我们向上级领导“推销”意见建议，向子女“推销”待人处事的学问，向朋友和同事“推销”自己的友谊与坦诚。

（2）狭义的推销活动。这里所指的“推销”是指经济领域中商品生产者或经营者为挖掘潜在的顾客，针对其销售对象所采取的一系列促销手段和促销活动。狭义上的推销可区分为人员推销与非人员推销两大类。

人员推销主要依靠推销人员发挥主观能动作用，运用各种劝服技巧来达到促进销售的目的。我们在本书中所提及的推销概念，虽然其内容十分丰富庞杂，适用性也很广泛，但重点阐述人员推销这种类型。非人员推销则主要包括广告宣传、公共关系等多种形式。在日常生活中，常用广告宣传、公共关系等手段帮助推销，以使得广大消费者能够全面认识和正确了解企业的产品或劳务信息，使消费者实现其购买行为，这也是随处可见的推销形式。随着市场经济的繁荣发展与竞争的日益加剧，卖方市场已逐步转为买方市场，人员推销与非人员推销的手段正不断翻新，方式方法也不断增多。

（二）推销的要素

推销要素是指商品推销活动得以实现的必要因素，主要包括推销人员、推销对象、推销品、推销信息、推销环境五大要素。其中，推销人员和推销对象是商品推销活动的主体，前者是承担推销任务的主体，后者是接受商品推销的主体；推销品是商品推销活动的客体，是被推销人员所推销、被推销对象所接受的有形或无形商品；推销信息贯穿推销活动全过程，是连接推销人员和推销对象的重要载体。

1. 推销人员

推销人员是实现商品推销活动的关键，是推销活动中的主要角色，没有推销人员就不可能进行推销活动。推销人员的主要责任就是通过走访顾客，了解顾客的困难与问题，为顾客提供服务，说服顾客购买企业产品。因此，在推销活动中，推销人员要成功地推销商品，首先要成功地推销自己，使顾客能乐意地接受推销人员，进而接受推销人员的推销。

推销人员可分为多种类型，推销学家麦克墨里（Mcmurry）将推销人员分为七种类型。

（1）一般产品推销者。其主要是指一些日用消费品的推销人员。他们一般是在固定的地点向固定的消费者进行推销。如零售商店的营业员等。

（2）室内接收订单者。他们的主要任务是在办公室内接待顾客、接收订单，或以电讯、函件等形式与顾客联系，取得订单。

（3）外务订单获取者。通过走访顾客、上门推销，与顾客达成交易，取得订单。

（4）信息传递者。他们的主要任务不是接收订单、直接销售商品，而是通过交往、宣传，与现有顾客及潜在顾客建立良好的关系，了解顾客的潜在需求，帮助顾客认识、了解产品和企业，以促进产品的销售。

（5）技术知识推销者。他们主要是参与一些技术性较强的商品的推销，向顾客传授有关技术知识，为用户解决产品的使用、安装、维修方面的技术问题，充当顾客的技术顾问。

（6）某些有形产品的创造性销售者。对于具有一定特色的产品的推销，采用一定的推销技巧，使消费者了解其特色，从而促进销售。

（7）无形产品的创造性销售者。即保险、广告服务、信息情报、技术成果等产品的推销、宣传者。

推销人员作为企业与顾客间的桥梁与纽带，肩负着为企业销售商品、为顾客提供服务的双重任务。企业的营销离不开推销人员，顾客的购买也离不开推销人员。

2. 推销对象

推销对象又称为顾客或购买者，是推销人员推销商品的目标，包括各类准顾客、经常购买者和购买决策者。

推销对象在推销过程中是一个有意识的、能动的因素，他具有买与不买的自由，买多与买少的自由。购买者的需求在不断变化着，不同的购买者有着不同的需求，同一类购买者在不同的时期，需求也可能各不相同。因此，在推销过程中，必须重视推销对象的主体作用，并做到以下几点：

（1）研究推销对象的购买特征。推销对象不一定是最终消费者或使用者，而是那些对购买商品具有决策权或具有影响力，并直接参与购买过程的有关人员。在推销过程中，必须研究各类购买者的购买决策能力、购买动机、购买特点、购买行为模式，等等，以便有针对性地开展推销活动。不仅要注意研究现实购买者，保持原有的推销对象，而且要研究准顾客，不断开拓新的推销领域，吸引新顾客，拓展新的推销对象。

（2）掌握推销对象的潜在需求。推销对象的需求在不断变化着，能否不断地满足其需求是商品推销成败的关键。因此，推销过程中要密切注意顾客需求的变化，不断地反馈信息，满足顾客的需要。据有关研究机构统计，最近几十年来，美国各公司创造的新产品有80%以上是在顾客的启发下设计的。只有重视推销对象在商品推销活动中的主体作用，企业才有可能进行成功的推销。

3. 推销客体

推销客体是指被推销的有形商品或无形商品，包括实物、服务和观念。在推销过程中，应把对实物的推销与对服务、观念的推销联系在一起，形成一个不可分割的统一整体。推销人员在推销实物的过程中，必须详尽地介绍产品的特征、用途及维修保养等知识，并进行技术示范，使推销对象比较完整地了解产品的使用、保养、维修等方法，向推销对象推销信息、技术、销售等方面的服务；同时，还必须向顾客宣传产品的使用价值，引起顾客的兴趣，引导顾客购买。在推销实物的同时，向顾客推销现代消费观念。因此，推销过程既是一个实物推销过程，也是一个服务、观念的推销过程。商品推销过程中所推销的有形或无形商品，是保证推销活动顺利进行的物质基础。没有适销对路的商品，推销活动就无法进行。企业必须通过市场调研，根据市场需要，提供顾客所需要的产品，才能保证成功的推销。

4. 推销信息

推销信息是指商品推销过程中有关商品、顾客、市场等方面的信息。商品的推销过程也是信息传递和反馈的过程。推销人员在商品推销过程中只有不断地将顾客、市场等信息反馈给企业，才能及时地掌握市场需求的变化趋势，根据市场需求的变化，提供顾客所需要的产品，运用适当的推销技巧来进行推销；只有及时地将产品及企业的信息传递给顾客，才能引导顾客购买，促进产品的销售。没有推销信息，企业的商品推销就如同盲人骑瞎马，寸步难行。因此，推销信息是商品推销的无形资源，是保证成功推销的关键。

5. 推销环境

推销是人类的一项实践活动，和其他任何活动一样，推销活动必然受到各种来自内部和外部的条件或因素的制约和影响。我们把制约和影响推销活动的各种外部因素总称为推销环境。它主要包括政治法律环境、经济环境、社会文化环境、科学技术环境、人口环境、自然环境及道德环境等。推销环境影响和制约着推销活动的进行，推销活动要适应推销环境，因此，作为现代推销工作者，不仅要分析研究推销环境，认识、适应和利用现有的推销环境，更要善于预测各种环境因素未来的变动趋势，并积极设法使不利因素向有利方面转化，创造新的理想的推销环境，以利于推销。同时要认识到，推销环境的改变意味着人们思想方式和生活方式的改变，新的推销环境的产生意味着新的社会生活的产生，现代推销人员应是推销环境创新的促进派。

商品推销的过程是各推销要素之间的运动过程。推销人员向推销对象传递信息，向企业反馈信息，向推销对象提供所需要的推销信息和推销客体；推销对象通过洽谈和购买，从推销人员那里获取推销信息和推销客体；推销客体通过推销信息的作用，实现由推销人员向推销对象的转移；推销信息通过推销人员的传递和反馈，不断循环反复。因此，商品推销的过程，就是推销人员、推销对象、推销客体、推销信息、推销环境这五大要素相互作用和协调运动的过程。

二、推销的特点

（一）主动性

推销活动是一种主动出击的策略：寻找八方顾客，上门推销商品，把社会各界人士、政府机关、企业用户、经销商店和家庭消费的潜在买主变为现实买主。通过推销工作，把那些可买可不买，可在今天买也可在明天买，可在这里买也可在那里买的众多顾客和用户，变为本企业的现实客户，从而有效地扩大自己的销售额，提高自身品牌在市场上的占有率和品牌忠实度。

（二）多样性

推销比广告宣传可以更加广泛深入地接触消费者，进行面对面的洽谈、商権，向顾客推销产品或劳务，可以灵活有效地根据推销对象对某项产品或劳务的不同购买动机、要求，有针对性地进行解释说明或者进行试用演示，消除消费者心中的顾虑，最后促成其购买行为。在实际工作中，推销人员可以根据各类顾客的需要、欲望和动机，有针对性地采取灵活多样的推销方法和推销技巧。同时，推销人员可以因时、因事、因地制宜，依据不同层次的顾客对某种推销技法的具体反应，及时进行“战略”或“战术”上的调整，适应推销对象的具体要求。对于顾客在推销过程中提出的异议，应当场予以解答，化解顾客心中的疑虑，及时达成交易。

（三）互动性

推销不仅是商品转移的过程，同时还是信息双向沟通的过程。在推销活动中，一方面推销人员应向顾客提供有关商品（如质量、花色、式样、规格、功能、用途、价格、包装等）信息、市场（如供求、竞争等）信息、企业（如历史、现状、发展前景等）信息，以及服务（如咨询、安装、维修、技术等）信息，促使顾客采取购买行为；另一方面推销人员又要通过对顾客的观察、调查和与顾客的接触、交谈，了解顾客对所在企业和所推销商品的态度、意见及要求，并及时反馈给企业，为企业领导人做出正确的经营决策提供依据。这种信息双向沟通的过程形成了推销主体与推销对象之间的互动。

（四）双重性

推销人员的推销活动过程是从寻找潜在顾客入手的，只有先确定好推销对象才能够有效地开展推销活动。因此，推销是有特定对象的，或者说是向特定顾客进行推销。任何一位推销人员的任何一次推销活动，不可能漫无边际或毫无目的地寻找顾客，也不可能随意地向毫不相干的人推销商品，不然，推销就成为毫无意义的活动。然而现代推销是一种互利互惠的活动，必须同时满足推销双方的不同需求，否则就难以达到推销的目的。在推销过程中，推销人员不仅要考虑到自己有利可图，还要考虑到购买一方有利可图，这就要求推销人员要从双方的共同利益出发进行推销，尤其要把握好顾客的购买目的和购买动机，帮助顾客解决问题，设法满足顾客的需要。只有对双方有利，买卖才可能达成，推销才可能成功。推销要满足双方不同要求的特性，使得推销具有双重性特点。

例文示范

日本大阪科学技术馆有一种多功能按摩椅对游客开放。女讲解员对凡是到展览室参观的人都热情接待。虽然这些参观的人并不会购买产品，但是女讲解员仍然非常热情地用20分钟时间向他们介绍产品、宣传企业，并指导游客试用。顾客走时，女讲解员仍然热情地送别他们。这位女讲解员并不是传统观念上人们理解的推销人员，但她实际上是在做推销人员的工作，也属于推销人员。

［引自王富祥主编的《推销理论与实务》，大连理工大学出版社，2010年］

相关链接

推销工作十二准则

■ 建立自信心。信心是成功的首要任务，没有信心就会一事无成。推销是把产品、服务或构想推介给他人，因此，必须对自己、对自己所服务的公司以及对自己所推销的产品、服务或构想具有信心。

■ 实话实说。说实话，表真诚，这是赢得信任的最佳方法。虚伪不实总有被识破的一天。

■ 不要夸大其词。夸大其词无异于自我吹嘘，很难为顾客接受。一旦失信于顾客，推销则难以成功。

■ 不要承诺自己做不到的事。君子一言，驷马难追，顾客不但会记得推销人员所做的承诺，同时也都会期待他实现诺言。所以不可承诺自己做不到的事。

■ 抱定奉献的决心。推销工作是一种奉献的工作，必须抱定奉献的决心，全心投入，才能引起顾客的兴趣。

■ 己所不欲，勿施于人。要经常站在购买者的立场设想，才容易赢得顾客的芳心。连自己都不愿意买的产品，不要推销给别人。

■ 保持顾客的信心。在进行推销时，赢得顾客的信任是很重要的，促成交易之后，仍然要继续保持顾客的信心。这不仅是一种工作道德的表现，也是一种负责任的做法。

■ 要有服务的热忱。推销人员的职责就是提供服务，以热忱的服务赢得顾客的好感，才能创造业绩。

■ 追踪顾客的满意度。顾客购买你的产品，未获得满意之前，推销工作就尚未完成。所以在促成交易之后，须进行追踪工作，确知顾客是否满意。这样做更能衍生更多的准顾客。

■ 尊重顾客的抱怨。倾听顾客的抱怨，根据他所说的要点，审慎加以处理。抱怨是推销人员了解、消除顾客不满的线索，是继续保有顾客的一个绝佳机会，千万忽视不得。提出合理抱怨的顾客，无异于又给了你一次服务的机会。

■ 勇于认错，及时改进。在推销过程中若有不当的做法应勇于承认，并及时改进。不可因为好面子而强辩不休，别忘了，当你赢得辩论时，也就是失去销售的时候。

■ 保持良好风度与形象，不宜伤害竞争者。当你每次提到竞争者的名字，顾客对他的印象也就加深一层，为何要替竞争者做免费的广告呢？

[引自赵宗晋、郭学德、范传统主编的《现代企业经营管理》，中国经济出版社，1999年]

三、推销的基本原则

（一）满足顾客需求的原则

即一切推销策略的运用旨在满足顾客的需求和解决顾客的问题，借以达到推销的目的。

（二）互利互惠原则

即推销人员要保证交易能为双方带来利益或好处，并且这种利益或好处要大于付出或弊端。

（三）推销使用价值原则

在推销产品时，要利用或改变顾客原有的观念，设法使顾客形成对产品使用价值的正确认识，达到说服和帮助顾客认识购买产品的目的。

（四）人际关系原则

即能使双方感到满意和愉快，而不能使一方的利益受到损害。

（五）尊重顾客原则

即推销人员在推销活动中要尊重顾客的人格，重视顾客的利益。

阅读资料

世界十大著名销售员及名录

■ 原一平：日本寿险推销冠军，推销员协会会长，美国百万圆桌协会成员，在世界推销界享有极高声誉。

名言：做正确的事，而不是多做事；要做需要做的事，而不是你喜欢做的事。

■ 汤姆·霍普金思：世界推销训练大师，全球接受过其训练的学生超过千万人。

名言：成功者绝不放弃，放弃者绝不会成功。

■ 博恩·崔西：世界顶级管理与营销培训大师。全球推销员的典范，曾被列入全美十大杰出推销员。

名言：人类因梦想而伟大，因挫折而成长，因实践而成功。

■ 乔·吉拉德：世界汽车销售第一人，曾连续15年创造了汽车销售最高纪录而被载入吉尼斯大全。

名言：推销活动真正的开始在成交之后，而不是之前。

■ 克莱门特·斯通：美国联合保险公司董事长，全美乃至世界商业界都享有极大盛名的销售、管理大师。

名言：对于强者来说，困难愈多成就愈大，具体到推销这个职业来说，在大的机构推销可以获得更大的成功。

■ 弗兰克·贝特格：美国著名保险营销顾问，有史以来最伟大的保险推销员，曾创造过美国保险业多项第一名。

名言：成功不是用你一生所取得的地位来衡量的，而是用你克服的障碍来衡量。

■ 马里奥·欧霍文：世界顶尖推销大师，销售咨询培训专家，曾连续三次获得世界冠军推销员的殊荣。

名言：不要为失败寻找理由，而要为成功寻找方法。

■ 奥里森·马登：与拿破仑·希尔齐名的世界励志成功学大师，美国著名营销管理大师。

名言：梦想是现实之母。

■ 雷蒙·A. 施莱辛斯基：美国著名营销大师，曾被列入全美十大杰出推销员，全美公认的最佳保险经纪人。

名言：沟通，首先是面对自己，如果你连自己都沟通不良，那么怎能奢谈和陌生人沟通。

■ 齐格·齐格勒：美国最杰出推销员，百万圆桌协会成员，世界首屈一指的销售点子大王。

名言：什么叫成功？无非是你这次没有失败。

[引自 https：//wenda. so. com]

训练设计

一、简答题

1. 什么是推销，如何理解推销的含义？
2. 推销有哪些特点？
3. 推销包括哪几个要素？

二、案例分析题

一位与众不同的顾客

一位年轻女士来到服装柜台前，仔细观看挂在衣架上的几款“亚历山德拉”牌羊毛衫。稍后，她从衣架上取下一款红黄相间几何图案的羊毛衫，端详了一会儿对我说：“请问这件多少钱？”“80元。”我回答。“好，我要了！”这位女士把羊毛衫放在服务台上，边掏钱包边对我说。包衣服的时候，我恭维了她一句：“小姐真有眼力，很多人都喜欢这种款式的。”这位年轻的女士听了我的话，沉吟片刻，然后微笑着对我说：“抱歉，我不要啦！”没想到，我一句恭维话反倒使顾客中止了购买！我真心客气地问：“怎么，这种款式您不喜欢吗？”“有点。”她也很客气地回答，然后准备离开。

我立刻意识到，我刚才那句恭维可能是个错误，必须赶紧补救。我趁她还未走开，赶紧问：“小姐，您能否告诉我，你喜欢哪种款式？我们这几款羊毛衫是专门为像您这样气质高雅的年轻女士设计的，如果您不喜欢，请留下宝贵意见，以便我们改进。”

听了我的话，她解释道："其实，这几款都不错，我只是不太喜欢跟别人穿一样的衣服"。噢！原来这是位不追求时尚，喜欢标新立异、与众不同的顾客。"小姐，请您原谅。我刚才说很多人都喜欢您看中的这种款式，但由于质量好，价格高一点，所以买的人并不多，您是这两天里第一位买这种款式的顾客。而且，这种款式我们总共才做了十件……"经过我的一番争取，这位女士终于买走了那件羊毛衫。

问题：在这则案例中，你是怎样去读懂推销这个问题的？

三、自测题

互动性是推销活动中最显著的特征，推销过程的互动性为推销人员灵活运用和调整推销策略、方式方法、手段技巧等提供了可能。请你自我测试一下，在与顾客面对面的交流信息时，你应怎样与顾客进行互动？

四、实训与实战

【实训与实战目标】

1. 进一步理解推销的内涵、要素与特点。
2. 掌握推销的类型与原则。

【实训与实战内容、方式】

1. 内容：安利新产品直销录像、马云的电商销售模式录像。
2. 方式：观看相关内容的录像；情景模拟法（链接：观看"安利产品示范讲座"，"电子商务在中国的发展"的录像片）。

安利产品示范讲座（谭志森）（时长：2 小时 17 分，http://v.youku.com/v_show/id_XMzE4NzgyNTI4.html.）。

电子商务在中国的发展（马云）（时长：7 分钟，http://v.youku.com/v_show/id_XOTI5NzEzMjA=.html.）。

【实训与实战要求】

1. 分组进行，每组 8~10 人，分别扮演推销人员和顾客，可以轮流转换角色。
2. 撰写体会报告，报告的字数至少在 1000 字以上。

【实训与实战要求流程】

1. 分组，每组 8~10 人，并选出组长 1~2 名，由组长进行具体的角色分配安排。
2. 各小组进行模拟推销。
3. 撰写体会报告。

【实训与实战成果检测】

递交一份体会报告。

任务二　推销的功能与作用

任务驱动

小组讨论：1. 推销的功能之一是寻找新的顾客，请谈谈如何来寻找新的顾客？

2. 对于推销人员自身来说，推销工作的作用有哪些？

提示：1. 寻找新的顾客的关键在于要确定企业的准顾客。

2. 对于推销人员自身来说，主要是提高自己的综合素质，发挥自己的潜力。

必备知识

一、推销的功能

推销是一种双向信息沟通的过程。以顾客导向为准则的现代推销，不单纯是推销商品，它具有寻找新的顾客、传递商品信息、销售企业商品、提供多种服务、反馈市场信息、协调买卖关系等功能。

（一）寻找新的顾客

为了不断地促进企业的发展，提高企业的经济效益，推销人员不仅要与现有的顾客保持联系，更重要的是要不断地寻找新的顾客，开拓新市场。寻找新顾客的关键在于确定企业的准顾客。所谓准顾客，是指有购买所推销的商品或服务的欲望，又有能力购买的个人和组织。准顾客是企业的潜在顾客，很有可能成为企业的新顾客，他们是企业争取的对象。确定准顾客的步骤如下：

1. 拟定条件，确定对象

根据所推销的商品的特点，提出可能成为准顾客的基本条件，如需求特征、购买力水平、购买习惯等。依据准顾客条件，进行市场分析，寻找各种线索，初步确定可能成为准顾客的个人或组织。

2. 进行准顾客资格鉴定

根据准顾客条件，对初步确定的可能的准顾客进行资格鉴定。只有具有购买意向、购买能力和购买决策权的个人和组织才能成为真正的准顾客。因此，对准顾客资格的鉴定主要从以下三个方面进行：

（1）购买需求鉴定。判断其是否真正需要企业的产品。

（2）支付能力鉴定。通过调查分析判断其是否有能力购买所需要的产品，将产品需要转化为现实需求。

（3）购买决策权鉴定。通过调查了解其购买决策权限的大小及有关限制条件。经鉴定合格的个人和组织即为企业的准顾客。

3. 分类建档，确定重点

为了有效地进行推销，提高推销的成功率，还必须对合格的准顾客进行分类，建立档案。分类标准有如下两种：

（1）以购买概率作为标准进行分类，则“最有希望购买者”为A类准顾客；“可能购买者”为B类准顾客；“购买希望不大者”为C类准顾客。

（2）以购买数量作为标准进行分类，则“购买量较大者”为A类准顾客；“购买量一般者”为B类准顾客，“购买量较小者”为C类准顾客。A类准顾客成为企业新顾客的可能性最大，推销成功率最高，应作为推销的重点对象；B类准顾客次之；C类准顾客再次之。

（二）传递商品信息

现代市场上商品种类繁多，消费者进入市场，好像来到一个五彩缤纷的世界，使人眼花缭乱。消费者需要得到有关的商品信息，以便比较、评价，选择满意而适用的商品。以顾客为导向的推销，不仅要满足消费者对商品的需要，而且要满足消费者对商品信息的需要，及时地向消费者传递真实、可靠的商品信息。

推销人员向顾客传递的商品信息主要包括：

1. 商品的一般信息

告知消费者商品的种类、功效、性能、品牌、商标等信息，以便消费者比较和选择。

2. 商品的地位及优势

向消费者宣传企业商品在同类商品中所处的地位及特殊功能，并针对不同目标顾客的不同需要，突出宣传所推销商品的某些特征，以便激起消费者的注意和兴趣，促进消费者做出购买决定。

3. 商品经营信息

告知消费者有关商品的销售价格、经营方式、服务措施等信息，便于消费者购买商品。

4. 商品发展信息

向消费者讲述企业产品的发展动态，如新材料的运用、新产品的开发、老产品的改进等信息，引导顾客改变购买习惯，及时购买企业的新产品。

商品信息的传递，还应注意以下几个问题：

（1）注意信息内容的选择。商品信息的影响程度取决于信息内容的专门性、真实性和可接受性。不同的目标顾客对商品需求的侧重点也有所不同，推销人员必须在调查研究的基础上，针对顾客需要向顾客传递其所需要的信息。

（2）注意信息传递方式的选择。不同的目标顾客，由于文化习俗和理解水平的不同，对信息的接受程度也有所不同。推销人员为了有效地向顾客传递信息，影响和说服顾客购买商品，必须针对目标顾客的具体情况，选择目标顾客能正确理解、乐于接受的方式来传递商品信息。

（三）销售商品

通过接近顾客、推销洽谈，进而与购买者达成交易。销售商品是推销的核心职能。

接近顾客是销售商品的前提。在正式接近顾客之前，首先要分析准顾客的有关资料，了解准顾客的需求所在及需求特征，掌握其不足之感、求足之愿及购买能力、购买行为，以便刺激需求、创造需求，进而满足需求。在充分掌握资料的基础上，有针对性地选用介绍接近法、产品接近法、利益接近法、问题接近法、好奇接近法、表演接近法、求教接近法和调查接近法等方法来接近顾客。接近顾客时，要学会打开僵局，开创新的推销局面。即使在遭到拒绝时也不要泄气，要以从容、诚恳、充满自信的态度去说服对方，使对方明确你的推销不是盯着其钱包，而是为满足其需要，为其带来利益，并通过对产品的介绍，使其感到购买你的产品是一种机会，从而引起购买欲望，形成购买决心。

推销洽谈是销售商品的关键。接近顾客的过程实际上是推销洽谈的一部分，是初步洽谈。适时地接近顾客，取得顾客的好感是推销洽谈成功的基础。在洽谈过程中，一方面要进一步向顾客传递其所需要的信息；另一方面要有针对性地对产品、价格、销售方式等敏感问题进行洽谈，力求达到互利互惠、双方满意；同时，还要善于处理洽谈过程中的异议和矛盾，及时消除误会、避免冲突，从而取得“不打不成交”的效果。

达成交易是销售商品的手段，也是推销洽谈的最后阶段。推销人员要把握好时机，针对不同的推销对象，灵活地选用不同的成交方法，迅速地达成交易，达到销售商品的目的。在推销洽谈过程中，推销人员要及时地抓住成交信号，适时报价，并进一步提示推销重点及优惠条件，促成交易的实现。

（四）提供多种服务

现代推销不仅要把商品销售给顾客，而且要帮助顾客解决困难和问题，满足顾客的各种需求，使顾客满意，从而在顾客中建立起产品和企业的良好信誉。企业和推销人员在推销过程中，既要为顾客提供售前的信息、咨询、培训服务；又要为顾客提供售中的热情接待、介绍商品、包装商品、免费送货、代办各种销售业务、满足顾客的合理要求，为顾客提供方便等服务；还要为顾客提供售后的安装、维修、包退、包换、跟踪了解、处理消费者困难及问题，提供零配件等服务，消除顾客的后顾之忧。推销人员通过提供服务与顾客建立深厚的感情，有利于进一步巩固市场，为开拓新市场打下基础。

（五）反馈市场信息

现代推销的过程是一个信息的双向沟通过程。推销人员不仅要将有关商品、企业的信息传递给购买者，而且要将消费者的需求、购买状况、市场竞争状况、产品经营状况等信息反馈给企业。推销人员是企业通往市场的桥梁，他们直接与市场、消费者接触，能及时准确地捕捉市场信息，他们是企业搜集市场信息的重要途径，是企业情报的主要来源之一。

推销人员向企业反馈的市场信息主要包括：

1. 购买者信息

关于现有购买者和潜在购买者的特征、经济状况及其变动情况；不同地区、不同民族购买者的消费习俗和需求特征；购买者的购买动机、购买习惯、购买方式、购买频率及每次购买数量；购买者对品牌、商标、商店的偏爱及其原因；购买者对新产品的反应及其对企业的意见与要求等。

2. 市场需求信息

关于现有市场的需求量、销售量、供求平衡状况；市场上对所推销商品的最大潜在需求量；各个细分市场的需求状况及发展趋势；企业在总体市场和各细分市场上的绝对市场占有率和相对市场占有率；企业及同行业竞争者在市场中的地位、作用及优劣势比较；国内外市场需求的变化和发展趋势等。

3. 商品经营效果

关于企业经营过程中所采取的各种营销策略的效果，如产品包装的改变、价格的改变、销售渠道的变化、广告等促销措施的实施所带来的销售状况的变化等。

4. 竞争者信息

关于竞争者的产品的更新状况，销售价格，分销渠道及网点设置，竞争者的促销手法的变化，目标市场状况及市场占有率的变化等。

推销过程中的信息反馈，既是关系到企业兴衰成败的重要工作，又是推销过程中容易忽视的一项工作。因此，企业要加强对推销人员的教育，使他们自觉地当好企业的“雷达”，在走访顾客、销售商品、为顾客服务的同时有意识地了解、搜集市场信息。同时，要建立必要的规章制度，要求推销人员定期反馈市场信息，并对提供有效信息者给予物质或精神奖励，使市场信息的反馈工作制度化、经常化。

（六）协调买卖关系

推销部门和推销人员是连接企业与消费者的纽带。一方面，要把企业的商品、劳务及有关信息传递给消费者；另一方面，又要把消费者的意见、要求反馈给企业。在顾客心目中，他们就代表着企业，他们的言行举止，都会给企业的声誉带来极大的影响。因此，在商品推销过程中，推销人员要积极地肩负起企业代表这一重任，协调好顾客与企业的关系，为在消费者心目中建立起企业的信誉、树立良好的企业形象而做出努力。

协调顾客与企业的关系主要从以下几个方面入手：

1. 处理矛盾

在商品推销过程中，由于推销人员与购买者的目的不同，难免会出现矛盾。从商品的价值形态来看，推销人员的目的是要回收商品的价值而推销其使用价值；而购买者则是为了取得其使用价值而支付其相应的价值。因此，在商品买卖过程中矛盾会经常发生。例如，对商品看法的矛盾；价格方面的矛盾；供货条件、服务态度方面的矛盾等。推销人员应站在购买者的立场上来处理问题，注意研究购买者的需求所在，研究其购买目的和购买动机；推销商品的使用价值，宣传所推销的商品给购买者带来的利益；帮助购买者解决商品购买和使用过程中的困难和问题，满足购买者对供货、运输、信贷及技术服务等方面的要求；当推销人员的要价与顾客的报价出现差异时，推销人员可以在互利互惠的基础上，通过与顾客磋商，适当让价，争取达成交易。通过推销人员的不断努力，促使购买者与推销人员之间的矛盾得到解决。

2. 消除误会

在商品经营过程中，由于各种外部或内部因素的干扰，例如，假冒伪劣商品的影响，对企业或产品信息的误传误信，竞争者的强大的促销攻势的反作用，企业在某时期或某些方面经营不善而造成的不良影响等，会使一些不明真相的消费者产生对企业的产品、经营方针、经营方向及企业的声誉等方面的误会。推销人员在推销过程中，要了解来自各方面的误会及造成误会的原因，配合企业的其他部门，以现身说法、实物展示、广告宣传等方式消除顾客的误会，扭转消费者对企业或产品的不良印象，树立企业的良好形象。

二、推销的作用

在市场经济条件下，推销对企业、对社会、对个人都产生着巨大影响，甚至有人称推销是推动社会经济发展的重要动力。美国学者西历克·桑德尔指出：推销已经成为企业成功的决定性因素，它主宰着利润、投资、生产和就业。

（一）推销对企业的作用

推销对所有企业的生存与发展都是重要的，但重要的程度却因产品的性质及购买过程的不同而有所差别。一项对美国485家经营效果良好的企业所进行的调查表明：人员推销是工业用品、耐用消费品、非耐用消费品生产企业最重要的促销方式。但它对工业用品生产企业比对个人消费品的生产企业更重要一些。

但是，不论推销对企业的重要程度如何，它对所有企业都有以下基本作用：

（1）实现商品的价值，使企业获得生存与发展所必需的经营收入。

（2）促进企业生产适销对路的产品，增强企业的产品竞争力。

（3）避免产品积压，缩短货币回笼时间，提高企业的经济效益。

（二）推销对社会的作用

1. 推销通过创造产品的时间效用、地点效用和占用效用，增加产品的价值

直接生产过程所创造的产品，在没有被推销出去之前，仅只有潜在效用。只有经过推销过程，消费者和用户能够在适当的时间、适当的地点，以适当的价格购买产品时，产品才具有了时间效用、地点效用和占有效用。举例来说，一台计算机，如果被存放在生产企业的仓库里，对潜在购买者来说是没有价值的，因为潜在购买者还不能在需要它的时间、地点买到它。经过推销过程，计算机才能在顾客需要时摆在商店柜台上，潜在购买者才能通过讨价还价最终购买它。

2. 推销是实现社会再生产目的的主要形式

社会生产的目的在于向人们提供有形与无形产品，满足人们日益增长的物质文化需要。一方面推销人员可以通过对人们需求的了解和分析，引导企业生产人们需要的产品；另一方面可以通过推销活动把产品推销给需求者，满足其需求，从而使社会再生产的目的得以实现。

3. 推销活动为社会提供了大量就业机会

在我国，随着市场经济的发展，推销日益受到各类企业的重视。从事各类推销工作的人员正在急剧增长。估计推销行业今后若干年仍然将是就业机会增长最快的行业之一。在经济市场化程度较高的美国，据统计，仅在证券业、保险业、房地产业从事推销工作的人员就达80万人，每16个就业者中就有1个是推销人员。

4. 推销还具有引导消费的作用

推销人员在推销产品的同时，也在向顾客介绍产品与消费知识、传播价值观念，顾客接受了产品，在某种程度上也就接受了推销人员的知识和价值观念，从而起到引导消费的作用。

（三）推销对个人的作用

1. 推销作为一种职业能充分发挥个人的能力、实现个人的价值

推销被公认为是一种具有挑战性的职业，对从业者的素质有较高的要求，同时，推销又是一种比较自由、自主的工作。因而，这种工作要求从业者必须全身心地投入，充分调动自己的潜在能力。一旦做到这一点，推销人员的能力和价值就会被企业或社会以明确的方式所承认，即获得较高的经济报酬。推销人员的收入通常高于企业的平均收入水平，甚至高于企业管理人员的收入水平。

2. 推销工作的锻炼，为从事较高层次的企业管理工作奠定基础

在市场经济的条件下，作为企业的高层管理人员，具有市场营销方面的知识和经验是十分重要的，尤其是有关消费者、竞争及促销的知识和经验。从另一个角度来看，较高层次的管理工作，对个人的素质也提出了较高的要求，例如，应具有自我驾驭能力、良好的判断能力、与人相处的能力、灵活应变能力、创造力等。推销工作能够提供有关知识和经验、培养高层管理人员所必备的能力。在经济比较发达、竞争比较激烈的西方国家，企业的主要管理人员中，有相当大的一部分人员具有推销方面的经历。一项相关的调查报告表明，在美国的1000家主导型大企业的总经理中，有30%的人从事过市场营销方面的工作。闻名全球的IBM公司董事长说，没有比从推销开始更好的始发站了，因为推销使你接触各种各样的人、处理各种各样的问题，所以，我要向所有想成为企业家的人推荐推销这种工作。

例文示范

某天，一位化妆品的推销人员走进了一个写字楼的办公室，礼貌地与一个女职员打招呼："您好！我能进来吗？"

女职员："你找谁？"

推销人员："我不找谁（满脸堆笑），我就找您，能让我进来吗？"

女职员：（充满疑惑地）"你找我有什么事？"

推销人员："我向您介绍一下我的化妆品，这是我们公司的新产品，你一定会喜欢的。"他将产品快速地摆在女职员办公桌上面。

女职员："你怎么知道我一定会喜欢你的产品呢？"她一边用眼角快速地浏览了一遍推销人员带来的化妆品。其实她心里已经对它产生了兴趣，但还是不动声色地听着推销人员的介绍。

推销人员："这种产品与其他产品是不同的，特别适合40岁以上的女士。"

女职员："你的产品价格还是有点贵。对不起，我还是不要了吧。"

这时推销人员也好像看出了女职员的心思，就顺水推舟地说道："您看这样行吗？如果说您帮我推销两套，我可以给您便宜5%，如果您帮我推销5套，我可以给您便宜10%，如果您帮我推销10套，我可以送您一套。"

女职员："好吧，我试试看。"

由于女职员所在的办公大楼大多是女同志，在她不懈努力下，她超额完成任务了。

相关链接

成功推销人员的八项特质

- 灼热的欲望
- 自我激励
- 明确的目标
- 完全的投入与承诺
- 恒心与毅力
- 心态与动机
- 热情
- 马上行动

［引自东方智编著的《推销人员必备全书》，民主与建设出版社，2004 年］

阅读资料

推销员可以利用的推销效用

■ 争地位的效用：任何一位居住在数百万元洋房之内的老板、大款都不愿意开老爷车，原因就在于与他的身份地位不符。如果这时推销员抓住了顾客的这种心理，推销就会成功。

■ 满足虚荣心的效用：如果有一位和你的顾客工资收入相当的人买了新家具，装修了新房子，他心里多多少少总有些犯“红眼病”，如果这时推销员抓住了顾客的这种心理，他会比平日里更容易接受推销，从而购买与邻居相同或相类似的相关产品。

■ 经济上的效用：对于一个忙碌的上班族，使用微波炉能使其从烦琐的家务中解脱出来，推销员在推销中应重点强调这种经济上的效用，以使顾客获得解脱。

所以对推销员而言，可以利用的推销效用是很多的，只要能抓住时机，把握顾客消费心理，推销就会成功。

［引自 https：//baike. so. com］

训练设计

一、简答题

1. 推销具有哪些功能？
2. 推销对社会、企业和个人有什么作用？

二、案例题

汽车推销大王对推销重要性的看法

美国汽车推销大王乔·吉拉德用肺腑之言深刻地表达了推销对于世界的重要意义，表达了他对推销职业的看法：推销人员是这个世界发展的动力，我认为，我们每个推销人员都应以自己的职业为荣。我总是这样想，从35岁开始，我已经卖出了1200多辆汽车，其中包括各种型号的轿车和卡车。你知道吗？我一个人就为这个社会创造了许多就业机会，因为要制造这些汽车，就要生产和出售许多钢材和其他各种材料，要开动这些汽车，就要有高速公路和加油站，还要有汽车修理店，等等。仅通用汽车公司及其所属的几千家供应商就从我们的交易中赚到了几百万美金。了解了这些道理，你就会知道推销人员是了不起的无名英雄，推销人员推销了商品，也推动了这个世界。如果我不把商品从架子上和仓库里搬运出来卖给顾客，那么整个美国的经济体系的运转就要停止，一切都完蛋了。要知道，没有我们这些推销人员，就没有工厂和商店，就没有老板和经理，就没有工人和工程师，也就没有我们现在这样美好的生活。没有，一切都没有。可见，没有推销人员，企业就无法生存；没有推销人员，世界会黯淡很多，朋友们，热爱我们的职业吧！

问题：乔·吉拉德这段话从哪几个角度说明推销的重要性？这些说法对你有什么启示？

三、自测题

请同学们准备2分钟的自我推销演练，并在课堂上进行演讲。

四、实训与实战

【实训与实战目标】

1. 进一步认识推销的功能与作用。
2. 强化和提升推销人员自身的综合素质。

【实训与实战内容、方式】

1. 内容：保险业推销人员的产品推销。
2. 方式：观看相关内容的录像；情景模拟法（链接：观看“保险业推销人员的产品推销”的录像片）。

专业销售培训（时长：1小时40分，http://v.youku.com/v_show/id_XMjM5NzA2NDA=.html.）。

【实训与实战要求】

1. 分组进行，每组8~10人，分别扮演推销人员和顾客，可以轮流转换角色。
2. 撰写体会报告，报告的字数至少在1000字以上。

【实训与实战要求流程】

1. 分组，每组8~10人，并选出组长1~2名，由组长进行具体的角色分配安排。
2. 各小组进行模拟推销。
3. 撰写体会报告。

【实训与实战成果检测】

递交一份体会报告。

任务三　推销观念

任务驱动

小组讨论： 1. 谈谈推销观念与现代市场营销观念的区别。

提示： 主要区别是前者以现有产品的经营活动为中心，后者以企业目标顾客的需要为经营活动中心。

2. 如何让牛进牛棚？

有一次美国大思想家爱默生与独生子欲将牛牵回牛棚，但两人一前一后使尽所有力气，牛依然死活不肯进去。家中女佣见两个大男人满头大汗、徒劳无功，于是便上前帮忙。她仅拿了一些草让牛悠闲地嚼食，并一路喂它，很顺利就将牛引进了牛棚，剩下两个大男人在那里目瞪口呆。

［引自李晓东主编的《管理故事与哲理》，京华出版社，2004年］

提示： 钓鱼时用的鱼饵，不是你所喜欢吃的东西，而是鱼最喜欢吃的食物。你与客户交谈沟通时，别忘了不是你想卖什么？而是他想买什么？不是你想说什么？而是他想听什么？只有“投其所好”，才能把事办好，才能完成任务。

必备知识

一、推销观念的含义

（一）含义

观念是人们生活中的基本行为准则，是人们从事各种各样行动时的指导思想。可以说，人类的任何活动都是在一定的观念下进行的。

推销观念是企业千方百计地使顾客对企业的产品产生兴趣，以便其更多地购买企业的产品，从而提高企业产品的市场占有率，取得更多的利润。

推销观念决定着推销人员的推销目的、推销态度，影响着推销人员各种推销方法和技巧的运用，也最终影响着企业和消费者的利益。从经营的角度来看，推销观念实质上是推销人员如何对待顾客的问题。

（二）与市场营销观念的区别

在实践过程中，人们往往把推销观念和市场营销观念混为一谈，很多营销人员认为加强产品的推销就是贯彻了市场营销观念，这是一种误解。

推销观念是以企业的现有产品的经营活动为中心，以推销和销售促进为手段，以扩大销售、获得利润为目的；而市场营销观念是以企业目标顾客的需要为经营活动中心，以集中企业一切资源力量满足顾客需要为手段，以取得利润、实现企业目标为目的。这是完全不同的两种观念。

二、推销观念的演变过程

（一）原始推销观念（20 世纪以前）

在 20 世纪以前，资本主义社会生产力尚不发达，社会产品还处于供不应求的“卖方市场”。这时企业的经营思想与管理原则是“以产定销”。市场上商品供应短缺，推销人员曾长期奉行一切以生产者或销售者为中心，把企业利益和消费者利益对立起来，能生产什么就卖什么，是一种“皇帝的女儿不愁嫁”的观念。这种观念忽视了顾客的需求和利益，片面地强调企业本身利益，一切从企业出发，因而常常出现推销人员损害消费者利益的不良行为。

（二）倾力推销观念（20 世纪初～20 世纪 50 年代）

到了 20 世纪初，由于科学技术的不断进步和机器大工业的兴起，市场上的商品数量急剧增加，许多产品开始出现供过于求的现象，厂家之间的销售争夺战也慢慢出现。不少工商企业在“以产定销”经营思想的前提下，有意识地增加了许多推销的观念。为了区别于以后出现的现代推销观念，我们把它称为“倾力推销观念”。

按照倾力推销观念，推销人员必须冲破一切公众阻力和障碍，甚至采取最极端的做法来说服买主，不择手段地推销商品。据此理解，推销就像一场拳击搏斗，在这场争斗中，顾客必须是“被击倒的对象”，推销人员参战的唯一目标是为了获得产品订单。

倾力推销是一种为达到目的不惜损害顾客利益的推销方式，它起源于第一次世界大战后，首先在美国工商界盛行，并且很快在欧洲一些经济比较发达的国家被广泛使用。倾力推销观念的产生与当时的政治经济形势是分不开的。战争结束以后，大量的军工企业开始转向生产民用产品，国民经济恢复很快，市场商品供应也比较丰富。但与生产的飞速发展相比，群众的购买需求和有支付能力的消费水平阻滞不前，这就造成了市场供过于求、产品相对过剩的不利局面。在市场销售起步维艰的严峻态势面前，许多农场主将成吨的牛奶倒进江河，大批工厂倒闭关门，失业者大量增加。这种现象以美国最为突出，当时工商界训导的一句格言就是“一个最理想的推销人员必须能够冲破一切阻力，成功地向任何人推销商品，这样的推销可以不惜采取不道德手段把产品塞到顾客手中”。当时，不少企业家和推销人员也认为，只要顾客渐渐习惯了购买的物品，他们就会慢慢忘掉是怎样买来的，只要达到推销的目的，无论采取什么手段都是正确的、可行的。

然而，事实证明倾力推销的观念和方法是错误的。这种推销方式可能利于一时，但在较长时期之后，它不仅不能推销产品，而且极大地损害了企业和推销人员的形象。因为第一次受骗买了不需要的产品的顾客，总是处处留心、时时谨防再次上当。

倾力推销的结果使顾客懂得了如何保护自己，“吃一堑，长一智”，买方和卖方之间筑起一道无形的隔墙。有的公司和顾客甚至把一些推销人员看成“江湖骗子”，干脆拒绝与推销人员来往。接踵而来的1929～1933年经济大萧条更是导致了推销与顾客关系的全面危机，这种形象危机严重损害了推销职业的声誉，使推销工作陷入了举步维艰的窘境。

（三）现代推销观念（20世纪50年代后）

到了20世纪50年代，随着科学技术的进步，生产力的提高，产品数量与花色品种的增加，市场上的商品供过于求，企业的经营思想逐渐从“以产定销”转变为“以销定产”，顾客需要什么就生产什么，就经营销售什么。在这种经营思想指导下，传统的推销观念和推销方法产生了巨大的变化，逐步形成了以消费者为中心的现代推销观念，并且在商战中探索了一系列行之有效的现代推销方法与技巧。

现代推销观念强调商品的销售必须以顾客需求为契机，强调在推销全过程中加强对顾客的服务。概括地说，新的推销观念就是从顾客的需求得到满足中获利。正是在这种思想的指导下，现代推销观念的崛起为推销业重振声誉，为解除顾客对推销人员的信任危机奠定了基础。现代推销观念主张“温和式”的推销方针，推销人员必须具备良好的职业道德，其推销活动必须既有利于他所代表的企业，又要有利于顾客。

新的推销观念和推销方式给广大推销人员和他所代表的企业打造了温情的形象，在商品经济比较发达、市场竞争比较规范的地方，不道德的推销方式已大大减少，以消费者为中心的现代推销观念已日益深入人心，不仅顾客拒绝接受倾力推销方式，甚至新一代的推销人员也不再接受那些不合顾客需求的产品，不再使用那些强加于人的不道德的推销方法。

三、树立现代推销观念

推销人员应树立新型的推销观念。要做到这一点，就必须要在现代经营观念的指导下重新来理解推销的内涵，认真思考“推销到底是什么”这一看似简单的问题。

（一）现代推销观念的实质

1. 对推销的理解

现代营销学告诉人们，产品的整体概念是由三个层次组成的。其中，第一层次为核心产品，即消费者购买某一产品时所追求的利益，是顾客真正要购买的东西，如冰箱的保鲜功能、照相机的成像功能等；第二层次为形式产品，是指消费者所认定的有形物品，包括产品的质量水平、外观特色、式样、包装等；第三层次为附加产品，其是消费者购买某一产品时所能得到的附加利益的总和，如送货、安装、维修等。在这三个层次中，真正促使顾客购买某一产品的原因是核心产品部分，即消费者购买某一产品，不是为了产品本身，而是希望获得该产品所能提供给他的利益，即产品所具有的某种功能。若从消费需求的角度来看，即是从中能获得某种需求的满足，如消费者购买冰箱，就是为了让瓜果菜蔬及其他食品能有个良好的存放环境，起到保鲜的效果。可见，消费者购买产品只是为了满足某种需求，包括生理上或心理上的需求，因此，推销人员在开展推销工作时，所推销的就应是某种需求满足的方式，即应是推销产品的功能。

2. 对推销对象的理解

既然推销人员推销的是能让消费者获得满足的某种方式或途径，因此，推销就绝不只是想方设法地把产品塞给顾客，大赚其利润，相反，推销应该是在了解顾客消费需求的基础上，设法协助别人得到他想要的东西，使他获得某种满足。正是在这个意义上，有人称推销人员为贩卖幸福的人。通过推销，他把幸福带给了每一个真正获得了某种满足的人。现代推销人员应树立这种新型的观念，要以贩卖幸福为己任，尽力协助消费者获得其所想要的物品，通过他们需求的满足来实现自己的推销目标。

例文示范

美国人在非洲卖鞋的故事

美国有一家很大的鞋厂，但由于国内市场已经饱和，如何在海外拓展市场就变得非常重要。一天，鞋厂老板找来营销主管，指示他派出两批市场调查组到非洲寻找市场。

不久，两批市场调查组都发回来传真。甲组说："这里没有穿鞋的，即使生产鞋子，在这里也会卖不出去，还是赶快给我们寄来返回美国的机票吧！"而乙组则十分兴奋地说："这里没有人穿鞋，鞋子市场很大，急待我们开始，请汇款5万美元，我们在这里筹建工厂，设计适合当地土著人穿的鞋。"

老板对两个截然不同的调查结论进行了比较，深信乙组是对的，于是做出在非洲建厂的决策，结果这个鞋厂在非洲的营业额大幅增长。

［引自 http：//home. 51. com］

（二）现代推销观念的运用

依据现代推销观念，结合推销的实际过程，一些成功的推销人员提出了十分有趣而又非常重要的推销"三步曲"。他们认为，推销人员在推销过程中，首先是推销自己，其次是推销商品的功能，最后才是推销商品本身。这种看法是十分有见地的。推销是人与人直接打交道的过程。要想让别人接纳你所推销的商品，首先就要求自己得被顾客接受，而千万不能引起顾客的反感。试想，一个服装不整，油腔滑调，满嘴胡言，引起顾客极大厌烦的推销人员，他能让顾客接受其产品？这恐怕是难以办到的。顾客看着你就不舒服，唯一的愿望可能只是想早点打发你走，他是绝不会成全你的！因此，推销人员要想推销掉自己的产品，就绝不能忽视自身被顾客接受这一问题。要记住顾客在尚未接受或认定推销人员时，他是不会真正接受其推销的产品的。

在自己被顾客接受之后，接下来应该怎么办呢？这时应避免直接进行产品介绍，如产品的质量、外观等，因为消费者之所以购买它，并不是因为产品质量好，外观漂亮，而是因为他有着某种需求。因此，这时应重点推销核心产品部分，即推销产品的功能，要强调消费者购买产品后所能得到的满足。这样才能引起顾客的注意和兴趣，激起他的购买欲望，为最终成交打下基础。有些企业现在十分重视这一点。例如，某化妆品公司就要求其推销人员使用其工厂生产的化妆品，其销售的是"美貌"这个观念，这就是在教导他们推销时要注重产品的功能推销，要从产品功能与需求满足方面来寻求推销的突破口。

完成了第二个步骤，才可开始第三步，即进行商品本身的推销。这时所推销的实际上才是形式产品和附加产品。在这一阶段中，要实事求是地向客户介绍自己产品的性能及自己的服务水平，让他们感到自己所提供的产品或服务的优良之处。从消费需求发展的过程来看，一旦消费者确定了某种需求，他就会去寻找能最好地满足他这一需求的产品，此时形式产品和附加产品就至关重要了。不同的质量、外观、服务条件等都会给顾客不同的感觉，并直接影响他们的选择。不过许多消费者在购买时都属非专家购买，对其所购的商品了解不多，且他们对商品的选择也很容易受外界的诱导。因此，这就要求推销人员深入的了解产品的特点，并把它们完完全全地展示在客户的面前，让消费者信服，使消费者最终接受你的产品。

可见，在现代推销中，绝不仅仅只是就产品来论产品，它包括更丰富的内容。因此，推销人员必须对推销本身有更深刻的理解，在此基础上，树立起新型的推销观念。也只有这样才能走遍天下，立于不败之地。

相关链接

现代营销观念与传统推销的区别

- 推销重在产品，营销重在服务与需求。
- 推销重在卖方自己，营销重在买方需要。
- 推销是先开工厂后做市场，营销是先做市场后开工厂。
- 推销是通过销售来获得利润，营销是通过顾客的满意来获得利润。
- 推销想的是今天，营销想的是明天。
- 推销想的是战术，营销想的是战略。
- 推销追求的是利润率，营销讲的是客户的满意度。

［引自范晓屏主编的《市场营销学》，浙江大学出版社，2010年］

阅读资料

树立正确观念，破解销售16大致命死穴

■ 世界经理人博主、管理专家彭小东总结了销售的16大致命死穴：

◆ 语言：不雅之言脱口而出，对销售产品必将带来负面影响。

◆ 话题：枯燥性话题不要硬塞，换一种角度讲解。

◆ 开场：批评性话语多，讲话不经过大脑。

◆ 口语：满口专业性术语。

◆ 言词：夸大不实。

◆ 意识：谈论无关议题，暴露主观意识。

◆ 隐私：无所避晦，大谈隐私。

◆ 同业：贬低兼攻击同行。

◆ 签单前后判若两人。
◆ 数量：手中拥有的潜在客户数量不多。
◆ 借口：抱怨和借口特别多。
◆ 依赖心十分强烈。
◆ 自豪：对工作没有自豪感。
◆ 承诺：不遵守诺言。
◆ 气馁：半途而废。
◆ 关心：对客户关心不够。
■ 他同时提出了树立正确销售观念的5条建议：
◆ 绝对地相信你的产品。
◆ 客户不都是上帝。
◆ 压力是成长的熔炉。
◆ 思路时刻清晰。
◆ 不要忘记业绩是护身符。

[引自 http：//www.ceconline.com]

训练设计

一、简答题

什么是推销观念？现代推销人员应具备怎样的推销观念？

二、案例题

小戚的成功推销

有一天，上海市第八百货商店箱包专柜来了一位年轻顾客。他一会儿看牛皮箱，一会儿又挑人造革箱，挑来挑去拿不定主意。这时，营业员小戚上前招呼，并了解到该顾客是为出国所用，便马上把106厘米牛津滑轮箱介绍给顾客，并说明了飞机持箱的规定，最大不超过106厘米。牛津箱体轻，又有滑轮，携带较方便，价格比牛皮箱便宜得多。年轻人听了觉得他讲得不仅头头是道、合情合理，而且丝丝入扣、正中下怀，于是就选定了滑轮箱高兴而去。

问题：(1) 小戚在推销时运用了怎样的推销观念？

(2) 顾客为什么会觉得小戚讲得丝丝入扣、正中下怀？

(3) 小戚的成功推销给你什么启示？

三、自测题

某保险公司推销人员小张要去推销一份养老保险，依据现代推销观念，试计划他应该进行的步骤和具体内容。

四、实训与实战

【实训与实战目标】

1. 进一步理解推销的观念。

2. 树立现代推销的观念。

【实训与实战内容、方式】

1. 内容：财富人生马云谈电子商务人才如何发展。

2. 方式：观看相关内容的录像（链接：观看“财富人生马云谈电子商务人才如何发展”的录像片）。

马云谈电子商务人才如何发展（时长：2小时48分，http：//v. youku. com/v_ show/id_ XMTUzOTY4MjQ =. html. ）。

【实训与实战要求】

撰写观后心得体会，字数至少在1000字以上。

【实训与实战要求流程】

1. 观看有关内容的录像片。

2. 撰写心得体会。

【实训与实战成果检测】

1. 递交一份心得体会。

2. 召开讨论会，大家互相畅谈心得体会，最后由教师点评。

项目小结

推销是一种社会经济活动和实践活动，这种活动既包括推销人员说服和诱导顾客购买商品，实现商品价值的活动，又包括顾客接受推销的商品，获得商品使用价值的活动；既包括推销人员向顾客传递信息的活动，又包括顾客向推销人员反馈信息的活动。推销构成了商品从卖者向买者手中转移的过程，卖者与买者之间信息双向沟通的过程，同时还包括卖者与买者之间的情感交流和心理活动过程。推销的目的在于满足顾客需求和实现企业营销目标。推销的核心问题是说服和诱导。

广义的推销是使自己的意图和观念获得对方认可、接受的过程。狭义的推销是指经济领域中，商品生产者或经营者为挖掘潜在的顾客，针对其销售对象所采取的一系列促销手段和促销活动。

商品推销活动主要包括推销人员、推销对象、推销品、推销信息、推销环境五大要素。推销人员和推销对象是商品推销活动的主体，推销品是商品推销活动的客体，推销信息和推销环境是推销活动进行的重要条件和影响因素。

推销是一种双向信息沟通的过程，具有寻找新的顾客、传递商品信息、销售企业商品、提供多种服务、反馈市场信息、协调买卖关系等功能。在市场经济条件下，推销对企业、对社会、对个人都产生着巨大影响。

推销活动受一定的推销观念支配。现代推销观念强调商品的销售必须以顾客需求为契机，强调在推销全过程中加强对顾客的服务，进而从顾客的需求得到满足中获利。

项目二 推销模式

学习目标

理解推销方格理论的两种心理态度构成的方格关系。熟悉五种典型的推销方格。掌握五类典型的顾客方格。掌握“爱达”（AIDA）推销模式。熟悉“迪伯达”（DIPADA）推销模式。熟悉“埃德帕”（IDEPA）推销模式。了解“费比”（FABE）推销模式。

导读案例

小李卖鸡

小李是某冷冻食品厂的一名推销人员。虽然他从事推销工作的时间并不长，但由于他善于学习和吸收书本上的知识及其他推销前辈的经验教训，自己平时又注意钻研，因此进步很快，在推销中取得了较为明显的成绩。一次，小李受命推销一批西装鸡。当时市场上这种产品供应量大，积压较多，各供货单位之间竞争十分激烈。小李按常规的推销方法，登门拜访了几家客户，结果都碰了钉子，未能达成交易。面对这一现实，小李没有沮丧失望，而是积极地开动脑筋，努力寻找推销突破口。终于一个新的推销方案在小李的脑海中形成了，于是在下一次的推销中，小李有了下面精彩的表演。

这次推销时，小李不再是直奔客户的办公室，而是以一个推销人员的身份与客户打交道。他选择在顾客较少的时候进入了一家商场，并径直走到出售西装鸡的柜台前，非常仔细、非常认真地察看柜台内陈列的商品，售货员看到这幅情景，以为他在寻找什么产品，忙走过来问：“您要点什么？”这时，小李站直身体，微笑着说：“我不买，只是想看看您这儿的品种是否齐全。”对这样的回答，售货员感到有点奇怪，就问了句：“看这干什么？”小李又微微一笑说：“对不起，这是我的职业病。”“您的职业病？”售货员更是好奇了，“那您是干什么的？”抓住这一时机，小李亮出了自己的身份，回答道：“我们是同行，我也是卖鸡的，我是专门负责向您们提供某公司的鸡产品的。”听到这样的介绍，售货员来了兴致，对小李也产生了更大的兴趣，于是又问道：“那您看我们这儿的货怎么样呢？还齐全吗？”这时，小李重新俯下身体，故意仔细地又看了一下，才抬起头答道：“不错，品种真不少，不过还有点欠缺，如某某品种您这儿好像还没有。”顺着这一话题，他俩就聊了起来。在这一过程中，小李一方面借机把自己推销的产品向这位售货员做了详细介绍，同时也乘机探明了对方以前接受别人供货的条件，并穿插地说了一些售货员爱听的趣闻轶事，因此，当聊天结束时，他们俨然已成了老朋友。快要离开时，小李好像不经意地顺便提了一下，问售货员是否进一点他的货，售货员稍稍犹豫了一下：“这要组长同意才行。”但是，她马上又热心地补充道：“不过，您别急，我进去和组长说说。”于是，她进去找了组长，把情况简单介绍了一下，并在组长面前极力推荐小李。因此，当组长来到小李面前后，只简单地与小李谈了一下供货的条件，就同意先进一点货。这样，小李终于在这家商场打开了推销局面，也因此与这位售货员成了朋友，这个柜台从此自然也就成了小李的老主顾，而且这位售货员还极力向同行们推荐小李。于是，小李在这方面的业务大大地拓展了。

提示：从案例看，小李运用的是爱达模式。首先，小李非常仔细地察看柜台里的商品，这实际上是要引起售货员的注意；其次，小李的答语“我只是看看品种全不全”“我们是同行”等，实为引发对方的兴趣；聊天中介绍自己的情况，是让对方充分了解自己，以便加深记忆；以老朋友的口吻问她是否买一点，以促她做出决定；知己知彼，提出优惠的供货条件，则是促进成交。可见，小李的做法与“爱达法”的要求是十分吻合的。

任务一　推销方格理论

任务驱动

小组讨论：谈谈你对推销方格理论的理解。

提示：可以结合实际工作从五种典型的推销方格进行理解。因为这五种方格中，每一种代表的是推销人员不同的心理态度和推销风格。

必备知识

推销是一种复杂的社会活动，是推销人员与顾客交往的过程。推销人员和顾客在整个活动过程中都有着各种各样的心理活动，形成各自的心理状态。不同的推销心态往往会带来不同的推销效果。许多学者在大量推销实践过程中总结出其中的规律性，形成推销理论。

美国管理学家罗伯特·R. 布莱克教授和简·莫顿教授曾以“管理方格理论”而蜚声经济学界。在此基础上，他们研究了推销人员和顾客之间的人际关系和买卖关系，提出了“推销方格理论”（Sales Grid），这是推销学基础理论的突破之一。这个理论包括三部分内容。

一、推销人员方格

推销方格理论认为，推销人员在进行推销工作时，心里应该有两个目标：一是完成销售任务，把产品卖出去；二是与顾客建立良好的人际关系，以便日后开展业务。在具体的推销活动中，推销人员追求两种目标的心理态度就构成了推销方格。

布莱克和莫顿用一个平面坐标系中的第一象限的图形来表示管理方格，见图2－1。纵坐标表示推销人员对顾客的关心程度，横坐标表示推销人员对完成推销任务的关心程度。两个坐标值都从1到9。坐标值越大，表示关心程度越高。每一个方格交点代表一种推销人员的心理态度或推销方格。其中（1，1），（9，1），（1，9），（5，5），（9，9）分别是五种典型的推销方格。

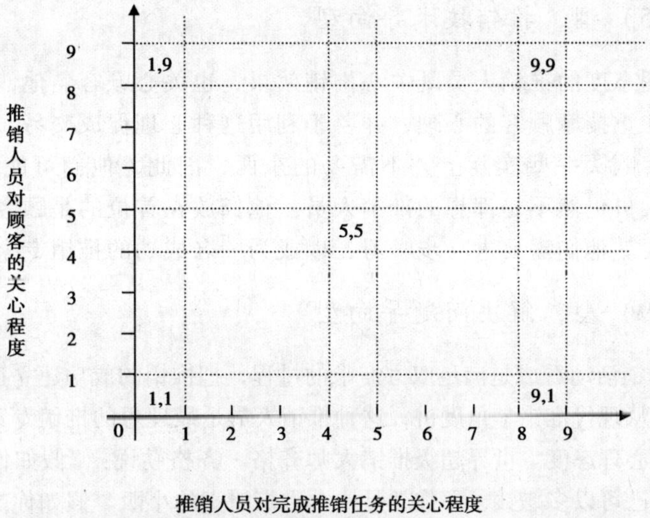

图2－1　推销方格

（一）（1，1）型，事不关己型

（1，1）型推销人员对推销成功，以及对顾客感受的关心程度都是最低的。事不关己型的推销人员对本职工作缺乏责任心。究其原因，也许是主观上不愿做推销工作，当一天和尚撞一天钟；也许是客观上对工作不满意。比如，前些年备受批评的我国商场的服务态度就是如此。

（二）（9，1）型，强行推销型

（9，1）型推销人员认为，既然由我负责这一顾客，并向其硬性推销，我便应施加压力，迫使其购买。因此，他们为提高推销业绩，不惜采用多种手段，全然不顾顾客的心理状态和利益。强行推销方式产生于第一次世界大战之后的美国，推销人员与顾客被形象地比喻为拳击台上的两个选手，推销人员要坚决把顾客“打倒”。强行推销不但损害了顾客的利益，而且损害了企业的市场形象和产品信誉，导致企业的经济利益受损，影响了推销行业的发展。在此之后，强行推销被温和推销所代替。企业界和学术界达成共识：强行推销对顾客愿意的交易也必然有损于推销人员。如在我国市场经济发展的初期，一些厂家和业务员并没有认识到一味追求经济效益而忽略顾客利益的危害，继续着这种贻害深远的“一锤子买卖”。

（三）（1，9）型，顾客导向型

持这种心态的推销人员认为，我是顾客之友，我想了解他并对其感受和兴趣做出反应，这样他会喜欢我。这种私人感情可促使他购买我的产品。他们可能是不错的人际关系专家，因为他们始终把与顾客处好关系放在第一位，但并不是成熟的推销人员。因为在很多情况下，对顾客的百依百顺并不能换来交易的达成。这其实是强行推销的另一种表现。现代推销要求把顾客的利益和需要放在第一位，不是把顾客的感受摆在首位。

（四）（5，5）型，推销技术导向型

处于这种心理态度的推销人员既关心推销效果，也关心顾客。他们往往有一套行之有效的推销战术，注重揣摩顾客的心理，并善于利用这种心理促成交易。他们可以凭经验和推销技术诱使顾客购买一些实际上并不需要的东西，因此，他们可能会有极佳的推销业绩。但这类推销人员仍然不是理想的推销人员。他们放在首位的是顾客的购买心理，而不是顾客的利益需要。他们需要进一步学习，以成为一名成功的推销专家。

（五）（9，9）型，解决问题导向型

推销人员把推销活动看成是满足双方需求的过程，把推销的成功建立在推销人员与顾客双方需求的基础上。从现代推销学角度讲，这种推销人员是最理想的推销专家。这种推销的心理态度是最佳的推销心理态度。世界超级推销大师齐格·齐格勒说：“假如你鼓励顾客去买很多的商品只是为了自己可以多赚钱，那你就是一个沿街叫卖的小贩。假如你鼓励顾客购买很多商品的目的是为了顾客的利益，那你就是推销的‘行家’，同时你也得益。”事实正是如此。

例文示范

实习生与老大娘

在某百货商店里，实习生小王正在接待一位顾客。这是一位来自农村的老大娘，她想买一个暖水瓶胆。小王连续给她看了三个暖水瓶胆，她都摇头。小王有些奇怪，就问：“大娘，这三个都有什么问题吗？”大娘说：“三个都坏了。”小王很惊讶：“不会的，这可是新进的货啊。”“每只瓶胆都有几个黑斑，不明显有毛病吗？”老大娘一边用手指点上面的斑点，一边无奈地摇头。

小王这才恍然大悟，笑着解释说：“大娘，这不是什么斑点，这是三块石棉。因为瓶胆是双层玻璃构造，中间是真空的，为了防止瓶胆内壁承受压力过大而破碎，需要将内壁承受的一部分压力分散到外壁上，所以用三块石棉连接内外壁，这样瓶胆就不易破碎了。”大娘听了后疑虑地笑笑，最后还是摇摇头走了。

［引自 https：//wenku. baidu. com］

二、顾客方格

在购买活动中，顾客也至少有两个目的：一是在有利的购买条件下购买合适的商品来满足自己的需求；二是与推销人员建立良好的人际关系。

顾客方格与推销人员方格的图形是一样的。其中纵坐标表示顾客对推销人员的关心程度，横坐标表示顾客对购买的关心程度，坐标数值越大表示关心程度越高。

用同样的方法也可以建立顾客方格，见图 2－2。

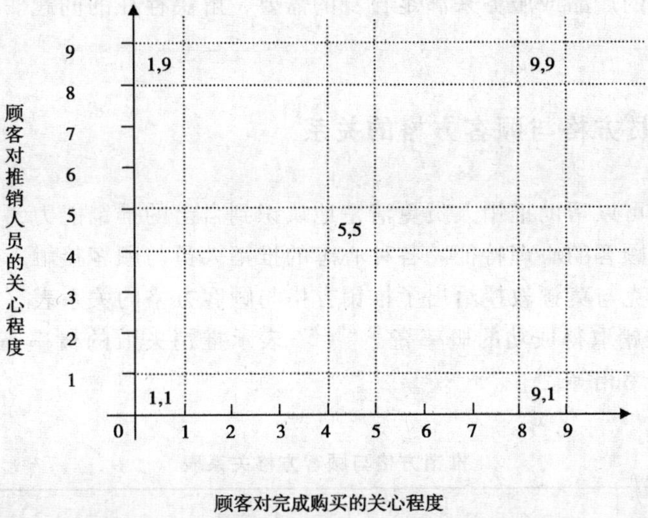

图 2－2　顾客方格

五类典型的顾客方格是：

（一）（1，1）型，漠不关心型

具有这种心态的顾客既不关心推销人员，对购买行为也不关心。原因之一是其没有购买决策权。

（二）（9，1）型，防卫型

防卫型又称购买利益导向型。他们只关心如何以更佳的条件购买商品，对推销人员不但不关心，反而极为反感，甚至敌视。这类顾客可能受传统观念的影响，认为“无商不奸”或者有受骗上当的经历，认为推销人员都是骗子。对待持这种心态的顾客，推销人员应首先推销自己，消除对方的防范意识，然后再推销产品。

（三）（1，9）型，软心肠型

这是一类情感型的顾客。他们对推销人员极为关心，尤其体谅推销人员的心情和处境。所以，他们也许只是因为推销人员热情周到，或因为推销人员辛苦工作而受感动购买产品。软心肠型的顾客自然是所有的推销人员都希望遇到的。

（四）（5，5）型，干练型

顾名思义，这类顾客有商品知识和购买经验，在与推销人员打交道时显得非常聪明，既考虑到自己的购买需求，又关心推销人员。但干练型的顾客摆在首位的是在接受推销时显示自己的知识、经验、聪明、公正、宽容等，并且受个人的某种购买心理影响较大。

（五）（9，9）型，寻求答案型

这是最成熟的购买人。他们了解自身的需要，通过倾听推销人员的推销介绍，分析问题所在，购买合适的产品或服务来满足自身的需要，解决存在的问题。他们的购买行为是明智的。

三、推销人员方格与顾客方格的关系

推销方格理论可以帮助推销人员更清楚地认识到自己的推销能力，更深入地了解自己的推销对象，掌握顾客的心理特征。各种心态的推销人员与顾客接触，哪一种搭配能导致推销成功呢？布莱克与莫顿教授给出了推销方格与顾客方格的关系表（见表2-1）。表中符号“+”表示推销取得成功的概率高，“-”表示推销失败的概率高，而“0”表示推销成功与失败的概率相等。

表2-1　　推销方格与顾客方格关系表

推销效果 / 购买风格类型 / 推销风格类型	（1，1）	（1，9）	（5，5）	（9，1）	（9，9）
（9，9）型心态	+	+	+	+	+
（9，1）型心态	0	+	+	0	0
（5，5）型心态	0	+	+	-	0
（1，9）型心态	-	+	0	-	0
（1，1）型心态	-	-	-	-	-

例文示范

有一家效益相当不错的公司高薪招聘营销主管。在笔试时考官出了这样一道题目：以十天为限，向和尚推销木梳，推销木梳最多者为获胜者。

绝大多数应聘者感到困惑不解，纷纷拂袖而去，最后只剩下三个应聘者：甲、乙、丙。十天后，甲、乙、丙三人分别汇报了各自的推销成果及推销过程。

甲只卖了一把木梳。他先是游说和尚应当买把梳子，没有什么效果，然而在下山途中，看到一个小和尚一边晒太阳，一边使劲挠着头皮。甲便递给小和尚一把木梳，小和尚用后非常满意，于是买下一把。

乙卖了十把木梳。他去了一座名山古寺，由于山高风大，进香者的头发都被吹乱了，他找到寺院的住持说："香客蓬头垢面是对佛的不敬，应在香案前放把木梳，供善男信女梳理鬓发。"住持采纳了他的建议，于是买下了十把木梳。

丙卖了一百把木梳。他到了一座颇具盛名、香火极旺的深山宝刹。丙对住持说："凡来进香参观者，多有一颗虔诚之心，宝刹应有所回赠，以留纪念，保佑其平安吉祥，鼓励其多做善事。我有一批木梳，您的书法又是如此超群，在其上刻'积善梳'三个字，便可作为赠品"。住持立即买下一百把木梳。

[选自王富祥主编的《推销理论与实务》，大连理工大学出版社，2010 年]

阅读资料

如何处理顾客导向与推销导向的关系

张某在香港推销界工作了 20 多年。在这 20 多年里，他推销过多种产品，从一个门外汉变成一个推销高手。在别人请教他成功的经验时，张某说："推销员一定要带着一个有益于顾客的构想去拜访顾客。这样你遭到的拒绝就会少，你就会受到顾客的欢迎。推销员要做建设性的拜访。"

张某在推销地板时，虽然他拥有的客户数目不少，但每个客户的订货量不大，其原因是客户受到资金的限制无法大量购买他的产品。如何才能让顾客大量购买产品呢？经过认真调查分析和思考，张某为客户想出了一个加速资金周转的办法。他建议客户平时不必大量储存材料，而应将计划安排好，在材料使用前几天内将货补齐，这样可以加速资金周转。客户采纳了他的建议后，节约了资金占用，加速了资金周转，也终于能大量地采购张某的产品了。

张某认为，推销员应多多拜访顾客，并且要做建设性的访问，这样访问才会有效果。张某的一位客户——一家零售店老板曾这样说："今天早晨在张某来访问我之前，已经有 15 个推销员来过了。这 15 个推销员都只是一味地为他们的商品做广告，或谈价钱，或让我看看样品。然而，当张某把产品的陈列方法告诉我时，我宛如呼吸到新鲜空气一样，真让人高兴。"

张某把如何才能对顾客有新帮助的想法铭刻在心。他从不放过任何一个能对顾客有所帮助的机会，即便是一个偶然的机会。

一次，张某与一位技术人员交谈，当时这位技术人员正计划成立一个水质净化器制作与安装公司。张某为了能赢得顾客，便认真地去思考一个富有建设性的方法。

当张某在另外一位客户的办公室里等候的时候，他看到了一本与自来水有关的技术杂志，便一页一页地翻看起来，结果发现了一篇具有经济价值的工程论文。这是一篇论述在蓄水池上面安装保护膜的论文。于是，张某把这篇论文复印，然后带着复印材料去访问那位技术人员。他对张某提供的这份材料感到万分高兴。此后，他们的商业交往一直都进行得很顺利。

事后，张某在总结自己的经验时说："看到这本杂志后，才得到好运。但是能获得此佳运，也并非出于偶然。因为，如果我不是经常在想着建设性的访问目标，那么，我绝不会去翻阅那本杂志。倘若我没有看到那篇论文，我还会去寻找其他东西。对每位顾客都做建设性访问的我，随时都能对所有机会产生机敏的反应。"

［引自张秋林主编的《现代推销理论与实务》，南京大学出版社，2008年］

训练设计

一、简答题

1. 什么是推销方格理论？
2. 推销人员心理态度有哪五个基本类型？
3. 顾客心理态度有哪五个基本类型？
4. 试述推销人员心理态度和顾客心理态度的关系。

二、案例分析

成功的范例

印刷用品公司的推销人员弗兰克已约好去见普鲁夹印刷公司的生产部经理波恩。

弗兰克：早安！波恩，今天早上承蒙接见，至感荣幸。我知道您的工作很忙，时间安排得很紧凑。对了！我在报纸上看到有关贵公司的报道，业绩超越近五年，这一定得益于您的经营方向正确、领导有方，相信一定有很多人在谈论贵公司的管理。

波恩：是的，我们对公司的业绩感到很欣慰，那不是轻易得来的。本公司和其他公司一样，同样也有我们的问题。

弗兰克：贵公司有哪些问题呢？

波恩：最主要的问题是印刷时机器停顿的时间太多。

弗兰克：造成机器停顿的原因是什么呢？

波恩：原因之一是本公司购买的湿滚筒质量太差，不只是向您的竞争厂商Ajax购买，同时也向贵公司购买。这些滚筒都不耐用，接缝处有撕裂的痕迹，绒布上沾有油墨，有谁知道还有其他原因没有？

弗兰克：我了解您的感受，很高兴您把这些问题告诉我。直到最近为止，这确实是业界相当普遍的问题。这也是我今天来拜访您的原因之一。本公司最近开发一种崭新且现代化的3－Hate湿滚筒，如果使用它，您刚才所提的这些问题就不会再发生了。您听说过这种新产品吗？

波恩：尚未听说过。

弗兰克；我想您应该认识第三街Paragon印刷公司的Fred Filbert吧，您认为他的作业方式和贵公司的作业方式相同吗？

波恩：是的，大部分都相同。

弗兰克：上个月我和Fred讨论时，他告诉我，他的滚筒纸潮湿表面的平均寿命才16

小时，因为强烈的碰撞、起泡、解开等动作，平均每次换班时间就得更换表面，此时机器就要被迫停顿了。这就是您所遭遇到的问题吗？

波恩：是的，正是如此。

弗兰克：大约在四个星期前，经过我建议之后，Fred 决定试用 3 - Hate 湿滚筒，后来他发现不但减少了强烈的碰撞起泡以及解开等动作。经过一个月之后，第一个湿滚筒仍然一直在使用。因为无须更换表面，所以减少了机器停顿的时间，节省的费用就足够支付 3 - Hate 湿滚筒的价钱了。

波恩：不错，这是我常听推销人员说的。这种新产品的价格一定很贵吧。

弗兰克：让我把这个问题说清楚之后，再来讨论价格吧！坦白说，3 - Hate 湿滚筒是一种革命性的新产品，潮湿的表面是一个崭新的观念，它是一个完整的圆柱形，尤其是含有坚固的纤维管，完全没有接缝，可消除您所遭遇到的问题。其实，3 - Hate 湿滚筒确实要比干燥滚筒更坚固，您曾经使用过纸套筒吗？

波恩：当然用过，纸质比布质便宜多了。

弗兰克：纸质的单价可能比较便宜，但就长期而言，kb 布质更昂贵。例如，3 - Hate 湿滚筒不会像您所使用的纸质套筒那样有裂缝、有皱纹、会伸张、会收缩。

波恩：安装又如何呢？

弗兰克：让我们到您的机器上去试试。

（他们朝着机器的方向走去，并叫来一名机器操作员）

弗兰克：您看，装套筒就是这么容易，只要把它置于滚筒上就可以了。您为何要使用构造复杂或有许多控制装置的套筒呢？它丝毫没有改变印刷机的基本设计。这种套筒的单价虽然贵一点，但是当您要改变印刷颜色时，无须清洗，实际上节省了不少费用；印刷中遇有短暂的停顿时，也不会像纸张一样变得干燥。让我们再回到办公室去吧，那里要安静得多。（他们一起回到波恩先生的办公室）

波恩：现在让我把 3 - Hate 湿滚筒的优点做一个总结，首先是可使印刷清晰，而且绝对不会留有柳絮状的纤维；其次是改变印刷颜色时，无须清洗或更换套筒；再次是工作进行中，不会产生任何形式的痕迹；最后是无须重新准备或调整。

弗兰克：您可能会担心成本问题。

波恩：可不是吗？

弗兰克：使用 3 - Hate 湿滚筒之后，无须使用酒精或其他特别溶液，曾经使用过这种湿滚筒的人都发现 3 - Hate 湿滚筒比他们以前所使用的任何滚筒都经济实惠。

当然，最后的结果是波恩买了弗兰克推销的机器。

问题：（1）弗兰克推销时做了哪些事？

（2）运用所学推销模式分析弗兰克成功的原因。

（3）如果你是弗兰克，你会怎么做？

三、自测题

推销方格自我测试题

为了进一步帮助推销人员了解自己的推销心理态度，布莱克和莫顿两位教授合编了一份推销方格试题，供推销人员进行自我测验。

这份推销方格试题共6道题，每道题里都含有5种不同的推销方案。在动笔答题之前，请大家先将每道题中5种不同的推销方案仔细地看一遍，然后在最适合自己推销心理态度的方案之前写下“5”，比较适合自己推销心理态度的方案之前写下“4”，以此类推，在最不适合自己推销心理态度的方案之前写“1”。

第1题

A1 我接受顾客的决定。

B1 我十分重视维持与顾客之间的良好关系。

C1 我善于寻求一种对客我双方均为可行的结果。

D1 我在任何困难的情况下都要找出一个结果来。

E1 我希望在双方相互了解和同意的基础上获得结果。

第2题

A2 我能够接受顾客的全部意见和各种态度，并且避免提出反对意见。

B2 我乐于接受顾客的各种意见和态度，更善于表达自己的意见和态度。

C2 当顾客的意见和态度与我的意见和态度发生分歧时，我就采取折中方法。

D2 我总是支持自己的意见和态度。

E2 我愿意听取别人的不同意见和态度，我有自己独立的见解。但是当别人的意见更为完善时，我能改变自己原来的立场。

第3题

A3 我认为多一事不如少一事。

B3 我支持和鼓励别人做他们想做的事。

C3 我善于提出积极的合理化建议，以利于事情的顺利进行。

D3 我了解自己的真实追求，并且要求别人也接受我的追求。

E3 我把自己的全部精力倾注在自己正在从事的事业之中，并且也关心别人的事业。

第4题

A4 当冲突发生的时候，我总是保持中立，并且尽量避免惹是生非。

B4 我总是千方百计避免发生冲突。万一出现冲突，我也会设法消除冲突。

C4 当冲突发生的时候，我总会尽量保持镇定，不抱成见，并且设法找出一个公平合理的解决办法。

D4 当冲突发生的时候，我会设法击败对方赢得胜利。

E4 当冲突发生的时候，我会设法寻找冲突的根源，并且有条不紊地寻求解决办法，消除冲突。

第5题

A5 为了保持中立，我很少被人激怒。

B5 为了避免个人情绪的干扰，我常常以温和友好的方法和态度来对待别人。

C5 在情绪紧张时，我就不知所措，无法避免更进一步的压力。

D5 当情绪不对劲时，我就会尽力保持自己，抗拒外来的压力。

E5 当情绪不佳时，我总会设法将它隐藏起来。

第 6 题

A6 我的幽默感常常让别人莫名其妙。

B6 我的幽默感主要是为了维持良好的人际关系，希望利用自己的幽默感来冲淡严肃的气氛。

C6 我希望自己的幽默感具有一定的说服力，可以让别人接受我的意见。

D6 我的幽默感很容易觉察。

E6 我的幽默感一针见血，别人很容易觉察到，即使在高度的压力下，我仍然能够保持自己的幽默感。

在答完上述试题后，请将每道题里 5 个方案的得分填写在表 2－2 的空格里，然后将纵行的分数相加，总分最高的就是你的推销心理态度。

表 2－2　　推销心理态度分数查对表

题目/得分/推销心理态度	1.1 型	1.9 型	5.5 型	9.1 型	9.9 型
第 1 题	A1	B1	C1	D1	E1
第 2 题	A2	B2	C2	D2	E2
第 3 题	A3	B3	C3	D3	E3
第 4 题	A4	B4	C4	D4	E4
第 5 题	A5	B5	C5	D5	E5
第 6 题	A6	B6	C6	D6	E6
总分					

［引自龚荒主编的《商务谈判与推销技》，清华大学出版社、北京交通大学出版社，2010 年］

四、实训与实战

【实训与实战目标】

1. 帮助推销人员成功地把产品推销出去。

2. 帮助推销人员树立良好的人际关系的理念。

【实训与实战内容、方式】

1. 内容：安利直销的做法之一——举办家庭聚会。

安利公司每年有许多不同形式的家庭聚会，如一种小型的会议，这种会议一般只邀请少数的客户，直销员在会上给客户讲安利事业的时候，考虑到客户还会继续加入，如果把他带到会议中心去，他看到原来安利事业还有这么多人在做，信心就会增加，如果再带他到公司参观或去专卖店看看，那么客户会更有信心了。产品发表会，即家庭聚会的目的是纯粹的产品说明和产品演示，不是叫别人去做这个事业，而是让参加销售人员的亲朋好友都能了解直销产品的好处，让他们享受产品的价格优惠。安利的根基是把所有产品深入到每个家庭，这种根基只有在家庭聚会建立时才更有效率。小型培训会，这是一种小型的产品示范训练会。即直销员把学习到的技术通过家庭聚会表现出来。具体做法是在家庭聚会上，直销员对其下属推荐的亲朋好友进行示范讲解产品，当下属的亲朋好友看到你做得很棒，他们也会喜欢这种产品，并去推介这种产品。这样良好的业绩就会产生。复制技术，即在家庭聚会时由直销员直接传授推销技术与市场计划。这种传授可以是一对一进行，也可以是一对二、一对三、一对五进行，这样传授效果是非常好的。联络感情，通过各种形式，几个朋友经常在一起，并互相交流，这样时间一长，感情越来越深厚。一旦感情建立起来后可以互相扶持。

2. 方式：模拟家庭聚会。

【实训与实战要求】

1. 分组，每组8~10人，并选出组长1~2名，由组长进行具体的角色分配安排。

2. 各小组进行模拟家庭聚会。

【实训与实战成果检测】

1. 在家庭聚会的具体做法方面进行成果检测，重点包括邀约、会场布置。

2. 会后小结，每个学生谈谈聚会的感受与收获。

任务二 推销模式

任务驱动

小组讨论：你认为中外推销学家总结出来的推销模式有什么共性和区别？

提示：可以从不同的推销模式进行比较分析。

必备知识

现代推销学的一个大的突破就是把推销过程理论化、系统化、规范化。中外推销专家在深入研究推销案例的基础上，从不同角度提出了一系列的推销模式。所谓推销模式就是根据推销活动的特点及对顾客购买活动各阶段的心理演变应采取的策略，归纳出的一套程序化的标准推销形式。在推销实践中，由于推销活动的复杂性，市场环境的多变性，推销人员不应被标准化程序所束缚，而应从掌握推销活动的规律入手，灵活运用推销模式，只有这样才能起到提高推销效率的作用。

一、爱达模式（AIDA）

海因兹·姆·戈德曼认为推销过程要经过几个不同的发展阶段。即引起顾客注意→唤起顾客兴趣→激起顾客购买欲望→促成顾客购买行为。注意（Attention）、兴趣（Interest）、欲望（Desire）、购买（Action）四个英文单词的首字母分别是A、I、D、A，因此推销的步骤又被音译为爱达模式。爱达模式适用于顾客比较被动的情况。比如，在商店销售中，向顾客推销他计划购买之外的产品。这种模式也适用于一些易于携带的生活用品和办公用品的推销，也适用于新推销人员使用以及面对的是陌生推销对象的推销。爱达模式四个阶段的完成时间和先后顺序不是固定不变的，可视推销的实际情况灵活运用。

（一）引起顾客注意

在面对顾客开始推销时，推销人员必须想方设法地引起顾客的充分注意，要将顾客的注意力“集中到你所说的每一句话和每一个动作上”。集中顾客注意力应做到：

1. 说好第一句话

戈德曼认为，顾客最初感兴趣的就是推销人员所说的第一句话。如果这个头开得好，顾客就乐意听下去。因此，推销人员在开始推销前首先应该考虑以下问题：

（1）用简单的话语向顾客介绍产品的实用价值。

（2）考虑顾客对产品的具体要求，并向顾客提出某些问题，包括考虑这些问题是否符合顾客的实际情况？是否与顾客的切身利益紧密相关？

（3）运用哪些恰当的实例引起顾客的兴趣？

（4）怎样帮助顾客解决他的问题？

（5）向顾客提供一些有价值的资料，并使他乐于接受我的产品？

（6）与顾客进行推销谈话时，注意初始语言的运用？

尤其是拜访陌生人时，第一句话往往是致胜的法宝或失败的根源。记住，要善用你的第一句话，以便达到事半功倍的效应。

2. 把顾客的利益和问题放在第一位

关注顾客的利益和存在的亟待解决的问题是现代推销方法的一个重要的着眼点。无论用什么理论分析，现实中人们最感兴趣的问题就是切身的利益问题。成为解决顾客问题的专家，说顾客感兴趣的话，推销才能有的放矢，无往而不胜。

3. 保持与顾客的目光接触

“眼睛看着对方讲话”，不只是一种礼貌，也是推销成功的条件。让顾客从你的眼睛里感受到真诚、尊重与信任。抓住顾客的心应把捕捉顾客的目光作为着眼点。

4. 与众不同

“啊，他又来了，又是老一套。”这种厌倦的情绪会阻碍顾客购买。人们都会对习惯的东西熟视无睹。推销工作要学会与别人不同，与自己的过去不同，与顾客的期望不同，让顾客对你和你的工作有新鲜感，惊讶、好奇等都会吸引顾客的注意力。

（二）唤起顾客的兴趣

先要集中顾客的注意力，才能进而引起顾客的兴趣。按戈德曼的观点，示范是引起顾客兴趣最有效的办法。示范是通过对产品功能、性质、特点的展示以及使用效果的示范表演等，使顾客看到购买产品后所能获得的好处和利益。心理实验表明，听见的事情，3小时后只有10%的人能记住，而见到的事，3小时后仍有70%的人能记住。“百闻不如一见”。如果推销时能随身携带样品，一定要展示样品，如不能携带的话，可以用模型、照片、图片等做示范。也可以通过纸笔进一步向顾客介绍产品。让顾客看看其他客户签订的合同、推荐信，增加顾客的信任感，也是一种示范。

戈德曼关于示范有十点提示：

（1）无论哪种产品都要做示范。保险是一种无形的产品，但保险代理人仍要用图表、文字、数据、照片等向顾客介绍情况，给顾客留下一种生动的感观印象。

（2）在使用中做示范。而不是仅仅向顾客介绍产品的外观形态。

（3）示范增添戏剧性。戏剧性示范能产生一种出乎意料的效果，大大增强推销的吸引力。

（4）让顾客参与示范。请顾客亲身参与推销能提高推销成功率，就比如票友比戏迷对戏剧更加狂热一般。

（5）使用宣传印刷品也需要示范。推销人员不要把小册子送给顾客就了事，还要对宣传印刷品的主要内容加以解释。

（6）示范过程不要太长，也不要过于全面。示范并不是推销工作的全部，太长、太全面的示范也许会使顾客厌烦。

（7）示范要融入情感。示范过程也要讲究情感沟通，推销人员要改变顾客的消极情感，唤起顾客的积极情感，才能促使顾客态度的改变。

（8）帮助顾客从示范中得出正确结论。示范应该有目的性，要善于引导顾客从示范中得出有利于推销成功的结论。

（9）不要过早强迫顾客下结论。要引导顾客自己抉择，而不是迫于某种压力做出决定。

（10）对顾客反应的期望值不要过高。对示范的反应因人而异。推销人员应经常改进示范方法去适应顾客的要求，而不应对顾客要求过高。

注意：顾客对推销的兴趣来自于产品本身特性的吸引，示范工作就是要充分展示这一点。除此之外，顾客对推销的兴趣还来自于推销人员的魅力和推销活动的吸引力。

（三）激发顾客的购买欲望

当顾客觉得购买产品所获得的利益大于付出时，就会产生购买欲。按戈德曼的观点，重要的一点是要使顾客相信，他想购买的产品正是他所需要的，而他所需要的也正是他想购买的。顾客的购买欲望还取决于对满足需要方式的选择。当前阶段的推销活动使顾客对推销的产品产生兴趣后，顾客就会在是否应拥有这个产品的问题上做进一步思考了。因此必需采取多种方法和手段刺激顾客的购买欲望。这是一个关键性的阶段。在这个阶段，强化顾客对推销人员和产品的积极心态，给顾客以购买信心是非常必要的。

刺激顾客的购买欲望主要有以下几种：

1. 建立与检验顾客对推销的信任

这种方法具体又包括在示范并吸引顾客对推销的兴趣后，及时检验顾客对所推销产品的认识程度和针对顾客的担忧和疑虑进行反复解释等手段。

2. 强化情感

顾客的购买欲望多来自情感。一般人们认为顾客在考虑买与不买时是理智的。但调查表明，总是情感的选择大于理智的选择。比如，老年人本应把钱花在购买保险、保健食品与娱乐上，但更多的人却愿意花太多的钱为儿女办婚事或存钱为自己养老做准备。因此，要激起顾客的购买欲望，并不仅仅要求推销人员向顾客证明他需要什么，而要让顾客在情感上相信推销人员，相信推销人员所做的、所说的一切都是为顾客着想。

3. 多方诱导顾客的购买欲望

人们在选择购买时，总是通过多方权衡利弊得失后决定的。只有当顾客充分地意识或看到好的产品或服务时，才有购买的强烈欲望。因此要千方百计对顾客进行诱导。

4. 充分说理

让顾客从情感和理智方面相信和接受推销活动带给他的众多利益，使其产生强烈的购买欲望。

（四）促成顾客采取购买行动

在推销活动中，成交是指购销双方就推销品的买卖达成一致意见的行动过程。推销活动的最终目标就是为了达成交易，推销产品，促进社会经济的发展。因此，成交是整个推销活动的核心，其他各项工作都是围绕这一核心来进行的。

按戈德曼的观点，达成交易有以下条件：

（1）顾客必须完全了解你推销的产品及其价值。

（2）顾客必须信赖推销人员和他代表的公司。

（3）顾客必须有购买欲望。

（4）每一次洽谈都有几个高潮和低潮，不会“机不可失，时不再来”。如果没能在一个高潮中达成交易，那么，就要在下一个高潮中努力争取。

（5）要争取圆满结束洽谈。

（6）要了解清楚谁掌握购买决策权。

例文示范

向小布什推销斧头

美国有一位推销员叫乔治·赫伯特，2001年5月21日，他成功地把一把斧头推销给了小布什总统。

一位记者在采访他的时候，他是这样说的：“小布什总统在得克萨斯州有一座农场，那里长着许多树。于是我给他写了一封信，说：‘有一次，我有幸参观了您的农场，发现那里长着许多橘树，有些已经死掉，木质已经变得松软，我想，您一定需要一把小斧头，但是从您现在的体质来看，一般的小斧头显得太轻，因此您需要一把不堪锋利的老斧头。现在我这里正好有一把这样的斧头，它是我祖父留给我的，很适合砍伐橘树。倘若您有兴趣的话，请按这封信所留的信箱，给予回复……’最后他就给我汇来了15美元。”

［引自陈守则主编的《现代推销学教程》（第2版），机械工业出版社，2017年］

二、迪伯达模式（DIPADA）

迪伯达模式（DIPADA）是国际推销权威海因兹·姆·戈德曼从推销实践中总结出来的一种行之有效的推销模式。与传统的爱达模式相比，迪伯达模式的特点是紧紧抓住了顾客的需要这个关键性的环节，使推销工作更能有的放矢，因而具有较强的针对性。一般来说，迪伯达模式更适用于指导向批发商、厂商和零售商推销各种工业品、无形产品等。

如果顾客主动询问某一产品并要了解有关情况，那么，在拜访这些顾客或者同他们进行业务洽谈时，也应该使用迪伯达模式。

“迪伯达”是六个英文字母D、I、P、A、D、A的译音。它表示该模式包括六个步骤。第一个步骤是准确地发现顾客的需求与愿望（Definition）；第二个步骤是把要推销的产品与顾客的需求及顾客的愿望结合起来（Identincation）；第三个步骤是要证实所推销的产品正是顾客所需要的（Proof）；第四个步骤是促使顾客接受所推销的产品（Acceptance）；第五个步骤是刺激顾客的购买欲望（Desire）；第六个步骤是促使顾客做出购买与成交的决定（Action）。和爱达模式相比，迪伯达模式层次多，步骤繁，但其推销效果更好。

（一）准确发现顾客的需求与愿望

发现顾客的需求与愿望是现代推销理论的出发点。迪伯达模式强调这一点，要求推销人员不仅要了解购买者，还必须了解自己的企业及产品，了解本企业的销售政策，同时还要了解竞争者。要对顾客、本企业和市场三个因素有准确的把握。发现顾客需求的方法有很多，比如，市场调查预测法、市场咨询法、资料查找法、社交发现法、同行了解法、建立信息网络法、个人观察法、连锁介绍法，等等。

（二）把推销的产品与顾客的需求和愿望结合起来

达成交易，“结合”是一个必要的过程。对顾客而言，这个过程也许是主动的，也许是被动的。主动的结合是推销人员努力的结果，而被动的结合必须得到顾客的接受和认可。

（1）结合的原则为：符合客观实际；必须符合顾客的利益；必须是可以证实的或令人信服的；结合的技巧应不留痕迹、自然而然。

（2）按结合的形式分，有语言结合法、行为结合法。前者是通过语言表达，说明产品符合顾客需要的特性；后者则是通过推销人员的行动把推销活动和满足顾客的需求、解决顾客的问题结合起来，用行动向顾客表明诚意，赢得信任与合作。这两种方法一并使用，言行一致，能达到最佳效果。

（3）按结合的内容分，有物的结合、产品整体概念结合、观念结合、信息结合、关系结合。

（4）按结合的范围或路线分，有两点直接结合法、三点式和多边式结合法。

（5）按与顾客关系网结合的不同层面分，有上行关系结合法和下行关系结合法。

（6）从需求的角度分，有适应需求结合法、调整需求结合法、引导需求结合法。

（三）证实推销的产品符合顾客的需求

证实就是为顾客寻找购买的理由与证据。理由和证据应该具备客观性、可信性、针对性、全面性、完善性的特征。推销人员应努力使自己的推销言之有据。推销面谈之前的准备工作中，就要收集整理各种证据并排练演示，争取在推销过程中运用自如，达到最佳效果。证据多种多样，可细分为：

（1）从证据的来源分，有人证、物证和例证。

（2）从证据的获取渠道分，有生产现场证据、销售与使用现场证据及顾客自我经验所提供的证据。

（3）从证据的形式分，有文字证据、图片证据、光电证据。

（四）促使顾客接受所推销的产品

在第三个阶段之后，推销人员必须问顾客是否认为所提供的证据真实可信。前三个阶段都是推销人员扮演主要角色，顾客则是本阶段的主角。

推销人员在本阶段要把握的原则就是明确顾客的态度，并对前阶段的推销工作做总结。有些推销人员在使用迪伯达模式时，往往忽略向顾客证实他对所推销的产品有需求。其实，在你向顾客证实他需要购买所推销的产品以前，他一般不会把他的需求与你所推销的产品联系起来。推销人员必须拿出充分的证据向顾客证明，产品符合顾客的需要和要求，他所需要的正是这些产品。应该强调的是，必须从顾客的角度，而不是从推销人员的角度来判断这些证据是否真实可信。

证实具体的方法有：

（1）询问法。通过提问的方式，搞清楚顾客对推销的接受程度。

（2）总结法。边推销边总结，强调经过前三个步骤的努力双方达成的共识。

（3）试用法。“免费试用”往往是促使顾客接受产品的一个法宝。

（4）部分接受法。如果不能促使顾客全部接受推销要点，也要让顾客在部分问题上接受产品，这样积少成多，逐步引导顾客接受整个产品。

（5）等待接受法。有时顾客因为某种原因无法立即接受产品，推销人员就要学会耐心等待，并不断与顾客接触。长时间的等待与积极的推销相结合可以创造良好的业绩。

（6）示范检查促进法。推销人员通过在示范过程中向顾客提出一些带有检查性的问题，从而试探顾客的接受程度以及是否有购买的意图。如果发现有问题，可以立即纠正补充。

（7）顾客使用促进法。即推销人员把已经介绍与初步证实的产品留给顾客使用，从而促进顾客接受产品。

（五）刺激顾客的购买欲望

在推销过程中，仅仅使顾客把他的需要和推销品联系起来是远远不够的，还应该使顾客认识到：他必须购买你所推销的产品或服务。因此，必须激发顾客的购买欲望。顾客的购买欲望与需要有着紧密的联系。因此，激发欲望的方法也因人而异。但有两个基本原则可供参考，一是向顾客介绍情况以刺激他的购买欲望；二是提出一些有吸引力的建议，并进行充分地说理来激发购买欲望。

（六）促使顾客采取购买行动

这个阶段同爱达模式的第四阶段“达成交易”一致。

例文示范

一次成功的推销

某大百货商店老板曾多次拒绝接见一位服饰推销员，原因是该店多年来经营另一家公司的服饰，老板认为没有理由改变这一固有的关系。后来这位服饰推销员在一次推销访问时，首先递给老板一张便笺，上面写着："你能否给我十分钟就一个经营问题提一点建议？"这张便笺引起了老板的好奇心，推销员就这样被请进门来。进来后，推销员拿出一种新式领带给老板看，并要求老板为这种产品报一个公道的价格。老板仔细地检查了产品，然后做出了认真的答复。

［引自 https：//wenku. baidu. com］

三、埃德帕模式（IDEPA）

埃德帕模式是迪伯达模式的简化形式，它适用于有着明确购买愿望和购买目标的顾客，是零售推销较适宜的模式。

由于埃德帕模式所针对的是有明确购买目标的顾客，因此，采用该模式时不必去发现和指出顾客的需要，而是直接提示哪些产品符合顾客的购买目标。

埃德帕模式把推销全过程概括为五个阶段。

1. 把推销的产品与顾客的愿望联系起来

一般来说，人们总希望从购买活动中获得一定的利益，包括在一定程度上增加收入、减少成本、提高效益。推销人员应对上门主动求购的顾客热情接待，主动介绍商品，使顾客认识到购买商品所能获取的一定利益，紧紧扣住顾客的心弦，使其欲罢不能，只好接近推销人员，这种效果是其他接近方法所无法比拟的。在实际推销工作中，普通顾客很难在推销人员接近时立即认识到购买商品的利益，同时为了掩饰求利心理，也不愿主动向推销人员打听这方面的情况，而往往装出不屑一顾的神情。如果推销人员在接近顾客时主动提示商品利益，可以使商品的内在功效外在化，尽量满足顾客需求。

在向顾客展示利益时，推销人员应该注意下述问题：商品利益必须符合实际，不可浮夸。在正式接近顾客之前，推销人员应该进行市场行情和用户情况调查，科学预测购买和使用产品可以使顾客获得的利益，并且要留有一定余地。

2. 向顾客示范合适的产品

证实的常用办法是示范。所谓示范就是当着顾客的面展示并使用商品，以显示出你推销的商品确实具备能给顾客带来某些好处的功能，以便使顾客产生兴趣和信任。熟练示范你推销的产品，不仅能吸引顾客的注意力，而且更能使顾客直接对产品产生兴趣。示范最能给人以直观的印象，示范效果如何决定推销成功与否。因此，示范之前必须周密计划。

3. 淘汰不宜推销的产品

有些产品不符合顾客的愿望，我们称之为不合格产品。需要强调指出，推销人员在向顾客推销产品的时候，应及时筛选那些与顾客需要不吻合的产品，使顾客尽量买到合适的产品，但也不能轻易淘汰产品，要做一些客观的市场调研及分析。

4. 证实顾客的选择正确

即证明顾客已挑选的产品是合适的，该产品能满足他的需要。

5. 促使顾客接受产品

推销人员应针对顾客的具体特点和需要进行促销工作，并提供优惠条件，促使顾客购买推销的产品。

例文示范

根据顾客的需求适时推销商品

某天，一位顾客去超市购买凉鞋，与推销员的一段对话如下：

推销员：您好，请问有什么可以帮到您？

女顾客：是这样的，我想买一双高跟凉鞋，但是我的脚型与别人不太一样，我的脚背比较宽大。

推销员：没关系，我会根据您的情况帮您选择的。

女顾客：太好了，谢谢你了。

推销员：我觉得您最好考虑这类能包裹前脚掌的坡跟款式，这样不光能凸显您的脚“瘦”，还能拉长您的脚部比例哦。

女顾客：这类款式价格怎样？

推销员：这类款式价格还好，属于中等吧。

女顾客：那好吧。就买这类款式吧。

四、费比模式（FABE）

费比模式是由美国奥克拉荷马大学企业管理博士、台湾中兴大学商学院院长郭昆漠博士总结并推荐的推销模式。费比模式是推销人员向顾客分析产品利益的好方法。F是英文单词Feature的缩写，意为特征，即产品特征。A是英文单词Advantage的缩写，中文“优点”的意思，即产品的优点。B是英文单词Benefit（利益）的缩写，是产品优点所带给顾客的利益。E是英文单词Evidence（证据）的缩写形式，推销人员以真实的证据解除顾客的异议与顾虑。如某化肥原料供应公司向化肥厂推销煤，他说：“我们供应的是山西省的一级煤，炭块率在85%以上（特征），这种煤发热量大，烟灰少，含硫量低于0.5%（优点），生产化肥上气快，产量高（利益），经某厂使用得到一致好评。今年，又有某厂向我们订了货（证据）。”

费比模式要求事先把产品特征、优点及带给顾客的利益等列出来，印在纸上，写在清单上，能使顾客容易了解，节省顾客产生疑问的时间，减少异议。推销人员应做到事先准备好各种推销用语，即拟好介绍产品、指出优点的销售用语，拟好对产品效用价值做特别介绍的销售用语，拟好刺激顾客购买欲望的销售用语，拟好说明企业文化、企业营销思想的销售用语等，然后把以上各点写在纸上，牢记心中，达到运用自如、脱口而出的程度。

郭昆漠博士将成功的推销与推销额倍增的技巧总结为诱导顾客购买心理的七个阶段：

（1）引起顾客的注意。

（2）让顾客产生兴趣。

（3）使顾客产生联想。

（4）诱发顾客的购买欲望。

以上四个阶段分为三个步骤：

①让顾客明白，你所推销的产品正是他所缺乏的；

②让顾客相信，你所推销的产品可以满足他的需求；

③让顾客了解和明白购买你所推销的产品可以得到各种利益与满足。

（5）给顾客进行比较的机会。

①把顾客支付的货币与他所能得到的利益比较；

②把所推销的产品与别的产品进行比较，使顾客在比较中相信所购买产品的优点。

（6）让顾客信服。

（7）促使顾客下决心采取购买行动。

知识拓展

四个模式的特点与适用范围

■ 爱达模式（AIDA）的特点与适用范围：

◆ 特点：唤起注意。

◆ 适用范围：比较适合店堂的推销如柜台推销和展销会推销，也适合于一些易于携带的生活用品和办公用品的行销，也适用于新推销人员使用以及面对首次接触顾客的推销。

■ 迪伯达模式（DIPADA）的特点与适用范围：

◆ 特点：准确发现顾客的需求。

◆ 适用范围：适用于对老顾客的销售和保险、技术服务、咨询服务、信息产品等无形产品的销售，也适用于生产资料（资本品）的推销，以及客户属于有组织购买即单位购买者的销售。

■ 埃德帕模式（IDEPA）的特点与适用范围：

◆ 特点：推销品和顾客的需求与愿望结合起来。

◆ 适用范围：此模式适用于向熟悉的中间商推销，也适用于对主动上门购买的顾客进行推销。

■ 费比模式（FABE）的特点与适用范围：

◆ 特点：举例说明给顾客带来的利益。

◆ 适用范围：适用于一些高新技术产品的推销，如汽车、房产、工业原材料等。

阅读资料

费比模式的运用——海尔电冰箱

一天，一对夫妇在某商场挑选电冰箱。下面是商场推销员与这对夫妇的对话：

销售员：您两位是想要选购一款电冰箱吗？

顾客夫妇：嗯。

销售员：那么您两位是想选购一款什么样的冰箱呢？

顾客女：没什么具体打算，随便看看了解一下。

销售员：那我来给两位推荐介绍一款冰箱吧。

顾客男：好的。

推销员：请看这款冰箱，海尔 BCD－301W 六门系列冰箱，它是精控温区设计。第一，它是直流全变频，静鲜共享。第二，它的冷藏、冷冻采用立体风，制冷速度快，保鲜好。第三，也是它的独特的特点，它是全球首创可拆式全自动制冰机，不占空间。从它的技术上讲，它采用的是 VC 保鲜，为果蔬添加营养，新鲜更持久。这是一款独立制冰机，不用时可单独拆下来，能有效增加冷冻空间。除此之外，整个冰箱的制作材料是采用纳米宇航绝热材料，节能保鲜，更环保。

顾客女：它还可以拆卸？

销售员：对，这是它的主要特点和最大的优点，在您平日使用冰箱的时候，可以根据您放置物品的需求随意组装冰箱内冷藏冷冻的格局，给您带来最大使用上的便捷。同时，它的独立制冷机在不用时也是可以拆下来的，可根据您的使用情况，拆卸独立制冷机，能大大节省能源的浪费。

顾客男：这个倒是想的很周全。

销售员：对，它不仅在使用上能让人觉得便捷，同时在节能上表现也很好，不仅有可以独立安装的制冷机，同时它的制作材料也是采用最新技术的纳米宇航绝热材料，不仅保证了冷藏冷冻效果，同时节能降耗。它是一款能让您使用方便且节能环保的出色产品。

顾客女：它的节能效果真如你所说？

销售人员：请看这份研究报告，它给出的是纳米宇航绝热材料与普通冰箱材料耗能量的比较，在这份报告中我们可以看到，纳米宇航绝热材料的节能效果在现今是遥遥领先的，这充分说明它的节能效果是出色的。同时，这款冰箱的节能效果也是优于其他产品的。它所带来的是真正的节能低耗的体验。

顾客夫妇：嗯，确实让人信服，那就买它吧。

［引自 https：//www. wenku. baidu. com］

训练设计

一、简答题

1. 试述爱达模式（AIDA）有哪些步骤？

2. 试述迪伯达模式（DIPADA）有哪些步骤？

3. 试述埃德帕模式（IDEPA）有哪些步骤？

4. 试述费比模式（FABE）有哪些步骤？

二、案例分析题

利用消费者进行推销

东南亚某国斯塔丽公司独家代理推销法国莱沙蒂的美发用品，如洗发香波、护发素、定型水、亮发摩丝、特效发乳等。但斯塔丽公司并不是把所代理的美发用品推销给各大公司的化妆品柜台，也不是推销给各大超市，再由他们出售给消费者，而是把消费者对象定位为理发店。斯塔丽公司的推销信条是，一定要使本公司推销的美发用品受到理发店的欢迎和好评。因而，斯塔丽公司的推销人员不断进出各大小理发店，就莱沙蒂美发用品的优点与特点进行说明，从而使相当数量的理发店开始使用。而理发店一旦确定使用这一品牌的美发用品后，到理发店的顾客也就随之成为这种美发用品的消费者。同时，由于这种美发用品是理发师所选用的，无形之中，使莱沙蒂公司的品牌有了特殊的吸引力，使消费者感到这种美发用品比起其他商店能够随便买到的同类用品更具魅力，进而对这一品牌产生了好感，大大扩大了知名度。

斯塔丽公司通过把消费者定位在理发店，让消费者通过消费来进行有效的推销证明，取得了很大的成功。尽管成效显著，但斯塔丽公司所经销的莱沙蒂美发用品从不随意通过那些一般的渠道销售。他们仍然只通过理发店在为顾客进行理发的同时，顺带销售这类美发用品，让具有亲身感受的消费者去吸引更多的消费者。

问题：（1）你对斯塔丽公司的推销做法有何评价？

（2）当莱沙蒂品牌打响后，斯塔丽公司为何仍然把推销重点定位在理发店？谈谈你对这一做法的看法。

（3）“消费者本身也具有推销能力”，这句话对吗？为什么？

（4）斯塔丽公司采用了哪种推销模式？

［引自 http：//www. doc88. com］

三、自测题

1. 假设你是一家机械生产厂的推销人员，应该怎样运用迪伯达模式来推销你的产品？

2. 如果你是一位商店的营业员，应运用哪种推销模式比较合适？

3. 当你刚走上推销工作岗位时，你会怎样运用爱达模式来指导你的行动？

4. 想一想，在你学过的推销模式中，它们有没有共同的规律？

四、实训与实战

【实训与实战目标】

1. 帮助推销人员成功地把产品推销出去。

2. 帮助推销人员树立良好的人际关系理念。

【实训与实战内容、方式】

1. 内容：某种产品的说明示范。

2. 方式：由学生自己任选一种产品进行产品的说明示范，然后互相之间进行即兴产品的模拟说明示范，最后由学生进行评议，教师总结。

【实训与实战要求】

由教师提前布置任务给学生，然后组织学生在课堂上模拟进行某种产品的说明示范。

【实训与实战成果检测】

学生互相进行评议打分，最后确定实战成绩。

项目小结

推销是一种复杂的社会活动，是推销人员与顾客交往的过程。在大量推销实践过程中，人们总结出其中的规律性，形成推销理论。现代推销学的一个大的突破就是把推销过程理论化、系统化、规范化。本项目重点介绍了推销方格理论和推销模式。推销方格理论阐述了推销人员和顾客之间的人际关系和买卖关系。这个理论包括推销人员方格、顾客方格、推销人员和顾客方格关系三个部分。推销方格理论可以帮助推销人员更清楚地认识到自己的推销能力，更深入地了解自己的推销对象，掌握顾客的心理特征。各种心态的推销人员与顾客接触，哪一种搭配能导致推销成功。从现代推销学的角度看，趋向于（9，9）型的推销心态和购买心态比较成熟和理想，推销活动的成功率也比较高。要成为一位出色的现代推销人员，健康的推销心态是不可缺少的。不同类型的推销人员，遇到不同类型的顾客，应采取不同的推销策略，揣摩顾客的购买心态，及时调整推销策略。

中外推销专家在深入研究推销案例的基础上，从不同角度提出了一系列的推销模式。所谓推销模式就是根据推销活动的特点及对顾客购买活动各阶段的心理演变应采取的策略，归纳出的一套程序化的标准推销形式。具体包括爱达模式（AIDA）、迪伯达模式（DIPADA）、埃德帕模式（IDEPA）、费比（FABE）模式。核心的推销模式是爱达模式（AIDA），其四个步骤是：唤起注意（attention），诱导兴趣（interest），激发欲望（desire），促成交易（action）。四种推销模式有不同的特点、适用范围和区别。主要的区别是：第一，爱达模式（AIDA）的推销四个步骤的完成时间和先后次序也并非固定不变，而应根据推销人员的工作技巧和所推销的产品性质灵活变化，每一阶段可长可短，也可重复某一步骤，或省略某一步骤。第二，就产品的类型而言，迪伯达模式（DIPADA）更适用于生产资料（资本品）以及保险、技术服务、咨询服务、信息产品等无形产品的推销，就顾客类型而言，其更适用于有组织购买即单位购买者的推销。第三，埃德帕模式（IDEPA）具体又可以概括为五个阶段，特别适用于有着明确的购买欲望和购买目标的顾客，如零售推销。第四，费比模式（FABE）与其他模式相比较，有一个明显的特征，即事先把产品特征、优点及带给顾客的利益等列出来印在纸上或卡片上，让顾客更好地了解产品的相关内容与信息，以减少疑问，增强顾客的信任度。总之，在推销实践中，推销人员应从中发现掌握推销活动的规律，灵活运用推销模式，从而提高推销效率。

项目三
推销人员的职责素质与能力开发

学习目标

理解推销人员的不同分类及其共同的职责。掌握推销人员应具备的素质。理解并掌握推销人员应具备的能力。

导读案例

"哈佛"成功销售经理的测试与训练

你也许会说:"我才不要做什么经理,我只要在我那个地区,做个最棒的推销人员就够了。"就这点来说,你也需要经营你的生意范围。你必须跟人交涉,安排时间,售后服务等,这些都是经理的技巧。

假如你真的了解到生活就是经历,你可以看看,你到底愿意将这个角色发挥到什么程度。哈佛大学的心理学家兼讲师哈利·勒文生致力于研究现代企业成功者的品质与经理能力。从他的研究中,我们归纳了成功的经理需要的24项特质。

虽然是简单的问题,但你在管理时,仔细想想这个题目为什么要这样问,它能给你什么启示。

问题:(1)你相信能获得名气与财富吗?

(2)你有充分的决心与动机实现心愿吗?

(3)你是否试过和别人多谈快乐的事,就会真的快乐起来?

(4)你有足够的热情提高工作效率吗?

(5)你能证明婚姻美满可反映出领导能力的高明吗?

(6)你是否容易不满现状而想法子改善?

(7)你一周有三个晚上不休息,继续工作,是否反而更快乐、更有成就?

(8)你能确立一个在一年内买一栋新房子的特定目标吗?

(9)你遇到困难时,是否会有兴奋刺激的感觉?

(10)你的目标是否明确,而且是否按部就班地去实现?

(11)你知道你羡慕的某个人对你为什么那么有吸引力吗?

(12)你认为你要把债务还清后才会快乐,对吗?

(13) 当你看任何事物时，是否会训练自己深入地进行观察？

(14) 你是否有抽象思维的能力，能从各种不同性质的来源与经验中取得资料，重新组合来解决问题？

(15) 当一个庞大的计划改变时，你能忍受深度的困惑吗？

(16) 你是否觉得身居高位很自在？

(17) 看到团体和生意的成功，你会获得极大的满足，而并不计较是谁的功劳吗？

(18) 你善于察言观色，体会别人的感受吗？

(19) 你和领导阶层或同事是否有成熟和谐的关系，认为没有反抗争辩的必要，你是否也认为自己是个好好先生？

(20) 你是否一切超越自己，但你也欢迎批评，也愿意与其他人的合作，并且不会感受到威胁？

(21) 你在公共场合，是否能应付得很好，能对个人或是人群悠然自信地谈话？

(22) 你是否总是随时准备工作，保持高度的精神状态，很少力不从心？

(23) 你是否能进行工作，即使更困难都能坚持到底？

(24) 你是否有很健全的伦理道德和价值观？

提示：计分：从你答“是”与“否”的题目中，你可以知道作为一个营销管理工作的成功者，你所具有的优点和缺点。每一个“是”代表1分，如果答对21分以上，表示你小有成功。如果答对16分以上，表示你还有成功的机会。对你没有得分的问题，要再花时间想想为什么你没得分，为什么它们是决定你成功的因素之一，你又将如何训练和改进工作。

任务一　推销人员的职责

任务驱动

小组讨论：推销人员按不同的要求与标准可以分为不同的类型，请谈谈不同的推销人员应该具有哪些不同的职责？

提示：可以从以下两种分析方法来考虑：第一种是本着求大同，存小异的原则，考虑共性的职责。第二种是先分清楚推销人员不同的要求与标准，然后再考虑不同推销人员的职责。

必备知识

推销人员最基本的职责就是销售企业的产品，但事实上，销售的成功不过是一系列有效活动的必然结果。推销人员在推销过程中真正要做的工作是如何在企业利益和顾客利益之间找到共同点，既让顾客得到应得的利益，也要使企业的利益得以维护。

一、推销人员的类型

（一）按销售产品的对象划分

接触新顾客的推销人员与接触老顾客的推销人员。新顾客从未购买过企业的产品，要说服新顾客，必须完成介绍产品、克服异议等多项工作；而老顾客对产品和成交条件都比较熟悉，要使其继续购买企业的产品，重点在沟通关系和提供服务方面，几乎不再需要推销技巧。

（二）按销售产品的价值划分

高价值产品的推销人员与低价值产品的推销人员。高价值产品在这里是指对购买者的生产或生活比较重要，购买决策过程比较复杂的产品，如成套设备、住宅等，要说服顾客购买这些产品，自然需要较多的时间和精力。而推销低价值产品则容易得多。

（三）按推销人员的工作性质划分

外勤推销人员与内勤推销人员。前者的工作场所一般在顾客的工作地点，是主动上门找客户；内勤推销人员的工作场所在企业内，不必外出奔波，也不需唤起顾客的购买欲望，因为内勤推销人员接触的是已准备采取购买行动的顾客，外勤推销人员扮演着“购买欲望刺激者”的角色，而内勤推销人员则扮演着“开发票者”的角色。

（四）按产品的特性划分

有形产品推销人员与无形产品推销人员。有形产品的特征比较容易被顾客所了解，它带给顾客的利益是看得见、摸得着的。而向顾客说明无形产品的利益则相对难一些，推销无形产品所需的时间和精力也就多一些。试想，向同一顾客推销保健品和健康保险，显然推销健康保险更难一些。

（五）按销售产品的职责划分

有直销人员、贸易性推销人员和传教式推销人员或促销员。直销人员（Direct Salespeople）是指那些直接向最终用户推销产品的推销人员。直销人员可以隶属于某一生产企业，也可以为某一批发商工作。通常，最终用户应该到生产企业或批发商处交款取货，而不应从直销人员手里取货。但有些企业也允许直销人员随身携带产品并在顾客处成交。

贸易性推销人员（Trade Salespeople）是指那些向批发商、零售商销售产品的推销人员。

贸易性推销人员工作的重点不是寻找新的潜在客户，而是如何保持和发展与老客户的关系，使其不断购买企业的产品。

贸易性推销人员并非都隶属于制造商，经销商、代理商的推销人员大部分也是以中间购买者为推销对象的。有些贸易性推销人员推销的是工业仪器、设备，有些则推销个人消费品。前者为中间商提供的服务主要是培训中间商的推销人员，使其深入了解产品的技术特征；后者为中间商（主要是零售商）提供的服务一般是各种促销活动，如在零售商所在地进行广告宣传。

传教式推销人员或称促销员。其基本特征是为某一生产企业促销商品，说服最终用户到当地的分销商处购买该生产企业的产品。例如，北京一家计算机公司在沈阳设有经销商或代理商，负责在沈阳销售该公司的计算机。为促进计算机的销售，北京这家公司可以派人到沈阳，向有计算机需求的企事业单位介绍本公司的产品，通过召开产品发布会，在大众媒体上做一些公关宣传或到企业实地走访，说服用户购买该公司的计算机。

二、推销人员的职责

把成交建立在真正满足顾客需求的基础上是营销观念的基本含义之一，也是营销观念对推销人员的基本要求。推销人员应把为顾客服务，发现和解决顾客的问题作为自己的首要任务。当然，营销观念并不仅仅重视顾客利益的满足。如果推销过程没有给企业带来利益，推销人员也是不称职的。正如一位推销专家所说，亏本的销售对企业和顾客同样有害。因此，在有利润的前提下达成销售是推销人员的首要任务。

每一次推销活动的具体任务是不同的，不同类型的推销工作也有不同的工作内容，但任何企业的推销人员都承担着一些相同的基本职责，包括搜集信息、沟通关系、销售产品、提供服务、建立企业形象。

（一）搜集信息

推销人员与顾客直接接触，易于获得需求动态、竞争状况以及顾客的意见等重要信息，及时、持续不断地搜集这些信息并反馈给企业是推销人员应承担的一项重要职责。

国外许多大企业往往通过相应的制度确保推销人员履行这项职责。这不仅可以为企业制定正确的营销策略提供可靠的依据，也有助于推销人员提高自己的业务能力。通常企业要求推销人员搜集的信息主要包括：

（1）顾客对产品的具体意见和要求。

（2）消费者特征、结构方面的情况。

（3）市场供求关系的现状及变化趋势。

（4）顾客需求的现状及变化趋势。

（5）同类产品的竞争状况。

（6）顾客对企业销售政策、售后服务等的反应。

例文示范

苹果公司开发“Powre Kook”笔记本电脑

苹果公司开发的“Powre Kook”笔记本电脑获得了巨大的成功，但这和公司推销人员是密不可分的。苹果公司的第一台重达 17 磅的便携式电脑 MAC 在市场上失败后，推销人员被派去观察那些使用竞争者笔记本电脑的客户。他们注意到竞争者的产品体积更小，人们在飞机上、汽车里、家里甚至床上都可以使用。他们得出结论：人们并不是真正想要小计算机，而是想要可以移动的计算机，价格只是其中的一个方面。推销人员注意到，乘坐飞机的电脑用户需要一块平面移动鼠标，需要一处地方放置他们的双手。因此，Powre Kook 就有了两个显著的特点：跟踪球指示器以及可以将手放在其上的键盘。这些使 Powre Kook 更便于使用，特点更明显。

[引自 https：//wenku. baidu. com]

（二）沟通关系

沟通关系是指运用各种管理手段和人际交往手段，建立、维持和发展与主要潜在顾客、老顾客之间的人际关系和业务关系，以便获得更多的销售机会，扩大企业产品的市场份额。推销人员应改变那种“买卖做完即分手”的做法，与顾客建立长期、稳固的联系。不论是对老顾客，还是对尚未购买产品的潜在顾客，都应保持这种联系。这种联系不仅包括业务方面的内容，还应包括人际关系。国外一些企业总结出了一套沟通关系的有效步骤：第一，确定主要客户的名单；第二，确定每一位推销人员的联络对象；第三，规定沟通关系的具体目标及任务；第四，推销管理人员定期检查评估；第五，每个推销人员根据计划目标实施沟通工作。

（三）销售产品

它是通过直接推销过程的一系列活动来完成的。这类活动包括寻找潜在顾客、准备进行访问、介绍和示范产品、处理异议、确定价格及交货时间等成交条件以及签订合同等，此外还包括销售产品所必需的辅助性活动，如商务旅行、调研、案头工作、必要的交际等。1985 年美国的一项调查表明，推销人员花在旅途及等待会见的时间占全部工作时间的 26%，花在调研及案头工作上的时间占全部工作时间的 23%，而真正与顾客接触，说服顾客购买的时间则占全部工作时间的 41%。

（四）提供服务

做好推销前、推销过程中以及推销后的服务，也是推销人员应承担的职责。因为在竞争激烈的市场上，服务往往成为能否达成销售的关键因素。推销前的服务通常包括帮助顾客确认需求或要解决的问题；为顾客提供尽可能多的选择；为顾客的购买决策提供必要的咨询，这些工作为成交奠定了基础。推销过程中的服务主要包括为顾客提供运输、保管、装卸以及融资、保险、办理各种手续方面的帮助，这些能为顾客带来额外利益的服务项目常常成为决定成交的主要因素，尤其是在商品本身的特征和价格差别不大的情况下，顾客总是选择那些能提供额外服务的厂家。销售后的服务一般包括产品的安装、调试、维修、保养，人员培训，技术咨询，零配件的供应，以及各种保证或许诺的兑现等，这些服务不仅能够消除顾客的抱怨，增强顾客的满足感，而且有助于建立良好的企业形象，巩固与客户的关系。

例文示范

美国“变形金刚”在中国市场的成功投放

美国的孩之宝公司为了在中国市场上推销“变形金刚”，曾进行了长达一年多的市场调查，并得出结论：“变形金刚”这种玩具虽然价格高，但中国独生子女非常多，父母舍得投资，这种玩具在中国的大城市会有广阔的市场。于是孩之宝公司先将一套“变形金刚”系列动画片无偿送给广州、上海、北京等大城市的电视台播放。该动画片便成了不花钱的广告。“变形金刚”中充满工业社会的智慧、热情、幻想给孩子们带来了启迪和乐趣，在众多孩子的脑海中打下了深深的烙印。之后，“变形金刚”从屏幕上“下来了”。孩之宝公司将“变形金刚”投放中国市场，孩子们简直像着了魔一样扑向商场和摊贩。从中不难看到，孩之宝公司销售前细致的市场调查、巧妙的电视宣传给其产品的销售铺起了一条平坦大道，达到了事半功倍的效果。

[引自 https：//wenku. baidu. com]

（五）建立企业形象

建立企业形象是指推销人员通过推销过程中的个人行为，使顾客对企业产生信赖或好感，并促使这种信赖和好感向市场扩散，从而为企业赢得广泛的声誉，建立良好的形象。

顾客是通过推销人员了解、认识企业的。因此，能否为企业树立一个良好的市场形象，也就成为衡量推销人员的重要标准之一。建立良好的形象，需要推销人员做许多的工作。首先要使顾客对推销人员个人产生依赖和好感；其次是使顾客对整个交易过程满意；最后要使顾客对企业所提供的各种售后服务满意。此外，推销人员还应向顾客宣传企业，让顾客了解企业。

阅读资料

现代推销人员职责的新特点

■ 顾客筛选：许多事实证明，销售额的80%来自20%的顾客。这就意味着投入相当多的资源去维系现有的、高潜力的、高回报率的高端顾客至关重要。

■ 数据和知识管理：现代推销人员需要在创建和使用顾客数据库以及利用网络提高销售技能方面接受训练（如挖掘顾客和竞争对手的信息）。

■ 顾客关系管理：要求推销人员着眼于长远，而不是仅仅关注完成下一单销售，应强调与顾客创建双赢的局面。

■ 产品营销：现代推销人员应参与比单纯拟订计划和进行销售展示范围更广的活动（如产品开发、市场开发、市场细分和评估、数据管理、信息收集和分析等）。

■ 问题解决和系统推销：大多数现代推销建立在推销人员作为顾问与顾客合作的基础上，他们共同发现问题，解决问题，并且提出和执行有效的方案。

■ 满足需求和附加价值：现代推销人员必须具备识别和满足顾客需求的能力，这样，推销人员就能通过削减成本为顾客提供产品附加价值，他的公司与顾客也都能实现双赢。

[引自戴维·乔布和杰夫·兰开斯特著，俞利军译的《推销与销售管理》（第7版），中国人民大学出版社，2007年]

训练设计

一、简答题

1. 如何对推销人员分类？

2. 推销人员的职责有哪几项？

二、案例分析

一次，销售人员于小姐乘坐的出租车在一座大厦前停了下来，跟在这辆出租车后面的一辆黑色豪华轿车正好与之并列停下。从窗口望去，那辆豪华轿车的后座上一位头发斑白但颇有气派的绅士正闭目养神。

就在一瞬间，于小姐的潜意识告诉她：机会来了。于是于小姐记下了那辆车的号码，经过多番询问，她查到了那辆车的主人——某公司董事长。

之后，于小姐便对这位董事长进行了全面调查。随着调查的深入，于小姐了解到他是福建人，为人幽默、风趣又热心。最后，于小姐终于知道了该董事长的情况，包括学历、出生地、家庭成员、个人兴趣、公司的规模、营业项目、经营情况，甚至包括他住宅附近的情况。

调查完毕之后，于小姐就开始追踪董事长本人了。于小姐知道该董事长的下班时间，所以选定在他的公司大门口等候。

下午5点，公司员工陆续走出大门，每个人都服装整齐、精神抖擞，在门口挥手互道再见。该公司的规模看来不大，但纪律严明，而且公司上下都充满了朝气与活力。于小姐把自己看到的又记在笔记本上。

6点半，一辆黑色豪华轿车驶到该公司大门前，这正是董事长的座车。很快，该董事长出现了。万事俱备，只欠东风。后来，于小姐找了一个机会与该董事长攀谈起来，他很惊讶于小姐对他的了解，对于小姐的话也很感兴趣。

接下来的事自然就顺理成章，在于小姐向他推销产品时，他愉快地在一份订单上签下了自己的名字。

问题：（1）从这则案例中，你感悟出什么道理？

（2）如果是你，你又会怎样做？

三、自测题

请你找一家单位，试着模拟去了解其全部的信息。

四、实训与实战

【实训与实战目标】

1. 帮助推销人员理解推销人员应有的基本职责。

2. 通过实训，准确理解“马云语录”。

【实训与实战内容、方式】

1. 内容：马云语录：网上开店首先要建立诚信体系。

2. 方式：头脑风暴法。

【实训与实战要求】

由教师提前布置任务给学生（链接：观看“财富人生：马云谈电子商务人才如何发展”的录像），然后组织学生在课堂上搞一次头脑风暴法。马云谈电子商务人才如何发展（http://v.youku.com/v_show/id_XMTUzOTY4MjQ=.html.）。

【实训与实战成果检测】

1. 分小组畅谈观后感。

2. 结合“马云语录”，撰写观后感。

任务二　推销人员的素质

任务驱动

小组讨论：谈谈作为一名合格的推销人员应具有哪些综合素质？

提示：可以从政治思想素质、业务素质、能力素质和身体素质等方面进行考虑。

必备知识

尽管推销人员的工作和职责是有差异的，但推销工作对推销人员素质的要求却是基本相同的。推销工作的复杂性决定了推销人员必须具备较好的素质。

推销人员不是先天就具备推销素质，而是靠自身的努力去完善的。只要认真学习、努力实践，就可以提高和改善素质，就可以成为优秀的推销人员。现代企业的推销人员是开拓市场的先锋，推销工作的基点是满足顾客的需求，寻求交易双方的共同利益。推销人员不仅是企业的代表，也是消费者的顾问。为此，推销人员必须有较高的思想道德素质和业务素质。

一、思想道德素质

推销人员首先要具有正确的经营思想、良好的职业道德；要具有高度的责任感和强烈的事业心；要有为人民服务的精神。

（一）具有强烈的事业心

推销人员的事业心主要表现为，要有献身于推销事业的工作精神，不怕艰苦，任劳任怨，全心全意为用户和消费者服务，有取得事业成功的坚强信念。推销人员的责任感主要表现在，忠实于本企业，忠实于自己的顾客。推销人员的一言一行代表着企业的形象，要为树立企业的良好信誉做贡献，绝不允许有损害企业利益的行为发生。同时，推销人员要对顾客的利益负责，真心真意满足顾客的需要，帮助顾客解决困难和问题。

（二）良好的职业道德

推销人员的单独业务活动较多，在工作中，要有较强的自我约束能力，不利用职业之便坑蒙拐骗顾客，不侵吞企业利益；知法、懂法、守法，按照经济法等有关法律规范推销商品。

（三）正确的经营思想

现代市场营销观念应成为开展推销活动的重要指导思想。推销人员要把这一思想贯彻到整个推销过程中去，把消费需求视为企业推销的目标，把消费需求的满足程度视为检验推销活动的标准，在工作中要主动发掘顾客的潜在需求，不断创造顾客新的需求，激起更大的购买欲望，并善于把企业利益和顾客的利益协调一致，把企业的利益和良好的服务相结合，既当好企业的推销人员，又当好顾客的服务员和参谋。

例文示范

爱岗敬业，忠诚用户

美国著名的推销员麦克·伯考专门从事为各公司培训和管理销售人员的工作。一个星期五的下午，麦克开车赴2点钟的约会，由于路程顺利，提前20分钟到达，为了不浪费这20分钟的时间，麦克走进了路边一家汽车销售店，找到了销售店的老板。时值中午，老板正在吃饭，他问麦克："今天是星期五，又值中午，你有什么急事吗？"麦克首先做了自我介绍，然后说："我准备2点钟的一个约会，但提前20分钟到达，所以特地来做一次访问，贵公司没有将这种充分利用时间的方法教给推销员吧？"老板对麦克非常钦佩，当场同意让麦克为公司销售人员做一次培训。

［引自 http：//doc. mbalib. com］

二、业务素质

（一）具有现代推销的观念

推销观念是现代社会各类推销活动的指导思想，它是推销工作原理、规律和原则的一种深层次的能动反映。良好的推销观念能促使推销行为永远处于自觉化的正常状态，使推销人员对推销环境的变化和适应有一种能动的开放机制，以便保证圆满完成预定的目标与推销任务。推销观念是一种综合性、全方位的现代观念，它大致由以下几个方面的内容构成：

1. 服务公众的观念

在现代市场经济社会里，产品和服务的推销最终要落到消费者身上，这样，推销作为沟通生产者与消费者之间的中介环节，必然要以公众利益作为自身工作的宗旨。有一句在商界非常流行的话，"顾客就是上帝"，便反映了这样一种现实，顾客是推销人员最应尊重的公众对象。当顾客利益与推销者利益发生冲突时，满足顾客利益应该是第一位的。

现代市场营销研究的先驱、美国著名的公关营销学者爱德华·伯内斯早在1923年就指出："推销工作是为了赢得公众的赞同，推销应首先服务于公众利益。"20世纪七八十年代，国外工商界普遍强调企业的社会责任，这实际上也是服务公众的观念的反映。具有服务公众观念的推销人员能时时处处为公众利益着想，创造各种条件来为顾客服务，努力满足公众提出的各类要求，这样的人实际上才算真正了解了推销工作的方向。在日常生活中，成功的企业家与推销人员的的确确把顾客奉若神明，在对待顾客时小心翼翼，唯恐照顾不周。他们把消费者看作衣食父母，决不是哗众取宠，而是具体落到实处。由于这些推销人员和推销企业的经营方针是把用户利益放在首位，因而在制定规划、供应产品以及设置服务项目时，总是从消费者一方的角度出发，尽可能给予便利。这样一来，广大公众不仅会心悦诚服地掏出钱来，而且下次还会光顾上门。更重要的是，无数接受过这样的盛情款待而心满意足的顾客，就是推销工作无数个“义务宣传员”，他们会在不同场合有意无意地宣传推销企业及其产品，使之美名远扬。在现代推销活动中，为公众服务观念的强弱，是注重联络和促进与公众的关系还是有意或无意地忽视和损害这种关系，是区别推销成败的“分水岭”，也是检验推销及其工作业绩的“晴雨表”。

2. 真诚互惠的观念

这是现代推销活动中的功利观念。每个处在市场竞争中的企业或个人都面临竞争的势态，但是这种竞争不应是“你死我活”或“大鱼吃小鱼”，而应是既竞争又合作，彼此依存，共同发展的。广州某商场和香港一家公司合办卡拉 OK 娱乐城，生意兴隆，利润丰厚，虽然商场只占一小部分股份，大部分利润都归对方，但商场业务推销部主管人员一直坚持执行原先签订的合同，双方合作得很好，对方还主动介绍东南亚一带的客商来广东当地投资开发其他项目。商场领导告知业务推销人员做生意不能犯“红眼病”，成交之道在于平等互利，要按规定执行合约，不要怕对方赚大钱。其实这就是购销合作中的真诚互惠观念，具有这种思想的推销人员不会急功近利，而是着眼于大局和未来，立足于买卖双方的长远协作，追求持久的推销效率。

3. 沟通交往的观念

推销活动实际上就是洽谈双方的信息交流的过程。沟通交往的观念实质上也可以说是推销人员的一种现代信息观念。推销一方为了吸引更多的客户，让更多的顾客接受自己的产品，就需要构建一个信息交流的网络，一方面在推销过程中搜集社会各界和广大用户的意见、评价和建议，做到“外情内达”；另一方面作为企业的代言人，推销人员需要运用各种传播媒介和传播手段向外界准确及时地传递有关产品信息，做到“内情外达”。因此，这就要求推销人员掌握信息传播的基本规律和方式，具备熟练的传播沟通的技巧，利用各类沟通手段与顾客打交道。

在现代推销工作中，与广大消费者的沟通常常借助于以下四类传播渠道进行：

（1）大众传播。其具体包括报社、通讯社、广播电台、出版部门、期刊杂志、电视台、电影系统、广告经营单位等，大众传播媒介的特点是空间跨度大，因此广泛性是它的优点。

（2）组织传播。它是在一个企业或组织机构内部个人、团体之间的信息交流传递，有上行传播、下行传播、平行传播。

（3）群体传播。它是一群人按照聚会方式在某一特定场合接受信息传播，这种传播渠道是公开性的，往往能容纳上百人，甚至几千人、几万人，如在会场、展览厅、广场、礼堂、体育馆等举办演讲会、报告会、展览与陈列会、新闻发布会、记者招待会等皆属此列。

（4）人际传播。它是推销人员与顾客面对面的交往或非面对面的交往，有采访、面谈、电话、传真、信函等形式。

4. 应变创新的观念

商品经济的发展和市场竞争的日趋激烈，客观上要求推销工作不仅能够跟上外界环境和竞争对手的变化步伐，不致沦为落伍者，而且更重要的是洞察发展的趋势，先发制人，刻意求新，做到“人无我有，人有我新”。美国联合碳化钙公司新造了一幢52层总部大楼，公司的业务推销人员动足了脑筋，想用事半功倍的办法把消息发布出去，扩大公司在客户中的影响，可一时又找不到理想的方式。正在这时，高楼里飞进了一大群鸽子，一般人恐怕认为是件区区小事，而且鸽子又会弄脏房间，因而只想尽快把鸽子赶走了事。但是，公司的推销人员马上观察到其中的应变创新价值，他们没有简单地驱散鸽子，而是暂时把门窗关起来，对鸽子实行“保护政策”，从而导演了三天的“鸽子事件”。美国联合碳化钙公司总部大楼发生的“鸽子事件”反映出该公司的推销人员具有强烈的职业观念。他们相当敏感，不放过任何细节问题，把平凡事件与推销工作联系起来。他们的推销目标也抓得很准，始终不忘提高企业的知名度和美誉度。一般人往往容易把他们这类公司同环境污染，影响生态平衡联系起来，而这起“鸽子事件”表明该公司既然对鸽子这样的小生物都如此重视，其他工作更无可挑剔了。联合碳化钙公司制造的“鸽子事件”不失为一次出色而有效的宣传推销活动。在三天时间里，新闻界被惊动了，当地的电视、广播、报社纷纷派出记者进行现场采访和连续跟踪报道，各种通讯、消息、特写、专访、评论交替播出，既形象又生动，吸引了广大读者竞相阅读收看的结果，公司名声大振，推销人员还不失时机让总经理在荧屏上亮相，与观众对话，向广大用户介绍公司的实力与近况，从而进一步加深了购销双方的了解，远近客户纷纷上门洽谈订货，门庭若市。从更高意义来说，推销过程又是一个创新审美的过程。良好的形象和信誉一旦确立，在其稳定发展过程中就必须创新突破，不断超越自己，不断寻求策划创新与设计创新。我们说现代推销事业是一门科学，指的是它有客观规律可循，有相对稳定的工作程序和操作模式；而我们说现代推销活动是一门艺术，指的是它有突破固定程式、追求新异的创新性特点。唯有应变创新，才能使推销活动顺利成功，也唯有应变创新，才能使陷于窘境的推销工作找到突破口。既然我们承认推销是一门创造性的艺术，那么它必然具有审美价值，只有美的形象与美的活动，才能为顾客所接受，才能为用户所参与。

5. 塑造形象的观念

这是整个现代推销观念的核心。良好的形象和信誉是企业的无形资产和无价之宝。对于推销人员来说，在顾客面前最重要的是珍惜信誉、重视形象的经营思想。国内外许多推销界的权威人士提出，推销工作蕴含的另一个重要目的除了“买我”之外，还要“爱我”，即塑造良好的公众形象。有人曾经说过，如果可口可乐公司遍及世界各地的工厂在一夜之间被大火烧光，那么第二天的头条新闻将是“各国银行巨头争先恐后地向这家公司贷款”。这是因为，人们相信可口可乐不会轻易放弃“世界第一饮料”的形象和声誉。这家公司在红色背景前简简单单写上八个英文字母 Coca Cola 的鲜明生动的标记，通过公司宣传推销工作的长期努力已经得到了全世界消费者的认可，他们的形象早已印入各界人士的脑海里，一旦具备了相应的购买条件，他们寻找的饮料必是可口可乐无疑。

对于任何工商企业的推销人员而言，确立塑造形象的观念是筹划一切推销活动的前提与基础。只有明确认识良好的形象是一种无形的财富和取用不尽的资源，是企业和产品跻身市场的“护身符”，才能卓有成效地开展各种类型的宣传推广活动。

（二）具有丰富的专业知识

推销人员应具备的专业知识主要包括如下几个方面：

1. 产品知识

推销人员应了解产品的性能、用途、用法、维修、保养、价格及管理程序等方面的知识，同时对竞争产品的状况也要千方百计了解清楚。

2. 企业知识

推销人员应熟悉企业的发展历史、规模、经营方针、规章制度、在同类企业中的地位、销售策略、服务项目、交货方式、付款条件等情况。

3. 市场知识

懂得市场学的基本理论，掌握市场调查和预测的基本原理和方法，了解产品的市场趋向规律和市场行情的动向。

4. 消费者知识

推销人员要善于了解、分析消费者的各种特点，要懂得社会学、心理学、行为科学的一些基本知识；善于分析现实消费者和潜在消费者的需求情况，了解购买者的心理、性格、习惯、爱好，针对拒绝购买者的心理障碍，采取不同的推销对策。

（三）具有高超的推销技巧

随着社会生产力的发展，商品品种日益增多，商品的技术性能越来越高，消费需求亦越加复杂多样，对推销技巧的要求也更高。推销人员要善于了解消费者的难处，选择合适的时机，进行充分的洽谈；熟练运用各种促销手段，宣传商品，吸引顾客；掌握商品的技术性能，介绍产品优点，解答疑问，赢得顾客对产品特征和优点的赞同；敢于冲破价格障碍，选择恰当的价格；避免与消费者发生争执，能够随机应变；灵活运用各种保证书和担保条件，促进交易达成；善于强化顾客购买商品后的满意感，降低其不满意感。推销人员要适应商品经济的迅速发展，较好地履行推销人员的职责，按照市场经济活动的要求，加强多方面知识的学习和修养，提高自身素质。

例文示范

里力的口香糖

美国人里力发明了口香糖，但刚问世时却运气不佳，买的人很少，里力动用了各种宣传手段也收效甚微。后来他发现，为数不多的顾客基本上都是儿童，于是他从孩子们身上看到了“希望”，决定以儿童为“突破口”进行推销。他按电话簿上刊登的地址，一口气给150万户家庭每家免费送4块口香糖，共送出600万块。他的行为让同行们大惑不解，但几天以后就看到了成效。聪明的里力后来又提出回收口香糖纸，顾客每送回一定数量的糖纸，就能得到一份口香糖。孩子们为了多得糖纸，就吵着要大人也嚼口香糖，这样大人孩子一起嚼，没多长时间就把口香糖嚼成了畅销世界的热门货。

［引自蔡益主编的《市场营销理论与实务》，电子工业出版社，2011年］

三、个人素质

（一）良好的表达能力

好的推销人员应讲究语言艺术。谈话要抓住要领，避免纠缠在冗长的交谈和辩论中，既不饶舌，也不寡言，善于抓住适当机会将自己的想法明确告诉对方。说话应力求条理井然，重点突出，语言风趣明确。同时，要注意学会倾听，做倾听能手。在倾听中捕捉对方语言中的关键语句，理解对方语言中的真实想法，并把自己的感受通过面部表情清楚地表达出来，与对方产生心灵的交流。

（二）端庄的外表

举止端庄的外表体现一个人的素质。推销中应注意行为举止，避免由于失礼而影响推销活动的进行。

1. 服装与仪表

推销人员应注意服装与仪表，不是为显示自己，而是为了让顾客感到你的尊重，使自己不为仪表而担忧。推销人员应当重视自己留给顾客的第一印象，因为第一印象对推销进程有很大影响。

（1）服装。得体的穿着可以使人增强自信心，也有助于推销人员顺利完成自己的工作。推销人员穿着的基本原则是要做到整洁大方，干练利落；另外，服装要适合工作的场合，适合工作的具体内容，适合特定顾客的品位。此外，推销人员还应注意以下一些问题：穿着贵在得体，不在于华丽、昂贵；推销过程中，不要过分在意自己的服装，以免庸人自扰；企业出于整体形象的考虑，可能要求推销人员统一着装，这并非高明之举，推销人员的着装应因推销的时间、推销的场所、推销的对象而定；奇装异服或许能使顾客记住推销人员，但却不能使顾客购买其产品；有些推销人员认为，永远不能穿比顾客好的服装，这种观点是有道理的，但它并不意味着推销人员一定要比顾客穿得差。

（2）仪表。除了健康的体魄，推销人员还应注意发型、化妆、饰物及随身携带的办公用品是否得当。因为有些顾客很在意这些小节，并通过这些小节评价推销人员，决定对待推销人员的态度。健康的体魄是仪表美的一个重要因素。健康的体魄能使推销人员始终以饱满的精神状态投入工作之中，为顾客服务。仪表既体现出推销人员的风格和特点，也反映了推销人员的修养。

2. 会面与交谈时行为举止

（1）介绍别人或自我介绍时要态度自然、用语妥当，可配合示意性的手势，但不要用手指点人。通常介绍的顺序应是：先把年轻者介绍给年长者，先把职位、身份较低者介绍给职位、身份较高者；先把男性介绍给女性；先把客人介绍给主人；先把个人介绍给团体。介绍时称谓要适当，避免夸大其辞。被介绍者和介绍者应起立，或握手寒暄，或点头示意。

（2）握手的时间一般不易过长，否则可能令双方均感到尴尬。握手的力度要适当，过重当然不好，但握手过轻可能使人感到冷淡或缺乏诚意。握手时应注视对方，切忌目光左顾右盼。一般情况下，应在长者、女士、主人伸手之后，晚辈、男士、客人才能伸手相握。

(3) 交谈中，尽量给对方讲话的机会，善于倾听谈话，不轻易打断别人的发言。对方发言时，要避免心不在焉，东张西望、看手表、摆弄东西等动作；当多人交谈时，应特别注意调动每个人参与谈话，不应冷淡某个人；可以适当地做些手势，但切忌手舞足蹈或拉扯对方；不要离对方太近，以免给人压迫感。

(4) 就座时应客从主便，顾客不让座，不要随意就座；出席会议或宴请等场合，座次、座位要听从主人的安排；如邻座是长者或女士，应主动协助他们先坐下后，自己再坐。

(5) 推销人员应用双手递上自己的名片，并适当口述名片中的主要内容，双手接过客人的名片后，不要立即收起，应看视一番，并表示谢意。刚见面时即呈递名片，可以使介绍更自然；即将离开时呈递名片，可以使顾客对推销人员印象更深刻，突出了名片作为联络手段的作用。推销人员应视情况决定呈递名片的时间，不必拘泥于某一种方式。

(6) 敬烟是我国商务人员常有的一种交往习惯和手段，但在很多国家，敬烟是不受欢迎的。推销人员可以向顾客敬烟，但尽量不要在顾客处吸烟，除非顾客抽烟并请推销人员抽烟；如果有女士在场，应征得其同意；在公共场所，无论顾客吸烟与否，推销人员都不应吸烟。

(三) 广泛的兴趣

推销工作的业务内容是多方面的，推销活动的组织形式也是不断变化的，一个优秀的推销人员必须具有广泛的兴趣和勤奋好学的精神，才能使自己适应工作的要求，进而在事业上有长足的发展。首先要努力掌握完成工作所必须的知识和技术；其次要善于思考。对于自己在推销实践中遇到的问题，不仅要设法解决，还要加以分析和总结，不断积累经验，找出推销的一般规律。此外，还应善于学习同行的经验，从中获得有益的启示。

(四) 身体状况

推销人员应精力充沛，行动灵活，头脑清醒，能轻松地进行日常工作。因为销售工作比较辛苦，要起早贪黑，经常出差，要交涉各种经营业务，没有健康的体魄是完不成销售工作任务的。

(五) 良好的心理素质

推销工作的任务是繁重复杂的，实际预定的推销目标总是与困难联系在一起的。推销人员只有具备良好的心理素质和坚强的性格，才能以充沛的精力和坚忍不拔的毅力去探索解决困难的办法。同时，推销人员在工作中保持稳定而乐观的情绪，不但能增加顾客的信心，而且有助于提高推销工作的成功率。广州有家大型的百货商场对于这一点十分讲究，其要求推销人员与售货员不能把家庭与个人的烦恼带到8小时之内的工作中，每个职员上班时间都要像演员一样进入角色，表现出乐观稳定的情绪，自始至终用微笑迎接客人。

例文示范

坚持不懈，永不服输

日本推销大王椎名保久在推销汽车的时候，按他的估算，平均推销30次可推销出一辆汽车。当一次推销不成功时，他就告诫自己，没关系，别灰心，再有29次就成功了。他就是凭借这样一股顽强的意志，不怕困难，越战越勇敢、坚持不懈的精神战胜了困难，获得了成功。

[引自 https://wenku.baidu.com]

（六）良好的教育程度

世界上的知识日新月异，要想掌握全部信息资料显然是不可能的。作为一名优秀的推销人员，要妥善处理好与各类顾客之间的交往关系，必须尽可能学习掌握广博的知识，经常了解社会、经济、政治、文化诸方面的状况及其未来的发展趋势。理想的推销人员应当是“通才”，而不是“专才”。

由此看来，为了使推销业务卓有成效，推销人员要多学习借鉴，努力充实自己。在国外，不少推销人员的学识和阅历都较广，因而工作起来得心应手。美国推销协会的调查统计表明，在各类公司、企业、商场任职的推销人员大多具有8年以上的工龄，其中不少还获得学士、硕士学位。

相关链接

销售人员十大基本素质

- 敏锐机智能力
- 影响他人能力
- 有效管理能力
- 积极进取精神
- 诚实正直品性
- 数理能力
- 正确思考能力
- 持之以恒精神
- 雄心壮志品性
- 满怀信心品性

[引自孔雷著的《训练销售精英》，企业管理出版社，2002年]

推销人员的素质可概括为“四化”

■ 专业化：推销人员必须接受专业化训练，增进其专业服务精神。

■ 顾问化：专业推销人员能够向顾客介绍各种商品的性质，协助其选购商品。

■ 服务化：推销人员要做好货前、货中、货后服务，维护公司声誉。

■ 人性化：产品无生命，推销人员要向顾客说明产品性能，将其人性化，要有说服顾客的能力。

[引自赵宗晋、郭学德、范传统著的《现代企业经营管理》，中国经济出版社，1999年]

阅读资料

超级推销员的成功特质

- 肯定自己
- 良好习惯
- 有计划地开展工作
- 具备专业知识
- 建立顾客群
- 坚持不懈
- 做正确的事
- 优点学习法
- 正面思考模式
- 良好的个人形象
- 应具备的其他知识

[引自荀志强主编的《推销员最新实战手册》，中国言实出版社，2005 年]

训练设计

一、简答题

1. 推销人员的素质包含哪些内容？

2. 现代企业的推销人员应具备怎样的素质？

二、案例题

原一平的笑容

原一平在 30 岁的时候，创下了全日本第一的推销业绩，此后屡见令人惊异的纪录。他是日本第一位国际扬名的保险大王，与其他同行相比，没有人能与之相提并论。然而，原一平在刚从事推销工作的时候，常常为自己的矮小而懊恼不已，他不止一次地仰天长叹：老天对我真不公平！但是，矮个子是铁的事实，想改也改不掉，想隐瞒也隐瞒不了。不久，一个与原一平身高相差无几的主考官改变了他。这位主考官曾留过洋，在美国专攻推销，他的身材比原一平略高一点。若只看外表的话，和原一平一样。

他凝视着原一平，说道："你我都明白，个子高大、体格魁伟的人，先是外表就显得威风凛凛。因此，访问顾客时也容易让对方产生好印象。可是，个子矮小的人，即使怀有同样的技术，纵然他的为人超过前者很多，但由于受先天条件的限制，在踏出第一步时，无形中已经吃了大亏。你我都属于身材矮小的人，为了不输给个子高、体格好的人，同样要踏出第一步时，该怎么做呢？我想，首先必须以表情致胜，特别要重视笑容，务必显示出发自肺腑的笑容。"他的脸上立即浮现出笑容，那是一种浑身都在笑的笑容，是纯真感人的笑容，这笑容使原一平茅塞顿开。

从此以后，原一平开始训练笑，日复一日，月复一月，原一平一有空就对着镜子练习。也不知持续了多久，一天，他忽然发现镜中的他跟以前大不相同了，他的脸大放异彩，细加观察，眼神也有变化，这个发现使他信心倍增。一有信心，与镜中自己对话的训练也就更起劲了，他清清楚楚地看出自己的脸孔逐日有了变化。终于有一日，原一平自豪地说："如今，我认为自己的笑容与婴儿的笑容已经相差无几。"就是这个笑容被誉为"值百万美金的笑容"。笑不仅使原一平完全解除了自卑，也使他在推销实践中日益得心应手。

问题：（1）原一平的笑容为什么被誉为"值百万美金的笑容"？

（2）和容貌相比，推销人员应该具备什么更重要的素质？

（3）从原一平身上你学到了什么？

三、自测题

你作为推销人员上门推销商品时受到了顾客的冷遇，甚至是粗暴无理的态度，从推销人员应具备的素质角度看，你应该怎么办？

四、实训与实战

【实训与实战目标】

1. 帮助推销人员理解推销人员应有的基本素质。

2. 通过实训，努力提升推销人员的综合素质。

【实训与实战内容、方式】

1. 内容：有一次，我上街逛商场，到了一个卖衣服的柜台，我非常喜欢一件时尚的上衣，但价格比较贵。于是，我开口问营业员："你好，请问这件衣服质地怎样，与别的类似衣服相比，它的价格为什么这么贵？"营业员答道："你自己看标牌好了，你问我，我也不知道，货不是我进的。"结果可想而知，作为顾客的我，肯定不会买了。

2. 方式：分小组进行，每组内分别由学生担任营业员和顾客，然后模拟进行沟通交流并进行推销活动。

【实训与实战要求】

由教师提前布置任务给学生，然后组织学生在课堂上模拟一次推销活动。

【实训与实战成果检测】

1. 结合推销人员的素质要求，请每个学生撰写推销活动后的体会。

2. 课堂上抽查学生畅谈推销后的感想。

任务三　推销人员的基本能力

任务驱动

小组讨论：结合实际谈谈作为一名合格的推销人员应具备哪些能力？

提示：从基本能力和创造性的能力角度去理解。

必备知识

推销人员的基本能力是指推销人员在日常工作中从事业务活动所运用的专门技巧的能力。要有效开展推销工作，正确处理推销过程中出现的各种问题，必然要求推销人员掌握一定的工作技能，并且能够很好地加以运用。

一、观察能力

由于不同的人在天资、能力、个性、生活阅历、社会经验等方面存在着不同的差异，因而对一件事情就可能产生不同的看法。又由于各人所处的地位、担负的工作及生活习惯不同，从不同的角度去观察问题时，也会得出不同的结论，正所谓"横看成岭侧成峰，远近高低各不同"。我们在日常工作和生活中可以发现，有些人擅于察言观色，而有些人对别人的态度变化则显得迟钝木讷，这说明人们的敏感性和观察力是有一定差别的。如果某人具有敏锐的观察能力和行为上相应的灵活性，从这个角度看，这个人就比较适合从事推销工作。

有一位颇有成效的推销人员，不仅善解人意，而且敏感性很强，能准确地从对方的沉默中窥见对方的思想状况与内在意图。当别人问到他是怎样去把握对方沉默不语时的思想时，他回答道："只要你留心观察，你就会发现对方虽然沉默不语，但你从他的神态和表情变化中能够发现他内心思想感情的变化。比如，在正常情况下，顾客坐着的时候总是脚尖着地的，并且静止不动；但心情紧张的时候，对方的脚尖就会不由自主地抬高起来，因此，我只要看到对方脚尖是着地还是抬高，就可以判断他的内心世界是平静的还是紧张的。又如，在正常状态中，吸烟的人熄灭烟蒂大都保留一定的长度，可是一到非正常的情况下，放下的烟蒂就可能很长。所以，如果你发现对方手中的烟蒂还很长，却已放下熄灭了，你就要有所准备，对方可能打算告辞了。"从这位推销人员的一席话中，可以看出他有何等观察入微的工作能力，这也道出了他成功推销的奥秘。

例文示范

有一位推销员到某厂找厂长联系业务。一走进厂长办公室，发现墙上挂着几幅装裱精美的书法作品。而厂长正在小心翼翼地掸去一幅书法立轴上的灰尘。这位推销员立即意识到厂长喜爱书法，于是走上前对厂长说："厂长，看来你对书法一定很有研究。唔，这幅篆书写得好，称得上'下笔如游鱼得水，舞墨如景山飞云'，妙！看，这悬针垂露之法的用笔，具有多样的变化美。好极了……"厂长一听，此人对书法很内行，便说：请坐，请坐下细谈……"这样，双方的交谈十分融洽，当后来推销员谈到合同时，自然就"好说"多了。

［引自 http：//www.chinadmd.com］

二、交际能力

在社交场合，常常可以看到一些人一旦与他人相识，便能很快找到彼此有共同兴趣的话题，双方经过交谈加深了相互了解，彼此留下了良好的印象，关系也可以进一步改善；另有一些人，见了别人后只会平淡地寒暄几句，然后就不知所措了。这两种人的差别就在于社交能力的强弱。缺乏社交能力的人，往往会人为地画地为牢，在自己与他人、与周围环境之间形成一道心理屏障。一个从事推销工作的人必须具备较强的社会交往能力，在任何场合都能应付自如，相机行事。社交能力是衡量一个推销人员能否适应现代开放社会和做好本职工作的一条重要标准。推销人员要善于与各界人士建立亲密的交往关系，而且还必须懂得各种社交礼仪，比如，日常生活礼节、外事交往礼节、各种宴会聚会礼仪、公共场合礼节。在与顾客洽谈过程中，往往有些问题在正式谈判场合不能得到解决，而在社交场合却能得到圆满解决。

从某种意义上说，推销人员应是社会活动家，他必须视整个社会为自己工作的天地，具备与各式各样的人交往的能力。善于交际除了具有经验和阅历外，还要拥有大量的信息，寻找一个双方都感兴趣的话题，在自己的周围吸引一批忠实的朋友。熟练的推销人员不能满足于只给对方留下热情的印象，道别后就结束一切交际，而应该是一旦结识了新朋友，就需要不断巩固这种交往关系，使之成为永久的朋友。一些富有经验的推销人员在收到别人的名片后就着手建立一个档案，记下此后双方交往的情况，定时检查总结，找出哪些朋友关系冷淡了，出自什么原因，是不是自己没有主动联系，还是对方来信没有及时回复。顾客由于受到推销人员的尊重，对于今后买卖双方的合作也会充满信心。

知识拓展

推销人员提高交际能力的途径

- 端正和人交往的心态：要有以迎合别人为目的的心态；不要有凌驾别人之上和指挥别人的心态；平等互惠的心态。
- 以诚相待，以信为本。
- 学习掌握待人接物的知识与技巧。
- 培养、磨炼性格，使自己成为有人缘的人。

［引自 http：//www. doc88. com］

三、表达能力

推销人员在工作中，要赢得顾客的好感与配合，就要在语言表达上有一定的训练。在众多的场合，都要求推销人员口齿伶俐，能言善辩。此外，推销人员还必须具备体态语言知识，不仅要注意他人的体态动作，也要自觉注意自己的体态动作，虽然这种信息是无声的，但又可以明确地表达出一个人的思想感情和意见要求。在推销过程中，言语表述与体语表述并用，能够更好地增强感染能力与说服效果。

表达能力包括口头表达能力和文字表达能力两种。需要指出的是，两者虽有相通之处，却并不是一回事。文笔流畅、才思敏捷的人未必就能出口成章，有的人擅长动笔，写起文章洋洋洒洒，一挥而就，但不习惯于动口，说起话来不仅词不达意，甚至结结巴巴，让人丈二和尚摸不着头脑；而有的人口齿清爽，讲话时口若悬河，有板有眼，滔滔不绝，但写起文章来就不那么得心应手了，让人读起来非常别扭。因此，推销人员需要口头表达和文字表达两者俱佳才行。

从事推销工作的专业人员不但要勤于动口，更要勤于动笔。在日常推销活动中撰写企业的产品介绍，草拟用户说明书，编辑企业宣传刊物，拟写演讲稿，编撰企业志等，都是推销人员所必须承担的工作，推销人员应具备基本的写作常识和熟练的文字技巧。国外许多工商企业与大公司招聘的推销人员更多地来自宣传部门、新闻机构和从文学专业毕业的大学生或研究生，原因之一在于推销人员经常要与写作打交道，尽管并不要求推销人员一定要成为“小说家”“文学家”，但起码也应该掌握写作的基本要领，如文句通顺、条理清晰、简明易懂，分析问题深入浅出、抓住要领等。有了良好的写作能力，将有助于推销人员更好地与客户交流联络。

知识拓展

用适合客户的语言与客户交流

- 不要用过多的术语及一些抽象的代码来介绍产品。
- 在最短的时间内将最重要的信息传递给客户。
- 与客户交流时要口齿清楚，语言流利，陈述的内容要有逻辑性。
- 要用正确的陈述内容找到客户感兴趣的商品信息。
- 用生动的、与众不同的、容易被人记住的语言与客户交流。

[引自张德华主编的《每天10分钟销售课》，石油工业出版社，2012年]

四、创造能力

从事推销工作，大到一个总体计划的制订，小到一份请柬、一张名片的印制，都可以有两种截然不同的做法：一种是墨守成规，看别人怎么做就仿而效之。比如，召开客户恳谈会，采用新方法，走新路子，这样，他们的推销活动才能引起广大顾客的注意。国外有一种XO的白兰地酒，因为品质级别比一般白兰地酒品质高，多为高级宴会选用，怎样继续提高它的知名度，让它为更多的顾客所熟悉呢？推销人员为此煞费苦心，绞尽脑汁思考方案。后来他们的想法集中到了酒瓶的设计上，既然它的品质高，其外观也应有高出一筹之处。他们沿着这一思路，不断充实发展，终于设计出了现在看到的XO白兰地酒瓶。它的外观非常富有特征，显得不同凡响。酒瓶的颈部特别长，显出了一种与众不同的华贵气派。根据推销的要求，他们为XO白兰地酒做的广告语也更加幽默、响亮，“长颈白兰地，高人一等级”，正好与它的形象彼此衬托，相得益彰，由此这种XO白兰地酒在市场上名声大震。

例文示范

欲擒故纵，“逼迫”客户下决心

在某新产品的展览会上，一位推销人员正在介绍自己公司新推出的一款炊具。这时，有一对中年夫妇走近了这位推销人员所在公司的展台。一看是炊具，男士则有意地走向了另外一侧，只有那位女士径直走到展台前，似乎看得很仔细。

这时，这位推销人员就说：“请您的丈夫也到屋里来吧！我保证，您丈夫也会喜欢我们的产品。”于是，这位女士“硬逼”着她的丈夫也进来了。这位女士很快就看上了一套餐具，推销人员极其认真地为他们进行了一次烹调表演。推销人员用这位女士看中的那套餐具温火煮苹果，然后又让他们尝了尝。女士惊叹：“与传统的方法相比，两种方法煮的苹果区别非常明显。”这次展示给这对中年夫妇留下了深刻的印象。但是男人们总是会装出一副毫无兴趣的样子。

推销人员看到这位女士有购买的意愿，本想趁热打铁，鼓动这对中年夫妇购买，后来转而一想，如果这样做的话，还真不一定能销售出去。

于是，重新将样品放回盒里，对这对中年夫妇说："多谢你们让我做了这次表演，我实在希望能够在今天向你们提供炊具，但我今天只带了样品，你们只能将来购买它了。"说着，推销人员准备离去。这时，那位女士立刻对这套炊具表现出极大的兴趣。女士紧跟了过来，想知道什么时候能买到。

女士："现在能向你购买吗？我现在确实有点喜欢这套餐具了。"那位男士也跟着说："是啊，你现在能提供货品吗？"

推销人员诚恳地说："两位，实在抱歉，我今天确实只带了样品，而且什么时候发货，我只有到公司核实以后才能定下来。不过请你们放心，等发货时，我一定会记得告诉你们的。"

女士坚持说："唷，也许你会把我们忘了，谁知道呀？"

这时，推销人员感到时机已到，于是说："噢，为保险起见，你们现在可以先付定金，一旦公司能发货就给你们送去。"男士赶紧掏钱付了定金。定金拿到手，推销人员心花怒放。推销人员本可以马上就付货给他们，可是，那样就吊不起这对中年夫妇的胃口了，一定让他们尝尝盼望的滋味。大约一个月以后，才将商品送到这对中年夫妇的家中。

［引自苗小刚主编的《销售新人必读100招》，中国铁道出版社，2012年］

五、应变能力

在日常工作中，推销人员所接触的顾客很复杂，也很广泛，他们有不同的籍贯、性别、年龄、宗教信仰，有不同的文化知识、思想观念、社会阅历、生活习惯和交往礼节。在购销交往过程中，推销人员首先要认真观察顾客的特点，掌握各地风土人情、生活习俗，了解社会各阶层的知识水平和涵养，以便适应不同顾客的具体要求。社会环境是不断变化的，每一因素的变革都会对推销企业和推销产品产生重要的影响。如在市场经济发展中出现的企业兼并、股份公司现象，从而形成新的推销组织；在市场竞争中，有新的工商机构加入竞争行列，就会出现新的推销对手。社会环境的复杂性和企业面临情况的多变性，都要求推销人员具有适应变化的能力与技巧。

推销人员在日常工作中还要机警灵敏，随时应付可能发生的顾客异议和突发事件。推销实施过程并非一帆风顺，有顺利发展的时候，也有遇到风险的低谷时期。对于偶发事件如何处理，直接关系到推销活动能否顺利摆脱僵局，走出低谷。推销人员的灵活应变能力要求在顺利发展之时，保持推销工作走上更高一层的新台阶，开创企业新局面；遇到障碍之时，应保持清醒冷静的头脑，想方设法寻求解决的对策，克服障碍继续向前；受到损害之时，则临危不惧，尽快找到补救措施，反败为胜。

例文示范

灵活的应变能力

有一家公司在招聘工作人员时，出了这样的试题：在一个暴风骤雨的夜晚，你开着车，经过一个车站，有三个人正在焦急地等待公共汽车。一个是快要死的老人，他需要马上去医院；一个是医生，他曾经救过你的命，你做梦都想报答他；还有一个人，她是你做梦都想娶的人，也许错过这次就没有机会了。但是你的车只能带走一个人，你会如何选择？

A. 假如选择了救人，你就会失去报恩的机会，还会与心爱的人失之交臂，虽然高尚，但损失巨大。

B. 选择报恩，一条生命就会葬送在自己的手中，心灵永远遭受谴责，也得不到心爱之人。

C. 选择了爱人，对自己的利益最大，但是爱人会怎么想，她会爱上一个见死不救、知恩不报的人吗？难啊！真是一筹莫展，无所适从。

结果：在众多的应聘者中，只有一人被录取了。他并没有解释他的理由，他只说了这样一段话：给医生车钥匙，让他带着老人去医院，而我则留下来陪她一起等公共汽车。

［引自 http：//www. docin. com］

六、组织能力

我们知道，推销人员的工作就是开展多种形式的促销宣传活动，如各种纪念活动、重大的庆典活动、新闻发布会、记者招待会、用户联谊会、商品展览会和日常的接待、整理资料、编写宣传材料等工作。每一项推销工作都需要周密计划，认真组织。推销人员必须在每一项活动中都参与筹划安排，因此强有力的组织能力对推销人员来说是十分重要的。广州中国大酒店于开业一周年之际照了一张 2000 余名职工的“全家福”，制作成明信片寄给每一位在酒店住过的客人。这种别致而动人的设想产生于酒店公关推销人员严密的组织创意。2000 多名职工集中在同一个运动场，排成整整齐齐的 28 排，其中还有一部分职工穿上白色制服，红白相间形成一个“中”字，这项组织工作并不亚于筹办一场运动会。试想，如果推销人员没有一定的组织能力，这样一项工作是很难在 2 个小时之内完成的。

通过上述案例，可以得出这样的结论：推销人员必须具有高超的组织能力，事先制定周密详尽的活动计划与工作步骤，并预先与各方参与者打好招呼，使每件事都能有条不紊地实施下去。与此同时，推销人员还要善于协调各方面的往来关系，纵览全局动向，并准备好应急方案与应变措施，这也是衡量推销人员组织能力的一个重要方面。

七、策划能力

策划能力是指在日常工作中，推销人员注重抓住有利时机，把握有效空间，筹办和开展形式各异的介绍宣传与业务推广活动。从有利的推销时机来看，其是指能够最大限度发挥推销效能的时间与机会，在人财物条件相同的情况下，能否抓住这种有利时机，会形成推销工作的不同效果；从有效的推销空间来看，是指有利于推销活动顺利实施的地点和环境，把握有效的空间将使推销工作有条不紊，富有感召力和吸引力。

推销工作无时不在，无处不有，推销人员需要把握的有效空间包括：①推销的工作空间，即把推销活动放在最有利于实现预定的推销任务、发挥人财物效用的地点、场所和范围内进行；②推销的视觉空间，即推销宣传应在买卖双方看得见、摸得清、十分醒目舒适的环境中开展；③推销的听觉空间，即推销活动应在双方听得见、听得清、宁静平和的场所进行；④推销情感空间，即推销人员应以适当的语言、表情、手势、距离与用户交流思想、洽谈问题，从而保证推销的顺利完成和购销双方的友好合作。

八、自控能力

推销工作包括繁重的日常事务和各种突发事件的处理，推销人员要想干好这一切，必须具备相当的耐心与毅力，有很好的自我控制能力。这种自控能力不仅反映在推销人员的心理素质上，而且体现在推销人员的工作方式上。性急烦躁，遇事就急，动不动就发火的人，是无法干好推销工作的，他们与顾客之间也很难形成融洽的交往关系。在实施促销过程中，推销人员遇到的事千变万化，碰到的人千差万别，比如，有的顾客前来投诉，态度粗暴，吹毛求疵；在谈判桌上，对方为了己方利益，提出了毫无理由的苛刻条件。在此类情况下，能否压下心头的怒气，冷静处理，是对推销人员素质高低的一个考验。因为，推销人员如果不能忍受顾客粗暴的行径，会使企业或产品的形象和声誉受到冷遇，不能在谈判桌上随机行事，就有可能失去一宗大生意和一个合作伙伴。因此，推销人员在顾客面前应当具有很强的自制能力和自控技巧。

人们常说，推销人员在与他人打交道时，要有一种自控、忍让的精神，但这绝不意味着可以放弃原则。要想做到既忍让又不失原则，就必须具备灵活机动的敏捷反应，事先多准备几个方案，遇到问题时做到有备无患。例如，一家宾馆正在举办展销会开幕式舞会，正当许多来宾兴致勃勃地跳舞时，突然停电了，舞池一片漆黑，这自然是十分令人扫兴的事情。不料几分钟之内，在舞厅四周的各个角落都放上烛台，几十支红红的蜡烛同时点亮，主持舞会的推销小姐向大家笑着宣布：今晚就让我们举行一个风格独特的烛光舞会吧！上述成功的例子说明，若是现场组织者在遇到这种突发事件时惊慌失措，不能很好地控制局面，那么效果就会大大降低。缺乏足够自控能力的推销人员在处理一些错综复杂的情况时，往往会以思想和行动上的不知所措而告终。

相关链接

如何提高推销技能

推销能力是推销人员的看家本领。一般来说，推销人员要努力用3年时间来理解推销之道，掌握推销技巧，把自己培养成一位素质过硬的推销人员。有的推销人员刚从事推销时，凭的是满腔热情和本能；3年后，他们仍然依本能去推销。在3年的经历中，他们除了知道“锅是铁打的”“推销工作是难的”之外，没有收获。这些推销人员把推销理解为“扛起背包就出发的”事情，认为推销就是推着产品去销售，很简单。推销之前，没有思考、准备、计划如何推销；推销之后，没有反思、总结、改进自己的推销方法。结果，3 年过去，两手空空。这是推销人员的悲哀。

要提高自己的推销能力，推销人员必须做好以下 3 点：学习、实践、反思。

（1）学习。推销是一门科学，有其基本的法则和逻辑，掌握推销的基本知识和法则，就为成功打下了坚实的基础。一年签订 4988 份合同而创下世界第一纪录的日本推销人员齐滕竹之助，在 57 岁刚步入推销领域时，他将所能找到的推销方面的书加以研究，甚至在前去拜访顾客的途中还在专心致志地阅读。齐滕竹之助在成为世界第一推销人员之后，谆谆告诫年轻推销人员：“要做一流的优秀推销人员，需要有足够的见识，努力掌握推销技术。”

（2）实践。古诗“纸上得来终觉浅，绝知此事要躬行”，说明了实践的意义。《孙子兵法》人人都读，但并不是每个人读了都能成为军事家。“置之死地而后生”，韩信用之则生，马谡用之则死。岳飞说“运用之妙，存乎一心”，这是真理。一句生意经说的是“十年可以学成一个书生，十年学不成一个商人”，说明推销之道是没有人能够教会你的。成功需要实践、再实践。推销人员要把书本上的道理变成自己的行动。在推销之前，推销人员要做到：把推销理论和实践结合起来，制定一个推销计划；拜访顾客时，根据推销计划结合实际情况灵活发挥。这样，逐渐地把推销原则变成自己的价值观念，把他人的经验变成自己的处事方式，形成自己的推销风格。日本经济学家松本顺说得好：“职业推销人员有一条共同的经验，即使模仿销售业绩最好的推销人员所使用的方法，效果也不过尔尔。只有从亲身体验中发掘出独特的推销方法，才能产生令人满意的效果。”

（3）反思。曾子说“吾日三省吾身”。推销人员也要对自己的推销行为进行反思：找出正确之处加以发扬，找出不足之处加以弥补，找出错误之处加以改正。齐滕竹之助每天必做的事情就是检讨反省自己的推销。欧洲一家保险公司有两位明星推销人员，他俩每天上午和晚上的休息时间都要回到办公室进行一次谈话。同事们感到好笑，因为大家都在工作，而他们两位却在喝咖啡休息。他们在干什么？事实上，他们在探讨前一天所出现的问题。他们遭遇的结局越是尴尬，他们就讨论得越彻底。理由、指责、计算问题，所有的都要详细地检查一遍。这两位推销人员为什么要这样做呢？他们想要改进工作方法。当两个人中只有一个人在场的时候，仍然要进行这种天天都做的检讨，在场的一位对着空椅子把问题说一遍，然后试着找出有效的答案。只有优秀的推销人员才会想到这个主意，而那些成效不大的推销人员通常发现不了问题，甚至还觉得根本没有问题，而恰恰是这些不十分优秀的推销人员更需要进行自我检讨。

英国大文豪莎士比亚说：“推销员先生，你的过错不是从天而降，一切都源于你自身！”推销人员只有对自己的推销工作进行检讨、反思，才能更快地提高自己。

［引自龚荒主编的《商务谈判与推销技巧》，清华大学出版社、北京交通大学出版社，2010 年］

阅读资料

推销员的能力测试

■ 在台湾哈佛企业管理顾问公司培训销售员时，设计了一套销售能力自我测试题，以使销售员了解自己的销售能力。要求您在30分钟内从A、B、C、D四个答案中选择一个。

1. 假如你的顾客询问你有关产品的问题，你不知如何回答时，你将（　　）。

A. 以你认为对的答案，用好像了解的样子来回答

B. 承认你缺乏这方面的知识，然后求得正确答案

C. 答应将问题转呈给业务经理

D. 给他一个听来很好的答案

2. 当客户正在讨论，而且很明显他所说的是错误的，你将（　　）。

A. 打断他的话，并予以纠正

B. 聆听然后改变话题

C. 聆听并提出其错误之处

D. 利用质问并使他自我发觉错误

3. 假如你觉得有点泄气时，你应该（　　）。

A. 请一天假不去想任何事

B. 强迫你自己更卖力去做事

C. 尽量少拜访

D. 请求业务经理和你一道出去

4. 当你拜访经常吃闭门羹的客户时，你应该（　　）。

A. 不必经常去拜访

B. 根本不去拜访他

C. 经常去拜访并试图建立友善关系

D. 请求业务经理换一个人去试试

5. 你碰到对方说："你的价钱太贵了"，你应该（　　）。

A. 同意他的说法，然后改变话题

B. 首先感谢他的看法，然后指出一分钱一分货

C. 不管客户的说话

D. 诉说你强而有力的辩解

6. 当你回答客户的相反意见之后，你应该（　　）。

A. 保持缄默并等待客户开口

B. 变换主题并继续销售

C. 继续指证以支持你的论点

D. 试行缔结

7. 当你进入客户的办公室时，正好他在阅读，他告诉你，他一边阅读，一边听你的话，那么你应该（　　）。

A. 立刻开始你的销售介绍

B. 向他说你可以等他阅读完再开始

C. 请求合适的时间再拜访

D. 请求对方全神聆听

8. 你正用电话去约一位客户以便安排拜访时间，总机小姐把你的电话转给他的秘书小姐，秘书小姐问你有什么事，你应该（　　）。

A. 告诉她你希望和他商谈

B. 告诉她这是私事

C. 向她解释你的拜访将带给他莫大的好处

D. 告诉她你希望同他讨论你的产品

9. 面对一个激进型的客户，你应该（　　）。

A. 客气的应对

B. 过分客气的应对

C. 证明他错了

D. 拍他马屁

10. 对付一位悲观的客户，你应该（　　）。

A. 说些乐观的事

B. 把他的悲观思想一笑置之

C. 向他解释他的悲观是错误的

D. 告诉事实并指出你的论点是完美的

11. 在展示印刷的视觉辅助工具时，你应该（　　）。

A. 交予客户辅助销售工具，在他阅读时解释销售重点

B. 先销售视觉辅助工具，然后再将重点念给对方听

C. 把辅助工具留下来，等访问之后让他自己阅读

D. 答应他把一些印刷物张贴起来

12. 客户告诉你，他正在考虑竞争者的产品，他征求你对竞争者的意见，你应该（　　）。

A. 讲述竞争者产品的缺点

B. 向客户了解竞争者产品的特征

C. 表示知道竞争者的产品，然后继续销售你自己的产品

D. 引开他的注意力

13. 当客户有购买的征兆如"什么时候可以交货"时，你应该（　　）。

A. 说明送货时间，然后继续说明产品的特点

B. 告诉他送货时间，并请求签订单

C. 告诉他送货时间，并试做缔结

D. 告诉他送货时间，并等待客户的下一步骤

14. 当客户有怨言时，你应该（　　）。

A. 打断他的话，并指出其错误之处

B. 注意聆听虽然你认为你公司错了，但有责任予以否认

C. 同意他的说法，并将错误归咎于你的业务经理

D. 注意聆听判断怨言是否正确，适时答应予以纠正

15. 假如客户要求打折，你应该（　　）。
A. 答应回去后向业务经理申请
B. 告诉他没有任何折扣
C. 解释本公司的折扣情形，然后热心介绍所销售产品的特点
D. 不予理会
16. 当客户向你说“你的产品某某朋友用了很不满意”，你应该（　　）。
A. 告诉他该用户在乱说，只是希望你不要买而已
B. 告诉他该用户跟我们公司关系没处理好
C. 详细询问什么地方不满意，并针对性地解答
C. 告诉他可能公司的培训、用户的操作等方面没有协调好
17. 在获得订单之后，你应该（　　）。
A. 谢谢他然后离去
B. 略为交谈他的嗜好
C. 谢谢他并恭喜他的决定，并再次强调产品的特征
D. 请他到附近去喝一杯
18. 在开始做销售说明时，你应该（　　）。
A. 试图去发觉对方的嗜好并交换意见
B. 谈谈气候
C. 谈谈今早的新闻
D. 简要谈些你拜访他的理由，并说明他可获得的好处
19. 在下列情况下，哪一种是销售员充分利用时间的做法（　　）。
A. 将客户资料更新
B. 当他和客户面对面的时候
C. 在销售会议上讨论更好的销售方法
D. 和销售员同仁讨论时
20. 当您的客户被第三者打岔时，你应该（　　）。
A. 继续销售不予理会
B. 停止销售并等候有利时机
C. 在其他时间再来拜访
D. 请客户去喝一杯咖啡

■ 销售能力测评评分：

（1）如果您的分数是100分，您是专业的推销员；
（2）如果分数在90~99分，您是很优秀的推销员；
（3）如果分数在80~89分，您是一个良好的推销员；
（4）如果分数在70~79分，你是一般推销员；
（5）如果分数在60~69分，您是待训练的推销员；
（6）如果分数在59分以下，您需要自问：我选择了推销这个行业是对的吗？

■ 评分标准：

1. A（2分）　B（5分）　C（3分）　D（1分）

2. A（1分） B（3分） C（5分） D（2分）
3. A（1分） B（5分） C（1分） D（3分）
4. A（1分） B（1分） C（5分） D（3分）
5. A（1分） B（5分） C（3分） D（2分）
6. A（2分） B（1分） C（2分） D（5分）
7. A（1分） B（5分） C（3分） D（2分）
8. A（1分） B（1分） C（5分） D（2分）
9. A（5分） B（1分） C（1分） D（1分）
10. A（3分） B（2分） C（1分） D（5分）
11. A（1分） B（5分） C（1分） D（1分）
12. A（1分） B（3分） C（5分） D（1分）
13. A（1分） B（3分） C（5分） D（1分）
14. A（1分） B（2分） C（1分） D（5分）
15. A（2分） B（3分） C（5分） D（1分）
16. A（1分） B（1分） C（5分） D（2分）
17. A（3分） B（1分） C（5分） D（1分）
18. A（3分） B（1分） C（1分） D（5分）
19. A（3分） B（5分） C（2分） D（1分）
20. A（1分） B（2分） C（5分） D（3分）

［引自 http：//ishare. iask. sina. com. cn］

训练设计

一、简答题

1. 推销人员应具备哪些能力？
2. 推销人员应如何提高自己的能力？

二、案例题

齐藤竹之助开发客户的妙方

日本保险推销大师、世界首席推销人员齐藤竹之助有自己的一套寻找推销对象的经验，其中非常重要的就是“新客户其实就在我们身边，寻找的过程是从无到有的”。他是这么说的，同时也一直在身体力行。

在齐藤竹之助初做推销的那年夏天，公司组织职工去上山田温泉游玩。齐藤竹之助是从中途上的火车，找到一个空座位后就坐了下来。这时，他发现同排座位上已经坐着一位约三十四五岁的妇女，她还带着两个小孩，大的约6岁，小的有3岁左右。齐藤竹之助断定这位妇女必是家庭主妇，心想从小孩到大人的保险都有希望了，试试看吧，争取成功。趁列车在一站暂停之时，齐藤竹之助下车买了那儿的特产食品，很有礼貌地赠送给小孩吃，以此为缘，他同那位夫人聊了起来。他打听到她丈夫的工作性质、范围，还谈到小孩的学费等，这样，他了解了对方的基本情况，更增添了几分信心。那位夫人说她准备在轻井车站住一宿，第二天乘车去另一个旅游点。齐藤竹之助立刻表示很愿意为她在轻井车站找到旅馆，夫人听后非常高兴。因为轻井是避暑胜地，又时逢盛夏，单个旅客想要找到旅店是相当困难的。当然在介绍旅馆时，齐藤竹之助在自己的名片背面为她写了介绍信。不用说，齐藤竹之助也知道了她和她丈夫的名字等。两周以后，齐藤竹之助前往那位妇女家拜访，就在这天，他的推销获得了成功。

问题：(1) 齐藤竹之助为什么会断定这位妇女必是家庭主妇？

(2) 他具备怎样的推销能力？

(3) 这个案例从推销人员应具备的能力角度给你怎样的启示？

三、实训与实战

【实训与实战目标】

1. 帮助推销人员提升推销的基本能力。

2. 如何理解推销界的一句名言“条件一样，人们想和朋友做生意，条件不一样，人们还是想和朋友做生意。”

【实训与实战内容、方式】

1. 内容：某保险公司是一家新成立的公司，为了扩大业务量，公司业务部门每个月都会邀请一些客户单位、个人开个小型的茶话会，或组织人员到野外搞各种丰富多彩的活动。

2. 方式：模拟某保险公司，组织客户单位或个人搞一次有意义的茶话会或去郊外爬山。

【实训与实战要求】

由教师提前布置任务给学生，然后组织学生在课堂上模拟搞一次茶话会。

【实训与实战成果检测】

1. 结合推销人员的基本能力要求，请学生撰写活动的具体方案。

2. 模拟组织实施茶话会。

3. 活动结束后，进行经验总结，并互相交流。

项目小结

推销人员在推销过程中真正要做的工作，是如何在企业利益和顾客利益之间找到共同点，既让顾客得到应得的利益，也使企业的利益得以维护。推销人员应把成交建立在真正满足顾客需求的基础上，把为顾客服务，发现和解决顾客的问题作为自己的基本要求和职责。任何企业的推销人员都承担着一些相同的基本职责，包括搜集信息、沟通关系、销售产品、提供服务、建立形象等。

推销人员要履行这些职责，就必须具备良好的思想道德素质、过硬的业务素质和优秀的个人素质。推销人员不是先天就具备推销素质，而是靠自身的努力去完善的。只要认真学习、努力实践，就可以提高和改善素质，就可以成为优秀的推销人员。

推销人员在从事业务活动时需要具备运用各种专门技巧的能力。要有效开展推销工作，正确处理推销过程中出现的各种问题，必然要求推销人员具备观察能力、交际能力、表达能力、创造能力、应变能力、组织能力、策划能力、自控能力，并且能够很好地加以运用。

项目四
寻找顾客

学习目标

了解并熟悉寻找顾客的必要性。理解并掌握目标顾客的含义。理解并掌握寻找目标顾客的方法。理解并掌握顾客资格鉴定的内容，并学会建立顾客档案。

导读案例

一位房地产推销员的观察

一位房地产推销员去访问一位顾客。顾客对他说："我先生忙于事业，无暇顾及家务，让我做主用几百万元购买一套别墅。"推销员听后非常高兴，几次三番到她家去拜访。有一次，正在她家聊天，这时有人敲门要收购废品，这位太太马上搬出一堆空酒瓶与收购者进行讨价还价，推销员留心一看，这些空酒瓶多是低档酒瓶，很少有超过十元钱的。推销员于是找个理由起身离开了，以后也不再去她家拜访了。

请问：这位推销员为什么从此不再到她家去拜访？他的评判依据是什么？

提示：推销最关键的是看你怎样去寻找准客户。因为准客户是推销人员最大的资产，是推销人员赖以生存和发展的根本。

［引自武敬敏主编的《推销人员要读的15本书》，中国物资出版社，2010年］

任务一　寻找顾客的必要性

任务驱动

小组讨论：1. 请你谈谈为什么要寻找顾客？

2. 哪些顾客是推销人员必须要寻找的？

3. 如何去寻找顾客？

提示：1. 顾客是推销人员进行推销工作的前提和基础，因为没有顾客，也就没有推销活动。

2. 有一定购买能力或购买可能性的个人和组织单位。这是推销人员必须要寻找的。

3. 从推销人员开发顾客的方法和策略角度进行分析。

必备知识

一、寻找顾客

1996年，海尔公司的冰箱销售人员将营销触角伸向经济较发达的农村与县城。他们用货车装上电影拷贝、农用科技手册等纷纷下乡，免费放电影，赠送科技手册，义务修理各种品牌的电冰箱。在这种“醉翁之意不在酒”的亲情广告攻势下，浙江绍兴附近的新昌县，原本是既不知道海尔冰箱也无销售点的县城，不仅有了经销商，而且头一个月就卖出了300台冰箱。一个县城一个月的销售业绩如此，那么它的市场潜力可想而知。

（一）顾客及目标顾客的含义

1. 顾客

寻找顾客是推销程序的第一个步骤。由于推销是向特定的顾客推销，推销人员必须先确定自己的潜在顾客，然后再开展实际推销工作。寻找顾客实际上包含两层含义：一是根据推销品的特点，提出有可能成为潜在顾客的基本条件。这个基本条件框定了推销品的顾客群体范围、类型及推销的重点区域。二是根据潜在顾客的基本条件，通过各种线索和渠道来寻找符合这些基本条件的合格顾客。那么，什么是顾客呢？在这里，顾客是一个广义的概念，它是指购买产品以及可能购买产品的组织和个人。顾客既可能是一个机构、一家公司，也可能是个人，但无论是机构、公司，还是个人，只能称之为潜在顾客，对于推销人员来说，从潜在顾客中准确而迅速地找出目标顾客，不仅能够节约推销的时间，而且能使推销工作顺利地进行下去。

2. 目标顾客

目标顾客是指真正有可能购买产品的顾客。目标顾客是潜在顾客的组成部分，但二者是有区别的。潜在顾客的范围比较广，是指有可能购买推销人员提供的产品或服务的任何人。而目标顾客是在潜在顾客之中，有足够的权力或者财力来做出购买决策的个人和组织。

（二）寻找目标顾客

所谓寻找顾客是指推销人员主动找出潜在顾客即准顾客的过程。寻找顾客对提高销售额具有极其重要的作用，也是推销成败的关键性工作。

目标顾客的寻找很少在大范围内进行，而是由推销人员各自展开的。因此，在寻找目标顾客时，首先要对目标顾客群进行分析，其次要对目标顾客群进行筛选，从中找出最有可能购买产品的目标顾客。

1. 目标顾客群分析

选择目标顾客是一种有意识的行动，只有经过仔细分析整个市场，研究顾客的需求层次和需求特点，才能确定哪些顾客能使你的推销量达到最大。在确定目标顾客时，可以考虑以下问题：

（1）顾客对产品的需求和渴望的程度如何？

（2）利用不同的推销方法对顾客影响的效果如何？

（3）利用什么样的分销渠道和中间渠道？

（4）对于推销人员来说，顾客是否容易接近？

所选择的目标顾客应当是成功机会最大的顾客，因为目标顾客的数目与公司的总销售量密切相关。选择目标顾客可以使公司将主要精力集中于公司最擅长的地方。当推销人员集中精力于一个或几个目标顾客时，有关顾客需求的信息便易于获得，这些信息可用于提高推销技巧与增加销售量。

2. 对目标顾客群进行筛选

从潜在顾客中分析出目标顾客群以后，推销人员还需要将目标顾客群（组织或个人）的名字列成一个名单，然后将他们按购买产品的可能性大小排列，并从中分析出很重要、比较重要和不太重要的目标顾客，从而筛选出最有可能及购买量最大的目标顾客。

例文示范

正确分析目标顾客群

美国有一位汽车推销员应一家庭电话的约请，前往推销汽车。推销员进门后看见这个家里坐着一位老太太和一位小姐，便认定是小姐要买汽车，推销员根本不理会那位老太太。经过半天时间的推销面谈，小姐答应可以考虑购买这位推销员所推销的汽车，只是还要最后请示那位老太太，让她做出最后的决定，因为是老太太购买汽车赠送给小姐。结果老太太横眉怒目，打发这位汽车推销员赶快离开。后来又有一位汽车推销员应约上门推销。这位推销员善于察言观色，同时向老太太和小姐展开攻势，很快就达成了交易。

［引自 http：//www. doc88. com］

知识拓展

寻找潜在顾客的原则

■ M：Money（金钱），即选择的顾客必须有一定的购买能力。

■ A：Authority（决定权），即该顾客对购买行为有决定、建议或反对的权力。

■ N：Need（需求），即该顾客有这方面（产品或服务）的需求。

［引自孙淑艳主编的《推销与洽谈》，北京理工大学出版社，2014 年］

二、寻找顾客的必要性

（一）有利于推销工作的顺利进行

推销人员的推销工作总是在一定的区域内进行的，而在推销区域内，由于竞争的存在、人事的变动等原因，顾客也会变动，因此，在推销区域内，商业情况不可能一成不变，经常会发生非常复杂的变动，销售量也会随着商业情况的变动而变动。如果不寻找新的顾客，那么客户就会变得越来越少，推销工作会进展得非常不顺利。因为：

（1）有的顾客由于其他原因，停止购买你们的产品。这些顾客对你们公司的服务不满意，或者对你们推销的产品不满意，因而不再购买你们的产品。有时，你的竞争对手的优惠措施对顾客很有吸引力，这也会使顾客终止同你来往。

（2）有的顾客由于家庭地址或公司地址的变更，与你失去了联系。顾客地址变动后，你并不了解他们的新地址，所以失去了顾客。有的顾客可能搬出你的推销区域，由于交通及运输费用等原因，你不可能再同这个顾客发生业务联系。

（3）有的顾客，包括公司、机构，宣告歇业或破产。这些顾客由于资金缺乏、经营亏损或其他方面的原因，不得不停止经营，因此，他们不可能再购买你的产品，你的推销因此会受到影响。

（4）有的顾客（主要是指企业）同其他企业合并，或被其他企业兼并。这些企业同其他企业合并或被兼并以后失去了采购权，也就同你的企业失去了业务联系；而有些企业的采购人员由于晋升、调动、辞职或者离退休，新的采购人员又有他们自己的业务渠道，这样你的销售量也会因此受到影响。

此外，还有其他一些因素，也将影响推销人员的推销量。因此，不管怎么样，推销人员原有的顾客会不断减少，不可能保持不变，即使原有的顾客数量保持不变，他们购买产品的数量也会改变，因此，推销人员必须寻找新的顾客。

（二）有利于推销人员谋求更好的利益和位置

由于职业的原因，推销人员必须完成一定的销售额，否则他将被公司解雇，失去这个职业，同时，推销人员如果能拥有更多的顾客，推销更多的产品，那么，他在获得更多的物质利益的同时，能得到更多的晋升机会，向着自己的奋斗目标靠近，这些都不断刺激着推销人员去寻找新的顾客。

（1）推销人员通过寻找新的顾客，可以了解有关潜在顾客的各种信息，包括顾客的需求、愿望、购买动机以及购买能力。推销人员可以根据这些信息，有效地判断潜在顾客是否能成为目标顾客，这种判断对推销人员是非常有利的，因为只有判断出哪些顾客为目标顾客，才能提高推销工作的效率，避免浪费许多时间和精力。

（2）通过寻找新顾客可以使推销人员有充分的信心投入到推销工作中去。推销人员在寻找顾客的过程中，了解了有关顾客的各种信息，如顾客的需求、愿望、购买动机以及其他信息。推销人员掌握了这些信息后，可根据顾客的不同需要及不同类型制定出相关的推销策略，实施不同的推销方法，这样就能大大提高推销工作的成功率，扩大销售业务及销售量。

例文示范

小钱换大钱

在五花八门的行业中，保险行业应是其中最难做的一行了。然而，美国布兰希保险公司却知难而上，想出了一个怪招。

首先，该公司寄出各种保险说明书和简单的调查表给顾客，还附上一张优待券，上面写着：请您把调查表的几个空白处填好，同时撕下优待券寄给我们，即可获得两枚罗马、希腊或中国等各国的仿古硬币。同时还申明：这是答谢您的协助，并不一定要您加入我们的保险行列。

信寄出了三万多封，回信是两万多封。该公司立即让业务员带上各国仿古硬币，按回信者的地址一一登门拜访。

“我特地为您带来了稀奇而不多见的古代硬币，请您任挑两枚吧。”业务员说。顾客自然热情的接待。待双方交谈得很融洽的时候，业务员便发起了招揽生意的进攻。这样收获自然可观：6000多人新加入了布兰希公司的保险行列。

［引自天戈主编的《我想，我做，我赚钱》，中国商业出版社，2003年］

相关链接

推销人员了解准客户的三项条件

■ 钱，即支付能力。

■ 权力，即客户的购买决定权。

■ 需求。

推销人员寻找准客户的基本准则

■ 确定推销对象的范围。包括地理范围、交易对象范围等。

■ 寻找顾客途径的多样性和灵活性。即根据实际情况善于发现，善于运用，善于创新各种寻找方法。

■ 具有随时寻找顾客的习惯。即随时做好寻找顾客的准备，不放过任何一次捕捉潜在顾客的机会。

［引自吴金法主编的《现代推销理论与实务》，东北财经大学出版社，2002年］

阅读资料

准顾客与现实顾客的联系

■ 互为前提，互为条件：准顾客与现实顾客是相对而言的。一个企业的现实顾客必是其他企业的准顾客，一个企业的准顾客必是其他企业的现实顾客。一方面，准顾客是现实顾客的前提和条件。因为现实顾客是准顾客的突破和实现，没有准顾客就没有现实顾客的产生；另一方面，现实顾客是准顾客的前提和条件。因为准顾客是现实顾客的裂变和演义，没有现实顾客就没有准顾客的存在。

■ 相互影响，相互制约：当准顾客购买了企业或组织所提供的产品或服务后，他就成为现实顾客。作为消费者，他会把他在实际消费中的所见、所闻、所感有意或无意地借助种种途径、采取种种方式，直接或间接地传达给周围的群体或媒体，从而对准顾客的购买心理、购买行为产生影响和制约作用。如果他发现所购买的产品或服务并非其所需的产品或服务时，他就会否定自己早期的购买行为，并有了以后不再购买的想法或念头。这时，他就成为该企业或组织的一个准顾客。当他和别人进行接触时，他就难免要把他的消费感受、消费观念托盘而出，从而对别人的购买心理和购买行为产生重要而深远的影响。据美国市场营销协会AMA调查数据显示：100个满意的顾客会给企业或组织带来25个顾客；有1个顾客投诉，就会有20个顾客有同感，只不过他们不愿说罢了；1个满意顾客的传播人数是6，而一个不满意顾客的传播人数是15。

■ 彼此交叉，互相渗透：一个企业的现实顾客是其他企业的准顾客，而其他企业的现实顾客则是这家企业的准顾客；一个顾客既可以是一个企业的现实顾客，也可以是另一个企业的准顾客或现实顾客；他可以是一个企业一种品牌的现实顾客，也可以是另一种品牌的准顾客或现实顾客；当然，他也可以是一个企业多种品牌的现实顾客，也可以是多种品牌的准顾客。

■ 在一定的条件下相互转化：由于准顾客与现实顾客存在着上述联系，因而一旦时机成熟，二者便相互转化。我们把准顾客转化为现实顾客这种情况，称之为有利于企业或组织生存与发展的正转化；而把现实顾客转化为准顾客这种情况，称之为不利于企业或组织生存与发展的负转化。企业只有在巩固现实顾客的基础之上，不断地挖掘与开发准顾客资源，实现准顾客向现实顾客的正转化，才能使企业获得可持续发展，也才能使企业得以长期盈利。

[引自 https：//baike. so. com]

训练设计

一、简答题

1. 什么是潜在顾客？什么是目标顾客？二者有何区别？

2. 为什么推销人员要连续不断地寻找新的准顾客？

二、案例题

小火柴大功效

被誉为丰田汽车“推销大王”的椎名保久，从生意场上人们常用火柴为对方点烟得到启发，在自制的火柴盒上印上自己的名字、公司名称、电话号码和交通路线图等，并投入使用。椎名保久认为，一盒20根装的火柴，每抽一次烟，名字、电话和交通图就出现一次，而且一般情况下，抽烟者在抽烟间隙习惯摆弄火柴盒，这种“无意识的注意”往往成为推销人员寻找顾客的机会。椎名保久正是巧妙地利用了这小小的火柴，寻找到了众多的顾客，推销出了大量的丰田汽车。其中许多购买丰田汽车的用户，正是通过火柴盒这一线索实现购买行为的。

[引自吴金法主编的《现代推销理论与实务》，东北财经大学出版社，2002 年]

问题： 椎名保久是利用什么方法寻找到适合自己的顾客的？你从中受到何启示？

三、实训与实战

【实训与实战目标】

1. 准确理解“成功的推销总是从寻找顾客开始的，寻找准顾客是完成推销活动的前提和基础”这句话。

2. 准确理解“准顾客”的内涵。

【实训与实战内容、方式】

1. 内容：“跨界”这个词儿在眼下的快递和电商界并不陌生。近来，快递行业的大佬——顺丰，一夜之间，“嘿客”518 家门店全面上线，这也是这家行业大佬进军 O2O 模式的大手笔。

2. 方式：组织学生，模拟顺丰公司，去“嘿客”门店寻找准顾客。具体操作是：学生分小组，分别扮演公司推销人员和顾客，体验推销的情景。

【实训与实战要求】

1. 理解顺丰的做法，即这种“全新的销售概念”。

2. 与马云的做法相比较，在今天互联网思维的时代，你认为顺丰是怎样理解“准顾客”内涵的，请谈谈各自的看法。

【实训与实战成果检测】

1. 撰写心得体会。

2. 在课堂上分组讨论，谈谈各自的看法。

任务二 寻找顾客的方法

任务驱动

小组讨论： 某超市在开始进入市场时，确定了超市商圈内的顾客群约为 8 000 名。除了在当地媒体广泛宣传以外，总经理带领大家挨门逐户地拜访顾客，介绍超市的情况和经营的商品以及服务要求等，试图谋求与顾客良好关系的建立。经过不懈的努力，终于使商圈内的顾客稳定在 80% 以上。

提示：这家超市在寻找自己的顾客时，主要采用的是普遍寻访法。

必备知识

一、寻找顾客的主要方法

推销人员寻找目标顾客的方法和手段多种多样、各不相同，它往往由推销人员所推销的产品，或者由他们所提供服务的性质决定，不同的领域、不同的行业有不同的推销方法。这里介绍几种常用的较普遍的方法：

（一）普遍寻访法

1. 含义

普遍寻访法也称“地毯式访问法”，这种方法主要是指推销人员在特定的区域内，对可能成为自己准顾客的一些人员，通过面对面的沟通和交流或电话、电子邮件等手段来寻找顾客的方法。

普遍寻访法的中心思想是假设在推销人员自己寻找的准顾客中，一定存在有价值的顾客或潜在顾客，且这些有价值的顾客或潜在顾客的数量与被访问的人数是按正比关系发展的。

2. 优缺点

普遍寻访法的优点是由于推销人员寻访的面广、量大，对获取更多的有价值的顾客或潜在顾客起到了非常积极的推动作用，同时扩大和提高了自己企业和产品在社会公众中的影响力，也锻炼和培育了一大批推销人员的推销能力。

普遍寻访法的缺点是由于推销人员可能的主观判断失误，推销有一定的盲目性，成功率不高，且所投入的时间和精力较大，成本也较高，有时容易让顾客反感。

3. 注意事项

（1）对目标市场进行定位和细分顾客群。对于任何一个企业来说，不论它的产品如何多样和做工精美，都无法满足复杂多变的市场和顾客的需要。根据市场营销法则，推销人员在采用这种方法时，先要对整个目标市场进行定位，并把市场内的全部顾客和潜在顾客划分为有不同购买欲望、购买需求、购买力等多个顾客群。

（2）要有明确的目标或方案。推销人员在采取这种方法时，为了减少瞎闯、瞎碰，节约人力、物力、财力和时间，提高工作效率，在行动前必须做好“功课”。在熟知自己企业及产品的工艺构造、功能特性、用途等基础上，了解寻访市场和顾客的基本情况和心理需求，了解同类企业或相似产品的市场动态、发展趋势、竞争状况等，并拟定推销的目标和行动方案。

（3）推销人员要在“勤”字上下功夫。由于市场面广、量大，顾客需求复杂多变，推销人员在采取这种方法时，必须要有一股干劲和热情，大胆地采用各种手段和方式，积极主动地寻找广泛的市场和顾客，做到“眼勤”“手勤”“腿勤”“嘴勤”。

（4）谨慎对待顾客的拒绝。在现实中，我们常常会碰到这样的情况：如上门推销时，顾客把你当作“坏人”，不愿意配合，甚至避开你或拒绝你；在街上，当你希望顾客停住脚步，把产品介绍给他时，顾客讨嫌你；对你所在的企业和产品甚至你本人没有好感；等等。面对这种局面，推销人员要有一种气度和宽容度，要做到不卑不亢，态度谨慎，小心行事，千万不能冲动或与顾客对抗。

（二）顾客引荐法

1. 含义

顾客引荐法也称连锁介绍法或无限介绍法，主要是指推销人员通过熟人、朋友、合作伙伴等社会资源和现有顾客引荐准顾客的方法。现实中，许多的潜在顾客大多不是通过广告宣传，而是通过现有顾客的口口相传得来的。目前其是一种非常实际、有用的方法。

顾客引荐法的中心思想是顾客之间大多有着广泛的社会需求和社会联系，只要推销人员较好地把握机遇，利用现有顾客的各种关系和渠道，就可以寻找到自己的潜在顾客。

2. 优缺点

顾客引荐法的优点是由现有顾客去带动潜在顾客，对自己企业和产品知名度的扩大和美誉度的提高效果更直接、更显著，推销成功的概率更高，从广告学的角度来说，这是一种“第三者”出面的宣传，是一般的派员宣传没有办法胜任和做到的。同时这种方法针对性比较强，大大地减少了推销人员在推销过程中的盲目性，节约了成本，也减少了推销过程的障碍。

顾客引荐法的缺点是由于要过分地依赖熟人、朋友、合作伙伴和现有顾客的资源，推销人员无法掌握具体情况，所以对推销人员来说，自己可以灵活变化的余地不大。

3. 注意事项

（1）真诚服务于现有顾客。顾客引荐法主要是通过现有顾客去说服潜在顾客的，因此，对推销人员来说，先要用自己真诚的心去感化现有的顾客，让现有的顾客感受到自己的企业及产品是值得信赖的，服务是一流的，然后再通过现有的顾客将这种“美好的感觉”传给更多的人。也只有这样，现有的顾客才会引荐更多的潜在顾客。

（2）选择可以信任的现有顾客。现实生活里，顾客在引荐过程中，最有可能的是先把自己关系比较密切的人引荐过来，但事实上可能又存在这样一种情况，即被引荐过来的人可能又不符合企业营销的要求，因此，对推销人员来说，最好先选择值得自己信任的现有顾客去做这项工作。

（3）及时与现有顾客沟通。不管现有的顾客是否发展了潜在的顾客，对推销人员来说，最重要的一个工作是必须要对其表示满意和感谢，如果说现有顾客在引荐过程中出现问题，推销人员要主动承担责任，绝对不能将责任推向现有的顾客。

（三）委托助手法

1. 含义

委托助手法也称推销信息员法、猎犬法等，主要是指推销人员委托有关人员来寻找潜在顾客，以助推自己的推销业务进一步得到发展的一种方法。现实中，我们往往可以看到，顾客的需求和推销人员的推销信息经常是不一致的，这中间的主要原因是推销人员不可能及时有效地去了解和掌握复杂多变的市场与顾客的需求，即便推销人员能够去做，投入的成本也比较高，且效果也不一定理想。如果说把这些信息收集的工作委托交给有关人员去做，得到的信息反而会更多、更大、更全面，所花的成本也会更少，效果更好。

委托助手法的中心思想是通过委托的方式，利用专业的信息人员和一些推销人员收集信息和做一些辅助的推销工作，帮助推销人员完成更高级、更艰难、强度更大的推销工作。

2. 优缺点

委托助手法的优点是由于推销人员雇佣了专业的信息人员或一些推销人员去收集市场与顾客的信息，寻找潜在顾客，这样为推销人员节约了更多的人力、物力、财力和时间，并将更多的人力、物力、财力和时间集中到更有效、更重要的推销工作中去，大大地提高了推销工作的效率。同时，由于信息来源广泛，有利于推销人员主动掌握更多的资源，这也大大地促进了新市场的拓展；也节约了大量的推销成本，减少和避免了推销人员去陌生市场与顾客处推销的麻烦。

委托助手法的缺点是由于要有求于有关的专业人员和别的推销人员，对推销人员来说，推销业绩往往要取决于推销助手的能力与素质，容易被人忽悠；对恶性的市场竞争会起到推波助澜的作用；现实中，合适的推销助手也不易找到。

3. 注意事项

（1）确定推销助手的聘用标准。即推销助手的工作性质与要求、个人的业余爱好与志趣、文化水平与业务能力、人际关系与交际范围等，要同推销产品的性能特点、用途要求结合起来，尽可能做到一致。

（2）了解掌握委托市场的行情。委托助手法采用的手段之一是通过支付佣金的办法来调动推销助手的推销积极性，而事实上，许多时候推销助手也会因为自己手中掌握了丰富的信息资源，由此作为挟制或进行讨价还价的资本，因此，推销人员要及时了解和掌握委托市场的动态，并传递准确的信息。

（3）建立一支专业化的人才队伍。为了有效采用这种方法，推销人员要从多途径、多渠道寻找专业人员，不能“一棵树上吊死”；同时对推销助手进行必要的公司理念、性质、产品性能特点、用途要求等专业知识的培训，以维护公司的形象。

（四）广告影响法

1. 含义

广告影响法也称广告开拓法、广告拉引法、广告吸引法，主要是指推销人员利用大众媒体手段如报纸、杂志、广播、电视以及电影、路牌、灯箱广告、车厢广告、招贴广告、宣传画册、邮政广告、电子邮件、厂商联合的商店各种促销等手段发布产品信息，对企业和产品进行宣传，从而来寻找顾客的方法。这也是目前运用较多的一种方法。

广告影响法的中心思想是借用各种媒体（载体）的力量对企业和产品进行宣传，进而扩大其影响，并影响和引导顾客的思想与行为。

2. 优缺点

广告影响法的优点是由于推销人员针对不同的群体，采用不同的手段，主动对企业和产品进行宣传，这样信息传递的速度更快、特别是利用第三人称的手法进行宣传，效果更好；广告本身含有专业技术要求，无论在创作新意、制作手段等方面都具有超强的震慑力、诱惑力、影响力，同时也能减少推销人员“满天飞”的现象。

广告影响法的缺点是由于必须通过某种载体进行宣传，技术含量高，成本大，费用高，尤其是电视形式，一般多以秒来计算，且按电视台的级别、电视节目的时间要求进行评判，费用特别大；宣传手法的模仿性强，容易造成良莠不齐、鱼目混珠的现象，效果难以在短期内显现。

3. 注意事项

（1）选择合适的广告媒体（载体）进行宣传。由于各种广告媒体（载体）的影响力、技术力量、制作水平、制作要求与费用等完全不同，所以推销人员要对不同的媒体（载体）进行筛选，根据自己企业和产品的具体情况合理安排。

（2）根据不同顾客的需求制作广告和选择广告媒体（载体）。由于顾客的背景不同，如教育程度、年龄、性别、职业、环境、收入水平、兴趣爱好、心理需求等，对广告制作的要求和理解就不同，对媒体（载体）的信任度也有不同，所以推销人员要特别注意这个问题，否则不仅不能达到目的，甚至会起反作用。

（五）利用交易会法

1．含义

利用交易会法主要是指利用各种商品展览会、商品展销会、订货会议等形式宣传企业和产品，并达到寻找顾客的方法。现实中，如每年举办的国内影响很大的广交会，是国内厂商寻找外商的最好机会之一。内贸中的各种商品展览会、展销会等也同样是广大厂商寻找顾客的方法，且效果显著。其目前也是运用较普遍的一种方法。

利用交易会法的中心思想是凭借交易会的平台，推销人员大量散发自己企业产品的信息，同时通过交流与沟通，了解和掌握市场与顾客的需求信息，从而使自己企业的产品更符合市场与顾客的要求，并寻找到更多的顾客。

2．优缺点

利用交易会法的优点是推销人员可以通过参加各种形式的商品展览会、商品展销会、订货会议等，在广泛地推介自己企业和产品的同时，在短时间内能比较集中地了解和掌握大量分散的市场与顾客的需求信息，工作效率高；能较好地展示推销人员的能力与素质。

利用交易会法的缺点是由于推销人员通过自己设摊推销或招商后推销，推销工作的要求严格，推销费用高，尤其是自己举办的展会费用则更高些。

3．注意事项

（1）推销人员的选择。如果说推销人员没有扎实的专业理论知识、对自己公司和产品的了解及足够的信心、良好的自身素质与能力，要在极短的时间内将自己企业和产品进行有效推介，并能做到在对方心中留下深刻的完美的印象，这是不可能的。所以采用这种方法对推销人员的选择是非常重要的。

（2）了解市场和顾客的需求。要把产品有效地推销出去，还必须有一个前提工作要做，即对市场和顾客进行把脉。只有充分了解与掌握市场和顾客的需求情况，才能使产品适销对路，也即能更快地寻找到潜在的顾客。

（六）电话寻找法

1．含义

电话寻找法是指推销人员用打电话的方式与准顾客联系而寻找准顾客的方法。

电话寻找法的中心思想是推销人员在掌握了准顾客的名称和电话号码后，通过拨打电话与顾客进行沟通与交流，从中获得有价值的信息，并寻找到市场的潜在顾客。

2．优缺点

电话寻找法优点是成本较低，经济效率高。打电话能突破时间与空间的限制，是最经济、最有效率的接触客户的方法。

电话寻找法缺点是无法从客户的表情、举止判断其反应或内心的真实想法。

3．注意事项

（1）电话寻找法寻找准顾客是一项重复性高、易疲劳的工作，需要一个良好的交流环境，要保证电话推销人员在与客户交流时有一个放松的心情，如配备半封闭式的工作台，甚至要有私密的空间。

（2）打电话前，必须提前做好相关的准备，如目标客户的单位名称、基本情况以及联系人的职务、名字、喜好，同时设计好自己要说的内容、客户可能会提出的问题以及应对措施等。

（3）打电话时口齿要清晰，语气要热情，同时要注意把握恰当的时机、通话的时间和谈话技巧。

（4）如果第一个接听电话的人是总机或秘书，你必须简短介绍自己，接下来要用礼貌、坚定的语气说出要找的客户名称，要让秘书感觉你所要谈的事很重要，但不能说得太多。

（5）如果感觉这次拨打电话的成功性不大，就要退而求其次，争取获得一个见面的机会，对方如果答应，就要立即确定时间和地点，收线之前，要再次确认与对方见面的时间和地点。

（七）网络寻找法

1. 含义

网络寻找法是借助互联网宣传、介绍自己的产品，从而寻找客户的方法。近些年来，随着互联网技术的不断发展与完善，各种形式的电子商务和网络推销也开始盛行起来，市场交易双方都在利用互联网搜寻顾客。互联网的普及使得在网上搜索潜在客户变得十分的方便，推销人员借助互联网的强大搜索引擎如 Google、Baidu、Sohu 等，可以搜寻到大量的准顾客。对于推销人员来说，网上寻找顾客是最好的选择。

网络寻找法的中心思想是推销人员运用各种现代信息技术与互联网通信平台来搜索准顾客。

2. 优缺点

网络寻找法优点是成本低、速度快，双向的、互动的信息交流方式，方便、快捷。

网络寻找法缺点是受上网条件与网络诚信的影响，不过这些因素正随着电子商务的发展在不断改进与改善。

3. 注意事项

（1）目前适宜在互联网上寻找顾客并且促使顾客购买的，只是一些简单的、顾客熟悉的、个体差异不大的，可以简单进行购买决策的产品。

（2）在询问顾客的有关信息资料时，应注意网络礼仪，恪守企业的诚信。

相关链接

通过 Internet 推销人员可以获得的信息

■ 准顾客的基本联系方式，不过你往往不知道那个部门的负责人，这需要电话销售配合。

■ 准顾客公司的介绍，可以了解公司目前的规模和实力。
■ 准顾客公司的产品，可以了解产品的技术参数、应用的技术等。
■ 一些行业的专业网站会提供该行业的企业名录。

[引自 https://baike.so.com]

（八）市场咨询法

1. 含义

市场咨询法是指推销人员利用社会上各种专门的行业组织、市场信息咨询服务等部门所提供的信息来寻找准顾客的办法。

市场咨询法的中心思想是借助一些组织，特别是行业组织、技术服务组织、咨询单位等，因为他们手中往往集中了大量的客户资料和资源以及相关行业和市场信息，通过咨询的方式可以寻找更多的准顾客。

2. 优缺点

市场咨询法优点是方便迅速、节约时间，费用低廉、信息可靠。

市场咨询法缺点是推销人员往往处于被动地位，即过分地依赖咨询人员，不利发挥推销人员自身的主观能动性，有时信息失真。同时，这种方法有一定的局限性，即有些重要的信息市场咨询人员也无法提供。

3. 注意事项

（1）要对信息的来源、提供者真伪进行鉴别。

（2）注意信息的时效性以及因为时间关系而出现的错漏等。

相关链接

推销人员可以从以下部门获得市场信息

■ 专业信息咨询公司。
■ 工商行政管理部门：包括工业、商业、交通运输等各个行业。
■ 各级统计和信息部门：各级政府所属的统计局及相关部门。
■ 其他相关部门：如银行、税务、物价、公安、大专院校、科研单位等。
■ 当地行业协会：如软件行业协会、电子元件行业协会、仪器仪表行业协会等。

[引自 https://baike.so.com]

二、寻找顾客的其他途径

（一）从公司的其他推销人员那里获得目标顾客

推销人员可以从其他推销人员那里获得目标顾客。这里包括两种情况，一是和你推销同类产品，与你竞争的推销人员；二是推销相关产品或不同产品的推销人员。从同你竞争的推销人员那里得到有关目标顾客的信息，这听起来似乎不可能，但你的竞争对手往往拥有大量有价值的信息，这些信息对你来说是非常重要的，同时也具有非常大的吸引力。有时由于竞争对手的推销方法不灵活，或缺乏一定的技巧，不能拥有这些顾客，而你得知这些信息后，经过仔细分析，投顾客所好，最终他们将会成为你的顾客。因此，只要你注意观察，机智灵活，有意无意之间，便可以从竞争者那里获得目标顾客。

从推销不同产品的推销人员那里你也可以获得目标顾客，他们有时会主动透露一些有关目标顾客的信息。例如，公司服务部门的操作员或修理工可以给新来的推销人员提供有价值的信息。相关产品的推销人员一般情况下能够免费提供目标顾客的信息，但在有些情况下，如果目标顾客确实购买了推销人员的产品，他们就要收取一定的费用。

（二）从公司市场调研部门获得有关目标顾客的信息情报

一般的大中型公司内部都设有市场调研部门，有的公司称之为市场开发部，他们往往以公司的名义进行市场调查，寻找与公司发展前景及新产品开发相关的市场信息，常常能找到对公司产品需求量巨大的一些公司、机构、中间商、代理商等；同时，也能提供一些有关目标顾客的主要分布区域、需求对象、需求时间、数量等方面的信息。

（三）从以前接触过但未买产品的顾客中寻找顾客

人们对待同一件事物的态度会因各种条件的变化而发生改变，以前的目标顾客也是如此。推销人员以前接触过的顾客没有购买你的产品，而是购买了另一家的产品。但是他们对所购买的产品可能并不满意，这时，推销人员可以乘虚而入，利用自己产品及其他方面的优势吸引顾客。有时，由于本公司的产品在质量上的改进、性能的提高，或者价格上的优惠，使产品产生更大的吸引力，可以把购买别的公司产品的顾客吸引过来；如果你的竞争对手是外国公司，有时会由于汇率的改变、关税的调整等因素的影响，导致竞争者产品的售价提高，这也可以使原来的顾客重新成为你的目标顾客。

具有创造性的推销人员都相信，以前的目标顾客是重要的，不放弃以前的目标顾客，一定会有所收获。因为以前的目标顾客随着时间的推移，会逐步认识到你的产品的优点，进而会使用你的产品。

（四）从个人社交中寻找目标顾客

推销人员的工作性质决定了他有较广泛的社交圈子，朋友、亲戚、同事以及其他熟人都有可能成为你的目标顾客，购买你的产品。但是，你的顾客都可能成为你的朋友，而你的朋友并不一定都能成为你的顾客。所以，推销人员在利用亲戚、朋友和其他熟人关系时，要有一定的限度，备加小心，不要因你的推销而使原来的朋友、亲戚离你而去。当然，只要你合理地利用这个目标顾客的来源，你的朋友们可以成为你的顾客，并且你们之间还能保持良好的友谊。

推销人员寻找顾客的方法很多，在实际的推销活动中，各企业应根据行业及产品特点、推销人员的个人情况确认有效地寻找顾客的方法，并将各种方法融会贯通、灵活运用。

例文示范

客户无处不在

客户有的是，就看你自己是不是有办法找到他们。你会问，怎样才能吸引这些人？你还要问，他们是谁？他们在什么地方？这应该问问你自己，因为准客户就在你的身边，你最了解他们。想想看，你的朋友和亲戚都知道你在什么地方做事吗？摸摸你的口袋，里面就有一本通讯录，他们的名单就在上面，我相信你不会不知道这就是一份准客户名单。

[引自原一平著的《推销学全书》，兵器工业出版社，2003 年]

相关链接

推销人员寻找准客户的基本方法

■ 陌生拜访法：即推销人员寻找好客户后直接上门拜访。

■ 介绍法：即让别人推荐自己的熟人给你。

■ 缘故法：即自己直接将产品介绍给亲朋好友，或者他们认识的人。

■ 快速宣传法：即自己设计一些独特、有创意的宣传资料，大量寄发给潜在客户，也可以亲手写一封促销函给准客户。

■ 职团开发：即可以选择一家相对比较稳定的企事业单位做推销基地，定时定点定人进行服务和销售。

[引自武敬敏主编的《推销人员要读的 15 本书》，中国物资出版社，2010 年]

阅读资料

细心观察顾客行为，寻找和接触最有希望的目标顾客

有一次，一位女推销员下班后路过一家商场，走进去随便逛逛。她看中一件衣服，但价格非常贵，她有些舍不得。正在她犹豫不决时，她猛然发现旁边一位顾客正在询问营业员关于商品的一些问题，问话的人与女推销员想买的东西一模一样，并且她听到这位顾客对营业员说："我要了，麻烦你给我包起来吧。"女推销员由此认定这位顾客出手大方，一定是位有钱的人，于是她心生一计，何不跟踪这位顾客，以便寻找机会能为他服务。

接下来，她就跟在这位顾客的后面，她发现这位顾客走进了一幢漂亮的办公大楼，大楼门卫对他甚为恭敬。这时她更坚定了自己的看法，他一定是一位有钱人。

于是她走向门卫："您好，师傅，刚才进去的那位先生是？……"

"你是什么人？"门卫问道。

她马上说："是这样的，刚才在商场我掉了东西，是这位好心的先生帮我捡起来的，但他却没有告诉我他的尊姓大名，我想写封信表示感谢。所以麻烦您告诉我，这位先生的姓名和详细的通讯地址……"

“哦，是这样啊，他是某某公司的老总。他叫……”

就这样，女推销员又得到了一位贵客。

训练设计

一、简答题

1. 寻找顾客的主要方法有哪些？

2. 试比较分析寻找顾客的各种方法的优缺点。

二、案例分析

世界著名的推销大王，创吉尼斯世界纪录的美国历史上最伟大的汽车推销大王乔·吉拉德曾推销过13000多辆汽车。乔认为，干推销这一行，无论你干得多好，别人的帮忙总是有用的。乔做成的很多生意都有“猎犬”（那些会让别人到他那里买东西的顾客）的帮助。乔的一句名言就是“买过我汽车的顾客都会帮我推销”。

在生意做成后，乔总是把一叠名片和猎犬计划说明书交给顾客。说明书告诉顾客，如果他介绍别人来买汽车，成交后，每辆汽车他会得到25美元的酬劳。几天之后，乔会寄给顾客感谢卡和一叠名片，以后每年他至少寄一封附有猎犬计划的信件，提示顾客自己的承诺仍然有效。如果乔发现顾客是一位领导人物，其他人都会听他的话，那么乔会更加努力促成交易并设法让其成为“猎犬”。实施猎犬计划的关键是守信用——一定要给顾客25美元。乔的原则是：宁可错付50个人，也不要漏付该付的人。

猎犬计划使乔的收益很大，1976年猎犬计划为乔带来了150笔生意，约占交易的三分之一。乔付出1400美元的猎犬费用，收获了75000美元的佣金。

［引自宋素红著的《推销理论与实务》，化学工业出版社，2007年］

问题：乔是采用什么方法来寻找顾客的？这种方法在实际运用时，要特别注意什么事项？

三、实训与实战

【实训与实战目标】

1. 理解和掌握寻找准顾客的思路，积极开发新顾客。

2. 熟练掌握寻找顾客的各种方法。

【实训与实战内容、方式】

1. 内容：旅游广告。

大型包船 畅游长江沿线八省 饱览三峡全景13日游：某某旅行社使用大型游轮，船体更宽敞，更平稳合适；游览时间更长，景点更丰富，服务更优质。百年修得同船渡，我们珍惜与您的缘分，以长江包船的专业素养，为您营造美好旅途（轮船雄伟大气，全船中央空调，每个房间都设有独立的卫生间，热水沐浴，卫星电视；原价1498元，现价998元；开船日期6月22日、7月22日、8月22日）。

2. 方式：模拟某广告公司，体验广告开拓法。

【实训与实战要求】

1. 模拟设定某广告公司的策划人，寻找广告媒体商并登载广告招揽客源，然后学生分别扮演顾客，评价通过广告开拓法寻找顾客的优劣。

2. 学生自己重新模拟设计广告，并通过寻找广告媒体商登载广告招揽客源。

【实训与实战成果检测】

1. 在课堂上分组讨论，谈谈各自的看法。

2. 学生自己重新模拟撰写广告词。

任务三　顾客资格鉴定

任务驱动

小组讨论：把握顾客的需求重点。

一位销售轿车的推销人员正在向顾客推荐一辆豪华轿车，引导顾客从不同的角度观看车的外型，让准顾客用眼睛证明所看到的是多么气派的外型；请顾客坐在车上，让他感受车的宽敞、舒适及豪华；然后他拿出几位商场知名人士签下的订购合约给这位准顾客过目。就这样，他们开始谈到车的价格及交车手续，不一会儿准顾客签下了一辆价值近 120 万元的车的合约。

提示： 通过分析上面的案例可知，推销要获得成功必须把握几个要点：

(1) 找出能满足顾客需求的销售重点。

(2) 准备好针对销售重点的证据。

必备知识

一、顾客资格鉴定的含义与必要性

（一）顾客资格鉴定的含义

所谓顾客资格鉴定是指推销人员对可能成为顾客的某个具体对象进行审查，确定该对象能否成为准顾客的可能性。顾客资格鉴定的实质是顾客的购买资格审查。

（二）顾客资格鉴定的必要性

对推销工作来说，推销人员通过各种手段、方式方法等千辛万苦寻找到的准顾客，其实都非真正是能够实现购买力的顾客。在这里面还有大量的观望顾客、试探顾客等，因此推销人员还要对准顾客能否购买自己产品的目标顾客继续进行系列的鉴定、筛选、分类、细化等顾客资格鉴定工作。

顾客资格鉴定工作是推销人员做好推销工作不可缺少的一项重要工作。通过顾客资格鉴定工作，推销人员可以进一步明确顾客的需求与期望，确认哪些是自己的真正大客户，哪些是自己的忠诚客户，哪些是自己应该努力去争取的客户，哪些是自己短期内的客户，哪些是自己需要长期投资的客户，哪些是自己产品利润回报率较快、较高的客户，只有这样才能避免重复的、无效的甚至于有害的推销工作，才能捕捉到真正的顾客，才能提高整个推销工作的效率。因此，在开始实际的推销约见与洽谈前，推销人员必须对顾客的购买资格进行审查。

二、顾客资格鉴定的要素

（一）顾客购买需求鉴定

1. 鉴定内容

顾客是根据自己的需要购买产品的，如果顾客不需要你推销的产品，他当然不会购买。即使推销人员有多么高的洽谈技巧，产品的质量如何优良，售后服务如何周全，顾客也不会购买。这样做只能是浪费推销人员大量的时间和精力，所以要对顾客购买需求进行鉴定，这是核心内容。

顾客购买需求鉴定的内容多而杂，尤其是最终顾客，变化莫测。客观上说，是没有办法说清楚的，也不可能说全面，这里只能从原则上进行分析。

（1）现实需求的鉴定。现实需求是指已经发现的没有被满足的需求。这是顾客已经认识推销产品，同时认为通过购买行为可以寻求满足的平衡。推销人员应该通过需求鉴定，把具有现实需求的顾客作为立即开展推销活动的对象。

（2）需求特点和预购买的数量鉴定。按照“ABC管理法”的要求，推销人员一是应该关注现实需求量比较大的顾客，以便提升推销业绩；二是关注目前需求量虽然不多，但是具有长期购买倾向的顾客，因为他们是企业或者推销产品未来的基本市场；三是关注购买行为对推销人员与推销产品具有重要作用的顾客，推销人员应当按照顾客的重要性，在推销活动中给予特殊的照顾和安排，因为他们可能是“购买明星”，要善于利用他们的影响力来扩大企业和产品的知名度。

（3）潜在需求鉴定。在寻找到的顾客名单中，推销人员如果发现有的顾客虽然没有现实需求，但是存在着未来的需求，这也是潜在顾客。推销人员应当把“潜在顾客”列为“预备梯队”，作为以后的推销对象。

（4）特定需求鉴定。在顾客需求鉴定中，如果发现特定需求的顾客，应该继续进行鉴定，确切了解特定顾客的需求特点，以便在以后的推销活动中给予满足，同时了解其中可能存在的变数，以便从中发现推销机会或推销风险。

（5）顾客对推销产品品牌的态度鉴定。顾客可能需要这种产品，但是表现出不同的态度。只有了解潜在顾客对产品的不同态度，才能明确访问中应采取的推销策略。

（6）分析判断潜在顾客为满足自身需要能够接受的价格水平。对推销品需求强烈的人可能比需求小的人愿意出更多的钱，高收入阶层的人或财大气粗的组织比低收入阶层的人或财力弱小的组织在付款数额上有更大的灵活性，需求程度也影响购买价格和支付方式。

（7）考察顾客什么时候需要。顾客往往对于自己的需要在时间上缺乏足够的认识，这就需要推销人员来帮助顾客判断需要的时间，促使顾客当场下订单，这样既可以提高推销工作效率，帮助顾客解决问题，又能提高推销成功的比率。

（8）考察顾客需要多少。顾客常常对自己需要的数量模糊或保守，有时甚至因为某方面专业知识的缺失而考虑不周或无法确定购买数量，因此推销人员应当做好顾客的参谋，在购买数量方面为顾客提供可行的建议。

2. 鉴定方法

从理论上说，可以用以下三种方法进行：

（1）需求层次分析法。结合马斯洛的需求层次理论，对准顾客的需求层次进行分析，鉴定推销品的消费档次是否与顾客的需求层次相符合。

（2）需求差异分析法。分析准顾客的需求差异，一是鉴定推销品的功能特点与准顾客的需求注重点是否一致；二是鉴定推销品的品牌是否在准顾客喜欢的范围之内。不同的顾客，对同类产品的需求注重点是不一样的，有的注重功能齐全，而有的则注重式样新颖。

（3）边际效用分析法。了解准顾客对推销品的持有状况，分析推销品能够给顾客带来的边际效用。一般来说，顾客没有使用过的商品，其购买后的边际效用最大。

从实际做法上说，可以简化操作。主要有：①通过市场调研的方法进行鉴定。即可以通过发放市场调研表获取信息。市场调研表上事先对被确定调研的顾客群设置一些开放式的问答题，表格回收后再进行系列筛选、排序、归类、分析研究等，得出应有的结果。②通过经验判断的方法进行鉴定。即推销人员通过自己多年来的工作经验，结合实际的情况综合分析研究，得出应有的结果。

（4）其他方法如资料查询法、社交调查法、推销人员同行调查法、推销人员现场观察法、建立关系网络法、建立顾客信息资料库法等。

（二）顾客支付能力鉴定

1. 鉴定内容

一般地说，顾客支付能力鉴定应该包括最终顾客支付能力鉴定、企事业等团体单位顾客支付能力鉴定两个方面。

（1）最终顾客支付能力鉴定。最终顾客也就是我们通俗所说的居民个人。最终顾客支付能力鉴定通常应包括其收支情况、个人信用、个人信贷、个人储蓄等。

最终顾客的收入水平主要是指最终顾客实际得到的那部分收入。收入是决定最终顾客支付能力高低的前提。现实生活中，一个有影响力的明星决定了其在实际消费过程中肯定要比一般的普通老百姓的消费实力与水平要高得多。经济发达地区要比经济欠发达地区的人们收入要高，消费能力也要强些。为此，推销人员要排摸各类最终顾客的实际收入情况，根据不同需求推销不同的产品。

最终顾客的支出情况主要是要了解其支出总计划、期望购买的产品、消费习惯、消费特征、消费的其他背景状况如教育程度、职业、性别、所处的群体氛围等。为此，推销人员要了解最终顾客的实际支出情况，根据不同的支出情况提供不同的推销产品。

最终顾客的个人信用主要是指其是否有良好的诚信度，如有否在银行、保险、税务、商店等有不良的记录。个人信用度越高，对顾客支付能力的风险评估影响就越低。为此，推销人员要关注最终顾客的信用情况，以尽量减少推销的风险。

最终顾客的个人信贷也是影响其购买力大小的一个重要因素。从经济学的角度看，个人信贷能力越强，分期付款、赊销等形式就越多，购买力也就越强。为此，推销人员要根据最终顾客不同的信贷情况，安排不同的推销产品。

最终顾客的个人储蓄同样是影响其购买力大小的一个重要因素。一般可以这样认为，购买力与储蓄是成反比例的。购买力越大，储蓄就越少，反之，购买力越小，储蓄就越多。为此，推销人员还要多了解最终顾客的个人储蓄情况，对个人储蓄较少的最终顾客要主动开展推销工作。

（2）企事业等团体单位顾客支付能力鉴定。企事业等团体单位顾客支付能力鉴定包括的内容是比较多的，如单位的经营管理情况、单位支出情况、资金情况、国家有关政策法规的规定、单位信用等。

单位的经营管理情况主要是能反映单位的总体业绩，一个单位的经营管理整体优势明显，其业绩肯定不错，尤其对企业团体顾客来说，赢利能力也一定强。

单位支出情况主要是分析单位近期内支出的需求与规划、单位主要管理层人员的消费态度、消费习惯、消费特征以及其他消费背景状况等。

单位的资金情况主要是分析单位的资金来源，赢利能力或国家财政拨款状况应该说是分析过程中重要的一些参数。

国家有关政策法规的规定主要是了解单位购买物品在国家政策法规方面的有关规定与要求，包括招投标、进货的渠道、进货的方式、产品的具体购买条件、资金限额、付款方式、付款时间规定等。

单位信用主要是分析单位的信用状况。尤其是对小型企业、经营管理不善的企业、有不良记录的单位要特别慎重。

2. 鉴定方法

（1）最终顾客支付能力鉴定方法。最终顾客支付能力鉴定方法应该说是比较难的一个问题，因为个人消费多是一种现货交易，也即是当场、即时完成的一种交易。作为推销人员来说，不可能再花大量的时间进行背景消费的调研，职业道德规定也不允许当场正面直接向最终顾客提出各种自己想弄明白的问题，因此，只能依靠推销人员的智慧、临场的应变能力进行侧面的观察和咨询，并做出正确的判断。

（2）企事业等团体单位顾客支付能力鉴定方法。企事业等团体单位顾客支付能力鉴定方法有很多，而且比最终顾客支付能力鉴定要容易得多，因为企事业等团体单位顾客除了极少部分的办公用品购买以外，一般多是通过如招投标购买、看样订货等途径实现的。其鉴定方式主要有：

第一，通过银行进行了解。主要是对方资金到达自己的开户银行后，可以了解资金到位的数额、时间、速度等情况。但注意，不能直接到对方开户银行去查询。银行储户安全方面有规定，除了公安、检察机关允许到银行查询外，一般其他单位和个人都不能查询。

第二，通过间接渠道进行了解。如通过税务部门、工商部门进行了解，可以注意收集大众媒体报道的资料，也可以通过相关的政府主管单位、业务往来单位等进行了解。

第三，通过推销人员自己的观察进行了解。这是一种主观判断，多带有一定的感情色彩，有时候收集的信息不一定准确、全面。当然，这与推销人员自身的素质有一定的关系。

第四，通过“间谍”的方式进行了解。也即是通过熟人、朋友或收买人心的方法深入对方单位，获取对方单位内部的各种情报信息。

（三）顾客购买决策权鉴定

1. 鉴定内容

顾客购买决策权鉴定主要是鉴定谁是真正最后拍板决定购买的人，这一过程是非常关键的，主要包括家庭购买决策权鉴定和企事业等团体单位顾客购买决策权鉴定两个方面。

（1）家庭购买决策权鉴定。家庭购买决策权鉴定应该说主要是寻找在一个家庭中真正起核心作用的那个人。从理论意义上看，一般都认为一个家庭中能起核心作用的那个人多为丈夫，尤其是在传统观念浓厚的家庭中更是如此。但从现实意义上看，一个家庭中能起核心作用的那个人不一定是丈夫，有时候可能是妻子、也有可能是孩子。

（2）企事业等团体单位顾客购买决策权鉴定。企事业等团体单位顾客购买决策权鉴定应该说鉴定的难度更大、更复杂。因为每个单位的主要领导干部素质与工作作风不同，规章制度要求不同，权限设置也不同。一般地说，大致可以趋向于以下几类人员：

第一，企事业等团体单位的主要领导人员，如董事长、总经理、厂长、事业单位等团体的最高负责人。

第二，经主要单位领导人授权的部门负责人，如主管某项工作的单位副职领导人员、副总经理、办公室负责人、后勤部负责人、设备部负责人、工会负责人、采购部负责人、采购人员等。

第三，不能进行独立拍板但对拍板人有较大影响的人，如单位的其他副职、工程师、财务部负责人、中层管理人员、质量检验部负责人、仓库负责人、仓库保管员、生产车间负责人等。

2. 鉴定方法

（1）家庭购买决策权鉴定方法。家庭购买决策权鉴定方法主要可以通过对话交流的方式获取信息，即与家庭中的各成员进行对话交流，捕捉最有发言权的拍板人；也可以通过推销人员自我观察的方式获取信息，即在一边暗暗地倾听别人的谈话，观察别人的言行，再分析得出结论。

（2）企事业等团体单位顾客购买决策权鉴定方法。企事业等团体单位顾客购买决策权鉴定方法主要是通过各种渠道、手段了解获取有价值的情报，即推销人员首先要了解企事业等团体单位中主要领导人员的自身素质与工作作风、规章制度、国家的政策法规要求等，其次要了解企事业等团体单位的例行做法。

例文示范

据说，十几年前，三个公司的推销人员甲、乙和丙来到南太平洋的一个岛上推销皮鞋。甲看到该岛居民都习惯打赤脚，就断定在这里推销皮鞋是不可能的，于是便给公司发了如下电报：“该岛无人穿鞋，没有市场，我决定明天回来。”而乙过了几天，面对岛上的情况，向他的上司发了一封热情洋溢的电报：“这里的情况太棒了，没有人穿鞋，是一个很大的市场，而且还没有被人发现。请急速发货过来。”过了一个多星期，丙才给公司发电报："当地人都不穿鞋是因为他们患有一种特殊的脚疾，我现已联系医生帮他们治疗好了，经过宣传介绍和试穿活动，他们对穿鞋非常感兴趣。我按照当地人的脚型特点，列了一份货品清单，请及时发货。"事后，甲所在公司很快倒闭，乙所在公司勉强维持，而丙所在公司则如日中天。

［引自冯华亚著的《推销技巧与实践》，清华大学出版社，2008年］

相关链接

"二八法则"

"二八法则"是意大利经济学家维尔弗雷多·帕累托提出的，他发现经济现象虽然整体分割的比例不一定都是2:8，不过却常具有2:8的不平衡性。即是说，常见的经济现象存在着"关键的少数和次要的多数比率约为二比八"的规律。这个规律被称为"二八法则"。例如，根据国外的统计资料，23%的男性成年人消费啤酒总量的81%，16%的家庭消费了蛋糕总数的62%，17%的家庭购买了79%的即溶咖啡。即约20%的消费者消费了产品总量的80%左右，其余80%的消费者的消费只占消费产品总量的20%。因此，选择性推销是现代推销活动最具建设性的发展之一，也是推销人员充分利用时间的有效方法。

［引自龚荒主编的《商务谈判与推销技巧》，清华大学出版社、北京交通大学出版社，2010年］

250定律

世界著名推销大王，曾推销过13 000多辆汽车，创吉尼斯世界纪录的美国历史上最伟大的汽车推销大王乔·吉拉德曾自豪地说："'250定律'的发现，使我成为世界上最伟大的推销人员。"

吉拉德做汽车推销人员不久，有一次从朋友母亲葬礼上的主持人那里偶然了解到，每次葬礼，来祭奠一位死者的人数平均为250人左右。又有一次，吉拉德参加一位朋友在教堂里举行的婚礼，从教堂主人那里得知：每次婚礼，新娘方大概有250人参加婚礼，新郎方大概有250人参加婚礼。这一连串的250人使吉拉德悟出一个道理：每一个人都有许许多多的亲朋好友、熟人，甚至远远超过250人这一个数字，而250人只不过是个平均数。

因此，对于推销人员来说，对任何顾客都须待之以诚，无论其买还是不买你的东西，因为每位顾客不仅可以使你失去许多，而且也可以为你带来许多！如果你得罪了一位顾客，也就得罪了另外250位顾客；如果你让一位顾客难堪，就会有250名顾客在背后为难你；如果你赶走一位买主，就会失去另外250位买主；只要你不喜欢一个人，就会有250人讨厌你。这就是吉拉德的250定律。

［引自吴金法主编的《现代推销理论与实务》，东北财经大学出版社，2002年］

阅读资料

顾客购买需求的审核

■ 以潜在顾客购买概率作为分级标准。

◆ A级：最有可能的购买者。

◆ B级：有可能的购买者。

◆ C级：可能性小的购买者。

■ 以购买量作为分级标准。

◆ 顾客是否正从你这里购买商品？如果是，意味着这是增加购买公司其他产品的机会？

◆ 他是否曾经是你的顾客？如果是，他为什么要中止购买你的产品？你是否应该恢复同他的业务关系？

◆ 现有顾客中是否有人也从竞争者那里获得产品？其原因何在？

◆ 潜在顾客能有多大规模的购买数量？

◆ 潜在顾客的信用等级如何？

[引自 http：//www.doc88.com]

训练设计

一、简答题

1. 你认为在对顾客资格鉴定时，哪一个项目最为重要？

2. 什么是顾客资格鉴定？推销人员在推销之前为什么要对准顾客的资格进行鉴定？

3. 推销人员应如何鉴定目标顾客的购买资格？

二、案例题

一个星期天的下午，某保险公司的推销员上门去拜访一位客户。这是一个三口之家，客户的儿子已经上高中了，似乎对保险特别感兴趣，在推销员对他的父亲介绍商品的过程中，他不断地提出问题，于是保险公司的推销员就针对这个儿子提出的问题进行了重点的解答。当结束拜访时，这名保险公司的推销员却没能拿到订单。

问题：推销员为什么没有推销成功？他最大的失误是什么？

三、自测题

请你模拟对购买电器产品的顾客进行资格鉴定。

四、实训与实战

【实训与实战目标】

1. 进一步理解和掌握潜在顾客中的有效顾客。

2. 进一步理解成功推销的基本准则。

【实训与实战内容、方式】

1. 内容：“安利”经验——分析顾客购买的可能性：安利公司的直销员把许多精力都放在这上面，即根据顾客购买可能性的大小以及购买能力的强弱来规划自己的推销行为，对于重点客户重点对待，对于不具备购买能力的客户则少花心思，甚至排除在推销之列。对于顾客购买力的可能性确定主要是通过分析以下几个方面的内容确定：第一，购买欲望。例如，如果安利的产品对某个顾客而言毫无价值或者他刚刚购买了同类产品，那么可以断定这位客户很有可能没有购买安利产品的欲望，直销员可以暂时忽略这些客户。第二，购买能力。例如，安利产品一般属于比较高档的消费品，对顾客的购买能力有一定的要求。如果顾客没有购买能力，即使有非常强的购买欲望，直销员也无需多言。第三，决策权。直销员在进行直销前应该弄清楚谁掌握了购买决策的权力，例如，一家三口出去逛商场，购买儿童产品，在这种情况下，直销员就要弄清楚这一家三口中谁是决策者，这样直销员可以把精力集中在这个人身上。

［引自时骅主编的《安利直销全攻略》，海天出版社，2006年］

2. 方式：

（1）分组讨论“安利经验”，并写出心得体会。

（2）结合知识点，谈谈安利为什么采取这些措施。

【实训与实战要求】

1. 学生分组讨论“安利经验”。

2. 头脑风暴法，每个人必须参与并发言。

【实训与实战成果检测】

由教师牵头，大家一起分享各自的心得体会。

任务四　建立顾客档案

任务驱动

小组讨论：建立顾客档案，你认为有哪些工作要做？

提示：一是设置顾客分析表；二是制作顾客资料卡；三是建立顾客数据库。

必备知识

一、建立顾客档案的重要性

顾客档案是指有关目标顾客的名单、地址，有关目标顾客的购买需求、购买愿望、购买嗜好，推销人员拜访顾客的日期等方面的信息。建立顾客档案对推销人员来说是非常重要的，它关系到推销人员的推销成功率和推销业绩。

（一）顾客档案有助于推销人员牢牢抓住顾客

推销人员寻找目标顾客的途径、方法多种多样，有许多顾客是在不经意中得到信息后找到的。如果没有将随时得到的信息资料记录下来，并建立起相应的顾客档案，有时候会导致失去顾客。例如，你答应过某一时间去拜访顾客，但你却忘记了，虽然事后可以弥补，但在顾客心目中，已经对你产生了不信任感。不信任的后果最终导致推销人员失去这位顾客。如果推销人员将随时获得的有关顾客的信息资料及时记录下来，并建立起顾客档案，就不会错过拜访顾客的时间与机会。因此，有经验的推销人员经常把目标顾客的名字按拜访的先后顺序排列，制成一份名单。这样做可以有效防止遗忘。

（二）有助于推销人员制定严密的访谈计划，提高推销成功率

一个优秀的推销人员在与顾客进行推销洽谈之前，需要制定一份严密的推销洽谈计划。

在制定计划时一般要考虑这样的问题：关于洽谈的主题，我能够说些什么？必须说些什么？我应该采取怎样的洽谈策略？我以什么样的方式、方法来接近目标顾客？等等。然后把这些问题的答案从顾客档案里找出来。有了答案，就可以制定较为严密的推销洽谈计划，从而提高推销工作的成功率。

（三）有助于推销人员安排好拜访日程，提高推销工作效率

对推销人员来说，目标顾客都是重要的。然而，在众多的目标顾客中，还是可以区分出很重要、比较重要和不太重要的目标顾客。具有创造性的推销人员，对于目标顾客是经常评估的。在拜访顾客之前，根据预先寻找顾客得到的信息资料所建立起的顾客档案，就可以对目标顾客进行大体的评估，使得推销人员工作的先后次序比较清晰。当对目标顾客进行第一次拜访之后，把自己在洽谈中获得的信息补充到顾客档案中，并再次对顾客进行评估，分出他们的重要性次序。这样做可以大大提高推销工作的效率。

（四）能促使顾客重复购买，增加购买次数

推销工作并不是一帆风顺的，可能会遇到许多的困难与挫折，尤其在与顾客的接触过程中，遇到的困难就更多。因为顾客并不是那么容易接近的人，人的性格本来就是互不相同的，有的顾客对你的产品没有兴趣，因而表现得相当冷淡，而另外一些顾客虽然对你的产品感兴趣，但态度却相当粗暴。因此，推销人员要谈成一笔业务，必须克服许多困难，正因为如此，推销人员应该对已购买的顾客适时寄送一些小礼物、贺卡或感谢信，感谢顾客对自己工作的支持。这样做可以使推销人员在以往的顾客心目中留下良好的印象，促使他们重复购买，增加购买次数。而这一切都离不开顾客档案。

二、准顾客档案资料表

推销人员要寻找源源不断的准顾客，就应制作准顾客档案资料表。

（一）准顾客档案资料表的内容与形式

1. 准顾客档案资料表的内容

（1）顾客资料方面包括：姓名、出生年月、家庭住址、工作单位、工作地点、工作种类、职业特点、个人收入、个人的兴趣爱好、特别突出点、为人的性格特征、配偶的姓

名、年龄及工作情况，若有子女则应包含子女的情况等。

（2）推销人员工作方面包括：预定拜访的时间、地点、次数、拜访的主题、洽谈的主要内容与方法、预备推销的产品、实际需要的产品、激励顾客购买的最好办法、不能会面的原因等。

2. 准顾客档案资料表的格式

准顾客档案资料表没有固定的格式，它可以依据推销人员个人情况有所不同，或制作在硬纸卡上，或输入个人电脑中，其形式多样，只要便于记录、使用即可（见表4－1）。

表4－1　　准顾客档案资料表

准顾客资料方面					
姓名		出生年月		家庭住址	
工作单位			单位地址		职务工作内容
配偶姓名及工作情况			子女姓名及有关情况		
以前是否购买过本企业的产品					
目前所需商品					
兴趣爱好					
为人的性格特点					
生活习惯					
推销人员工作方面					
预访的时间、地点					
拜访内容					
拜访后的印象					
实际需要的产品					
成交的原因					
失败的原因					

（二）准顾客档案资料表的使用

在实际推销过程中，每个推销人员的操作程序各有不同，在使用准顾客资料表上也同样有所区别。但大致可以从以下几个方面来操作：

（1）每晚将当天获得的准顾客的人名和有关资料填入准顾客资料表中。

（2）把第二天准备拜访的准顾客资料表取出，按顺序排好，取出的数量要比实际访问的人数多2~3倍，以防有的被访者外出。

（3）当天取出的准顾客资料表没有被访问到的，应当留到第二天再进行。

（4）对已经接触过但没有约见的人，应将他们的资料表放回原处，记下日期及简要的讨论情况。

（5）对具有“名人效应”的中心人物资料及时记录后，应放到准顾客资料表中较为显著的位置。

（6）第二天拜访要用的具有“名人效应”的中心人物资料应抽出来，既可以再定一次约会的时间，也可以按以前约定的时间拜访。

（7）为新的有可能成为“名人效应”的中心人物制作详细的资料表，并将该资料存入准顾客档案系统中。

（三）准顾客档案资料的评估

1. 分级、归类与调整

根据已有的准顾客资料，对准顾客资料表进行分级、归类与调整，将有助于推销人员开展实际的推销工作，也有助于顾客档案的管理。

（1）分级。A级：即将购买推销品的准顾客；B级：因某种原因暂时不可能购买推销品的准顾客；C级：从目前情况看不太可能购买推销品的准顾客。

（2）归类。有了上述分析，推销人员就可以做出相应的标识，如以红、绿、蓝色标记区分，把不同的准顾客资料表进行归类，以便查找。

（3）调整。随着推销工作的实际展开，推销人员对准顾客的认识也会随之变化，从资料评估得出的结论与面谈或经过更深入调查后的结论并不一致时，这就需要对原来的分类做出适当的调整。

2. 淘汰不合格的准顾客

（1）基于现有顾客资料淘汰。对那些明显不符合购买推销品条件的顾客，目前不可能发展成为准顾客的顾客，推销人员可以将其删除淘汰。

（2）拜访以后淘汰。推销人员通过拜访获得资料后，认为该顾客因其他重大原因不能购买推销品，如目前确实不需要，或没有货币支付能力等。

（3）放弃那些看似合格的准顾客。有些准顾客在各方面都符合购买推销品的条件，但因对你公司的成见太深，你拜访了几次后仍没有结果。对这种顾客，推销人员可以毫不犹豫地加以删除淘汰。

（四）准顾客性格类型表

推销人员在推销过程中，会接触到许多顾客，这些顾客几乎包括了不同年龄、不同职业、不同性格的人。为了提高拜访的成功率，每个推销人员必须把握不同类型顾客的性格特点、购买心理，把握具体顾客的性格爱好。推销人员根据顾客的性格特点，可以把顾客分为几种类型，并制作成表格，方便拜访前查看参考，从而制定相应的拜访对策（见表4-2）。

表4-2 顾客性格类型分类表

顾客类型	性格特征
忠厚老实型	1. 对每件事都很实在，不到万不得已他们是不会决定一件事是做，还是不该做。 2. 对于推销人员都有一种防御的心理，比较犹豫不决，没有主见，不知是否该买，但一般不会开口拒绝推销人员。 3. 推销人员很难取得他们的信任，但只要诚恳，一旦对你信任，就会把一切都交给你。
自傲型	1. 爱夸夸其谈，喜欢吹牛，认为自己什么都懂，别人还没有说出自己的观点，他就打断说自己知道。 2. 常常炫耀自己，表现出比别人特殊，比别人知道得多。 3. 最大的特征是毫不遮掩，心里有什么就说什么。
故作大款型	1. 与前一类相似，只不过他炫耀的是自己的财富。 2. 认为自己有钱，不在乎钱，或即使没有钱，但为了虚荣心，也表现出有钱的样子。 3. 不希望别人奉承他们，只希望商品的质量好，品牌好，能满足自己的需求就可以。
精明严肃型	1. 比较精明，有一定的知识水平。 2. 冷静思考，沉着观察推销人员的言谈举止并发现问题。 3. 讨厌虚伪和造作，希望别人了解他们。 4. 冷漠、严肃，对推销人员抱一种怀疑态度。 5. 对自己的判断比较自信，一旦确定推销人员的可信度后，也就确定了交易的成败。
孩子气性格型	1. 很怕见陌生人，特别怕见推销人员，怕回答问题。 2. 有小孩的好动心理，推销人员和他一接触，他就表现出坐立不安的样子。 3. 一旦推销人员与他混熟，胆子就增大，把推销人员当作朋友看待，信任也就产生了。
沉默寡言型	1. 不爱说话，但颇有心计，做事非常细心，并且有主见。 2. 表面看来冷淡，似乎很难接近，其实内心是火热的，只要能与他交朋友，他有可能把生命的一切都给你。
外向干练型	1. 办事干练心细，并且性格开朗。 2. 容易接近，容易交谈成功。 3. 很坦率地把自己不购买的理由和想法说出来。
对新事物有特殊兴趣型	1. 对待任何新事物都异常兴奋。 2. 态度认真大方、有礼貌，主动询问有关商品的问题。 3. 比较单纯，只要推销人员真诚、热情、主动，容易成交。
拘泥热心型	1. 对任何人都很有礼貌，热心，没有偏见，不存在怀疑的问题。 2. 对待强硬态度，或逼迫态度则比较反感。 3. 不喜欢别人拍马屁，奉承他。 4. 对彬彬有礼的知识分子，对勤学、诚恳的人特别尊重。
狡诈多疑型	1. 生性多疑，怀疑推销人员，怀疑商品，担心受人欺骗。 2. 生活和工作中比较忧郁、烦恼，并且令人讨厌，很少有朋友。 3. 不信任别人，很狡诈。

顾客的类型除了按照性格类型来划分外，还可以按年龄和职业等来划分，对此，推销人员也应做相应的了解。

三、拜访记录整理与推销程序表

（一）每日拜访记录

每日拜访记录是推销人员推销工作的有机组成部分，它的作用在于帮助推销人员回顾一天的工作，对顾客和自己做出分析评估，使推销工作更有计划性，免于疏忽和遗忘。

1. 每日拜访记录的内容

（1）一般顾客资料包括姓名、年龄、工作单位、地址。

（2）顾客介绍的准顾客资料包括被介绍的顾客资料、顾客的需求说明、准备拜访的时间。

（3）顾客的态度。顾客对待推销人员的态度多种多样，一般有热情、冷漠、爽快、犹豫、接纳、拒绝。

（4）顾客的性格类型一般有沉默寡言型、外向干练型、狡诈多疑型。

（5）购买意向一般有对推销品基本满意，近期有购买意向；不满意推销品，根本不打算购买；有时有些顾客提出的购买要求超出了推销人员的销售范围，这时要具体分析；有时仅仅是借口，有时可能是实际的要求；若是实际需求，则应想办法加以解决。

2. 拜访记录整理与准顾客档案资料回填

（1）每日拜访记录是一本流水账，除了顾客资料外，还有许多内容。因此，推销人员要把每日拜访记录重新整理归类。

（2）每日拜访记录中的一些有关顾客的重要资料，应该迅速及时地填到准顾客的档案资料表中，补充原顾客档案表中的资料。

（3）对已成交的顾客，除记录一般顾客的资料外，还要记录成交日期、成交数量与金额、交货的日期及地点、付款的时间、方式等，并建立已成交顾客档案。

（二）编制推销程序表

编制推销程序表的目的是使推销人员在进入推销实战之前，对商品推销的整个过程有一个全面的了解。这样在推销的过程中不致于迷失方向，可以清楚地知道自己所处的位置，自己面临的问题和如何去解决；可以在了解推销对象的实际状况时，对自己的推销工作时时做检查，看看会不会在某个环节失去客户及该如何采取相应的弥补措施（见表4－3）。

表4－3　推销程序表

推销重点	推销过程		要点	推销心理
事前计划	准备	推销前的准备工作	1. 根据准顾客档案卡所提供的资料，分析研究顾客的具体需要。 2. 根据对方的需要，事先设计推销方案。 3. 推销时所需的资料、演示工具、用品应先准备妥当。 4. 接近顾客时要说的有些话应事先拟好，如有需要可事前演练一下。	探求需要
推销自己	接触	访问与面谈	1. 接触目的：争取面谈。 2. 访问要领：信心，胆量，不怕拒绝，不生气。 3. 面谈要领：采取主动，注重第一印象的建立。	引起注意
		促成亲密感	1. 要消除准顾客的不信任感、戒备心理或拒绝心理。 2. 使准顾客认为你是个诚实不会强迫别人的人。	

续表

推销重点	推销过程		要点	推销心理
推销商品的效用	说明	建立共同问题	1. 从你事先所设计的方案的有关话题谈起，在不知不觉中唤醒他的潜在需要。 2. 提醒一般人普遍可能会面临的问题。	
		建立个别问题	1. 把共同问题的结论与准顾客自己的问题比较一下。 2. 对准顾客本身的实际问题，与准顾客共同讨论如何去解决。	激发购买欲
		提出解决问题的方案	1. 提出你事先准备好的方案，使准顾客充分了解。 2. 向准顾客说明你的建议时，要简洁，要有魄力，要有主动性。	
		顾客异议处理	对准顾客的各种犹豫、拒绝、反对意见，必须一一去克服，使准顾客的心理状态接近于下决心购买的阶段。	
推销商品	结束	激励与促成交易	1. 准顾客仍犹豫不决时，需要你协助他，甚至帮他跳过这一关。用故事、比喻或展示名单激起其购买的决心。 2. 签订成交协议，办妥有关成交的一切手续。	促使顾客下决心购买
扩充销路	告辞	时机	1. 不要太浪费顾客的时间，使他对你有良好的印象。 2. 以爽朗、坚定、明快的姿态与顾客告辞。	使顾客满意
	事后服务	方法	1. 经常与顾客保持联系，了解顾客对所购产品的满意程度及使用情况，并提供相关服务。 2. 把企业的新产品及时介绍给顾客。	

上述推销程序虽互相联系，一环扣一环，但又常常处于一种互动的状态之中。因此，推销人员在对某一客户进行推销时，既要遵循总体的推销程序，又要发挥自己的主观能动性。这样才能抓住每一个推销机会，成功地完成推销任务。

例文示范

建立分类卡片

原一平在明治保险公司整整工作了50年。他平均每个月用1000张名片，50年下来，他累积的客户资源已达2.8万个。他把这些准客户依照成交的可能性，从A到D分级归类，建立了准客户卡。

“A”级是在投保边缘的准客户。这一级的准客户只要经他奉劝，随时都可能来投保。

一个准客户要从“D”级直接晋升到“A”级虽然偶尔也会发生，但大多数的准客户都是要历经数日或数年，一级一级地上升的。

“B”级是因为某种因素而不能立刻投保的准客户。但这一级的准客户只要稍待时日，就会晋升至“A”级。

“C”级的准客户与“A”级相同，原本属于随时会投保的准客户，但因健康关系，目前被保险公司拒保。

“D”级准客户的健康没有问题，不过经济状况不稳定。由于人寿保险属于长期性质的契约，保费须长期缴纳，如收入不稳定，要想长期支付保费就成问题了。这类准客户有待他们的经济状况改善后再行动。

总而言之，从“A”级到“D”级的准客户的共同点是对保险制度有充分的了解，他们也都有投保的需要和意愿。原一平只不过就其彼此间的不同点，加以分门别类，以便于自己的分析与辨认罢了。

上述“A”级至“D”级的准客户，不论哪一级，只要原一平与他们有一些接触，立刻详细地记在准客户卡上……

[引自赵兴平著的《成就直销高手大推销》，中国商业出版社，2007 年]

相关链接

建立客户档案

日本N商社的小路先生当年在德国的一家机械工厂访问时，该厂一科长不仅热情地招待了小路先生，而且对小路先生的家庭、兴趣、爱好、生日、所属的社会团体、宗教信仰等都表现出很大的兴趣。小路先生被他的敬业精神和热情所感动，尽力促成了N商社与这家机械厂的合作，从这家机械厂购买了大量的设备。在此后的十多年间里，双方始终保持着密切的交易关系。为什么会这样呢？原来，德国的这家机械厂为与之交往过的每一位客户都建立了详细的档案，随时可以调用，因而才有了这样的结果。

[引自安贺新主编的《推销谈判与技巧》，中国人民大学出版社，2010 年]

客户的档案管理内容

1. 基础资料

客户的基础资料应包括客户的编号、客户的名称、地址、邮编、电话、传真、电子邮件、网址、客户负责人的情况、账号、税号、工商登记号、所有制性质、类别和规模等，见表 4－4。

表 4－4　　客户基础资料

客户编号：	客户名称：	地址：		邮编：
电话：	传真：	http：		
负责人：	性别：	年龄：	职务：	电话：
往来银行账号：			税号（国税）：	
工商登记号：			所有制性质：	
类别：□ 代理商	□ 批发商	规模：□ 超大		□ 大
□ 二级批发商				
□ 购物中心	□ 超市	□ 中		□ 小
□ 百货店				
□ 便民店	□ 其他			

2. 信用资料

客户的信用资料应该包括客户的注册资本、开业历史、信用额度（即最多能欠企业多少钱）、信用期限（即返还企业货款最后日期）、结账日和付款条件，见表4－5。

表4－5　客户的信用资料

注册资本：	开业历史：
信用额度：	信用期限：
结账日：	付款条件：

3. 经营资料

客户的经营资料应该包括销售人员、营业人员的数量、商圈范围、营业面积、仓储面积、运输方式、送货地点和产品情况，见表4－6。

表4－6　客户的经营资料

销售/营业人数：	商圈范围：	营业面积：	仓储面积：
运输方式：☐ 铁路　☐ 水运　☐ 汽运　☐ 自提			送货地点：
竞品情况：	竞品1	竞品2	竞品3

4. 销售业绩统计

客户业绩统计表应包括每年甚至每个月的实际销售额，见表4－7。

表4－7　客户业绩统计表

月 年	1	2	3	4	5	6	7	8	9	10	11	12	合计
1998													
1999													
2000													
2001													
2002													

［引自孔雷著的《训练销售精英》，企业管理出版社，2008年］

四、建立顾客档案的方式

（一）手工记录存档

手工记录顾客档案的方式主要是通过手工抄写去记录顾客的档案。这种方式可以在寻找顾客时一步到位，随时补充，适时分类，然后用纸质文件形式归档和存档。

（二）计算机存档

计算机存档是以搜集来的顾客资料为准，然后利用计算机进行分类整理、归档和存档。这种方式除去必要的手工劳动外，归档文件整理的各个环节都可以通过计算机自动或辅助完成。这样可以充分发挥计算机的功能，大大节约人力消耗的成本，提高工作效率。

五、建立顾客档案应注意的问题

(1) 建立顾客档案的资料信息必须准确、详尽。

(2) 建立顾客档案时，无论采用哪种形式，其档案资料后必须留有空白处，以便日后补充内容之用。

(3) 无论采用哪种形式建立顾客档案，推销人员必须据此制作简易携带资料，以便于外出拜访顾客时使用。

(4) 建立顾客档案时，要注明填写时间、制作人，另外还要特别注明最易成功的经验。

(5) 备份资料，以防丢失。

阅读资料

服务经典——建立完备的客户档案

杰克到日本出差，下榻某饭店，这是他第二次下榻这家饭店。

当他早上起床准备去餐厅用餐时，楼层服务员走过来礼貌地说："杰克先生，您是要去用早餐吗？"杰克感到很惊讶，问服务员："您怎么知道我的名字呢？"

服务员："每天晚上我们都要确认并背熟每个客人的名字，这是饭店的规定。"

杰克很感动，住了那么多的饭店，这种事情却是头一次遇到。

当杰克乘坐电梯来到餐厅门口时，服务员礼貌地弯下腰："杰克先生，里面请。"

杰克奇怪地问："你怎么也知道我的名字？"

服务员说："刚接到电话说，您已进入电梯，正往餐厅来。"

杰克走进餐厅，服务小姐面带微笑地问："杰克先生，您还是老位子吗？"杰克已经完全不记得第一次来这家饭店坐的位子了，于是问服务小姐："我之前坐哪个位子？"服务小姐流利地答道："您某年某月某日，来本餐厅就餐，坐在靠窗的第二个位子。"杰克非常激动："好，老位子。"服务小姐接着又问："还是老菜单，对吗？一个热狗、一杯免糖咖啡、一个鸡蛋。"杰克感动极了："好的，老菜单。"

这一次出差让杰克彻底记住了这家饭店。

[引自 http：//www. docin. com]

训练设计

一、简答题

1. 你认为建立顾客档案对推销工作有什么帮助？

2. "只要顾客有钱，推销人员就能够让他们购买商品。"这种观点是否正确？为什么？

二、案例题

唐劲风如何建立他的潜在市场顾客的档案

唐劲风是东亚大学工商管理学院的三年级学生。刚刚接受了一份阳光岛度假村俱乐部的暑期工作。唐劲风第一次参加销售会议，女经理谭园园在阐述她对销售人员的希望。

谭园园：我知道当你们被聘请时就已经知道需要做什么。但是，我还想再次就有关事情做进一步说明。现在你们的第一项工作是销售阳光岛会员卡。每一张会员卡价值为2000元。如果你们有什么问题，直接提问。

唐劲风：每一笔买卖我们可以提取多少佣金？

谭园园：每销售一张会员卡，你可以拿到其会员卡价值的10%，也就是200元。会员卡赋予会员很多权利，包括每年可以到阳光岛度假村免费入住2天，届时可以享受度假村的桑拿浴与健身，可以获得两份免费早餐。若会员平时到度假村度假的话，住宿、餐饮、娱乐、健身等都可以享受50%的优惠折扣。而且，你还可以从会员的所有费用中提取更多的佣金报酬。

唐劲风：那么，我可以获得双份的报酬了。

谭园园：不错。你销售的越多，提取的佣金就越高。

唐劲风：我到哪里去寻找阳光岛度假村的会员呢？

谭园园：你完全可以自己决定如何做。但是，寻找潜在顾客是你成功的关键。在此工作过程中，你要首先建立你认为的目标市场顾客的档案，尤其是你认为的潜力比较大的顾客的档案，这是你取得成功的关键中的关键工作。还有问题吗？……可以从你的亲朋好友开始。

唐劲风：我回去后马上行动，先筛选目标市场顾客，并建立他们的档案。

［引自应恩德、朱姝、陆军著的《人员推销》，电子工业出版社，2001年］

问题：（1）唐劲风应集中建立哪一个目标市场顾客的档案？

（2）唐劲风应该怎样建立目标市场顾客的档案？

三、自测题

模拟某个产品推销建立一份顾客档案。

四、实训与实战

【实训与实战目标】

1. 进一步理解建立顾客档案的重要性。
2. 熟练掌握制作和评估准顾客档案资料表。

【实训与实战内容、方式】

1. 内容：某保险公司营销人员的做法——对某社区老客户档案资料的卡片记录表：①各类客户情况：A. 各类客户年龄情况：某社区60岁以上的客户数、70岁以上的客户数、小学在校生的客户数、中学在校生的客户数、做小生意的客户数、稍大企业主的客户数。B. 各类客户的爱好情况：运动类人数、休闲类人数、唱歌跳舞人数。C. 学历层次情况：高中以下学历人数、大专及本科学历人数、研究生及以上学历人数。D. 家庭成员情况：人口规模、职业、个性、生活习惯、收入、通讯方式、家庭地址等。E. 客户增减变化情况。②购买本公司产品情况：A. 从来没有接触过人数。B. 购买过一次者。C. 忠诚购买者。

2. 方式：模拟某保险公司营销员，试建立某一区域或某一位客户的档案资料表。

【实训与实战要求】

调研走访客户，模拟某保险公司营销员，建立某一区域或某一位客户档案资料表。

【实训与实战成果检测】

1. 由教师牵头，全体同学参与，对学生建立的顾客档案资料表做比较评价。

2. 在教师的指导下，对学生建立的不是非常完整的顾客档案资料表重新修整。

项目小结

寻找顾客是推销工作的第一步。它包含两层含义：一是根据推销品的特点提出有可能成为潜在顾客的条件；二是根据潜在顾客的条件来寻找符合这些条件的合格顾客。推销人员的任务之一就是要从潜在顾客中分辨出真正有可能购买本企业产品的目标顾客。

对于推销人员来说，寻找顾客非常重要，它有利于推销工作的顺利进行；有利于推销人员谋求更好的利益和位置。

推销人员寻找目标顾客的方法手段很多，具体操作时应根据推销品的特点和服务的领域不同有所侧重。常用的方法有普遍寻访法、顾客引荐法、委托助手寻找法、广告影响法和利用交易会法等。

此外，推销人员还可以从公司的其他推销人员、市场调研部门、个人社交等途径获取信息寻找顾客。

有了目标顾客，推销人员的第二项工作是对目标顾客的购买资格进行审查，以便确定是否值得花时间和精力来接触和访问他们。

顾客购买资格审查包括顾客购买需求审查、顾客支付能力审查、顾客购买决策权力审查。顾客购买资格的审查贯穿于推销的全过程，一旦发现其不具备购买资格，就要及时中止推销活动。

推销人员有了明确的拜访对象后，为了提高推销的成功率和推销业绩，还需要建立完整的顾客档案。建立顾客档案不仅方便推销人员工作，将“死”资料变为“活”资料，开发更多有实力的顾客，而且有利于推销人员更好地与顾客联系、沟通和提供服务，提升顾客的满意、信任和忠诚的程度，建立并扩大稳定顾客的队伍。同时还有利于企业加强对顾客的管理，避免因推销人员变动而造成顾客流失。顾客档案包括准备拜访的准顾客的资料档案和已拜访过的记录拜访内容的顾客档案。推销人员根据顾客档案编制好推销程序表，以便抓住每一个推销机会，成功完成推销任务。

项目五 推销接近

学习目标

认识接近顾客是推销过程的一个重要环节。懂得为什么要做好推销前的准备工作以及准备的内容，约见顾客时应确定对象、事由和时间地点。理解和掌握接近顾客的常用方法。

导读案例

Jake 是一位经验老道的计算机销售人员。一次，他的主管通知他去一家报社开发客户，这个客户是当地一家知名的 A 报社。

谁在负责采购工作？应该找谁打通关口？这家报社最近是否有采购计划？谁是相关负责人？……在与客户接触前，这些客户的基本资料都需要他去事先打探。

Jake 先找到了 A 报社的网站，详细了解对方的相关资料，包括报社结构、经营理念、地理位置、联系方式等。他把这些资料详细记录到自己的客户资料夹中。

不仅如此，他还去找了几个报社的老朋友，给自己充了一下电——了解报社行业的计算机系统，顺便打听了一下 A 报社的情况。他从朋友那里得知，A 报社的信息中心有位叫 Bob 的工程师，他负责与厂家联系，此人最近一直很关注 Internet 数据中心方面的信息。

Jake 在知彼的同时，也“知己”。他在公司的市场活动时间表中，知道不久公司会有一个新产品发布会。

当 Jake 一切准备就绪后，他没有直接上门，而是给 Bob 打了一个电话。

“您好，请问是 Bob 吗?”

“我就是。”

“Bob，您好，我是××计算机公司的，我们即将在本月 20 号举办新产品展会，现盛情邀请您参加。”

“哦，但我时间还不能确定。”

“这次的产品展示，我们请来了对 Internet 数据中心很有研究的电子商务专家，您一定会受益匪浅的。”

“关于数据中心的演说？有时间的话，我一定去!”

"好的，那我现在就把请柬给您寄过去，之后会提前与您电话确认。另外，我可以了解一下A报社的现状吗？以便我详细记录在案。"

"可是，我马上就得开会去了。"

"为了不耽误您的会议，我会尽快讲完。上周，我去外地出差时，在很偏僻的报摊上也买到了A报，可见，贵报发展迅猛。我知道，信息系统是报社高速发展的推助力。请问，您现在的工作重点在哪块儿呢？"

"正是Internet数据中心这块儿。我前段日子刚去了B城参加了一个这方面的研讨会。"

"是吗？真巧啊。我也常去B城，您喜欢那儿吗？"

"嗯，那儿气候宜人，非常舒适。"

"我认为那儿的小吃也很地道，您觉得呢？"

"的确很不错，尤其是土著馅儿饼，很有特色，对不起，我得开会去了。"

"好的，谢谢您。我马上寄请柬给您，产品会上见！"

一周后，在Bob的办公桌上出现了一份精美的请柬和几盒口味各异的B城土著馅儿饼。之后，Bob出席了新产品展会，并特意当面感谢Jake的热情周到，A报也顺理成章成了Jake的一个大客户。

［引自蔡富强编著的《把话说到客户心里去》，百花洲文艺出版社，2013年］

提示：推销成功来自于有充分的准备工作，这是前提和基础。因为中国有句俗语："知己知彼，百战不殆"。

任务一 推销接近的准备工作

任务驱动

小组讨论：李先生因公务出差泰国，下榻在泰国著名的东方饭店，第一次入住时饭店良好的环境和服务就给他留下了深刻的印象。当他第二次入住时几个细节更使他对饭店的好感迅速升级。

那天早上，在他走出房门准备去餐厅的时候，楼层服务生恭敬地问道："李先生是要用早餐吗？"李先生很奇怪，反问："你怎么知道我姓李？"服务生说："我们饭店有规定，晚上要背熟所有客人的姓名。"这令李先生大吃一惊，因为他频繁来往于世界各地，入住过无数高级饭店，但这种情况还是第一次碰到。

李先生高兴地乘电梯下到餐厅所在的楼层，刚刚走出电梯门，餐厅的服务生就说："李先生，里面请。"李先生更加疑惑，因为服务生并没有看到他的房卡，就问："你知道我姓李？"服务生答："上面的电话刚刚下来，说您已经下楼了。"如此高的效率让李先生再次大吃一惊。

李先生刚刚走进餐厅，服务小姐微笑着问："李先生还要老位子吗？"李先生的惊讶再次升级，心想："尽管我不是第一次在这里吃饭，但最近的一次也有一年多了，难道这里的服务小姐记忆力那么好？”看到李先生惊讶的目光，服务小姐主动解释说：“我刚刚查过电脑的记录，您去年的6月8日在靠近窗口的第二个位置上用过餐。”李先生听后兴奋地说：“老位置！老位置！”小姐接着问：“老菜单？一个三明治，一杯咖啡，一个鸡蛋？”现在李先生已经不再惊讶了：“老菜单，就要老菜单！”李先生已经兴奋到了极点。

[引自刘厚均著的《推销技术》，郑州大学出版社，2008年]

提示：这个饭店为什么要去了解李先生的背景资料？如果不去了解他，同时把他当作一位非常普通的客人，对饭店来讲，那又会怎样呢？

必备知识

推销人员在接近顾客之前，必须进行认真充分的准备，预测可能出现的意外情况，并制定应变的方案，才能在与顾客的接触中做到随机应变，掌握主动。

一、推销接近的含义与作用

（一）推销接近的含义

所谓推销接近是指推销人员为进行推销面谈，对目标顾客进行的初步接触或再访问。推销接近是推销人员正式接触推销对象的一个步骤，是正式开展推销面谈的前奏。接近的目的是让顾客认识与注意推销人员，注意推销品，提高顾客对推销人员和推销品的兴趣。同时，推销人员从接近中了解顾客的具体需要及差异性，为下一步的正式洽谈做准备。

（二）推销接近的作用

推销接近的准备工作实际上是推销人员继续抓好对目标顾客的各种情报信息资料的再收集、再分析的阶段，是俗话所说的砍柴前的“磨刀”功夫。通过这个阶段，推销人员可以进一步做到“知己知彼”。具体地说，其重要作用在于：

1. 有利于推销人员进一步的接近目标顾客

现实中，我们经常会看到这样一种情况：如果有一个不认识的人找上门来推销产品，你的最快一个反应是这个人会不会是一个骗子？其推销的产品可靠吗？当然，如果是事先有熟人引见，或有约定，那情况就完全不同了。推销接近就是做一些有利于接近目标顾客的铺垫工作。

2. 有利于推销人员进一步的换位思考

推销人员如果要取得推销的实效，最重要的一点应该是了解和掌握顾客的心理。在推销接近的准备工作中，推销人员不仅仅是做一些了解自己企业和产品的各种工作，还可以更多地熟知顾客的各种情况，从而也促使推销人员去进一步的换位思考，真正地站在顾客一方，感受顾客的心理，改进自己的推销工作。

3. 有利于推销人员提高工作效率

对推销人员来说，由于要对顾客进行大量的摸底、访问，时间是一个非常宝贵的资源。如何合理利用时间，减少不必要的浪费，或者说把被动化为主动，应该说是推销人员一直感到困惑的一个问题，也是希望解决的问题。在推销过程中，如果能在事前约定访问的时间、地点、内容等，可以避免推销人员满世界瞎跑的局面，同时这无疑也是解决推销人员合理利用时间，提高工作效率的一个举措。

二、推销接近准备工作的内容

推销接近准备工作的内容应该说主要取决于推销工作的性质、要求与顾客的需求。一般来说，应包括以下几个方面：

（一）推销的产品及有关资料

1. 推销的产品实物

推销人员要准备好推销的产品实物，即推销样品。推销样品主要是推销人员为了在推销过程中让顾客实实在在看到要买的东西，以增强推销面谈的说服力。因此，实物从某种意义上来看，是最有力的一种推销手段。推销人员在推销接近准备工作中，要认真对待推销实物，如果说有的产品体积大，难以携带，则要考虑用最逼真的照片来替代实物。

2. 推销的产品资料

推销人员要准备好推销的产品资料，如产品说明书、广告资料等，尤其是大家电之类的推销产品，推销人员是不可能随身带着去推销的。在这种情况下，产品说明书、广告资料等产品资料能发挥无可替代的作用。因此，如何做好产品说明书是推销人员在推销接近准备工作中一项非常重要的工作。现实中，推销人员除了准备一些文字资料外，很多人还精心准备了一些图片资料甚至是电子类的资料。

（二）目标顾客的资料

1. 个体（最终）顾客的资料

个体（最终）顾客的资料主要应包括：

（1）姓名。一要写好，二要读准。推销人员在称呼或书写时，务必小心，不得有误，以免闹出笑话。

（2）年龄。了解顾客的真实年龄有助于推销预测。但推销人员切勿当面打探顾客年龄，尤其对女士。

（3）性别及职业。不同的性别、不同的职业体现了不同的身份、地位和购买意向。

（4）籍贯。人们对乡土都有浓厚的情感，外地遇同乡有一种归属感，因此在拜访中可利用同乡攀情交友，展开人际关系。

（5）文化程度。推销人员可以根据顾客的文化程度决定谈话的内容和方法，有时还可以作为一个话题。

（6）居住地点。它可能反映出目标顾客的社会地位、朋友群，甚至家世。

（7）民族及宗教信仰。掌握目标顾客这方面的情况，可使推销人员在进行推销洽谈时，避免卷入不必要的争论，减少推销洽谈的阻力。

（8）家庭状况。了解家庭成员的构成及其价值观、消费观、消费方式、消费兴趣爱好与偏好等；了解家庭的收入水平；了解家庭的信贷与储蓄情况。

(9) 需求状况。了解个人与家庭现阶段的重大消费要求、需求量、需求结构等。

(10) 其他。如顾客的电话号码、邮政编码、E-mail、地址等。

2. 企事业等团体单位顾客的资料

企事业等团体单位顾客的资料主要应包括：

(1) 基本情况。主要了解如单位名称、单位地点、单位性质、单位电话（包括传真）、邮政编码、网址、交通条件、工会主要负责人或主要职能部门负责人的联系方式、职工人数等。

(2) 采购方式（惯例）。主要了解购买习惯。如果是政府部门及事业单位、大型的国企单位等，主要了解招投标的情况以及一些非采用招投标的采购方式和日常性的采购要求与方向。如果是一般的企业，了解的购买习惯包括采购部门、采购要求、采购制度、采购程序、采购时间、采购频率、采购批量、进货渠道、支付方式以及购买行为、购买类型等。

(3) 需求状况。主要了解需求产品的质量、价格、档次、规格、功能、产地、交易量、交易时间、运输要求，以及对供货商的要求如优惠待遇、服务等。政府部门及事业单位、大型的国企单位等与一般的企业要求不同，关注的重点不同，所以要有一定的针对性。

（三）推销人员的访问计划

推销人员的访问计划做得好坏是推销成败的重要一环。其主要应包括以下几个方面：

(1) 设计访问工作的各项环节。其主要包括推销人员在推销产品过程中所要陈述的观点、与顾客交流的切入点、何时访问、何地进行、与谁一起访问、访问过程中运用的语言等。

(2) 着重解决几个问题。其主要是解决访问过程中可能出现的问题，如顾客临时改变计划、不愿再接受访问等；解决访问结束后能否引起顾客进一步的兴趣，如引起顾客的关注、激发顾客的购买热情、自发宣传推销产品等。

（四）推销人员的其他准备工作

常言道：细节决定成败。推销人员除了主要的几项工作必须要有充分的准备外，细节的工作同样也要认真对待。推销人员的其他几项准备工作主要有：

(1) 推销辅助工具的准备。推销人员在推销过程中，主要靠的是推销技艺，但这也不完全否定其他的辅助工具的作用。有人在总结日本丰田汽车公司推销经验时指出："一个优秀的推销人员一靠推销技巧，二靠各种推销工具"。这说明推销的辅助工具也是推销人员在推销过程中一种非常重要的手段。推销人员的推销辅助工具很多，如上面已经提到过的推销产品及产品说明书等资料，推销产品的资料包括产品订购单、合同书，国家和地方及行业的产品质量检查与管理的认证证书。

(2) 其他准备。如推销人员的名片、身份证、介绍人、介绍信以及笔记本电脑、计算器、笔、记事本、小礼品等。

相关链接

推销接近的其他准备工作

有关产品的资料	产品目录册、样品、幻灯片、录像带、照片、效果图、光盘等，以便于向潜在目标顾客直接展示商品的实物形态，有助于吸引潜在目标顾客的注意力，促使顾客直观感受商品。
各种宣传资料	包括各种印刷广告、有关新闻剪报、说明书、价格表、检验报告、鉴定证书、营业执照等，以帮助推销人员增强说服潜在目标顾客。
各种办公用品	笔、各种票据、印章、合同文本等，以便达成交易时尽快履行交易手续，避免贻误时机。
其他物品	如记事本、介绍信、名片、身份证、计算器以及为帮助推销进行商品演示所需的物品等，它能为推销人员的工作带来方便。
推销人员心理准备	克服自卑感、羞怯感，增强自信心，坚定性，以昂扬的斗志、顽强的精神、无限的热情、最佳的状态和心理素质接近潜在目标顾客。
推销人员仪表准备	外表干净整洁、服饰得体、女推销人员不浓妆艳抹、懂得必要的礼仪常识。

相关链接

美国大西洋石油公司的一份调查资料显示：在交通、时间等条件相同的情况下，业绩优秀的推销人员用于接近准备的时间占全部推销活动的21%，而表现一般的推销人员用于接近准备的时间只占全部推销时间的13%，二者相差8%。这说明准备工作与推销业绩是有相关性的。

[引自宋素红著的《推销理论与实务》，化学工业出版社，2007年]

接近顾客的前期准备表

（1）顾客是谁。 顾客的姓名、职务； 顾客的特点、习惯、爱好； 顾客的问题、愿望、要求（包括顾客本人、他所在的部门和公司）； 其他重要问题（如谁有决策权等）。
（2）顾客需要什么。 顾客的态度； 顾客的阻力； 顾客的反对意见； 顾客主要的购买动机； 顾客的购买方针、政策。

续表

（3）我能提供什么。 洽谈（业务磋商）； 产品； 其他服务项目； 洽谈要点（什么要点）。
（4）我应怎样进行推销。 洽谈要点（怎样洽谈）； 注意力、兴趣、欲望、购买行为； 其他方式； 特殊点。
（5）我要达到什么目的。 拜访的目的（推销、促成顾客购买、影响、介绍情况）； 前后两次业务洽谈的联系； 观察与思考。

［引自龚荒主编的《商务谈判与推销技巧》，清华大学出版社、北京交通大学出版社，2010年］

阅读资料

销售人员要成功地接近客户，就必须想方设法地减轻客户的心理压力

销售人员要成功地接近客户，就必须想方设法地减轻客户的心理压力，根据实践可采用以下几种方法（供参考）：

■ 情景虚构法。销售人员不是以客户为直接推销对象，而是虚构一个推销对象，让客户感觉销售人员不是向自己而是向他人推销。

■ 非推销减压法。如提供产品信息、向客户提供帮助等。

■ 征求意见法。销售人员首先告诉客户访问的目的是听取意见和反应，而非推销。

■ 直接减压法。销售人员明确告诉客户如果听完推销建议后没有兴趣，可以随时让自己离开，不必难为情。

■ 利益减压法。销售人员首先让客户相信这次会谈是完全值得的，把客户的注意力转移到关心他自身的利益上来。

［引自 https：//wenku. baidu. com］

训练设计

一、简答题

1. 推销人员在接近顾客前需要做好哪些准备工作？

2. 接近个体准顾客与接近团体（组织）准顾客在准备工作上有哪些不同？

二、案例题

一次失败的推销

汽车推销人员小张去一家工厂推销汽车，他了解到该厂业务部已经提出了换购两辆新车的申请，于是去找厂长。厂长说："过去，这事我就可以决定，但是，近来企业经济状况不太好，预算管理比较严格，必须开会讨论决定，取得常务董事的许可。"小张又去找了具有决定权的常务董事，经过会谈，他认为这笔生意做成功了。可是几天后，那位厂长打电话告诉小张他们已经决定购买别的牌子的汽车。

问题：分析小张这次推销失败的原因是什么？

三、自测题

模拟准备去一家零售单位，要求化妆品能够进场销售。去之前，请你准备一份与经理洽谈的内容。

四、实训与实战

【实训与实战目标】

1. 进一步理解接近顾客是推销人员在推销过程中一个重要的环节。

2. 理解和掌握接近顾客的常用方法。

【实训与实战内容、方式】

1. 内容：安利经验——实施拓展行动：①列出访问名单：将所有想到的潜在顾客名单列出来。一般地，推销人员将访问的人员分为三类，即第一类是很好的朋友，通常占到85%；第二类是普通朋友，约占到15%；第三类是陌生的人，约占到7%。②热身：与名单中的人联系，针对不同的人采取不同的方式。如熟悉的朋友，可以直接邀约见面，不熟悉的或久不联系的人，可以采取计划性的联络策略，定时或不定时的聊天、拜访。③邀约：尽量创造机会到对方家中拜访。④准备好演示工具：如数据袋、稿纸、录音带、产品示范用品等。

［引自时骅主编的《安利直销全攻略》，海天出版社，2006年］

2. 方式：模拟安利公司的营销员，搞一次推销接近的准备工作。

【实训与实战要求】

1. 模拟推销人员进行系列推销接近的准备工作。

2. 收集某种产品的资料，进行推销接近的准备工作。

【实训与实战成果检测】

1. 在教师的指导下，全体学生讨论安利经验或做法，有什么启示？

2. 对收集到的某种产品的资料实施推销接近的准备工作。

任务二　约见顾客

任务驱动

小组讨论：日本著名汽车推销员奥城良治堪称"推销怪杰"。他十分珍惜时间，一旦需要等人，就是几分钟也要利用，其方法是：到近处访问；利用近处的公用电话进行电话推销；核对顾客卡；拟定访问计划；想好下次的应对法；革新推销创意；开发推销技巧等。

[引自王红著的《推销技巧》，武汉大学出版社，2004年]

提示：推销人员要达到约见顾客的目的，不仅要考虑约见的对象、时间、地点，还要考虑一些方式方法或手段技巧。

必备知识

对推销人员来说，约见顾客是推进推销面谈的一个实质性的工作，必须做好充分的心理准备和其他各项准备工作，争取留下良好的第一印象，为以后的工作做好铺垫。

一、约见的含义与重要性

（一）约见的含义

约见，又称商业约会，是指推销人员事先征得顾客同意会面的行动过程。约见是推销人员成功接近顾客的第一步，既是推销接近准备的延续，又是推销接近的开始。

（二）约见的重要性

1. 约见有利于推销人员增加接近顾客的机会

现实中，许多顾客都不愿接待陌生的推销人员，主要原因是讨厌陌生人打扰自己，同时由于某种的社会原因，害怕陌生人伤害自己，不信任陌生人。通过约见后，顾客就会自然而然地消除戒备心理，并同意见面。这样推销人员接近顾客的机会也就自然增加了。

2. 约见有利于推销人员制定合理的推销面谈计划

在推销接近的准备工作中，推销人员已经制定了一个推销访问计划，但是，不管这个计划事前考虑得多么仔细周到，在很大程度上看，都是推销人员的一种主观意愿，而且许多时候是脱离实际的。只有真正接触到顾客后，才能正确理解顾客的心理与需求，才能急顾客所急，想顾客所想。约见顾客是推销人员真正接触顾客、进入顾客心灵的开始。通过约见，有利于推销人员制定更加合理、更加人性化的推销面谈计划。

3. 约见有利于推销人员进行科学的决断

推销人员在推销访问计划中，其实不难看到，推销人员自身非常困惑的问题，也是急于想要解决的问题是，推销过程中推销人员自己陈述的观点能否被顾客接受？陈述过程中，有否遭到顾客的反感？约见顾客可以发现自己与顾客的差距所在，找到解决问题的钥匙。通过约见，有利于推销人员更清楚地了解和掌握顾客的基本情况，并迅速调整计划，做出更科学的行动方案。

4. 约见有利于推销人员提高推销效果

在推销工作中，对推销人员来说，最耗费的是时间，最宝贵的也是时间。怎样才能投入最少的时间，取得最佳的推销效果，对推销人员来说，也是想方设法要解决的问题。约见顾客，可以减少等候顾客的时间，也可以避免盲目的推销。通过约见，有利于推销人员合理安排时间，并进行有的放矢的工作，提高推销效果。

二、约见的内容与方法

（一）约见的内容

推销人员约见顾客的内容严格地说没有定式，要按实际情况来定。因为顾客不同，顾客的背景条件也不同，推销人员不可能教条式的照搬照抄，更多的是靠推销人员临场应变能力的发挥。一般地说，包括以下四个方面：

1. 确定访问的对象

推销人员在访问之前，先要明确目标顾客是谁？如个体（最终）顾客，他或她是否有最后的购买拍板权？或者说他或她是否是家庭中对决策起重要影响作用的人？如企事业等团体单位顾客，他或她是否为单位主要领导层人员？是否为已经被授权，能够最后拍板了的人？是否能为推销工作起到牵线搭桥作用的人？这个工作主要是为了节约整个推销过程的时间。

例文示范

原一平拜访董事长

根据打听来的消息，原一平前去拜访一家业务很活跃的贸易公司。但是，去了好几次，董事长不是不在就是在开会，总是无法见到董事长。好几次都是在接待小姐同情的目光之下，留下名片，怅然而返。不知道是在第几次的拜访中，他突然发现接待小姐桌上的花瓶不见了，于是，下一次再去时，他便带了装着两朵菊花的小花瓶，送给接待小姐，以表示他心中的感激。又惊又喜的接待小姐告诉他，董事长常常推说不在，因此一定得这么守下去。

此后，接待小姐就成了他的内援，每隔三天，他就带着两朵菊花前去拜访，可是依然没有任何的进展。时间一久，全公司的人都认得他，并且戏称他为“菊花推销员”，但是他还是见不到董事长。

大约经过两个月以后，有一天他照常前去拜访，接待小姐兴高采烈地对他说：“董事长等着你呢！”并立即带他到董事长办公室。“本公司的员工都非常称赞你哟！”他只说了这么一句话，也不容原一平多言，即签下最高金额的合约，他永远也无法忘记当时喜极而泣的情景。

［引自 http：//www. docin. com］

2. 确定访问的目的

推销人员在访问之前，在明确目标顾客的同时，还要注意编造访问顾客的理由，且编造的理由要让顾客能够深信，即感到你是站在他（她）的立场上，而不是纯粹在推销产品，这样顾客才会愿意接受你，也才会同意你的约见。

3. 确定访问的时间

推销人员在访问之前，要充分考虑自己的工作性质要求、推销任务和顾客的实际情况等。只有把这些问题结合起来通盘考虑，才能做到“把握最佳的时机”，才能做到使顾客满意，才能使推销任务顺利完成。

相关链接

推销人员约见客户的最佳时间

■ 客户刚开张营业，正需要产品或服务的时候；
■ 对方遇到喜事的时候，如晋升提拔、获得某种奖励等；
■ 顾客刚领到工资，或增加工资级别，心情舒畅的时候；
■ 节假日之际，或者碰上对方周年庆纪念、大楼奠基、工程竣工之际；
■ 客户遇到暂时困难，急需帮助的时候；
■ 顾客对原先的产品有意见，对你的竞争对手最不满意的时候；
■ 下雨、下雪的时候，其他推销员不出门时。

不同的顾客最佳拜访约见的时间

会计师——切勿在月初和月末，最好在月中接触。医生——早上11点后和下午2点前，最好的日子是雨天。推销员——早上10点前或下午4点后，最热、最冷或雨天会更好。行政人员——上午10点后到下午3点止。股票行业——避开在开市后，最好在收市后。银行家——早上10点前或下午4点后。公务员——工作时间内，切勿在午饭前或下班前。艺术家——早上或午前。药房工作者——下午1～3点。饮食业——避免在进餐的时候，最好在下午3～4点。建筑业——大清早或收工的时候。律师——早上10点前或下午4点后。教师——下午4点后或放学的时候。零售商——避免周末或周一，最好是下午2～3点。主妇——最好是早上10～11点。报馆或印刷业——最好在下午3点后。商人——最好在下午1～3点。

［引自 https：//max.book118.com、http：//www.docin.com、https：//www.taodocs.com］

4. 确定访问的地点

推销人员在访问之前，还要充分考虑顾客的方便度、顾客的特殊需要、顾客的个性与偏好以及推销产品的实际问题等。特别要从顾客的角度来考虑，一定要充分满足顾客的心理需求，让顾客感到最大程度的满意。访问的地点没有特别的规定，一般可以是顾客的工作地、顾客的居住地、推销人员的单位、各种社交活动地、公共场所等。

相关链接

推销人员约见客户的最佳选择地点

■ 工作地点：指在顾客的工作地点约见。一般以推销生产资料产品，多为组织顾客。

■ 家庭住所：指在顾客的家庭住所约见。一般以推销生活资料产品为主，多为最终消费者。但要注意的是，必须在顾客主动提出的前提下才可以这样做，推销员一般不要主动建议。

■ 公众场合：指在社交场合如饭店、球场、展销会、娱乐场所等约见。一般为组织顾客和最终消费者。但要注意的是，正式的推销洽谈未必合适。

■ 己方场所：指在推销员所在的工作单位或下榻的饭店里约见。

［引自赵柳村主编的《推销与谈判实务》（第 2 版），暨南大学出版社，2014 年］

（二）约见的方法

为了实现推销目标，完成推销计划，推销人员必须认真研究约见顾客的方式方法，以便在约见不同顾客时做出适当的选择。

1. 当面约见

所谓当面约见是指推销人员与顾客当面约定访问事宜。推销人员可以利用与顾客会面的各种机会进行当面约见，例如，在途中不期而遇时，在见面握手问好时，在起身分手告别时，还可以利用各种会议，利用朋友引见，甚至自己主动到顾客的工作单位等地去约见。

当面约见是一种比较理想的约见方式，简单易行。当面约见也比较可靠，实在。但是，当面约见也有不利的一面，容易受到各种因素的限制，效率低，易处于被动局面，使约见目的难以实现。

2. 电讯约见

所谓电讯约见是指推销人员利用电话、传真、电报、互联网等电讯手段约见顾客的方法。现代通讯业的快速发展，使这类高效的约见通讯工具得到越来越广泛的使用。

电话约见迅速且灵活方便，是目前约见的主要方式。电报和电传约见的优点是速度快。互联网是很有前途的 种方式，尤其是年轻人接受比较快。

3. 信函约见

信函约见是通过约见信函的寄出及反馈达到约见的目的，这类信函包括个别约见信和集体约见信。例如，个人书信、会议通知等。信函约见的优点是函件可以不受当面约见各种因素的限制，易被顾客所接受；信函的体裁比较自由。信函约见的缺点是花费的时间多，且反馈率比较低。因此，信函约见必须从内容和形式两个方面加以注意。信函的内容要尽力做到真实与适度的修辞相结合，书写工整，文笔流畅。信函要尽可能自己手写，尤其是个人书信，避免使用印刷信件，邮票也应自己动手粘贴，而不是加盖“邮资已付”的标志，还要及时用电话联系，以弥补反馈率低的缺陷。

4. 委托约见

所谓委托约见是指推销人员委托第三者约见顾客的方法。委托约见包括留函代转、信件传递、他人代约等。它的优点是能够克服某些顾客对推销人员的戒备心理，获得推销对象的真实信息；有利于快速接近顾客，并获得顾客的信任；推销效果显著。其缺点是推销人员处于被动地位，如果被委托的人与约见人关系一般化，就不易得到约见人的重视，也容易引起误约，贻误推销时机。

5. 广告约见

广告约见是指推销人员利用各种大众传媒的工具，如报纸、杂志、广播、电视、直接邮寄、张贴或散发印刷广告等约见顾客。它可以在约见对象不明或太多的情况下，进行广泛约见或无特定对象约见，也可在约见对象十分明确的情况下，进行集体约见。其优点是覆盖面广，效率高；缺点是针对性差，费用高。

此外，还有许多其他的约见方法，推销人员可根据具体情况，选用一种或综合使用几种方法达到约见的目的。

例文示范

电话预约三部曲

电话预约的目的是为配合与潜在顾客会面而做的事前安排，如何取得预约也是一门学问。

1. 试探性提问

推销人员："本公司所生产的蜂之语胶囊是深受消费者喜爱的保健品，希望能有幸拜访您，对您进行说明。"

顾客："……"

推销人员："您服用过这类保健品吗？"

顾客对此一般有三种回答：

"正在服用。"

"服用过。"

"没服用过。"

2. 诱导性提问

面对其回答，推销人员也可以有三种回答：

"是哪家公司的产品呢？……您服用的效果如何？"

"为什么停止服用呢？"

"为什么不服用呢？"

这些提问都会成为介绍你公司产品的铺垫。根据其回答，就可以抓住机会，及时介绍你公司产品的优点和销售服务了。

这时，顾客会向你了解本公司产品的特征和销售服务。你可以顺势进一步提问，诱导其进入下一个阶段。

推销人员："服用这种保健品，您是否觉得身体比过去更好些呢？"

3. 想象式提问

对刚才的提问，如果对方的回答是否定的，你就应该做出使对方切实感受到你公司产品好处的提问。例如，"本公司产品的原料是纯天然的，生产工艺是一流的，在用户中有很好的口碑，您是否应该了解一下呢？"

"那好吧。"

如果得到这样的回答，就是明白无误地告诉你已经取得了预约。

相关链接

电话预约的要领与技巧

- 尽量不要先说出价格。
- 简单扼要说明商品特色。
- 由推销人员决定拜访的日期、时间。
- 先取得对方信任。
- 说话速度不宜快。
- 强调“不强迫购买”。
- 多问问题，尽量让客户说话。

[引自王孝明主编的《推销实战技巧》，经济管理出版社，2004 年]

阅读资料

成功的约见模式

电话铃声响起：

顾客：“喂，您好！”

销售人员：“您好，麻烦您，能请尤根·克拉莫布先生亲自接电话吗？”

顾客：“我就是！您有什么事吗？”

销售人员：“您好，克拉莫布先生！我叫格拉索，是‘宝卡’公司的专业咨询师，我们公司位于富里达，是专门从事办公室以及仓库资源合理化业务的。克拉莫布先生……有关您扩大卡塞尔仓库面积的计划，我们‘宝卡’公司早有耳闻了。所以我想给您看一些东西，这也许能够帮助您在新仓库里节省空间和人力消耗！您觉得咱们的这次见面安排在什么时候最合适？是下星期二上午 10 点好，还是下星期三下午好？”

顾客：“那好吧，您下星期二上午过来吧！”

销售人员：“我记一下时间，克拉莫布先生。您记住我的名字了吗？我叫格拉索(Glasow)！拼写是 G，L，A，S，O，W！那咱们下星期二上午 10 点见，克拉莫布先生！真高兴能有机会和您见面！”

[引自 https：//baike. so. com]

训练设计

一、简答题

1. 约见顾客的基本内容包括什么？
2. 约见顾客的主要方式和技巧有哪些？

二、案例分析

有一次，一家公司总经理约保险推销人员原一平于某天某时去他办公室洽谈。原一平应约赴会，那天他来到总经理办公室门前，一边与女秘书打招呼一边脱大衣，他以为预先约定的会面肯定没有问题，岂料女秘书挡驾说：

"总经理交代过，今天上午有急事，不能会见任何客人。"

原一平辩解说："是总经理亲自打电话约我来的。"

"对不起，他今天确实有特急事务。"女秘书的话也不容置疑。

"如果总经理确实忙，那您就让我进去一分钟，我只向总经理问候一声，证明我依约来了立即就走。"

"那好吧，就给你一分钟。"秘书说着，拉开总经理室大门：

"请！"

原一平进入总经理室时，总经理正背对大门坐在安乐椅上。他听到有人进来，就把椅子转了过来："早上好！原先生，请坐。"原一平站着向总经理问候了几句，转身就告辞。总经理感到惊奇，满腹狐疑地问："怎么刚进门就要走了？"

原一平说："您的秘书小姐只给我一分钟。真抱歉，时间到了，我不得不告辞了。明天上午八时，我再来拜访吧！"说着就开门离开。

也许这位总经理早把自己邀请别人的事忘得一干二净。但原一平明白，作为一个推销人员要信守诺言。

第二天早上，原一平又依约前来了，他得到了女秘书和总经理的热情接待，并顺利成交了一笔生意。

问题：（1）你是否认为有比原一平更好的处理意见？

（2）如果第一天去拜访时，假如原一平借女秘书给他进入总经理办公室大门的机会，也同时借总经理忘记约见别人的机会，马上和总经理进行洽谈，那又将会出现什么样的结果呢？你认为生意会成功吗？

三、自测题

请你在各种约见方法中任选一种或二种，模拟设计一种约见顾客的方案。

四、实训与实战

【实训与实战目标】

1. 认识约见顾客是有效接近顾客的一个实质性工作，意义重大。
2. 正确掌握约见顾客的内容与方法。

【实训与实战内容、方式】

1. 内容：某保险公司的一位推销人员，有一次准备约见一位老板。她打电话时，老板非常明确地拒绝了她。后来，她想了一个办法，即在去之前做足了功课，从侧面了解到这位老板有一个小孩和小孩的生日、小孩及老板爱人的喜好。拜访老板前，她专门定制了一个生日蛋糕，去时，特定挑选了一个老板不在的时间，给小孩过了一个非常有趣的生日。一来二去，这位推销人员与老板的家人已经很熟了。所以当推销人员要求这个老板签保单时，老板的家人就特别支持，最后，老板也感动了，很爽快地约见了这位推销人员。

2. 方式：全体学生讨论这位推销人员的做法。

【实训与实战要求】

1. 模拟这位推销人员，进行一次约见顾客的活动。

2. 总结模拟活动的经验或做法。

【实训与实战成果检测】

1. 在教师的指导下，全体学生讨论这位推销人员的做法，有什么启示？

2. 在教师的指导下，全体学生比较评价模拟推销人员的活动，并撰写心得体会。

任务三 接近顾客

任务驱动

小组讨论：推销人员在接近顾客时哪些行为会引起顾客的注意和兴奋？请举几个正反面例子进行研究。

提示：从接近顾客的方式方法和技巧等来展开（结合实际工作来谈）。

必备知识

接近顾客是推销人员为了推销洽谈顺利进行而与顾客的一种初步接触。这是推销过程的一个重要环节，虽然大多数时候推销人员与顾客接触的时间很短，也不一定开始进行直接的产品推销活动，但它将会对以后的推销洽谈、成交等环节起到决定性的作用。因此，在这一阶段中，推销人员要通过自己的努力接近顾客，达到与顾客的真正交流。如果做不到这一点，那至少要给顾客留下良好的第一印象，获取顾客的基本信任。

一、接近顾客的技巧方法

（一）介绍接近法

所谓介绍接近法是指推销人员自行介绍或经由第三者介绍而去接近推销对象的一种方法。它主要包括口头介绍和书面介绍两种。在推销中，接近的对象不同，介绍的方式也有所区别。

1. 自我介绍法

简单地说，自我介绍法是指推销人员直接以口头介绍、递交名片、介绍信、身份证、委托书等形式进行自我推介的一种方法。这是推销人员接近顾客常用的一种方法，也是其他许多接近方法的基础，但是，无情的事实表明，推销人员开始接近顾客时所做的自我介绍绝大多数是毫无意义的。顾客一般不大关心推销人员的自我介绍，只是在推销品或者推销人员的建议令他感兴趣后，才重新询问推销人员的尊姓大名或查看推销人员的名片。所以，在接近顾客之初，推销人员不一定详细地进行自我介绍，就是进行自我介绍也要和其他方法配合使用。

2. 他人引荐法

他人引荐法是指推销人员在通过与顾客比较熟悉的第三者的介绍来推介自己的一种方

法。当推销人员与目标顾客没有任何关联的情况下，这种方法是比较有用的，因为它能消除相互之间的心理障碍，拉近相互之间的距离，并使顾客容易产生信任感。

当然，因推销人员所找的介绍人与顾客往来密切和对顾客能产生直接或间接影响有所不同，介绍人所起的作用也就不同，顾客与介绍人员关系的密切程度越大，所起的作用就越大，反之，所起的作用就越小。这种方法也有局限性，有时顾客碍于情面而勉强接待推销人员，却不一定有购买诚意，只是虚于应付，而在有些情况下，顾客还忌讳熟人的引荐。在实际推销过程中，推销人员事先还要掌握顾客的基本情况，以避免引起更大的麻烦。

推销人员应努力扩大自己的交往面，争取有关人士的协助和引荐，但应注意尊重介绍人的意愿，不可勉为其难。

例文示范

自我介绍法

您好！我是某某保险公司的寿险业务员，不好意思，今天打扰您了！这是我的名片，请您多多指教！

他人介绍法

您好！我是某某保险公司的寿险业务员，不好意思，今天打扰您了！这是我的名片，请您多多指教！是这样的，我是您的朋友陈东介绍的，今天特地来拜访您。

（二）产品接近法

产品接近法又称实物接近法，是指推销人员直接利用推销产品来推介自己和接近顾客的一种方法。现实中，许多顾客只对产品有兴趣，因此，这种方法多少能给顾客直接带来购买的欲望。

推销人员采用产品接近法，直接把产品、样本、模型摆在顾客面前，用产品进行自我推销，给顾客一个亲自摆弄产品的机会，以产品自身的魅力引起顾客的注意和兴趣，既给了顾客多种多样的感官刺激，又满足了顾客深入了解产品的要求，同时，这种方法最适合于具有独到特色的产品，或颜色鲜艳、雅致，或功能齐全，或造型别致，等等。但是，采用产品接近法也存在一定局限性。首先，推销品必须具有一定的吸引力，要能够刺激起顾客的使用欲望，才能引起顾客的注意和兴趣，使推销人员达到接近顾客的目的。其次，推销品应精美轻巧，便于携带。再次，推销品必须是看得见、摸得着的有形实体，无形产品和服务（如各种保险、旅游、服务等）无法利用产品接近法。最后，推销品必须品质优良，不易损坏或者变质，操作简便，使用效果显而易见，这样才经得起顾客反复摆弄，并使顾客从触摸、检验和操作中感受到产品所能带来的利益。

例文示范

以产品自身的魅力说服顾客

王伟推销一批小型迷你智能验钞机，最初几天，毫无战果，一个验钞机也没卖出去。王伟的双腿也快跑断了。回想售卖时的情形，客户那种无动于衷的表情，甚至粗暴的言行，他真不想干了！

怎么办？王伟又认真走访调研，终于开窍了。有一天，他来到了一家杂货店。店主热情地向他招呼，问他买啥，他说是来请他帮忙的。于是他拿出几张100元人民币，请店主鉴别哪几张是假的。店主接过这些人民币，左看看，右看看，无奈地摇了摇头。这时王伟就问店主："真假人民币不易分辨，您假如收到假的人民币该怎么办?"店主说："也没办法。"王伟说："这里有一种小型迷你智能验钞机，价格也不贵，可以分辨出真假人民币，效果显著。"王伟说着，拿出准备好的小型迷你智能验钞机，在几张人民币上各划一下，马上有几张人民币上出现了淡黄色，有几张则出现了黑色。王伟趁机递给店主说明书，微笑着说："出现淡黄色的人民币是真的，出现黑色的人民币是假的。"店主流露出浓厚的兴趣，问："多少钱一个?""118元一个""好，我要一个，我叫我的几个朋友也买。"王伟简直不敢相信自己的耳朵，产品终于卖出去了。

（三）利益接近法

利益接近法就是推销人员直接利用顾客追求利益的心理，利用所推销的产品或服务能给顾客带来的实惠、好处，从而引起顾客的注意和兴趣，进而转入面谈的一种接近方法。其是一种最有效、最省力的接近顾客的方法。但在实际推销过程中，顾客往往不愿直接、明确地表达想得到的利益，因此，推销人员在推销过程中，要注意明晰产品购买后能给顾客带来的利益究竟有多大、多实在，让顾客看得到、摸得着。但推销人员不能在这一过程中为了突出产品的卖点、打动顾客的心等做虚假的宣传。

相关链接

利益接近法应注意的问题

- 必须实事求是地陈述推销品能给顾客带来的利益，不夸大其词。
- 推销品的独特利益必须有可供证明的依据。
- 应该仔细设想顾客可能的回应，以便采取适当的对策来处理顾客提出的问题。

[引自 http://www.docin.com]

（四）好奇接近法

好奇接近法是推销人员利用顾客的好奇心理来接近对方，从而达到推销自己产品的一种方法。好奇心是人们的一种普遍心理，利用顾客的好奇心理来接近顾客、诱发顾客的购买热忱，是许多商家经常采用的一种促销策略。

运用好奇接近法应注意，推销人员无论采用语言、动作、实物或其他什么方式唤起顾客的好奇心，都应该与推销活动相关，否则将难以转入推销洽谈。唤起顾客好奇心的事物应当符合客观规律，合情合理，奇妙而不荒诞；还应考虑到顾客的文化素养和生活环境，要避免推销人员自以为奇特而顾客却觉得平淡无奇，弄巧成拙反而妨碍了接近顾客。

例文示范

与众不同的水龙头

一位推销节水龙头的推销员，进入某居民小区后，微笑着拿出一只节水龙头说："阿姨们好，大家看一看这个水龙头？"看到这只与众不同的水龙头，阿姨们纷纷说："真与其他水龙头不一样，造型奇特。"于是，这位推销员乘机又拿出几只分给大家，并且就产品更新换代、功能、使用等方面进行了说明。等到在场的人对产品有了一定程度的了解后，就有人准备掏腰包出钱购买了。

（五）表演接近法

表演接近法是指推销人员利用各种戏剧性的表演手法来展示产品的特点，从而引起顾客的注意和兴趣的一种方法。这是一种古老的推销术，也被称为马戏接近法、戏剧化接近法。

表演接近法实际上是把产品示范过程戏剧化，迎合某些顾客求新求奇的心理，从而把顾客自然地带入购买的情景之中。在具体应用这种方法时应当注意：应当尽量使表演产生戏剧效果，既出人意料，又合乎情理，既能打动顾客，又不露表演的痕迹；应当尽量让顾客参与其中，以激发顾客的兴趣，并增加真实感和互动性；表演要与产品的展示结合起来。

例文示范

一场完美的表演

一位推销瓷器的女推销员，当她把一套餐具中的一个盘子递给瓷器经销商时，她故意把盘子掉在地上，但盘子却完好无损。当她捡起来时说道："这是引导瓷器革命的新技术成果，您的顾客特别是家里有小孩的顾客肯定会喜欢这样的产品，难道您不这么想吗？"结果，一周以后，这位经销商就与她签订了经销合同。

［引自 http：//www. docin. com］

（六）问题接近法

问题接近法也叫问答接近法或讨论接近法，是指推销人员利用提问方式或与顾客讨论问题的方式来接近顾客的一种方法。在实际推销工作中，问题接近法可以单独使用，也可以和其他各种方法配合起来使用。例如，好奇接近法、利益接近法等都可以用提问作为引人入胜的开头。

推销人员在具体运用问题接近法时，应当注意以下几点：

(1) 问题必须突出，有的放矢。

(2) 问题表述必须简明扼要，抓住顾客的关注点，最好能形象化、量化、直观生动。

(3) 问题应当具有针对性、耐人寻味，要避免有争议、伤感情和顾客不愿意回答的问题，以免引起顾客的反感。

例文示范

标准的"三个问题"开场白

美国一位推销女士总是从容不迫、心平气和地提出三个问题："如果我送给您一些有关个人效率的书籍，您打开书后发现十分有趣，您会读一读吗?""如果您读了之后非常喜欢这些书，您会买下来吗?""如果您没有发现其中的乐趣，您可以把书重新塞进这个包里回寄给我，行吗?"这位推销女士的开场白简单明了，使顾客几乎找不到说"不"的理由。后来这三个问题被该公司的全体推销人员所采用，成为标准的问题接近法。

[引自 http：//www. doc88. com]

(七) 直陈接近法

直陈接近法也称报告接近法、陈述接近法或说明接近法，是指推销人员利用直接陈述来引起顾客的注意和兴趣，进而转入面谈的接近方法。推销人员直陈的内容，可以是商品的新特点，可以是价格、服务等方面的优惠条件，也可以是有关企业情况的介绍。但是，所陈述的内容必须与顾客有密切的利害关系，才能引起顾客的注意和必趣。

(八) 馈赠接近法

馈赠接近法是指推销人员通过赠送一些小礼品来激发顾客的好感，进而达到和顾客拉近关系，融洽气氛的一种方法。在实际推销中，这种方法经常被推销人员用作接近顾客的"跳板""桥梁"。然而，推销人员在选择什么礼品作为馈赠时，必须注意：

(1) 投其所好。

(2) 促动媒介。

(3) 扩大产品影响。

例文示范

恰如其分，投其所好

一位推销员到一家公司推销产品，被拒之门外。女秘书给他提供了一个重要的信息：老板的孩子正在集邮。第二天，推销员马上从有关的渠道了解到目前集邮爱好者的集邮动向，于是，他带上几枚精美的邮票再次去见老板，并告诉他是专门为他孩子来送邮票的。一听说有精美的邮票，老板热情洋溢地把推销员迎进来，同时围绕集邮的话题，自然而然地聊起来，并且越聊越投机……

[引自 http：//www. docin. com]

（九）赞美接近法

赞美接近法是指推销人员利用顾客的虚荣心理，通过恭维、赞颂、夸奖等形式来获得顾客的好感，并接近顾客的一种方法。

相关链接

- 赞美接近法的赞美点
- ■ 家庭（成员、装饰、子女教育等）。
- ■ 工作（成就、专长、前景等）。
- ■ 嗜好（体育、音乐、文学等）。
- 赞美接近法的赞美技巧
- ■ 赞美内在胜于外表。
- ■ 赞美行为胜于言辞。
- ■ 寻找被他人忽略的赞美点。
- ■ 寻找对方引以自豪的赞美点。
- 赞美时最大的障碍
- ■ 不好意思开口。
- ■ 不知如何赞美。
- ■ 话术生硬，不得体。
- ■ 脸部表情不充分。

［引自 http：//www. doc88. com］

（十）求教接近法

求教接近法是指推销人员以拜访求教的形式来接近顾客的一种方法。拜访求教可以是带着问题去请教，也可以作为一种借口去请教。这种方法对于专家型的顾客比较适合、有效。运用这种方法要考虑请教的方式方法，态度要诚恳，多听其言观其行，请教问题前不忘先恭维、赞美，然后请教问题，推销产品前不忘先请教，后推销。

例文示范

推销防漏材料

一天，某推销人员向某建筑公司推销一种新型的防漏材料。该推销人员首先向公司经理求教："您是这一行业的老专家，我想请教一下您，目前建筑行业有哪些防漏技术？又应该采用哪些防漏材料？"在仔细倾听经理的一番话后，他继续询问："目前这些防漏材料中，哪种防漏材料更好？使用中有什么问题？"在倾听完全部介绍后，推销人员便拿出自己的产品向经理推荐，同时介绍产品的性能与特点，并从经理的回答中进一步发现经理的需求，从而进入实质性的洽谈。

（十一）调查接近法

调查接近法是指推销人员利用推销的机会，运用调查的手段来接近顾客的方法。在实际运用中，这种方法特别强调要求调查的目的和内容要明确，设计的表格要有一定的针对性，尤其是开放式的表格。调查接近法一般适用于对大型生产资料的推销。

除了上述介绍的方法外，还有聊天接近法、反复接近法、服务接近法等，推销人员应当在推销实践中加以灵活运用，并根据推销的实际情况创造一些新的并行之有效的接近顾客的方法，以取得推销的成功。

例文示范

推销空气调节机

有一天，一位推销人员向某学校推销一种空气调节机。因为他事先对空气调节机的市场情况和学校实验室情况进行了一些调研，做到了心中有数，所以去学校洽谈时，非常有自信心。下面是这位推销人员的推销做法：“李院长，您打算在学校一些实验室里安装空气调节机，这一点我已经知道了。不过，我想了解一下采购情况，您是否能花几分钟时间介绍一下？”这位推销人员在事先已经做好充分接近预备的基础上提出进一步调查的要求，使得顾客不好拒绝。

二、运用接近方法技巧时应注意的问题

推销人员为了能有效接近顾客，顺利导入推销面谈，除了运用适当的接近方法技巧外，还应注意如下问题：

（一）掌握有关的情报

如果推销人员对顾客提出的问题支支吾吾、含糊其辞，回答不上来，那么他的推销活动注定要失败。而如果他掌握了有关的知识、情报和资料，顾客有问必答，又能使顾客十分满意，那么他的推销活动会进展得非常顺利。

1. 掌握顾客的情况

顾客购买产品通常都不是在购买产品的特征，而是购买可以满足某种需求或解决某个问题的产品或服务。例如，顾客为了解决冬天洗澡的问题，需要购买热水器；女士们为了打扮自己，使自己更年轻、更漂亮，需要购买时装、化妆品等。

需要是人们希望得到而又未得到满足的感觉。需要未得到满足时，可导致人们心情紧张，产生不舒适的感觉，当它达到迫切的程度时，便驱使人们产生购买行为。

只有了解了顾客的需要，才能做好推销工作，做到“有的放矢”。否则，不了解顾客需要什么，盲目去推销，推销成绩肯定不理想。

2. 熟悉本公司的情况

对于顾客来说，推销人员就是公司的象征，是公司的代表。既然推销人员代表着公司，他就有责任去熟悉他所服务的公司以及公司的政策。推销人员应该对自己所服务的企

业有一个全面的了解，包括企业的诞生与发展沿革、经营目标、经营方针以及今后的长期发展规划，企业的职能机构及主要领导人，企业的财务状况及主要设施等。虽然没有一位顾客会向你打听你所服务的公司的全部知识，但是你必须未雨绸缪，做好准备，以防万一。

3. 熟悉产品情况

推销人员在了解熟悉本公司的基本情况后，必须熟悉掌握所推销的产品知识。其具体包括本企业生产的产品的性能、质量、款式（包括花色、品种、规格）、档次与价格、技术情况、用途及使用维修，本公司产品的市场面、市场占有率、目标顾客的不同类型及购买特点和购买动机等。

4. 熟悉竞争对手的情况

对于推销人员来说熟悉自己所推销的产品这是最基本的条件。此外，推销人员还必须了解竞争者的产品与活动。了解掌握竞争者的状况，在推销的过程中你将更有自信心。因为你能根据竞争者的弱点，突出自己产品的优点，吸引顾客。同时，你也会给顾客留下深刻的印象，扩大影响。

（二）积极使用推销辅助器材

推销人员在接近顾客时，应积极使用推销辅助器材。目前，推销人员可以使用的推销辅助器材有：

1. 产品

推销人员接近顾客的目的是将产品卖给顾客。因此，将所推销的产品作为推销的辅助器材是最为直接有效的。推销人员在接近顾客时，可以直接将产品演示给顾客看，再伴以生动的说明，就能激发顾客的情绪，所以，只要条件允许，推销人员就应该用实际产品做示范。

2. 仿制品

由于产品重量、体积等方面的原因，推销人员不可能将产品随时携带，随时向顾客演示，这时，就可以采用推销品的仿制品来做示范，帮助说服顾客。仿制品一般采用推销品的模型。例如，汽车的推销可以通过用缩小了若干倍的汽车模型来展示给顾客，以吸引顾客的注意力和兴趣。

3. 照片与插图

照片与插图可以使推销人员的推销说明更生动、更清晰，特别适用于一些预先性的推销工作。例如，我国的房产开发商，在楼盘开发之前，都要制作精美的楼书，既是广告宣传资料，又是售楼人员向顾客介绍楼盘及户型的有效道具。因此，许多产品的推销都可以借助于照片与插图来接近顾客。

此外，可用作推销辅助的器材还有广告作品、图表图形、资料册、产品目录书等。

（三）选择适当的演示技巧

推销人员接近顾客时，时刻都要注意将产品演示给顾客看，而演示的效果如何，不仅取决于演示器材，还取决于推销人员的演示技巧。

1．掌握不同顾客的心理特点，有针对性地演示

由于不同的顾客有着不同的兴趣爱好和性格特点，推销人员接近顾客时就不能用一成不变的模式向顾客做推销说明和演示示范，而是应该针对各个顾客的不同性格特点采用能够吸引顾客的生动演示法，把顾客的个人兴趣和注意点放在中心位置，以最终顾客购买你的产品为演示目的。

2．选择无声语言的技巧

推销人员选择产品的样品、图片资料、录像资料、模型等无声语言来向顾客演示时，一是要使这些"无声语言"保持最佳状态，以保证演示的最佳效果，防止在演示中出意外；二是尽量让顾客一起参加示范，让顾客深入到演示的产品中去，从而引起顾客对推销品浓厚的兴趣；三是演示动作要生动活泼，富有戏剧性。

3．选择有声语言的技巧

良好的口才是推销成功的一半。如果推销人员自感口才好，口齿清楚，说话又有一定的幽默感，那么，在接近顾客时，可以利用良好的口才和表演能力，以自己的音容笑貌去鼓励顾客，增强他们的购买信心。

总之，推销人员运用示范技巧时，必须记住：示范不是目的，让顾客购买产品，达成交易才是目的。即使要求顾客一同参加示范，推销人员也要保持主导地位，从而正确引导顾客的积极性，避免出现差错。

相关链接

销售词汇

美国推销专家汤姆发现，有24个词汇具有销售的力量，妨碍销售的词汇也有24个。

销售中的第一个词是你顾客的姓名，你要用最亲切的声音读出来，在整个推销过程中你要经常提到。其他23个词是：了解、证实、健康、从容、保证、钱币、安全、节约、新的、亲爱、发现、正确、结果、真诚、价值、玩笑、真理、安慰、骄傲、利益、应得、快乐、重要。耶鲁大学在以上24个词的后面又加上了5个词：你、担保、优点、明确、好处。

妨碍销售的24个词是：应付、花费、付款、契约、签字、尝试、困扰、亏损、丧失、损害、购买、死亡、低劣、售出、出卖、代价、决心、费劲、困难、义务、责任、失败、不利、不履行。

[引自王孝明主编的《推销实战技巧》，经济管理出版社，2004年]

阅读资料

接近顾客的法宝——"三米原则""两大禁忌"

■"三米原则"。

就是说在顾客距离自己还有三米远的时候就可以和顾客打招呼，微笑，目光接触。

■ 接近顾客“两大禁忌”。

◆ 欢迎语：不能用“请随便看看”来代替“欢迎光临”。因为“请随便看看”这句欢迎语正好给顾客灌输了一种“看看就走”的潜意识。

◆ 行为“过分热情”：作为顾客来说喜欢有一种宽松自由的购物环境供他们观赏和挑选，过分热情的寸步不离或者喋喋不休的介绍，或者不分青红皂白的介绍，反而会让顾客感到一种无形的压力而趁早“逃之夭夭”。所以切忌“不要过分热情”。

[引自 http：//www.nz86.com]

训练设计

一、简答题

1. 为什么说自我介绍法是推销人员最常使用的方法，也是作用最微弱的方法？
2. 什么是产品接近法？运用产品接近法应注意哪些问题？
3. 什么是利益接近法？在什么样的条件下采用利益接近法效果比较好？
4. 运用推销接近方法技巧时应注意哪些问题？

二、案例分析

推销人员小李的故事

某服饰推销人员小李为接近一大商场采购经理，进行了多次拜访，但都被拒绝了。原因是该商场多年来主要经营另一家公司的服饰，认为没有必要改变固有的合作关系。这一次，小李在商场又“恰巧”遇到了采购经理，他说：“可否给我10分钟就一个业务问题提一点建议？”采购经理感到新奇，请小李进他的办公室坐下。小李一开始就拿出一种新式领带，请采购经理鉴赏，要求他为这种产品报一个公道的价格。采购经理仔细地检查了每一条领带，然后做出认真的答复。接着，小李又进行了一番讲解。眼看10分钟快到了，小李便拎起皮包要走，然而，采购经理却留住了小李，开始洽谈并以略低于小李的报价订购了一大批货。

问题：（1）小李在多次被拒绝后采用了什么样的推销接近法？

（2）小李本次接近后能洽谈成交的关键因素是什么？

三、自测题

某服装厂推销人员小王准备去某商厦进行推销，试列出一份接近准备工作目录及其具体内容。

四、实训与实战

【实训与实战目标】

请同学们试写出5种以上推销接近法的台词，并进行演练。

【实训与实战内容、方式】

1. 内容：某公司的一位推销人员，有一次在电视推介中，正在介绍推销他们公司的产品——搪瓷菜刀。只见他非常熟练地打开产品，娓娓动听地阐述产品的功能，并随手把产品功能演示了一遍，即用搪瓷菜刀很快切下各种各样的菜，包括冰冻的肉。他边介绍边演示，应该说这种方法还是很吸引顾客的。

2. 方式：模拟某公司的推销人员进行一次推销活动。

【实训与实战要求】

1. 熟练掌握产品的功能，并能用精彩的讲解词进行讲解。

2. 要事先准备好顾客可能提出的各种问题的答案，同时，能有应对不同顾客的策略和技巧。

【实训与实战成果检测】

1. 模拟某公司的推销人员进行一次实战。

2. 由教师牵头，全体同学参与，对模拟实战进行评价。

项目小结

推销接近是指推销人员正式与顾客所进行的第一次面对面的接触，是推销洽谈的前奏。推销接近的主要目标是引起兴趣、激发兴趣和步入洽谈。推销人员对目标顾客进行初步接触或再次访问是推销过程的一个重要环节。为增强推销人员的自信心，提高推销洽谈的成功率，接近前要做好充分的准备。准备工作的内容要按个体顾客、团体顾客和现有顾客的不同进行区分。

接近准备工作做好后，就可以约见顾客了。约见顾客是指推销人员事先征得顾客同意可以进行推销访问的一种行为过程。

顾客约见的内容包括约见的对象、访问的事由、约见的时间与地点等；约见的方法有当面约见、电讯约见、信函约见、委托约见、广告约见等。

接近顾客是推销人员正式接触推销对象，开展推销面谈的前奏。为吸引顾客的注意力，提高推销洽谈的成功率，接近顾客还需掌握一定的方法技巧。常用的方法有介绍接近法、产品接近法、利益接近法、好奇接近法、表演接近法、问题接近法、直接陈述接近法、馈赠接近法、求教接近法、调查接近法、聊天接近法等。

推销人员接近顾客的方法技巧很多，但无论采用哪种方法，都必须注意三个问题：

第一，推销人员要掌握有关顾客、公司、推销品的情况，资料掌握得越详细越好。

第二，为使推销接近能充分吸引顾客的注意力，有时还需借助产品、模型、图片资料来充当接近顾客的辅助器材。

第三，接近顾客时可选择恰到好处的演示技巧，以加深顾客对推销人员及推销品的印象。

项目六
推销洽谈

学习目标

理解推销洽谈的含义。了解推销洽谈的种类和原则。理解和掌握推销洽谈的技巧和策略，并能运用这些技巧和策略与顾客进行有效的洽谈，说服顾客购买推销品。

导读案例

美国雷顿公司总裁金姆曾当过推销人员。在一次订货会上，规定每人有10分钟登台推销的时间。金姆先将一只小猴装在一个用布蒙住的笼子里带进会场，轮到他上台时，他将小猴带上台，让它坐在自己肩膀上，任其跳蹿，一时间场内轰动。不一会儿，金姆收起小猴，场内恢复平静后，他只说了一句话："我是来推销'白索登'牙膏的，谢谢。"说完便飘然离去，结果他的产品风靡全美。

[引自王富祥主编的《推销理论与实务》，大连理工大学出版社，2010年]

提示：金姆用的推销术是独出心裁，别具一格的。这种推销术可以从他说的话中去体会。

任务一 推销洽谈概述

任务驱动

小组讨论：一房地产经纪商正在和顾客讨论有关一所大房子的买卖问题。他们一起去看房子，房地产经纪商觉察到顾客对房子颇感兴趣。经纪商对顾客说："现在，当着你的面，我告诉你，这所房子有下列几个问题：①取暖设备要彻底检修；②车库需要粉刷；③房子后面的花园要整理。"顾客很感激经纪商把问题指出来，而且他们又继续讨论房子交易的其他一些问题。

提示：做生意不一定要凭三寸不烂之舌把商品说得完美无缺才会成功，推销人员如果能坚持诚实守信的原则，也能取得推销成功。靠花言巧语必定是"一锤子买卖"。

[引自吴金法主编的《现代推销理论与实务》，东北财经大学出版社，2002年]

必备知识

一、推销洽谈的含义、种类和原则

（一）推销洽谈的含义

1. 洽谈的含义

洽谈，也称谈判，是社会生活中经常发生的事情，几乎每个人都在某一特定条件下成为一个洽谈者。与小商小贩的讨价还价；与单位领导讨论个人工作调动；作为企业代表与其他洽谈者磋商某一交易活动；等等，都可以看成是一种洽谈。因此，洽谈已成为我们生活中不可缺少的一部分。由此可见，所谓洽谈，就是指人们为了实现各自的利益，就涉及洽谈双方或多方共同关心的问题进行磋商，并谋求一致意见而进行的协商行为过程。

从上述分析看，洽谈有以下特点：

（1）洽谈是建立在人们需要基础上的。人们的需要是多种多样的，有物质需要和精神需要；有生理需要和心理需要；有低级需要和高级需要。人们为了满足其内在需要，就会寻找另一方有同样需要的人进行意见交换，改变关系或寻求统一。这种相互间的满足行为是洽谈发生的根源。因此，人们的需要是洽谈的基础。

（2）洽谈是双方或多方的交际活动。要洽谈就要有洽谈对象，只有一方是无法进行洽谈活动的。从采购员与推销人员一对一的洽谈，到我国加入 WTO 的多边贸易洽谈，无不说明了洽谈至少要有两方以上的参与者。洽谈是一种交际活动，需要动用交际手段和策略。

（3）洽谈是寻求建立或改善人与人之间的关系。国家与国家的关系最终体现为两国人民之间的关系。买卖关系通过买卖行为体现了商品所有者和货币所有者的关系。人类社会关系不可能一成不变，通过洽谈，人们在涉及自己的某一方面利益与对方达成一致，就能建立起新的社会关系或改善人们的社会关系。

（4）洽谈是一种协商的行为过程。洽谈的整个过程，就是提出问题和要求，双方经过讨价还价，协商解决问题，谋求双方要求或利益的一致意见，最终达成协议。若没有达成协议，则说明协商活动是失败的。

2. 推销洽谈的含义

推销洽谈即为推销面谈，也称业务谈判，是指推销人员运用各种方式、方法和手段，向顾客传递推销信息，协调双方利益，说服顾客购买推销品的过程。根据这一含义我们可以看出，推销洽谈的目的在于向顾客传递有关商品信息及有关企业经营服务方面的信息，诱发顾客的购买动机，激发顾客的购买欲望，说服顾客采取购买行动。

推销洽谈的目的决定了推销洽谈具有以下特点：

（1）推销洽谈的内容是商品或服务的交易活动。

（2）推销洽谈的手段是说服，通过说服来调和买卖双方的利益，最终达成某种协议。

（3）推销洽谈具有互动性，是买卖双方共同参与的过程。推销人员介绍商品，顾客提出各种疑问与异议，经过双方的沟通协商，或最终促使交易达成，或洽谈失败。因此，推销洽谈不可能只是一方的行为。

(4) 推销洽谈是合作与冲突的统一，是原则性与灵活性的统一。

（二）推销洽谈的目标

从现代推销学理论讲，洽谈的目标既取决于顾客购买活动的一般心理过程，又取决于推销活动的发展过程。因此，现代推销洽谈的目标应该在于向顾客传递推销信息，诱发顾客的购买动机，激发顾客的购买欲望，说服顾客，达成交易。

推销洽谈的目标具体有以下几个方面：

1. 说服顾客达成交易

必须向顾客全面介绍推销品的情况以及生产企业的情况，包括品牌、商标、功能、质量、价格、服务、销售量、市场地位等情况。顾客只有在对相关信息了解的情况下，才能做出购买决策。在洽谈之初，推销员要将自己所掌握的有关信息迅速传递给顾客，以帮助顾客尽快认识和了解推销品的特性及其所能带来的利益，增强顾客对推销品以及生产企业的好感，诱发顾客的购买兴趣，为顾客进行购买决策提供信息依据。同时，推销员在向顾客传递信息时必须客观、恰当、实事求是。

2. 准确把握顾客需求

从营销学的角度讲，只要能够发现人们的购买需求和动机，就可以预测和引导人们的购买行为。购买行为是受购买动机支配的，而动机又源于人的基本需要。因此，只有针对顾客的需求传递推销品的信息，展示推销品为顾客带来的利益，才能真正激发顾客的购买欲望，最终达成交易。

3. 恰当处理顾客异议

在推销洽谈中，顾客接收到推销人员传递的有关推销品的信息后，经过分析会提出一系列的看法和意见，这就是我们常说的顾客异议。顾客异议处理不好或不排除异议，就很难说服顾客达成交易。因此，要妥善处理顾客异议，帮助顾客加深对推销品的认识，取得顾客的信任，顺利达成交易。

4. 促使顾客做出购买决定

推销人员寻找、接近并说服顾客的最终目的是要顾客购买推销品。因此，推销人员应该采用各种方式说服顾客，强调顾客购买推销品所能得到的利益，满足顾客的特殊要求，给予顾客一些优惠，提供优质的服务，强化顾客的购买欲望，为顾客最终做出购买决定而努力。

总之，推销洽谈的目标在于沟通推销信息，诱发顾客的购买动机，刺激顾客的购买欲望，催促顾客采取购买行为，最终目的还在于达成交易，推销产品。

（三）推销洽谈的种类

推销洽谈的种类很多，从不同的角度可进行不同的分类。

1. 按推销洽谈的主题划分

(1) 商品要素洽谈。商品要素洽谈是以商品的质量、数量、价格、品种、规格、功能、服务等为内容的洽谈。其中价格是商品要素洽谈的核心。

(2) 交易方式洽谈。交易方式洽谈是以交货方式、交货时间、结算方式以及有关费用等为内容的洽谈。其中交货方式和结算方式是交易方式洽谈的核心。

(3) 签订合同洽谈。签订合同洽谈是以明确推销双方的权利和义务关系为主要内容的洽谈。推销合同的条款和内容必须符合《中华人民共和国合同法》的规定，同时便于双方履行。

2. 按推销洽谈的人员多少划分

(1) 一对一洽谈。一对一洽谈是指在一个推销人员和一个顾客之间进行的推销洽谈。推销数量、金额都较小的洽谈大多是一对一的。一对一的洽谈是一种最困难的洽谈类型。因为洽谈的双方都是一个人，都是单独作战，没有助手。对于推销人员来说，一对一的洽谈要求自己独立思考、分析、判断、决策。这就对推销人员的知识、能力及随机应变等综合素质提出了更高的要求。

(2) 小型洽谈。小型洽谈是洽谈双方参与的人数在2~4人之间的推销洽谈。这是比较常见的推销洽谈类型。一般适用于项目较大或内容比较复杂的推销洽谈。这一洽谈类型关键是正确搭配推销洽谈的组成人员。

(3) 中型洽谈。中型洽谈是指双方参与洽谈的人数在4~12人之间的推销洽谈。

(4) 大型洽谈。大型洽谈是指洽谈项目数多、洽谈内容复杂，并且双方参与洽谈的人数在12人以上的推销洽谈。这一洽谈类型的特点是洽谈人数多，往往拥有经济专家、法律专家、技术专家等人组成的顾问团；洽谈程序严密、时间长，有时还要把整个洽谈过程分成若干个阶段，或若干个中小型洽谈。

3. 按推销洽谈的方式划分

(1) 美国式洽谈。美国式洽谈反映了美国人的性格特点。他们性格爽朗，能直接地向对方表露真诚、热烈的情感，他们充满了自信，随时能与别人进行滔滔不绝的长谈。在磋商阶段，他们精力充沛，能迅速把谈判引到实质阶段。他们十分赞赏那些精于讨价还价，为取得经济利益而施展手段的人。他们自己就精心使用策略去谋得利益，同时也希望别人具有这种才能。

(2) 北欧式洽谈。在洽谈中，北欧人比美国人显得平静得多。在洽谈开始的寒暄阶段，常常呈现出沉默寡言，或讲话慢条斯理等现象，所以在谈判初级阶段，容易被对方征服。

北欧人的长处在于他们在最终阶段很坦诚和直率，在洽谈的过程中他们能提出充分建设性的意见。他们不像美国人那样擅于讨价还价，而是比较固执。因此，与北欧人谈判时，应该对他们坦诚相待，采取灵活和积极的态度。

(3) 德国式洽谈。德国式的洽谈特点是准备工作做得完美无缺。他们喜欢明确表示他们希望做成的交易，明确确定交易的形式，详细规定洽谈中的议题，然后准备一份涉及所有议题的计划表，而不太喜欢采取让步的方式。在推销洽谈中如果由德国人提出了报价，那么讨价还价的余地会大大缩小。

(4) 日本式洽谈。日本式洽谈不受时间、场合的限制（惯于相当随便地做出口头承诺）。尤其是遇到棘手的洽谈，更需要制造良好的整体气氛。他们通过利用洽谈中途的休憩时间的娱乐活动、举办晚宴等来弥补会议桌上的不足，甚至控制整个洽谈过程。

(5) 中国式洽谈。中国式的洽谈具有以下特点：

①顾全面子。在洽谈中，中国人希望对方把他看作掌握大权的或关键性人物。如果在

洽谈时态度强硬，要迫使对方做出让步时，千万注意不要使中国人在让步中丢失面子。

②有专业知识。中国人常把许多专家带到洽谈中来，技术专家、金融专家、运输专家或其他专家。这样会不可避免拖延洽谈时间，因为每个专家都要在洽谈中维护并争取自己的“面子”。

③对西方人不信任。中国人对西方人企图使洽谈带有政治色彩极为反感，但喜欢西方人对他的家庭发生兴趣，送个礼物给他的孩子，即使是一个小小的不太高级的礼物，意义仍是重大的，对他来说是非常有价值的，甚至一个盛大的宴会仍比不上这个礼物。

（6）阿拉伯式洽谈。来自中东地区的洽谈人员，具有沙漠民族的传统风格，特别重视洽谈的开端，往往会在交际阶段花费很多时间，经过长时间、广泛地、友好地开场白来增进彼此的敬意，也许会出现双方共同接受的成交可能性，于是，似乎是在一般的社交场合，一笔生意竟然做成了。

采用阿拉伯方式洽谈，必须把重点放在制造谈判气氛和试探阶段的工作上。传统阿拉伯式谈判的最大长处是可以大大缩短讨价还价和交涉阶段的时间，尽快达成协议。

相关链接

对世界主要几个国家买家特点、谈判风格的应对方法

● 对欧洲买家特点、谈判风格的应对方法

■ 对北欧买家的应对方法。北欧国家主要包括丹麦、芬兰、冰岛、挪威和瑞典。在和北欧商人谈判合作时，主要应对方法有：

◆ 保证产品的质量，提供环保、节能的产品及包装，提供相应认证。要多提供一些高档次、高质量、款式新奇的消费品，以吸引他们的兴趣。

◆ 谈判时注意态度严谨和认真，这样可以形成谈判双方感情融洽、交流顺畅、彼此信任的气氛，以推进谈判。

◆ 要了解北欧人较为保守的性格，他们在谈判中更多地把注意力集中在怎么做出让步才能保住合同上，不喜欢无休止的讨价还价，希望对方的公司在市场上是优秀的，同时希望对方提出的建议是他们所能得到的最好建议。

■ 对西欧买家的应对方法。西欧国家主要包括德国、英国、法国、比利时、荷兰、卢森堡等。在和西欧商人谈判合作时，主要应对方法有：

◆ 德国：与德国人做生意，一定要在谈判前做好充分的准备，同时应该保证产品的质量。在交货的整个流程中一定要注意细节，随时跟踪货物的情况并及时反馈给买家，同时必须信守合同。

◆ 英国：在谈判中要显示出良好的教养和风度，以赢得他们的尊重。在谈判中要以确凿的论据、有理的论证施加压力，促使英国谈判人员因担心丢面子而放弃其不合理的立场，从而取得良好的谈判效果；和英国人做生意时，要特别注意试订单或样品单的质量，因为这是英国人考察供应商的先决条件。特别需要注意的是，注意英国买家的性质，住在乡村里面的英国商人很有可能是大买家。

◆ 法国：在与法国人进行商务谈判时，最好懂得法语，或在谈判时选择一名优

秀的法语翻译；要多了解一些法国文化、电影文学、艺术摄影等方面的知识，这样非常有助于相互沟通、交流。与他们做生意要学会忍耐，但如果你有求于他们，千万别迟到。在谈判时，稳重、考究的着装会带来好的效果。

◆ 比利时、荷兰、卢森堡等国：在与这些国家买家谈判时，应注意趁热打铁，不要因为付款支付方式或运输问题而拒绝对方。

■ 对南欧买家的应对方法。南欧国家主要包括意大利、西班牙、葡萄牙、希腊等。

◆ 意大利：与他们谈判时，着装要时尚。与意大利人做生意要有耐心，要让他们相信你的产品比他们国内生产的产品更物美价廉。还有一点应注意的是，在意大利从事商务活动，必须充分考虑政治因素，了解对方的政治背景，以防政局变动蒙受经济损失。

◆ 西班牙：要充分理解西班牙买家生性开朗、不轻易认错、掮客较多、订单较少的特点。

◆ 葡萄牙：要充分理解葡萄牙买家性格随和，以自我为中心的特点。同时注意他们多倾向农业、手工业，制造商较少。

◆ 希腊：要充分理解希腊买家诚实但效率低，不追求时髦但喜欢浪费时间的特点。

◆ 以色列、俄罗斯及东欧买家：对这些国家应该注意追踪和跟进买家，趁热打铁，避免对方善变；对俄罗斯人要用“本地化”策略。

• 对美洲（北美洲、南美洲）买家特点、谈判风格的应对方法

■ 对北美洲买家的应对方法。

◆ 美国：与美国人做生意，“是”与“否”必须保持清楚，这是一条基本原则。当无法接受对方提出的条款时，要明确地告诉对方不能接受，而不能含糊其辞，使对方存有希望。谈判时，一旦发生争议和纠纷，更要注意态度，必须诚恳、认真，绝对不能发笑。同时，在谈判中，要重视法律、合同；重视商品质量和商品包装；报价时要特别注意，应该以整体对整体，报价时提供整套方案、考虑全盘；绝对不能指名批评某人。

■ 南美洲：南美洲包括巴西、阿根廷、哥伦比亚等国家。

与南美人商谈时要能善解人意，要事先确认产品是否已经获得许可，千万不能在产品还没确认的前提下，着手组织生产，否则会陷入进退两难的困境。在南美洲的贸易中，美元是主要货币，和南美商人做生意用 L/C 时，要特别谨慎，事先要多考察当地银行的资信，同时运用“本地化”策略，注意商会、商赞处的作用。

• 对中东地区、亚洲地区买家特点、谈判风格的应对方法

■ 中东地区。要尊重阿拉伯人的宗教信仰，遇到阿拉伯人的谈判节奏较缓慢的情况，要镇定、有耐性。要适应阿拉伯人讨价还价的习惯，同时准备好讨价还价的方案。另外，要记得他们的“IBM”做法。

■ 对亚洲买家的应对方法。

◆ 日本：要理解和遵循日本人待人接物的礼仪，在和日本商人谈判时语气要尽量平和委婉，切勿妄下最后通牒。同日本企业打交道，与担任中层领导的人员以及其他有权参加决策的成员之间要建立良好的关系，这样往往有助于交易谈判的展开；要事先做好充分的准备，镇定，还要有耐心。

◆ 韩国：要了解韩国人善于谈判，条理分明，逻辑性强，重视制造气氛的情况，注意做好充分的准备，调整心态，不要被对方气势压倒。

◆ 印度及巴基斯坦：与印度及巴基斯坦买家谈判，要善于把握贸易细节，充分了解对方的信誉，确定贸易术语和付款方式时要格外慎重。

• 对大洋洲、非洲、华侨买家特点、谈判风格的应对方法

■ 澳大利亚：要讲究时间观念和信用，注重效率、沉着安静、公私分明，开始时的订单量一般不要太大，同时对产品的质量要求应当严格。

■ 非洲：要充分了解非洲买家两极分化严重，采购数量较少、较杂，要货比较急，大多采用T/T、现金支付方式，不喜欢用L/C，对低档消费品的需求较大等情况，分析对方资信和信誉，多多交谈从而便于自己判断；对于信誉好的买家，要尽可能争取留住，尤其是那些有特权的买家。

■ 华侨买家：要果断，善抓机会，学会讨价还价，且需要明确华侨并不等同于中国人，做生意应该当作国外买家去看待。

［引自 https：//cn. made - in - china. com；https：//wenku. baidu. com；https：//club. 1688. com；http：//bbs. globalimporter. ne］

（四）推销洽谈的原则

推销洽谈的原则是指导推销人员具体洽谈协调的准则。在推销洽谈过程中，推销人员为达到推销目的，可以利用各种洽谈的技巧、方法去说服顾客。但推销人员无论采用何种手段、何种技巧，都得把握一个度，都必须遵循以下原则：

1. 针对性原则

针对性原则是指推销人员必须服从推销目的，使洽谈本身具有明确的针对性。它要求推销洽谈活动必须针对推销品的用途、性能特点，针对顾客的需求特点及推销洽谈的环境特点等来进行。

例文示范

推销针对性原则

一个专门推销建筑材料的推销员，一次听说一位建筑商需要一大批建筑材料，便前去洽谈，可被告知有人捷足先登了。他还不死心，便三番五次请求与建筑商见面。建筑商经不住纠缠，终于答应与他见一面，但时间只有五分钟。这位推销员在会见前就决定使用“趣味相投”的谋略，尽管此时尚不知建筑商有哪些兴趣和爱好。当他走进建筑商的办公室，立即被挂在墙上的一幅巨大油画所吸引。他想，建筑商一定喜欢绘画艺术，便试探着与建筑商谈起了当地的一次画展。果然一拍即合，建

筑商兴致勃勃地与他谈论起来，一谈就是一个多小时。临分手时，建筑商允诺下一个工程的所有建筑材料都由他来供应，并亲自将他送出门外。

[引自吴健安主编的《现代推销理论与技巧》，高等教育出版社，2005 年]

2．鼓动性原则

鼓动性原则是指推销人员在推销洽谈中用自己的信心、热情和知识去感染顾客，鼓动顾客，说服顾客，促使顾客采取购买行动。鼓动性原则要求推销人员始终抱有成功的信念，克服身份、角色的自卑心理，热爱推销工作，热爱顾客，同时要有丰富的产品知识及企业知识，只有这样才能说服顾客，鼓动顾客。

3．参与性原则

参与性原则是指推销人员应设法引导顾客积极参加推销洽谈，接触推销品，促进推销信息的双向沟通，增强推销洽谈的说服力。参与性原则要求推销人员必须与顾客打成一片，认真听取顾客的意见，鼓动顾客操作商品，调动顾客的积极性和主动性。

4．诚实性原则

诚实性原则是指推销人员在推销洽谈过程中讲真话、凭实据，切实对顾客负责，不玩弄骗术。这一原则要求推销人员必须实事求是地介绍商品，出示真实的推销证明，树立良好的推销信誉，做到文明推销，合法推销。

例文示范

诚信的力量

美国曾经发生这样一件事：1993 年，一场经济危机对美国造成了巨大冲击，全国上下一片萧条。

此时，位于美国加利福尼亚州的哈理逊纺织公司同样蒙受了这种冲击，更为不幸的是就在这种时候公司又遇到了火灾。公司的绝大部分财产被这场无名大火化为灰烬。为此，公司所雇用的数千名员工被迫回家，悲观地等待公司破产的消息和失业风暴的来临。

谁知，员工们在经历了无望而又漫长的等待之后，却意外地接到了公司董事长亚伦·博斯发给每个员工的一封信，宣布向公司员工继续支付一个月的薪金。在这种情况下，能有这样的消息传来，令员工们深感意外。在万分惊喜之余，员工们纷纷打电话给董事长亚伦·博斯，向他表示感谢。

一个月后，正当员工们陷入下个月的生活困难时，他们又接到了公司董事长发来的第二封信，再向全体员工支付一个月的薪金。员工们接到信后，已不光是感到意外和惊喜，而是热泪盈眶。

可许多人却不理解，亚伦·博斯的一位朋友还打电话给他，建议他别感情用事，批评他缺乏商业头脑。

此时，失业大潮正席卷全国，人们普遍为生计发愁。作为噩运当头的哈理逊纺织公司的员工，能得到如此照顾，无不满心感激。第二天，这些员工怀着“给我滴水之恩，定当涌泉相报”的心情，自发地组织起来，涌向公司义务清理废墟，擦拭机器，有些员工还主动去联络一度中断的货源。员工们纷纷使出浑身解数，昼夜不停地卖力工作，把自己当公司的主人，恨不得一天干两天的活儿。三个月后，奇迹出现了，公司重新运转起来。就这样，这家纺织公司很快就起死回生了。如今，哈理逊公司已名列全美纺织企业榜首，成了美国最大的纺织品公司，分支机构已遍布了世界各地的六十多个国家和地区。

任何形式的灾难都是人的灾难，而人的最大灾难就是失去了诚实和信用。一旦化解了人的灾难，建立了诚信立业、诚信立世的思想，希望也就来临了——就具有了让企业起死回生的智慧和力量。

[引自《人间方圆》，2004年8月A版]

5．倾听性原则

倾听性原则是指推销人员在推销洽谈过程中，不要只向顾客传递推销品的信息，而是要注意倾听顾客的意见与要求。这一原则要求推销人员注意明白“听和讲不能同时进行”的道理；不说话不等于倾听；只要有可能，尽量为洽谈双方创造一种有利于倾听的环境；倾听时，要全神贯注，避免分心。

二、推销洽谈的步骤

推销人员在实际推销活动中，总是要面对各种各样、形形色色的顾客。为了推销的成功，推销人员使用的推销方法、方式也要因人而异，不能千篇一律。这就要求推销人员在推销洽谈前，认真准备有关推销洽谈的各种资料和知识，针对不同顾客，拟订具体的推销洽谈计划，拟订解决顾客异议的方案。只有这样推销人员才能分清不同的推销洽谈的内容的主次，突出重点，采用不同的方式、方法，有的放矢地进行洽谈。推销洽谈的步骤大体分为五个阶段：

（一）准备阶段

1．制定计划

（1）洽谈的预期评价。即对洽谈取得的成绩进行预期评价，对洽谈将要出现的结果进行预先安排。洽谈可能取得的成绩可分为以下两个层次：第一层次，本次洽谈的最低界限；第二层次，本次洽谈要取得的成绩。

（2）确定推销洽谈的时间、地点。推销洽谈时间、地点的确定是影响推销洽谈的一个不可忽视的因素。确定在什么时间、什么地点与顾客进行推销洽谈，是制定推销洽谈计划的主要内容之一。

（3）进一步核实顾客的基本情况。顾客的基本情况包括姓名、年龄、职务、性格、偏好、工作作风、顾客本人及其所在部门和公司的状况、愿望、要求等；顾客是否有权购买，是否有支付能力，其购买动机、态度、阻力、需求变化是什么等。

（4）提供产品和服务。制定洽谈计划时，对产品的性质、类别、功能、特色以及其能为顾客带来什么好处等都要明确。

（5）选择推销洽谈的策略和方法。推销洽谈是一门技术，更是一门艺术。因此，推销洽谈之前，推销人员必须准备好洽谈的策略与方法。

(6) 做好洽谈的心理准备。推销人员做好推销洽谈的心理准备，主要指推销人员要充满自信、要诚恳、要有锲而不舍的精神。

2. 工具准备阶段

推销人员在推销过程中还需要利用各种推销工具。

(1) 推销品。推销人员应尽可能随身携带一些推销品，在推销过程中可以直接展示给顾客。

(2) 推销品模型。在推销品难以携带的情况下，推销人员可以利用推销模型来替代，让顾客亲自看一看，试一试。

(3) 文字资料。推销人员应携带一些文字资料，包括产品种类介绍及说明书、产品价目表、配件一览表、数据、证明文件、营业执照、企业简介、合同文本、专利说明、销售发票等。

(4) 图片资料。图片资料主要有图表、图形以及有关的图片、照片等。

(5) 推销证明资料。在推销洽谈之前，推销人员应尽量收集和准备各种有说服力的推销证明资料。

(6) 其他物品。其具体包括幻灯、电影、录像、录音、挂图、投影、电脑多媒体演示等以及推销人员的名片、介绍信、订购单、合同书、笔记用具等。

3. 场所准备阶段

提前安排房间、家具以及其他所需要使用的相关设备。

4. 人员准备阶段

提前安排推销洽谈人员的构成与分工、参加的具体成员名单、服饰要求等。

(二) 摸底（开局）阶段

双方洽谈人员从见面入座到洽谈的实质内容之前为摸底（开局）阶段。该阶段旨在建立推销洽谈气氛、交换意见、开场陈述。

1. 建立融洽的洽谈气氛

要把洽谈场地布置得赏心悦目，要使推销洽谈者的举止行为给人留下热情、诚挚、轻松、美好的印象。

2. 明确洽谈议题

当洽谈双方在一种合作、诚挚、轻松愉快的洽谈气氛中就有关的洽谈事项达成共识以后，双方正式进入洽谈的议题。在这一阶段，洽谈双方要及时交换意见和看法，就推销目的、计划、人员情况等方面取得一致意见，即使双方早已联系，也应在正式洽谈中重新明确一下。

3. 初步表明自己的意向和态度

为了进一步摸清对方的原则、态度，可以从主要问题、期望目标、主要原则、变通措施等开始陈述或提出倡议。

(三) 报价阶段

开盘报价是洽谈过程中十分重要的阶段。洽谈的核心和实质问题是报价，要开门见山，直接报价。

报价，亦称发盘。在推销洽谈中，不论谁先报价，都需要综合考虑价值和风险两种因素。价格条件的洽谈是推销洽谈的中心内容，它涉及买卖双方利益，是买卖双方最为关心的敏感问题。推销人员可按企业所定的上下限价幅度，适当报价。报价时力求果断、明确、清楚、无保留、不犹豫，不解释也不说明，尽量留有充分磋商余地，便于对方还价。

经过一轮或多轮的讨价还价，彼此都能接受某一价格时，即可转入其他问题的洽谈。

例文示范

手表批发商的报价

有位性急的手表批发商，他经常到农村推销产品。有一次，他懒得多费口舌去讨价还价，他想反正是老主顾了，就照上回的价格差不多就行了。他驱车来到公路边的一家商店，直截了当地对店主说："这次，咱俩少费点时间和唾沫，干脆按我的要价和你的出价来个折中，怎么样?"店主不知道他葫芦里卖的是什么药，不置可否。他以为店主同意了，就报了一个价。他以为对方一定会高兴，因为他的报价的确比上次优惠得多。报完价，他得意洋洋地问店主准备进多少货，想不到对方回答一个也不要。店主说："你以为乡下人都是傻瓜？你们这些城里来的骗子，嘴里说价钱绝对优惠，实际上未必是真的优惠。"

（引自杨宜苗编著的《现代推销学》，东北财经大学出版社，2010年）

（四）磋商阶段

这个阶段也称讨价还价阶段。磋商是指洽谈双方为了各自的利益、立场，寻求双方利益的共同点，并对各种具体交易条件进行磋商，以逐步减少彼此分歧的过程，也是谈判双方竞智斗脑比实力的阶段。

1. 分析分歧的原因，弄清楚原委

推销洽谈难免会有分歧，这是正常现象。总结起来不外乎有以下几个原因：一是想象的分歧，是因为没有很好地理解对方意图所致，或者是因缺乏沟通而发生的误解；二是人为的分歧，是洽谈人员故意制造障碍所致（以上两种分歧，通过洽谈、沟通、解释，可以消除）；三是真正的分歧，即由双方经济利益得失而引起的分歧。

2. 正确施加压力，善于抵御压力

在磋商中，推销人员会对顾客施加压力，例如，保持对交易的竞争优势，制造顾客之间竞争的事实和气氛，逐步削弱其期望水平，暂时中断推销洽谈等。但是在实施过程中务必注意分寸，适可而止，防止感情冲动和心理外露。同时，在抵御顾客压力时，可以采取先发制人策略，主动提出对方可能提出的问题，减弱其锋芒；采取以逸待劳、耐心等待策略，寻找对方的漏洞，抓住时机进攻；避重就轻，把问题引入自己设想的境地，拖延或请第三者干预。

3. 提出要求和适当让步

推销人员提出要求的目的在于让对方愿意听下去，并为自己提出更高的目标铺平道路。做出某些让步的目的在于吸引对方。但是，让步是有原则的，不是无限的，不能轻易让步，只有认为需要让步时才让步；不能单方面让步，要以自己的让步换取对方的让步；不能大于对方的让步幅度，一次让步幅度要适中；让步速度不能太快，要注意让步的次数和程度；要注意在较小的问题上先让步，在重要的问题上不先让步。

4. 打破僵局

当双方分歧较大，互不相让，可能会出现僵持局面时，可以采取对事不对人的办法，把人与问题分开，尊重对方，避开矛盾，另找出路。实在无法打破僵局时可暂停洽谈。

例文示范

推销人员是怎样与客户进行价格磋商的

“你给我再便宜一点，我能在市场上买到更便宜的，如果不给我降价，我只能重新做选择了。”客户往往会将这句话作为博弈的撒手锏。面对这招，很多推销人员往往会屈服——为了市场，能接受就接受吧。正因为如此，很多时候企业只是微利经营。

客户的这招撒手锏真的就没办法接住吗？不尽然。如何接招，我们看看某偶联剂产品推销员赵峰是怎样做的。

赵峰有个客户是做密封胶的，对用在其上面的偶联剂的质量要求其实不高，国内很多厂家都能提供符合其产品要求的偶联剂型号。在选择供应商的时候，客户最关心的就是如何找到最便宜的供应商。

客户向很多做偶联剂的供应商询价，当然也包括赵峰所在的公司。赵峰公司的产品价格在此类产品的供应商中算是中等水平。客户要购买的是 KH－550，准备先买 300kg。

下面是推销员赵峰和密封胶生产企业王总有关偶联剂价格方面的磋商：

王总：“你们是生产厂家，应该比其他家在价格上有优势啊，怎么会比一些经销商的价格还要高呢？”

赵峰：“王总，我也认为现在偶联剂市场上的价格相差很大。对于经销商，我的建议是，虽然您对偶联剂的质量要求不高，但也要保证产品的稳定性。经销商拿货的厂家不固定，哪家便宜拿哪家，产品的稳定性肯定不如厂家。您也希望购买的产品有一个很好的稳定性吧！”

王总：“那也不会比他们高啊！”

赵峰：您说的这个问题确实是存在的。我给您算笔账：我们给您供货，还要对您进行技术指导，保证您使用的时候能达到最理想的效果；另外，还得投入一定的资金对产品质量和稳定性的提高进行研究，这样才能不断提高我们产品的质量，也间接地提高您的产品质量。经销商可不会专门花钱做这方面的研究，您说是吧！”

王总：“你们的产品跟其他厂家比起来，价格也不便宜哦！其他厂家也能提供这些的。你就给我个最低价，能接受的话，我就从你这边拿货了。”

赵峰：“王总您可以想一下，同样的一个产品，可以用和用得非常好是不同的。如果您的客户用您的密封胶，要求也不是很高，我建议您找便宜一点的偶联剂；如果说客户对您的产品质量要求高一些，那还是考虑一下我们的产品。毕竟这个型号我们也在给信越做贴牌，这个我也跟您提过的。当然，我们投入的研发以及对产品质量的把控比其他厂家要多一些。”

王总：“我也知道信越，他们产品的质量确实很好。你要是再便宜些，我们就签合同，如果不能再便宜了，那只能先这样了。”

赵峰：“我也知道王总肯定要考虑成本的，当然我们的成本比其他厂家可能要高一点。这样好不好，每千克我再给您降2块钱，您那边成本节约一些，我们这边也就走个量，您也帮帮忙啦，我们的产品质量也在这。以后您用量大了，我再帮您向公司申请更低的价格。”

王总：“那先给我做份合同吧，以后拿货的时候给我优惠点。”

［引自陈守则主编的《现代推销学教程》（第2版），机械工业出版社，2017年］

（五）达成交易阶段

当谈判双方对重要交易条件已基本达成一致意见，双方的期望已非常接近，即将签署协议的阶段，称之为成交阶段。这是推销洽谈的最后阶段。经过上述几个阶段的洽谈，情况逐渐明朗，洽谈已经接近尾声。

成交阶段的三个主要目标：第一，力求尽快达成协议；第二，尽量保证已方已取得的谈判成果不能丧失；第三，争取获得最后的利益。

在这一阶段，推销洽谈人员应该将一致的意见进行归纳、总结，并办理成交的手续或起草成交协议文件。

签约是推销洽谈人员以双方达成的原则性协议为基础，对推销洽谈的内容加以归纳、总结、整理，并用准确规范的文字进行表述，最后由双方代表正式签字生效的过程。正式协议的条款要具体、明确、规范、严密，价格、数量、质量要求等要准确；支付方式、交货期限、售后服务及履约责任要明确；标的名称要标准化、规范化。

例文示范

别开生面的较量

某年11月，国内A厂长到国外S公司考察，与S公司谈判引进三台卷簧机，一台双面磨床，总价值260万美元，同时约定S公司派代表到北京签订正式协议。A厂长回国后，经专家论证，260万美元的价格偏高，但第一轮谈判价格已经确定，很难变动，只能通过第二轮谈判在一些方面加以挽回。

12月17日，S公司的董事长K和其助手来到北京，与A厂长进行第二轮的谈判。在此之前，A厂长对S公司和K董事长的情况和特点进行了详细的调查。谈判一开始，经验丰富、老练精明的K立即表示：“谢谢主人对我们的欢迎，我们这次来贵厂，完全是带着诚意而来，我们信守以前谈定的意向，希望马上签订协议，我们已经买好明天下午的飞机票，要赶回去过圣诞节。”K董事长气势逼人，一开始就施加压力，希望速战速决。

A厂长不慌不忙地笑着说："K先生，离圣诞节还有一个星期呢，何必急着回去呢！作为主人，我们很愿意陪同客人到处看看，北京有许多世界著名的风景。另外，我想我们应该将协议仔细、认真的磋商一下，如果匆忙签字，将来出现纠纷就不好了。"

K先生碰了个软钉子，意识到马上签字是不可能的了。

[引自 http://www.wendangku.net/doc/f555e3c8a1c7aa00b52acb37.html]

三、推销洽谈的内容

推销洽谈涉及面很广，内容丰富。不同商品的推销，有其不同的洽谈内容，但基本内容是大致相同的，主要有以下几个方面：

（一）商品品质

商品品质是商品内在质量和外观形态的综合，是顾客购买商品的主要依据之一，也是影响价格的主要因素。所以，商品品质是推销洽谈的主要内容之一，推销人员必须全面地向顾客介绍推销品的质量、功能和外观特点，让顾客对推销品有一个全面的了解，也可以把商品获得的品质标准（如国际标准、国家标准、部颁标准，通过了ISO 9001、ISO 9002、ISO 14000国际认证等）介绍给顾客。

（二）商品数量

商品的数量是指按照一定的度量衡来表示商品的质量、个数、长度、面积、容积等的量。成交商品数量的多少直接关系到交易规模以及交易价格。在推销洽谈中，买卖双方应协商采用一致的计量单位、计量方法，通常情况下是将数量与价格挂钩。成交数量大时，通常商品的价格都会有一定的优惠。

（三）商品价格

成交价格的高低直接影响交易双方的经济利益，所以价格是推销洽谈中最重要的内容，也是洽谈中极为敏感的问题。买卖双方能否成交，关键在于价格是否适宜。在洽谈中，买卖双方要考虑与价格相关的成本、付款条件、通货膨胀状况、彼此信任与合作程度等有关因素，商定一个双方都满意的价格。

在商品交易中，货款的支付也是一个关系到双方利益的重要内容。在洽谈中，双方应确定货款结算方式及结算使用的货币、结算的时间等具体事项。

（四）销售服务

销售服务是顾客极为关心的内容之一。所涉及的服务项目有：

（1）按时交货。按时交货是顾客的基本要求，推销人员能否按时交货，则受生产和经营能力、运输能力、供应能力等因素制约，顾客提出交货时间后，推销人员要汇集各种综合因素，加以考虑。

（2）送货、运输方式、地点等方面的服务。

（3）推销人员应该提供售后维修、养护、保管等方面的服务。

（4）推销人员提供在技术指导、操作使用、消费需求等方面的服务。

（5）提供零配件、工具、供应等方面的服务。

在洽谈过程中，推销人员和企业应尽量满足顾客的正当要求，以解除顾客的后顾之忧。

（五）保证条款

保证条款的主要内容是担保。在商品交易活动中，卖主对售出的商品要承担某种义务，以保证买方的利益，这种卖方的义务和责任称为担保。一项日期较长，数量、金额较大，风险较大的商品交易，权利方都要求义务方提供担保。为限制卖方售货后不执行担保行为，有必要洽谈保证条款。

为了预防意外情况和随机因素对合同执行的影响，应就合同的取消条件以及履约和违约等有关权利、义务进行洽谈，并对合同纠纷中引起的诉讼及处理办法进行协商，以免引起不必要的麻烦。

阅读资料

推销洽谈开局阶段的“4P”

■ Purpose（目标）：洽谈要解决的问题，达到的目的。

■ Plan（计划）：洽谈的规划、讨论问题的顺序是双方共同遵守的规则。

■ Pace（进度）：洽谈的时间安排。

■ Personalities（个人）：介绍参加洽谈的每一个成员，包括姓名、职务以及在洽谈中的角色地位。

［引自 http：//www. docin. com］

训练设计

一、简答题

1. 什么是洽谈？什么是推销洽谈？

2. 推销洽谈可划分为哪几种？

3. 推销洽谈应遵循哪些基本原则？

二、案例分析

德威公司总经理张大清一贯非常准时。在他看来，不准时乃是难以宽恕的罪恶。

有一次，一个名叫刘金的年轻推销人员请求张大清帮忙，介绍一个火车站站长，接洽铁路上的一个销售大单。约好周四上午10点钟在张大清的办公室里一起会见前来签约的火车站站长，但到了周四刘金来到张大清的办公室时，比约定的时间竟迟了50分钟。张大清已经离开了办公室，去出席一个会议了，因此便没有见到。

过了几天，刘金再去求见张大清，张大清问刘金那天为什么失约，谁知刘金回答道："张总，那天我是在10点50分来的！"

"但约定的时间是10点钟！"张大清提醒他。

但刘金仍然支吾着说："堵车，不就迟到50分钟，不到1小时，应该没有太大关系吧？"

张大清很严肃地对刘金说："谁说没有关系？你要知道，能否准时赴约是件极紧要的事情。就这件事来说，由于你不能准时，就失掉了你做梦都想签下的大单；因为就在这一天，那个火车站站长已接洽了另一个推销人员的销售大单。而且，我还要告诉你，你不要认为我白等你50分钟是不要紧的。老实告诉你，在那50分钟的时间中，我正要准备约见另外一个重要的客户呢！"

［引自周锡冰编著的《新推销人员常犯的26个错误》，中国经济出版社，2011年］

问题：（1）刘金为什么会失掉火车站的销售大单？

（2）不准时与诚信有何关系？

三、自测题

假设你是推销人员，现在摆在面前的一件棘手之事是：商品从外表上看，没有什么大的质量问题，但是从其内在的要求看，这是一件不合格的产品。你在推销时，如何来处理此事？

四、实训与实战

【实训与实战目标】

1. 进一步明确推销洽谈的含义、特点、原则。

2. 通过实战活动，能熟练掌握推销洽谈的分类。

【实训与实战内容、方式】

1. 内容："讨价还价"——有一次，我去一家专卖店闲逛，发现一件新款连衣裙比较适合我，但是价格有点贵，标价2000多元。于是，我试着问营业员，能不能打点折？营业员爽快地说："可以，九五折"。我还是觉得有点贵，接着，我又试探地问营业员，能再便宜点吗？营业员回答说，那看在你存心想买的份上，再给你优惠点，打八五折。当时我想，八五折打完后还是有点贵啊，所以我又给营业员说，再便宜点吧，我以后可以多来你们这里。经过几番讨价，最后，营业员给我打七五折，于是我高兴地买下了这件连衣裙。

2. 方式：学生随便去找一家专卖店或商场，实施与营业员或推销人员一对一的洽谈活动，感受一下推销洽谈的含义、特点和原则。

【实训与实战要求】

1. 全体学生参与推销洽谈的活动。

2. 撰写心得体会，并在教师的指导下在课堂上互相交流。

【实训与实战成果检测】

撰写心得体会，在课堂上互相交流并对本次活动进行总结。

任务二　推销洽谈的准备工作

任务驱动

小组讨论：《孙子兵法》中说："知己知彼，百战不殆。"

提示：对推销人员来说，做好了推销洽谈的准备工作，等于推销工作成功了一半，所以这项工作意义重大，必须做得充分、细致。

必备知识

一、推销洽谈准备工作的意义

从顾客的角度讲，推销人员也许是不受欢迎的人。许多没有经验或刚工作的推销人员遭到冷遇后，都患上了不同程度的"洽谈恐惧症"。其原因一方面是害怕"无法预料"的事发生，譬如对顾客先讲些什么话，对顾客所说的话应如何回答，对顾客招待自己的方式等均无法预料等；另一方面是担心遭到顾客拒绝后会伤害自己的自尊心，有失体面。这就使得某些推销人员害怕与顾客洽谈。要克服这种恐惧症，一是要在推销洽谈中锻炼自己的心理承受能力；二是要在洽谈之前，做好充分、具体、全面的准备工作，才能有备无患。尽管每次洽谈的对象、内容千变万化，但顾客对同类产品的推销反应总是有一定规律的，而且许多反应是可以预料的。因此，准备工作做的越充分越好，推销人员在洽谈中越能灵活应变。

二、推销洽谈准备工作的主要内容

（一）收集情报，充分了解顾客

推销洽谈的实质是说服顾客，并与顾客达成一致的协议过程。这个过程需要与顾客主动地进行双向沟通，并协调双方的利益。所以推销人员必须在洽谈开始之前准确、全面地把握顾客的状况。

1. 了解顾客的基本情况

包括顾客的姓名、年龄、职务、性格、特点、偏见、爱好、工作作风、顾客本人及其所在部门和公司的状况、愿望和要求等。推销人员掌握了这些基本情况，就可以大致判断出顾客是怎样一个人，是心胸开阔、慷慨大方，还是小心谨慎；是墨守成规，还是不守信用、胆大妄为；他在公司起什么作用，是否有决定权等，从而制定相应的对策。

2. 明确顾客的需要

顾客的需要是购买的前提和基础，满足顾客需要是推销的目的。为此，推销人员必须认真研究了解顾客的真实需要，设身处地为顾客着想，这样顾客才会接受推销建议并积极配合。当顾客有了反对意见时，要充分理解其意图，从而能在洽谈中争取主动，按照顾客的意思措词，在最合适的时间把顾客的疑虑首先提出来，并给予适当解释，避免争执。这会使顾客认识到推销人员的坦诚，从而在洽谈的开始就为赢得顾客的信任奠定基础。

例文示范

充分了解顾客的需要

推销员小胡供职于湖南怀化一家综合性服务企业，该企业策划了一个“十佳礼仪小姐大奖赛”的广告演出活动。他受命推销公司活动计划，以赢得广告客户，获得营业收入。

当地的工商企业不少，从哪家企业开始呢？小胡想，参与这个活动的企业必须具备两个条件：一是效益好，能有广告资金投入；二是重视广告宣传，乐于投入资金。一家制药企业——广州白云山制药总厂怀化分厂进入了小胡的视野。这是一家沿海地区先进企业与内陆企业合办的工厂，联营后，通过加大科技投入，不断开发新产品、努力提高产品质量、强化销售等一系列措施，使工厂发生了很大的变化。特别是企业注重广告宣传，注重销售等新的营销观念深深地吸引了小胡，他决定上门推销。

厂长是一位精明的医学硕士，年龄和小胡差不多，是位三十刚出头的年轻人。因为年龄相仿，经历相似，可以交谈的话题很多，容易相处，一见面小胡决定先不谈正事，融洽感情再说。于是自我介绍后，小胡即代表公司感谢白云山总厂对湖南特别是湘西人民的支持，对他们远离家乡，远离亲人在外艰苦创业的精神表示钦佩，并和他们谈起了工作、生活和工厂生产情况。待气氛缓和之后，小胡将一本《公共关系》杂志递给了厂长，并翻出事先折好页码的文章，请厂长指教。

推销怎么要带上一本杂志呢？原来事前小胡做了充分准备。临去之前，小胡请一位与厂里很熟的朋友为他预先约见。动身时又带上一本《公共关系》杂志，因为里面刊登着小胡的一篇文章——《公关广告的基本类型》，文章中引用了广州白云山制药总厂开展赞助型公关广告的实例，这也算是小胡和白云山厂的联系，带着该杂志到时说不定会帮上忙的。果然不出所料，杂志起到了作用，当厂长看到已用红线划出的白云山厂实例后，马上来了兴趣，不仅把实例看完，还把文章认认真真地看了一遍。待厂长看完抬起头来，小胡乘机把计划和盘托出。或许是文章的宣传效应，没等小胡怎么解释公关广告宣传何等的重要，厂长便对这次活动表现出了浓厚的兴趣，并就其中一些技术性问题进行询问。等听到小胡圆满地回答，了解到活动安排十分周密后便欣然应允，答应投入广告费十万元，买下本次大奖赛活动的冠名权。很快，一份关于举办“正清杯”十佳礼仪小姐大赛广告宣传协议书正式签署，十万元广告费如期汇到了公司的账户上。

［引自 https://wenku.baidu.com］

3. 熟悉产品和服务

产品的性质、类别、功效如何，以及所推销产品的最新特色，它能为顾客带来什么好处等都要明确。这样才能把顾客的需要与所推销的产品联系起来，促使顾客接受。随着市场经济的发展，各种产品彼此间的差异越来越小，众多的产品和服务相互竞争，当今的市场和顾客比以往更加依赖推销人员。人们由于选择太多而感到困惑时，能够帮助他们解决问题，协助他们得到其想要的产品和服务的是推销人员，只有赢得顾客的信赖，才能有更好的销售业绩。

（二）制定洽谈计划

为了使推销洽谈的整个过程按事先预想的要求顺利进行，并最终实现推销目的。推销人员在洽谈前要制定详细而具体的洽谈计划。洽谈计划一般包括：

1. 洽谈目的

洽谈目的在于向顾客传递信息，诱发顾客的购买动机，说服顾客做出购买决定。在确定洽谈的具体目标时，必须寻找共同点，将顾客的需要和推销人员的需要结合在一起，确立一个共同的需要，以减少不同利益之间的冲突。

2. 洽谈要点

洽谈要点包括如何吸引顾客的注意力，引起顾客的购买兴趣，刺激顾客的购买欲望，促使顾客达成交易。这是洽谈的关键所在。而顾客的个性心理是有差异的，有的注重产品的功能和质量；有的注重产品的形象和外观；有的注重产品的使用与服务。因此，推销人员应根据已掌握的顾客资料，事先设计好洽谈的要点。

3. 洽谈的预期评价

对洽谈取得的成绩做一个预期的评价，对洽谈要出现的结果做一个预先安排。

（三）做好洽谈的心理和物质准备

1. 自信

顾客是不会向一个没有主见，态度冷淡，对失败抱有恐惧心理的推销人员订货的。优秀的推销人员在洽谈之前，都会有意地选择采用能给自己带来成功的正面想法，以激发求胜的勇气。推销人员必须具备两个方面的自信：一方面是对自己所推销的产品有信心。确信该产品质量优良，对顾客用处很大，推销这种产品是为顾客提供服务，使顾客得到真正的利益。另一方面是对自己有信心。坚信自己从事的是正当而有益的工作，对自己的工作充满热忱。这样推销人员就能全身心地投入到推销工作中去，即使碰到难对付的顾客，也会努力寻找推销的契机，产生意想不到的新主意。有时推销失败了，也不至于一蹶不振。反之，如果恐惧、自卑，就会使良机溜走。因此，推销人员应该相信自己的创造力和魅力，只有这样才能激发自己，从而取得洽谈的成功。

例文示范

一次失败的拜访

有一天，一位推销人员去一家已经预约了很长时间的公司进行推销。他推开经理办公室后，看到气度不凡的经理端坐在办公桌前，心理马上感到一阵紧张。强作镇静寒暄后，便僵在那里，无话题可聊，非常尴尬。最后，还是经理先打破僵局，笑着说："你的来意我明白了，这样，我还有事，如有需要，我会联系你的。"推销人员只好顺水推舟，道过谢后退出门来。

2. 诚恳

与人交往，诚信为本。推销人员与顾客初次见面时，顾客心理往往都会筑起某种“壁垒”。要消除顾客的防范心理，达到有效的沟通，必须要有诚恳的态度。因此，作为推销人员，若能与顾客坦诚相见，有帮助其解决问题和困难的一片诚意，顾客总是会了解和接受的，同时也会积极协助解决推销人员的问题。所以，推销人员与顾客打交道，必须讲信用，并善于发现顾客的长处，以笑脸缩短双方的距离。

3. 谈吐自然、风趣

推销人员介绍产品要简明扼要，重点突出，要让顾客在短时间内抓住要点，力戒口头禅。说话讲究语调语速，既不能太快，也不能太慢，做到抑扬顿挫。同时尽量举出具体的事例或采用演示的方法，帮助顾客了解所推销产品的性能和用途。

4. 仪表整洁、大方

推销人员要注意自己的仪表，衣服要朴素整洁，举止要自然大方，时刻注意举止行为。在推销产品之前，先推销自己，用自己良好的仪表、仪态给顾客留下美好的印象。

知识拓展

推销人员的基本礼仪

- 仪表整体要求

■ 身体整洁：保持身体整洁无异味。

■ 容光焕发：注意饮食卫生，劳逸结合，保持精神饱满。

■ 适量化妆：女性必须化淡妆，但应适当不夸张。

■ 头发整洁：经常洗头，做到没有头屑，男性不得留胡须。

■ 口腔清新：保持口腔清新，无异味。

■ 双手整洁：勤剪指甲，经常洗手，保持双手卫生。

■ 制服整齐：制服常换洗，穿着要整齐，皮鞋要擦亮。

- 仪容修饰

■ 男性。

▲ 服饰：衣装整齐、干净、无污迹和明显皱折；扣好纽扣，结正领带；西服不宜过长或过短；衬衫袖口不宜过肥，穿西服时应穿皮鞋；西装上衣的口袋里不应装东西，上衣领子不要乱戴徽章，装饰以少为宜。

▲ 头发：头发要经常修剪，长度以保持不盖耳部和不触衣领为宜；不得留胡须，可隔日刮脸，但不得化妆。

■ 女性。

▲ 服饰：不穿奇装异服，在正式场合最好穿套装，即同质、同色、款式相同的西装。穿西装套装，特别要注意鞋袜之间的搭配。如丝袜一定要高于裙子下摆，无论是站还是坐都不能露出腿来。若穿超短裙，最好配穿连裤袜。丝袜和鞋的颜色一定要相称，即要浅于皮鞋的颜色。

▲ 头发：不抹过多的发胶，不能披头散发。

▲ 化妆：应化淡妆、施薄粉、描淡眉、涂浅红。

▲ 佩饰：包括头饰、手饰、项饰、耳饰、脚饰、腰饰、胸饰等，笼统地讲，佩饰佩戴原则：一是质地要高档，以纯金、纯银、纯白金即“三纯”为佳；二是质地要划一，即全身饰物最好是同一质地；三是要符合惯例，不必标新立异，以免引人误解。通常全身饰物以不超过3件为宜。

• 举止礼仪

■ 站姿。

▲ 躯干：挺胸、收腹、紧臂、颈项挺直、头部端正、微收下颌。

▲ 面部：微笑、目视前方。

▲ 四肢：两臂自然下垂，两手伸开，手指落在腿裤缝处。特殊营业场所两手可握在背后或两手握在腹前，右手在左手上面。两腿绷直，脚尖与肩同宽，脚尖向外微分。

■ 坐姿。

▲ 眼睛直视前方，用余光注视座位。

▲ 轻轻走到座位正面，轻轻落座，避免扭臀或动作太大引起椅子乱动及发出响声。

▲ 当客人到访时，应该放下手中事情站起来相迎，当客人就座后自己方可坐下。

▲ 造访生客时，应坐在座椅的1/3；造访熟客时，可坐在座椅的2/3，但不得靠椅背。

▲ 女士落座时，应用两手将裙子向前轻拢，以免坐皱或显出不雅。听人讲话时，上身微微前倾或轻轻将上身转向讲话者，用柔和的目光注视对方，根据谈话的内容确定注视时间长短和眼部神情，不可东张西望或显得心不在焉。

▲ 两手平放在两腿间，不要托腮，玩弄任何物品或有其他小动作。

▲ 两腿自然平放，不要跷二郎腿。男士两腿间距可容一拳，女士两脚应并拢，脚不要乱动。

▲ 从座位上站起动作要轻，避免引起座椅倾倒或出现响声，一般从座椅左侧站起。

▲ 离位时，要将座椅轻轻抬起到原位，再轻轻落下，切忌拖或推椅。

■ 动姿。

▲ 行走时，步伐要适中，女性多用小步。切忌大步流星，严禁奔跑（危急情况例外），也不可脚擦着地板走。

▲ 行走时，上身保持站姿标准。大腿动作幅度要小，主要以向前弹出小腿带出步伐；忌讳扭臀等不雅动作，也不要在行走时出现明显的正反“八字脚”。

▲ 走廊、楼梯等公共通道员工应靠左而行，不宜在走廊中间大摇大摆。

▲ 几人同行时，不要并排走，以免影响客人或他人通行。如确需并排走时，并排不要超过3人，并随时注意主动为他人让路，切忌横冲直撞。

▲ 在任何地方遇到客人，都要主动让路，不可抢行。

▲ 在单人通行的门口，不可两人挤出挤进。遇到客人或同事，应主动退后，并微笑着打出手势“您先请”。

▲ 在走廊行走时，一般不要随便超过前行的客人，如需超过，首先应说声“对不起”，待客人闪开时说声“谢谢”，再轻轻穿过。

▲ 当客人向你走过来时，应主动侧身，并点头问好。

▲ 给客人做向导时，要走在客人前二步远的一侧，以便随时向客人解说和照顾客人。

▲ 行走时不得哼歌曲、吹口哨或跺脚。

▲ 工作时不得忸怩作态，做鬼脸，吐舌、眨眼、照镜子、涂口红等。

▲ 上班时间不得在营业场所吸烟或吃东西。

▲ 注意“三轻”，即说话轻、走路轻、操作轻。

• 社交场合礼仪

■ 社交场合或与特殊客人见面时，可行礼表示尊敬，行礼约20秒，头与上身同时前倾。

■ 男性双手自然下垂或同时用右手与对方握手。

■ 女性双手在腹前合拢，右手压在左手上，极特殊场合可行45度鞠躬礼，行礼完毕后用热情、友好的柔和目光注视客人。

• 接待语言礼仪

■ 与人交谈时，首先应保持衣装整洁。

■ 交谈时，用柔和的目光注视对方。面带微笑，并通过轻轻点头表示理解客人谈话的内容或主题。

■ 站立或落座时，应保持正确站姿与坐姿，切忌双手叉腰，插入衣服口袋，交叉胸前或摆弄其他物品。

■ 他人讲话时，不可整理衣服，弄头发，摸脸，挖耳朵，抠鼻子，敲桌子等，要做到修饰避人。

■ 严禁大笑，手舞足蹈。

■ 在客人讲话时，不得经常看手表。

■ 三人交谈时，要使用三人都听得懂的语言。

■ 不得模仿他人的语言、语调或手势及表情。

◆ 在他人后面行走时，不要发出诡谲的笑声，以免产生误会。

◆ 要讲话时，“请”“您”“谢谢”“对不起”“不用客气”等礼貌语言要经常使用，不准讲粗言秽语或使用蔑视性和污辱性的语言，不开过分的玩笑。

■ 不得以任何借口顶撞、讽刺、挖苦、嘲弄客人，不得与客人争辩，更不允许举止鲁莽，语言粗俗，不管客人态度如何都必须以礼相待，不管客人情绪多么激动都必须保持冷静。

■ 称呼客人时，要多称呼客人的姓氏，用“某先生”或“某小姐或某女士”，不知姓氏时，要用“这位先生”或“这位小姐或女士”。

■ 多人在场，在与谈话者谈话时涉及在场的其他人时，不能用“他”指他人，应呼其名或“某先生”或“这位小姐或女士”。

■ 无论任何时候从客人手中接过任何物品时都要说“谢谢”，对客人造成的任何不便都要说“对不起”，将证件等递还客人时应予以致谢，不能将证件一声不吭地扔给客人或是扔在桌面上。

■ 客人讲“谢谢”时，应说“不用谢”或“不用客气”，不得毫无反应。

■ 任何时候招呼他人均不能用“喂”。

■ 对客人的问询不能回答“不知道”，的确不清楚的事情，要先请客人稍候，再代客询问，或请客人直接与相关部门或人员联系。

■ 不得用手指或笔杆为客人指示方向。

■ 在服务或打电话时，如有其他客人，应用点头和眼神示意欢迎、请稍候，并尽快结束手头的工作，不得无所表示而冷落客人。

■ 如确有急事或接电话而需离开面对的客人时，必须讲“对不起，请稍候”，并尽快处理完毕。回头再次面对客人时，要说“对不起，让你久等了”，不得一言不发就开始服务。

［引自 http：//www. xuexila. com；http：//www. 360doc. com］

5. 仔细检查推销用品

在推销洽谈之前，先要检查价格表、合同书、订货单、公司或自己的名片、货品的说明书、样品等。只有各种推销用品齐全，才能有备无患。

（四）大宗业务推销洽谈的地点选择及模拟洽谈

对于大宗业务的推销洽谈来说，往往需要组成推销洽谈小组来完成。为了保证洽谈业务的顺利进行，推销人员在洽谈之前除了做好上述准备外，还要做好以下两个方面的准备：

1. 选择好洽谈的地点

洽谈地点的选择涉及洽谈环境心理因素问题，对于洽谈效果有一定的影响。合适的洽谈地点，能够增强己方在洽谈中的有利条件，因此，洽谈人员应重视洽谈地点的选择。洽谈地点一般有三种情况可供选择：己方场所、对方场所、第三方场所。这三种地点对洽谈人员各有利弊，应根据洽谈的具体情况认真分析和选择。

（1）己方场所。洽谈人员无需分心去熟悉和适应环境，而且可以利用东道主的身份按自己的要求布置洽谈场所，环境、饮食、睡眠不受影响，能主动掌握洽谈的日程安排；洽谈中需要“添加资料”，获取也方便，一旦发生难以解决的问题，还可动员公司的其他成员共同参与做好工作。但己方洽谈人员往往求功心切，心理压力较大。总之，选择己方场所洽谈有利因素多一些，就像体育比赛一样，在主场比赛获胜的可能性会大一些。因此，在组织大宗业务的推销洽谈时，尽量争取选择己方场所进行洽谈。

（2）对方场所。其也称客场场所洽谈。它除了不了解洽谈环境，不能掌握洽谈日程安排这些不利因素外，也有许多有利因素。例如，洽谈人员远离所在企业，可以避免受本单位各种杂事的干扰，全身心地投入洽谈；必要时可以借口上级授权有限，手头资料不足，水土不服造成身体不适等理由拖延或暂停洽谈；洽谈人员可以在洽谈方案规定的范围内，较好地发挥自己的主观能动性等。

（3）第三方场所。当洽谈双方的矛盾冲突较大，在主客场洽谈都不适宜的情况下，则可选择第三方场所洽谈。选择第三方场所洽谈对双方都不存在偏向，双方均无主场与客场之分，但选择第三方场所洽谈的程序比较复杂，双方先要为确定正式洽谈场所进行准备性试谈。在实际的业务洽谈中，除非双方信任度不高，相互关系不融洽，一般不宜选择第三方场所进行洽谈。

不论是在己方场所还是在对方场所洽谈都应做好各项准备工作。如到对方场所洽谈时，应尽可能了解领会本企业领导的洽谈意图，充分准备好各种信息资料，携带好必要的洽谈助手。如在己方场所洽谈，作为东道主不仅要做好上述准备，还要做好洽谈场所的布置准备。

2. 洽谈现场的布置与座位安排

洽谈现场不同于一般的会场，应根据洽谈的需要来布置，同时安排好双方洽谈人员的座位。

（1）洽谈室的布置。洽谈室内的环境要宽敞、优雅、舒适，并有良好的通风条件、照明条件、隔音条件。另外还要有能容纳双方洽谈人员的谈判桌和座椅。洽谈室内一般不宜安装电话机，以防干扰和泄密，也不要用录音设备以免影响洽谈者畅所欲言。

（2）休息室准备。在洽谈室旁可以安排休息室，供洽谈人员休息之用。休息室最好是一大一小两间，大的可以让双方共同使用以融洽关系，小的可以给一方单独使用。休息室内应安装电话。同时，安排 1 ~ 2 名秘书在附近办公室值班，以便传递打印、复印文件资料和联系办事。

（3）双方洽谈人员座位的安排。一般情况下在安排座位时要掌握对等的原则，不能在安排座位时给人有某一方占主导地位的印象。如果是两方洽谈则安排各坐一面，首席主谈人员坐中间，其他人员坐其两边，以便各方低声商量或传递纸条和文件。同时，要尊重客人的风俗习惯和宗教信仰。

知识拓展

商务洽谈座位安排的原则

■ 以右为尊：按照国际惯例，“以右为尊”是普遍适用的次序原则，但是如是在国内，大多是“以左为尊”。

■ 中间为尊：中间的位置为上，两边为下。

■ 前排为上：前排为上，后排为下。

■ 面门为上，背对门为下。

不同会议现场座次安排

■ 长方形会议桌：适用于内部会议或双边谈判。进行内部会议时，职务最高的人应该位于短矩形边的一侧，且面门而坐。进行双边会议时，双方可分别坐于桌子长边的两侧。各方职务最高的人应在己方居中的位置，职位排在第二位的坐在他的右边，第三位的坐在他的左边，依次排列。

■ 椭圆形会议桌：适用于内部会议。职务最高的人应该位于椭圆形会议桌面门的一头。

■ U字形会议桌：适用于内部会议。职务最高的人应该位于会议桌闭合的一头。

■ 圆形会议桌：适用于内部会议或多边谈判。相对职务高的人位于上座、面门的位置。

■ 设有主席台的会议：前排高于后排，中间高于两边，右边高于左边。主持人的位置可以在前排中间也可以在最右端，发言席在主席台正前方或右前方。台下与会人员与主席台对面，遵循同样的座次原则。

■ 特殊情况：如官方或正式会见时，可以安排宾主并排而坐，客人坐在右侧。主客随行人员分别在两侧就座，与宾主双方呈U字形。

商务礼仪座位：会议主席台座次

■ 当领导为单数时，主要领导居中，2号领导在1号领导左手位置，3号领导在1号领导右手位置。

■ 当领导为偶数时，1号、2号领导同时居中，2号领导依然在1号领导左手位置，3号领导依然在1号领导右手位置。

商务礼仪座位：宴席座次

■ 宴请客人，一般主陪在面对房门的位置，副主陪在主陪的对面，1号客人在主陪的右边，2号客人在主陪的左边，3号客人在副主陪的右边，4号客人在副主陪的左边，其他可以随意坐。

■ 仪式座次：签字双方主人在左边，客人在主人的右边。

［引自 http://www.xuexila.com］

3. 模拟洽谈

模拟洽谈又称假设预演，是洽谈准备的最后一项工作。模拟洽谈的实质是按已经准备好的洽谈方案进行一次“实战演习”，以期通过演习使洽谈人员得到一次训练，并从中找出洽谈方案的不足而予以改进。模拟洽谈的形式可采用即兴讨论会和小组剧等。

（1）即兴讨论会。由一些具有专门知识和洽谈经验的人员组成讨论小组，对已初步拟定的洽谈方案进行讨论。在即兴讨论会上，每个参加会议的人都可以不受拘束地畅谈自己的意见，但彼此不交锋，不争论。不管某个人的意见多么离奇古怪，多么不中听，也不准其他人进行批评、纠正或反驳。由于即兴讨论会的气氛比较轻松，没有压抑、约束的感觉，为参加讨论的人提供了一种安全感，从而能够活跃人的思想，产生出对原洽谈方案新的看法和建设性意见，在此基础上可以为原洽谈方案提供宝贵的改进意见，使准备工作更加成熟。

（2）小组剧。其又称排演式会议。在小组剧形式中洽谈小组中的部分成员可以扮演成对方的某个洽谈角色，模拟对方的洽谈风格，站在对方的利益角度同小组其他成员进行洽谈。这样可以使洽谈人员身临其境地提出问题和回答问题，并通过交锋可以使洽谈人员设身处地地考虑问题和处理问题，甚至找出一些原先被忽略的问题。在小组剧方式中不仅可以让部分成员扮演对方洽谈人员，还可以使小组成员互扮不同的洽谈角色。通过这样的扮演可以使小组成员间更好地互相了解，从而在真正的洽谈中配合得更加默契。

例文示范

一次，日本一家公司在同我国的一家公司谈判时，非常准确地报出我国主要大城市如北京、上海、广州等100多个城市的电费价目。可见，日本经济的强大竞争力，除依赖物质技术条件以外，与其拥有世界第一流的情报信息网密不可分。日本的三菱、三井、松下等机构在近百个国家设有大大小小的情报信息机构，数以万计的情报信息工作人员每天传回的情报信息量相当于6000页的美国《纽约时报》。日本人搜集情报时，一般什么都不愿放过，他们的工作经验是这些情报以后总是有用的。

相关链接

面谈过程中推销人员应注意的事项

■ 不打无准备之战。在谈判前一定要做好充分准备。

■ 不要让对方通过你的价格让步看出你的目标所在。

■ 了解对方让步的真正用意，以免误入对方让步的陷阱。正确评估自己的能力，充满自信地挖掘自己的潜力。

■ 不要一次做完所有的让步，因为如果双方还达不成协议，就难免发生僵局。

■ 不断加深你已经了解的东西，用以发现事情的真相。

■ 用才智来取得谈判桌上的胜利，获得真正的“平等互利”。

■ 以合作的态度进行洽谈，才能力求使谈判达成协议。同时，一场成功的谈判，应该是双方都有所得，只不过所得到的份额多少不同而已。

■ 不要在重要问题上先做出让步。一般来说，先做出让步者通常是失败者。

■ 假定对方不知道你的弱点，要在试探中判断这种假定的对错。

■ 不要接受对方一次性杀价，也永远不要接受最初的价格。

■ 慢慢表现你的实力，以便使人理解易于被接受。在未了解对方真实目的前不要冒失前行。

■ 谈判要想获得成功，推销人员必须把机警、迅速和敏感融为一体。既要随时准备攻击对方防线的每一个破绽，又要洞察对方情绪的变化，及时抓住灵感，选择最佳的解决措施，以使自己成功。

■ 不要被对方的最后通牒所吓倒，因为他还可能会改变主意，到那时也要顾全他的面子。

■ 让步不能太快，更不能免费让步。因为轻易得到的东西得不到重视。

■ 千万不要放弃争取有望得到的利益，即便是微小的利益也必须力争，除非到了极限。

■ 发生僵局，双方在不影响大局的情况下，都应该尽快做些弥补。

■ 每次谈判都必须假定对方永远需要最大的要求，不要一开始就报出底价，因为对方无论如何也不会自动透露最低的要求。不要用最后通牒去吓唬对方，除非你安排的善后处理绝对万无一失。

■ 牢记自己让步的次数，因为这关系到你开价的力量和以后交易的信誉。

■ 不要被对方无理或粗野的态度吓住，这也表示对方已经黔驴技穷了，此时不妨耐心等待，或者可考虑以牙还牙。

■ 敢于向旧的规章制度、原则挑战。

■ 最好能顾全大局，以求全盘皆胜。

■ 不能放松警惕，以防对方突然提出意外的要求而措手不及，丧失心理上的优势。

■ 即使快要达成协议或已经达成协议，也要勇于承认自己的错误，并提出来请求更正，绝对不要将错就错。

■ 谈判中，要保持礼貌的态度，因为礼貌是减少摩擦的润滑剂。

［引自王孝明主编的《推销实战技巧》，经济管理出版社，2004年］

阅读资料

模拟谈判

谈判A方：午子绿茶公司

谈判B方：华之杰塑料建材有限公司

1. A方的背景资料

（1）品牌绿茶产自美丽而神秘的某省，它位于中国的西南部，海拔超过2200米。在那里，优越的气候条件下生长出优质且纯正的绿茶，它的茶多酚含量超过35%，高于其他（已被发现的）茶类产品。茶多酚具有降脂、降压、减少心脏病和癌症的发病几率。同时，它能提高人体免疫力，并对消化、防疫系统有益。

（2）已注册生产某一品牌绿茶，品牌和创意都十分不错，品牌效应在省内初步形成。

（3）已经拥有一套完备的策划、宣传战略。

（4）已经初步形成了一系列较为顺畅的销售渠道，在全省某一知名连锁药房及其他大型超市、茶叶连锁店都有专柜，销售状况良好。

（5）品牌的知名度还不够，但相信此品牌在未来几年内将会有非常广阔的市场前景。

（6）缺乏足够的资金，需要吸引资金，用于扩大生产规模、扩大宣传力度。

（7）现有的品牌、生产资料、宣传策划、营销渠道等一系列有形资产和无形资产，估算价值1000万元人民币。

A方谈判内容：

（1）要求B方出资额度不低于50万元人民币。

(2) 保证控股。

(3) 对资产评估的1000万元人民币进行合理的解释(包含品牌、现有的茶叶及制成品、生产资料、宣传策划、营销渠道等)。

(4) 由A方负责进行生产、宣传以及销售。

(5) B方要求年收益达到20%以上，并且希望A方能够用具体情况保证其能够实现。

(6) B方要求A方对获得资金后的使用情况进行解释。

(7) 风险分担问题(例如，可以购买保险，保险费用可计入成本)。

(8) 利润分配问题。

2. B方的背景资料

(1) 经营建材生意多年，积累了一定的资金。

(2) 准备用闲置资金进行投资，由于近几年来绿茶市场行情不错，故投资的初步意向为绿茶市场。

(3) 投资预算在150万元人民币以内。

(4) 希望在一年内能够见到回报，并且年收益率在20%以上。

(5) 对绿茶市场的行情不甚了解，对绿茶的情况也知之甚少，但A方对其产品提供了相应资料。

(6) 据调查得知A方的绿茶产品已经初步形成了一系列较为畅通的销售渠道，在全省某一知名连锁药房销售状况良好，但知名度还有待提高。

B方谈判内容:

(1) 得知A方要求出资额度不低于50万元人民币。

(2) 要求由A方负责进行生产、宣传以及销售。

(3) 要求A方对资产评估的1000万元人民币进行合理的解释。

(4) 如何保证资金的安全，对资金的投入是否会得到回报的保障措施要求进行相应的解释。

(5) B方要求年收益达到20%以上，并且希望A方能够用具体情况保证其能够实现。

(6) B方要求A方对获得资金后的使用情况进行解释。

(7) 风险分担问题(例如，可以购买保险，保险费用可计入成本)。

(8) 利润分配问题。

3. 谈判目标

(1) 解决双方合资(合作)前的疑难问题。

(2) 达到合资(合作)目的。

提示:

1. 制定谈判计划可以包括如下问题:

(1) 如何对你的谈判小组进行人员分工?

(2) 你的谈判目标是什么?

(3) 如何确定谈判进程?

(4) 如何确定谈判策略?

(5) 需要做好哪些方面的资料准备?

2. 谈判方案最好能清楚地给出以下问题的答案:

（1）我方真正的目标是什么？

（2）我方最关心的问题或条款是什么？

（3）这些问题或条款是互相关联的吗？也就是说，我方在某一问题上的取舍会不会使我方在其他问题上有一定的灵活性？

（4）针对某一问题或条款上的需要，我方在其他方面准备付出多少交换条件？

（5）是否有其他价值相同的交易组合？

（6）谈判对手的真正目标是什么？

（7）谈判双方的共同基础和长远发展目标是什么？

［引自 https：//www. wenku. baidu. com］

训练设计

一、简答题

1. 为什么要做好推销洽谈的准备工作？你是怎样理解的。

2. 做好推销洽谈的准备工作中，你认为最关键的准备工作是什么？为什么？

3. 假如让你去选择一个谈判的地点，一般情况下，你认为应该选在自己方还是在第三方？

二、案例分析

20世纪60年代中期，加拿大的一次国家议会上决定：将“枫叶旗”定为加拿大的国旗。议会后的第三天，日本、中国台湾的一些厂商纷纷把自己赶制的枫叶小国旗和带有枫叶标志的各种小玩具运到了加拿大。

问题：（1）日本、中国台湾的一些厂商能够成功靠的是什么？

（2）从本案例中你得到了什么启示？

三、自测题

请你模拟准备一个推销洽谈的准备工作。

四、实训与实战

【实训与实战目标】

1. 明确推销洽谈准备工作的意义。

2. 熟悉推销洽谈准备工作的主要内容。

【实训与实战内容、方式】

1. 内容：做好推销洽谈前的准备工作——小周是一家大型服装公司的部门经理。有一次，他去另一个企业（这家企业有800多人的规模）准备推销洽谈一批西服。由于生产服装的企业很多，从产品的本身来看，无论是价格还是面料、工艺质量等方面，大家生产的产品都差不多，市场竞争还是非常激烈的，要想拿下这笔单子，对小周来说不是一件轻而易举的事，但他还是想努力一下。

于是，出发前，小周认真做了一些功课：如派人对市场进行全面的摸底调研，并把收集到的情报进行了汇总与分析，包括同类产品的竞争对手、生产需要的面料、进货商、进货渠道情况、生产工艺质量情况；对分销商的进货方式、配送细则、利润空间情况；产品投放自己专卖店的价位情况；自己专卖店的管理人员和职工的综合素质与管理情况，产品促销方式，货架终端的整洁、漂亮、层次等情况；消费者的购买方式、偏好以及对自己公司产品的喜好情况；去推销洽谈的这家单位以前购买类似产品的情况、这家单位管理层的主要购买意图、购买价位意向；等等。最后，小周顺利地签下了这份单子。

2. 方式：在教师的指导下，全体学生参与，从小周的做法中得到启示。

【实训与实战要求】

1. 实战分析。
2. 拓展延伸，总结归纳推销洽谈前应做好的准备工作。

【实训与实战成果检测】

1. 课堂上检查学生的实战分析情况。
2. 在教师的指导下，学生总结归纳推销洽谈前应做好的具体准备工作。
3. 教师点评。

任务三 推销洽谈的技巧与策略

任务驱动

小组讨论：卡车推销人员与客户的对话如下：

推销人员："你们需要的卡车我们都有。"

客户："我们要两吨的。"

推销人员："你们运的东西，每次平均重量一般是多少？"

客户："很难说，大约两吨吧。"

推销人员："是不是有时多、有时少呀？"

客户："是这样。"

推销人员："究竟需要用什么型号的汽车，一方面要看你运什么货，另一方面要看你在什么路上行驶对吧？"

客户："对。"

推销人员："你们那个地方是山区吧，而且据我所知，你们那里路况并不好，那么汽车的发动机、车身、轮胎承受的压力是不是更要大一些啊？"

客户："是的。"

推销人员："你们主要是利用冬天田里没活了跑运输吧？那么，对汽车承受力的要求是不是更高呢？"

客户："是的。"

推销人员："货物有时会超重，又是冬天在山区行驶，汽车负荷已经够大的了，你们决定购买汽车型号时，连一点余地都不留吗？"

客户："你的意思是……"

推销人员："你们难道不想延长车的寿命吗？一辆车满负荷，另一辆车从不超载，你觉得哪一辆车寿命会更长呢？"

客户："当然是载重量大的那辆了。"

于是，他们的谈判成功了。

提示：本案例中的推销人员运用劝说技巧说服客户购买了他想推销的四吨型号的卡车。他以询问的方式，在了解顾客真实需求的同时，引导顾客按推销人员的思路来认识卡车的性能特征、行驶要求、使用寿命等顾客所关心的问题，使顾客感受到推销人员的诚意及热情，从而愉快地购买了推销人员所推荐的卡车。

必备知识

一、推销洽谈的技巧

推销洽谈的技巧方法很多，对不同的商品、不同的顾客可以采用不同的技巧方法。但所有的技巧、方法都是围绕着激发顾客的购买欲望而展开的。推销人员应根据具体情况具体分析，灵活机动地运用已掌握的洽谈技巧去做好洽谈工作。

（一）推销洽谈的开谈技巧

1. 建立和谐的气氛

建立和谐的气氛能为正式洽谈奠定良好的合作基础，为洽谈铺平道路。双方洽谈人员只有在和谐的气氛中，才能开诚布公地交谈。为使整个洽谈过程建立并保持和谐的洽谈气氛，推销人员应注意以下要点：

（1）注重仪表、讲究礼节。整洁美观的仪表易使顾客产生好感，能留下良好的第一印象。推销人员的工作既然是与人打交道，就要懂得人际交往的礼节，大方得体的礼节使对方感到可亲、可敬、可信，能拉近彼此间的距离。为此，推销人员一方面要遵守一般的社交礼节；另一方面还要保持言行的不卑不亢，并讲究体态和风度。

（2）寻找共同点。共同点是拉近洽谈双方彼此距离，消除陌生感和戒备心理的基础。共同点越多，洽谈气氛会越轻松和谐。因此，推销人员在洽谈过程中要善于寻找和发现双方的共同点。共同点可以与推销品有关，也可以与推销品无关。与推销品有关的共同点如对顾客某些评价标准的赞赏与认可，与推销品无关的共同点如双方共同的经历、共同的爱好等。

（3）讨论顾客需要。建立和谐气氛的最好方法是对顾客的问题、需要和愿望给予充分关注，并适时、恰当地进行协商，使顾客相信推销人员理解他的需要和愿望，推销人员将努力解决他所面临的问题。这样做可一举多得：节省时间、建立和谐气氛、切合推销主题。

2. 适时提出问题

推销人员在自我介绍和通过其他的一些表现取得顾客的初步信任后，就应巧妙地把谈话转入正题以真正开展推销工作。提出问题是切入正题的一种有效方法，也是唤起欲望的常用方法，而且它还可以进一步发现顾客的需要。不过提问要与推销有关，要有助于转入正题。在表述方面，应确保陈述明确，防止对方误解，不要提含糊问题，表述方式应力求新颖、出其不意，能刺激对方深思，促使其认真考虑。

(二) 推销洽谈中的倾听技巧

在推销洽谈中，倾听和讲话一样具有说服力。美国谈判和推销专家麦科马克认为，如果你想给对方一个丝毫无损的让步，你只要倾听他说话就成了，倾听就是你能做的最省钱的让步。

在推销洽谈中倾听对方讲话并非像人们想象的那么简单，推销人员必须掌握以下几条倾听时的技巧：

1. 推销人员要心胸开阔，抛弃那些先入为主的观念

在推销洽谈中，推销人员听取对方的发言时，不要被自己的好恶左右，也不要先入为主，而是要有鉴别、有重点地听。只有这样才能正确理解顾客讲话所传递的信息，准确把握讲话的中心，认真听取、接受顾客的反对意见。

2. 要全神贯注，努力集中注意力

倾听顾客讲话，必须集中注意力，同时还要开动脑筋，进行分析思考。由于心理的原因，人的注意力并不总是稳定持久的，它会受到各种因素的干扰。因此，只有认真倾听顾客讲话，善于控制自己的注意力，克服各种干扰，才能始终保持自己的思维跟上顾客的思路。

3. 倾听顾客讲话，还要学会约束自己、控制自己的言行

推销人员倾听时不要轻易插话而打断顾客的讲话，也不要自作聪明妄加评论。通常人们喜欢听赞扬的语言，不喜欢听批评对立的语言。当听到反对意见时，总是忍不住要马上反驳，以为只有这样才说明自己有理，还有的人过于喜欢表露自己。这都会导致与顾客交流时，过多地讲话或打断别人讲话。这不仅会影响自己倾听，也会影响对方对你的印象。因此，推销人员在洽谈时，要学会倾听，善于倾听，并创造倾听的机会。

例文示范

学会积极的倾听

美国汽车推销之王乔·吉拉德曾有过一次深刻的体验。一次，某位名人来向他买车。他推荐了一种最好的车型给他，那人对车也很满意，他掏出10000美元现钞，眼看就要成交了，对方却突然变卦而去，乔·吉拉德为此事懊恼了一下午，百思不得其解，到了晚上他终于忍不住打电话给那人，想知道原因。对方告诉他："今天下午你根本没有用心听我说话，就在签字之前，我提到我的儿子即将进入××大学念医科，我还提到他的学习成绩、运动能力以及他将来的抱负，我以他为荣，但是你毫无反应。"

乔·吉拉德不记得对方曾说过此事，因为他当时根本没有注意，乔·吉拉德认为已经谈妥那笔生意了，所以他没有用心去听对方说什么，反而在听办公室内另一个推销员讲笑话，这就是乔·吉拉德失败的原因：那人除了买车以外，更需要得到别人对他优秀儿子的称赞。

[引自 http://www.docin.com]

（三）洽谈中的提问与答复技巧

1. 洽谈中的提问技巧

提问也是推销洽谈的重要内容，边听边问可以引起顾客的注意，为他的思考提供既定的方向，也可以获得自己不知道的信息，还可以控制洽谈的方向，使话题趋向最终结论。但洽谈中提出什么问题，怎样提问题，何时提出问题要讲究技巧。

（1）限制性提问。这是一种目的性很强的提问技巧，它能帮助推销人员获得较为理想的回答，减少顾客拒绝的或推销人员不愿接受的回答。这种提问方式的特点是限制对方的回答范围，有意识、有目的地让对方在所限范围内做出回答。

（2）婉转型提问。这种提问是用婉转的方法和语气，在适宜的场所向对方发问。这种提问是在没有摸清对方虚实，先虚设一问，投一颗“问路的石子”，避免对方拒绝而出现难堪局面，又能探出对方的虚实，达到提问的目的。

（3）启发性提问。这是一种声东击西、欲正故误、先虚后实、借古喻今的提问方法，以启发顾客对某个问题的思考并说出推销人员想得到的回答。

（4）协商性提问。如果推销人员要顾客同意你的观点，应尽量用商量的口吻向顾客提问，例如，“你看这样写合同是否妥当”，这种提问顾客比较容易接受，而且即使不接受你的条件，但洽谈的气氛仍能保持融洽，双方仍有合作的可能。

此外，适时提问也是推销人员掌握洽谈进程争取主动的机会。

2. 洽谈中的答复技巧

在推销洽谈中要回答顾客的问题，也不是一件容易的事。因为推销人员不但要根据顾客的提问回答，而且还要把问题尽可能讲清楚，使顾客得到答复。同时，推销人员对自己回答的每一句话都要负责任，因为顾客可以把他的回答理所当然地认为是一种承诺。这就给推销人员带来一定的精神负担和压力。因此，推销人员在回答顾客提问时要掌握一定的技巧。

（1）不要彻底回答所提的问题。推销人员要将顾客的问话范围缩小，或者对回答的前提加以修饰和说明。比如，顾客对某种商品的价格表示关心，直接询问这种产品的价格，如果推销人员彻底回答顾客，把价钱一说了之。那么在进一步的洽谈过程中，推销人员一方可能就比较被动了。

（2）不要确切地回答对方的提问。推销人员回答顾客的问题，要给自己留有一定的余地，在回答时不要过早暴露自己的实力。通常，可先说明一件类似的情况，再拉回正题，或者利用反问把重点转移。

（3）减少顾客追问的兴致和机会。顾客如发现推销人员的漏洞，往往会刨根问底追问下去。所以，回答问题时要特别注意不让对方抓住某一点继续发问。为了这样做，有时借口问题无法回答也是种回避问题的办法。

（4）让自己获得充分的思考时间。推销人员回答问题必须小心谨慎，对问题要进行认真的思考。要做到这一点就需要有充分的思考时间。一般情况下，推销人员对问题答复的好坏与思考时间成正比。

（5）不轻易作答。推销人员回答问题应该具有针对性，有的放矢，因此必须认真思考问题的真实含义。当顾客提出一些模棱两可或旁敲侧击的问题，意在以此摸清推销人员的底线。回答这类问题更要清楚地了解顾客的用意，否则，轻易、随意作答，会造成己方的被动。

例文示范

艾柯卡成功的秘诀

美国汽车业“三驾马车”之一的克莱斯勒汽车公司拥有近70亿美元的资金，是美国第十大制造企业，但自进入20世纪70年代以来该公司却屡遭厄运，从1970年至1978年的9年内，竟有4年亏损，其中1978年亏损额高达2.04亿美元。在此危难之际，艾柯卡出任总经理。为了维持公司最低限度的生产活动，艾柯卡请求政府给予紧急经济援助，提供贷款担保。

但这一请求引起了美国社会的轩然大波，社会舆论几乎众口一词：克莱斯勒赶快倒闭吧。按照企业自由竞争原则，政府决不应该给予经济援助。最使艾柯卡感到头疼的是国会为此而举行了听证会，那简直就是在接受审判。委员会成员坐在半圆形高出地面八尺的会议桌上俯视着证人，而证人必须仰着头去看询问者。参议者、银行业务委员会主席威廉·普洛斯迈质问他：“如果保证贷款案获得通过的话，那么政府对克莱斯勒将介入更深，这对你长久以来鼓吹的十分动听的主张（指自由企业的竞争）来说，不是自相矛盾吗？”

“你说得一点也不错，”艾柯卡回答说，“我这一辈子一直是自由企业的拥护者，我是极不情愿来到这里的，但我们目前的处境进退维谷，除非我们能取得联邦政府某种保证贷款，否则我根本没办法去拯救克莱斯勒。”他接着说：“我不是在说谎，其实在座的参议员都比我还清楚，克莱斯勒的请求贷款案并非首开先例。事实上，你们的账册上目前已有了4090亿美元的保证贷款，因此务必请你们通融一下，不要到此为止，请你们也全力为克莱斯勒争取4100万美元的贷款吧，因为克莱斯勒是美国第十大公司，它关系到60万人的工作机会。”

艾柯卡随后指出日本汽车正在乘虚而入，如果克莱斯勒倒闭了，它的几十万职员就成为日本的佣工，根据财政部的调查资料，如果克莱斯勒倒闭的话，国家在第一年里就得为所有失业人口花费27亿美元的保险金和福利金。所以他向国会议员们说：“各位眼前有个选择，你们愿意现在就付出27亿美元呢？还是将它一半作为保证贷款，日后并可全数收回？”持反对意见的国会议员无言以对，贷款终获通过。

［引自 https：//iask. sina. com. cn］

（四）推销洽谈的演示技巧

推销洽谈的演示技巧是推销人员运用非语言形式，通过看、听、品尝、触摸等，让顾客直接接受商品信息，促使顾客购买推销品的洽谈方法。演示可以更生动形象地直接刺激顾客，制造一种真实可信的情景，使双方洽谈的主题进一步深化。在推销洽谈中，有些信息无法用口头语言进行有效传递，这时通过表演展示、示范表达的方式来完成，既可以节省洽谈时间，又能增强推销的可信性，容易收到良好的效果。

洽谈中根据演示内容的不同，演示技巧方法具体有以下几种：

1. 产品演示法

产品演示法是指推销人员通过直接演示推销品来说服顾客购买推销品的一种洽谈方法。在推销洽谈过程中，与其千言万语费尽口舌，还不如拿出推销品来让顾客看一看，摸一摸，闻一闻，尝一尝。在使用产品的演示技巧时，推销人员应注意以下几点：

（1）要突出产品的特点和亮点。在演示中，推销人员要把产品中最能说明问题的特点和亮点部位展示出来，让顾客看明白。

（2）要配有讲解和示范。推销人员在演示中要充满激情和自信，用极富有诱导性的、生动活泼的语言向顾客进行宣传，同时根据顾客的不同要求进行示范，以此来感染顾客的情绪，激发顾客的购买欲望，影响顾客的购买态度。

2. 文字演示法

文字演示法是指推销人员通过用介绍产品的文字资料来说服顾客购买推销品的一种洽谈方法。在现代推销环境里，文字是传递推销信息的重要媒介，也是比较有效的刺激物。在无法或不便演示推销品的情况下，可以采用文字资料的介绍来传递相关信息。但应注意的是，推销人员平时要注意收集有关的资料，并进行分析研究；考虑到介绍过程中的单一、枯燥乏味，推销人员可以将图片穿插进去，以增强活力，提高效果。

3. 图片演示法

图片演示法是指推销人员通过演示有关推销品的图片资料来劝说顾客购买推销品的洽谈方法。由于图片资料图文并茂、生动形象、效果直观，演示起来容易被顾客接受和理解，能引起顾客的购买联想，产生积极的情景效应，增强洽谈的说服力和感染力。图片演示法作为一种直观洽谈法，可以传递产品演示和文字演示所无法传递的某些重要的推销信息，因而在推销洽谈中被推销人员广泛采用。这种方法特别适用于住房、汽车的推销洽谈。

4. 音响、影视演示法

音响、影视演示法是指推销人员利用录音、录像、光盘等现代推销工具进行演示，来劝说顾客购买推销品的洽谈方法。音响、影视演示法融推销信息、推销情景和推销气氛于一体，使顾客产生陶醉、迷恋之感，是国外推销人员普遍使用的一种现代洽谈方法，目前也被我国推销人员看好，成为一种不可缺少的推销洽谈工具。利用音响、影视演示法开展推销洽谈，可以生动形象地传递大量的推销信息，制造真实可信的推销气氛，充分调动顾客的情感，增加洽谈的说服力和感染力。

（五）推销洽谈的报价技巧

推销品的价格是推销洽谈中经常遇到的难题，不少推销活动最后的成功与失败往往与价格有关。现在，大多数推销人员的收入与业绩也都跟销售额，亦即与价格挂钩。因此，在推销洽谈中，推销人员还应掌握一定的报价技巧。

1. 先行报价法

在推销洽谈中采用先行报价法能争取在洽谈之初占据主动，表明了己方要达到的目标，直接影响对方的期望水平，可以对洽谈全过程中的所有磋商持续地发挥作用。

2. 对比报价法

对比报价法是推销人员在向顾客解释推销品的价格时，不是直接报出价格，而是列举出其他同类产品的价格状况，再推导出推销品的价格。同时，通过分析比较推销品与其他同类产品的优缺点，说明推销品价格的合理性。

例文示范

对比报价法的成功运用

一天，一位顾客到店里买旅游鞋，她在两种不同的式样面前犹豫起来。原来，一双标价105元，比较便宜，但颜色差一些；另一双标价270元，比较贵，但颜色和质量比较好。推销员看到这种情况后，马上指着比较贵的一双旅游鞋说："您穿这双旅游鞋特别好，这是一种新产品，销路特别快。"显然，他是让顾客买贵的，以便多赚些钱。顾客说："好是好，就是贵了些！"推销员接着说："贵是贵了点，但质量式样好啊。您想过没有，一双旅游鞋能穿几年？"顾客回答道："大概2年吧。""好，咱们就按2年计算吧。这双鞋比那双贵165元。"推销员一边说着，一边按计算器，一边写，"每年贵82.5元，每月平均贵6.88元。"说到这里，推销员望着顾客又强调说："您看，您若去买一支冰棒，也要几元钱呢？您却不心疼，还犹豫什么？更何况，就让您稍微多花了这一点点钱，就能使您更舒服、更潇洒，难道这还不值得吗？"

推销员的这一番计算和解说，明显产生了效果，顾客爽快地掏出270元买下了这双旅游鞋。

3. 均摊报价法（除法报价法）

均摊报价法是采用缩短时间单位或采用单一使用单位的方式，分解推销品的价格，以减轻价格压力的一种报价。有时，顾客一见到推销品的价格很高，会被吓住，很可能使对方一下子打消购买念头。这时，推销人员可采用均摊报价法，将一次投资大而受益时间长的产品价格分解到一天、一个星期等较少的时间单位上，或缩小报价单位，使洽谈对手容易接受。例如，黄金饰品总是以多少钱一克来报价，而不是以多少钱一公斤来报价。

4. 高价报价法

推销人员故意将推销品的价格报得很高，而自己心中又保留一个控制价位。这种报价法是专门针对那些有砍价欲望的洽谈对手。高价一旦报出，有砍价欲望的洽谈对手会将精力集中在与推销人员的讨价还价上，推销人员也不甘示弱，每一次让步都据理力争，直到退到最低控制价位为止。

（六）推销洽谈的拒绝技巧

在推销洽谈中，不能总是无原则地妥协。当对方向己方提出某种要求和某项建议，希望己方答应，而己方由于种种原因不能答应时，则需要运用拒绝技巧。在拒绝对方时，应注意：

（1）拒绝的态度要诚恳，措辞要委婉，不伤感情。

（2）拒绝的内容要明确，应尽可能地用提出建议来代替拒绝。

（3）应讲明处境，引起同情，说明拒绝是不得已的。

（4）应从对方的角度来说明拒绝的利害关系。

具体来说，有以下几种拒绝技巧：

1. 把问题不断抽象化，可以达到含蓄拒绝的效果

在洽谈中，有时想用具体的话来直接拒绝对方很难启齿，或者找不到确定的拒绝理由，可以把话题抽象化，同时含蓄地把己方的意图渗透给对方，使对方还未直接接触所提要求或建议的正式答复之前，就领悟到己方的态度，从而被迷迷糊糊地拒绝了。

2. 笼统地答复对方的要求

例如，一位广告公司的设计师对一位携带自己的画来应征的青年说道："唔——我看不太懂您的画，画一些我能看懂的画来吧。我今天10点钟有个约会，现在已经9点50分了，你看……"说"我看不太懂您的画"，这种拒绝本身是笼统的，"我能看懂的画又是什么呢？对方不了解这一概念，画什么？怎么画？这就使对方失去了第二次进攻的目标。这种不直接否定对方，只提出笼统答复的拒绝技巧，不让对方感觉到你是在明显拒绝他，却巧妙地达到了拒绝的目的。

3. 学会说"是，是，不过……"可使对方的说明欲望丧失

在洽谈时，当己方意见与对方有出入时，不要急于唱反调，应说"唔，不错。"或"是的，您说的一点儿也不错。不过，请让我说出我的看法……"说"是"，总比断然说"不"要给人以安心感。先用说"是"来肯定对方的话，使双方之间架上了"心桥"，然后转折一下，再说出有效的"不"，这种柔软的拒绝意见，对方不易反感。

4. 把对方的话题分断，然后逐句不漏地否定，就能达到拒绝的效果

洽谈的对方一般都是运用说服的技巧，想用几句连贯一气的话把听者的心理想法导向对自己有利的方向，所以，你只需在这种诱导效果尚未发挥出来之前，分断其语句的连贯，把话题逐句否定就能达到拒绝的目的。

（七）处理僵局的技巧

在推销洽谈中，由于推销人员与顾客双方的利益和认识不同，会出现各抒己见、互不相让的僵持局面，使推销洽谈无法进行下去，甚至导致推销洽谈不欢而散，无法取得交易的成功。形成僵局的原因很多，在推销洽谈中，僵局随时都有可能发生，但只要我们掌握一些处理僵局的技巧，问题就会迎刃而解。

1. 要尽量避免僵局出现

推销人员要将形成僵局的因素消灭在萌芽状态。推销人员在洽谈中，首先，要对顾客的批评意见持冷静态度，不要因激烈反驳顾客的批评意见而发生争吵。其次，要积极探寻顾客意见和建议的价值。在应对意见时，先对意见的可取之处进行肯定，再根据客观信息和理由给予否定。再次，要善于直接或间接利用顾客的意见说服顾客。最后，在直接答复顾客的反对意见时，要大量引入事实和数据资料，用充分的理由说服顾客。

2. 要设法绕过僵局

在推销洽谈中，若僵局已形成，一时无法解决，可采用下列方法绕过僵局：

（1）撇开争执不下的问题，先谈容易达成一致意见的问题。

（2）在发生分歧、出现僵局时，回顾以前的友好交往，削弱对立情绪。

（3）暂时休会，调整情绪和政策。

（4）推心置腹地交换意见，化解冲突。

（5）邀请有影响力的第三者调停。

3. 打破僵局

在僵局形成之后，绕过僵局只是权宜之策，最终要想办法去打破僵局。打破僵局的办法一般有如下几种：

（1）扩展推销洽谈领域。单一的交易条件不能达成协议，可把洽谈的领域扩展，如价格上出现僵局时，可将交货期限、付款方式一起进行洽谈。

（2）改变推销洽谈环境。洽谈出现僵局容易使人产生压抑感，推销人员可以去旅游观光或参加一些娱乐活动，在轻松活泼、融洽愉快的气氛中，解决洽谈中的棘手问题。

（3）更换推销洽谈人员。在洽谈陷入僵局时，各方为了顾全自己的面子和尊严，谁也不愿先让步，这时可以换一个推销人员参与洽谈。

（4）改期。当僵局暂时无法打破时，可暂时中止谈判，使双方冷静下来，进行理智的思考。

（5）让步。在不过分损害己方利益时，可以考虑首先做出一些小的让步。

知识拓展

让步技巧

- 让步原则

■ 让步时机要恰当，不做无谓的让步；

■ 让步幅度和节奏要慢，不要太快让步；

■ 让步原因要恰当掩饰，不要让对方认为你占了便宜。

- 让步策略

■ 在让步的最后阶段一步让出全部可让利益；

■ 一次性让步的策略，一开始就让出全部可让利益；

■ 等额让出可让利益；

■ 先高后低，然后又拔高；

■ 从高到低，然后又微高；

■ 由大到小，渐次下降；

■ 开始时大幅度递减，但又出现反弹；

■ 在起始两步全部让步完可让利益，三期赔利相让，到四期再讨回赔利相让部分。

［引自 http：//www. docin. com］

二、推销洽谈的策略

推销洽谈作为推销活动的中心内容，自然需要讲究策略。策略有时是导致洽谈成功的重要因素。然而，任何策略都不可能让推销人员在洽谈中做到“一计致胜”，还需推销人员在洽谈中灵活运用。

（一）原则性洽谈策略

原则性洽谈策略是由美国哈佛大学的罗杰·费希尔与威谦·尤端创立的。原则性洽谈策略建议洽谈双方各得其所的协议方案，当双方利益发生冲突时，坚持以公平的客观的标准做决定，而不是双方进行意志力量的较量。原则性洽谈的要点与方法被称为现代推销洽谈的新观念。

1. 原则性洽谈策略的含义

原则性洽谈策略也称问题解决式洽谈策略，多为推销方格中（9，9）型心态的推销人员所采用。这种洽谈策略认为，在推销人员与洽谈对手之间存在着谋求各自利益与长期合作的问题，这些问题总是需要经过洽谈双方的努力才能解决，问题解决的结果是洽谈双方能得到各自所需要的利益，能维持长期的愉快的合作关系。

2. 原则性推销策略的特点

原则性洽谈策略体现了现代推销学的核心概念与原则，几乎是一种无往不胜的洽谈策略。但是，在推销洽谈中运用这一策略，推销人员必须有解决问题的心态和修养，解决各类问题的知识和能力，并在推销洽谈中做出巨大努力。一般来说，原则性洽谈策略适用于一切经济谈判，尤其适用于推销洽谈。通过问题的解决，使洽谈双方双赢。

（二）合作式洽谈策略（互利型策略）

1. 特点

合作式洽谈策略是一种令双方都感到公平合理，强调诚意与合作的洽谈策略。其特点是：

（1）选择可行性洽谈方案。通过对洽谈对手信息的掌握与资料的收集，了解对方的需求及其特点，在此基础上拟定尽量使双方都满意的洽谈方案。

（2）充分表示洽谈的诚意与合作的愿望。推销洽谈转入洽谈正题后，推销人员要充分表示洽谈的诚意与寻求长期合作的愿望，把洽谈的重点放在利益上，而放弃自己的立场，尽量排除一切无谓的争吵与干扰，紧扣“利益”主题，把洽谈引导到寻求共同利益及探讨选择合作的方案上来。

（3）求同存异，达成协议。在整个洽谈过程中，始终注意探测对方的需求，了解对方采取合作态度的条件与愿望，通过提示、暗示、演示、说明、证实等方法技巧，让对方了解己方的愿望与利益，并在双方利益的满足与协商过程中，寻求共同的利益，寻找相同认识之处，可以互补之处，从而达到在更多方面的相互理解，以最终达成协议。

（4）坚持使用客观标准。推销洽谈中有争执与矛盾是常有的事。推销人员既不能以通过牺牲自己利益的退让来达成协议，也不可能使对方受损失而维持长期的购销关系。所以必须使用双方都认可的公平客观的标准，即作为第三者的仲裁机构。有了公平的、公认的客观标准，洽谈的结果会使洽谈双方都成为赢家。

2. 主要策略

（1）开诚布公策略。开诚布公策略就是在谈判中以诚相待，以诚取信，从而唤起对方的共鸣和信任。这一策略并不是说在任何推销洽谈中都可以适用。适用这一策略的前提应该是，双方必须都对洽谈抱有诚意，都视对方为己方唯一的洽谈对象。通常是在进入洽谈的明示阶段或交锋阶段时才能运用此策略。

（2）休会策略。休会策略指当谈判进行到一定阶段或遇到某种障碍时，谈判双方或一方提出休会几分钟或一段时间，使谈判双方人员有机会恢复体力和调整对策，以推动谈判顺利进行。这一策略一般在下列情况下采用：①在洽谈某一阶段接近尾声时；②当洽谈出现低潮时；③在洽谈出现僵局时；④在一方不满现状时；⑤在洽谈出现疑难问题时。

例文示范

休会打破僵局

谈判的一方是江苏仪征化纤工业公司，另一方是德国吉玛公司。当时德国吉玛公司派出了以理杨·奈德总经理为首的谈判代表团，而中方的谈判团则以化纤工业公司当时的总经理任传俊为首。这次索赔谈判首先是由中方提起的，索赔的原因是从吉玛公司引进的圆盘反应器有问题。

在第一轮谈判时，中方提出了1100万马克的索赔金额，而德方只赔偿300万马克，显然，这两个数字相距甚远。面对这样的差距，双方久久僵持不下，在这种情况下，任传俊知道如果继续僵持下去只会使双方的关系更加紧张，于是他在谈判过程中建议休会，并提议第二天陪理杨·奈德到扬州游览，而对方也以极其友好的态度接受了任传俊的盛情邀请。

在风景宜人、幽静雅致的扬州大明寺内，任传俊对理杨·奈德笑道："你我是打过很多年交道的老朋友了，除了彼此经济上的利益外，就没有一点儿个人之间的感情吗？"任传俊如此诚恳的态度和感人至深的言语，让理杨·奈德大受感动。在这种情形下，双方重新回到谈判桌上，且关系已经大为缓和。

重新回到谈判桌上的任传俊决定依然以真诚突破谈判的僵局，他开门见山地向对方表示："问题既然出现在贵公司的产品上，那么贵公司就应该以足够的诚意来解决这些问题，如果把太多的时间花费在索赔谈判上那实在是没有必要，你们终归是要赔偿的……"

等任传俊的话音刚落，对方的总经理理杨·奈德就回应道："我公司在贵国中标，总价值才1亿多美元，我无法赔偿过多，总不能赔本做这笔生意吧。"对于这样的回答，任传俊早已预料到了，但他清楚地知道，江苏仪征化纤工程当时是世界上最大的化纤工程，于是他继续说道："据我得到的信息，正是因为贵公司在世界上最大的化纤基地中标，才得以连续在世界其他地方15次中标。这笔账又该怎么算呢？"对方顿时无言以对，任传俊并没有不依不饶，而是诚恳地告诉对方："我们是老朋友了，打开天窗说亮话，你究竟能赔多少？我们是重友谊的，总不能让你被董事长炒了鱿鱼；而你也要为我想想，中国并不富裕，我总得对这里的1万多名建设者有个交代……"

最后，德方同意赔偿中方800万马克，事后，理杨·奈德说："虽然与中方的谈判我们没能占上风，但是我仍然愿意同中国公司继续合作，我觉得这次谈判进行得十分愉快。"理杨·奈德在临走时还热情邀请中方谈判人员到德国去，他说自己会像任传俊在扬州大明寺那样热情地接待中方人员。

［引自刘燕主编的《商务谈判技巧》，人民邮电出版社，2010年］

（3）以退为进策略。以退为进策略是指以退让的姿态作为进取的阶梯，退是一种表面现象，由于在形式上采取了退让，使对方能从己方的退让中得到心理满足，不仅思想上会放松戒备，而且作为回报，对方也会满足己方的某些要求，而这些要求正是己方的真实目的。商务谈判中的以退为进策略表现为先让一步，顺从对方，然后争取主动、反守为攻。

（4）润滑策略。润滑策略是谈判人员在相互交往中，通过馈赠一些小礼品以表示友好和联络感情。运用这一策略要注意下面一些问题：①所赠礼品应不带功利性，而完全是为了联络感情，否则，会给对方一种“行贿”的感觉或者引起反感；②要尊重对方的风俗习惯及个人兴趣，所馈赠的礼物应使对方容易接受、喜欢，绝对不能送对方忌讳的物品；③馈赠礼品也要选择适当的时机和场合，使对方感到很自然，易于接受。

（5）假设条件策略。假设条件策略是指在谈判的探测阶段，提出假设某种情况，试探对方的底细。运用这一策略要注意以下问题：①提出假设条件的原因；②提出假设条件的时机；③提出假设条件的后果。

（6）私下接触策略（非正式会谈）。私下接触策略是一种非正式会谈的方式，洽谈双方代表通过私下交往，建立感情，促进推销洽谈的策略。这种策略一般适用于洽谈双方的首席代表。

（7）留有余地策略。在双方谈判过程中，如果对方提出某项要求，另一方是否需要马上答复呢？答案是否定的。即使是一方能够满足另一方的要求，最好也不要马上就答应下来，必要时，答复其主要内容，留有余地，以备讨价还价之用。两种情况下可以使用这种策略：一是用于对付自私狡猾、见利忘义的谈判对手；二是在不了解对手或开诚布公失效的情况下使用。

（8）折中策略。例如，当买卖双方价格相差10万元时，为结束洽谈，双方同意折中解决，即各让5万元。运用此策略应该注意选择的时机，一定要在最后决定之时使用。

（9）寻找契机策略。掌握契机首先是商场上的战术，是指寻找和创造有利条件或抓住有利时机来实现预期的目的。即我们常说的发现和利用市场机会。这是寻找交易伙伴，实现交易合作的最重要方式。

（三）胜负式洽谈策略

当推销人员在进行一项一次性洽谈活动，打算把某个产品卖出去后就再也不同这个购买者打交道了，可以采用胜负式的洽谈策略。胜负式策略为：在洽谈中，始终采取高压式的极端行为，要么令对方屈服于压力而满足己方需求，要么激怒对方令谈判破裂。

1. 胜负式策略的特点

（1）洽谈开始时采用极端行为。推销人员在洽谈开始时，往往采用傲慢的态度，采用使购买者没有选择余地的开局，无任何说明理由的高报价，并告诉对方有人愿意出更高的价格购买推销品等。

（2）洽谈过程采取粗暴的行为并提出无理要求。

（3）通过情绪发泄与表达给对方造成心理压力。例如，大声地提出意见，动作幅度大，提出抗议后愤而离去；把对方的让步看成软弱可欺，一再穷追猛逼；有时发出无缘无故的大笑、冷笑等。

（4）无限期地拖延谈判。

2. 使胜负式洽谈转化为合作式洽谈

在推销洽谈中，若洽谈对手采用了胜负式策略怎么办？推销人员一般不宜采取针锋相对的行为，那只会“一拍而散”。推销洽谈从来没有以对抗取胜的。因此，一方面推销人员不应该采取胜负式洽谈策略；另一方面，应该掌握使胜负式洽谈转化为合作式洽谈的方法。具体有：

（1）以柔克刚。对于一些自信心比较强或态度强硬的顾客，不采取直接对抗的办法，而是以守为攻，静心等待有利的机会再表明自己的态度或说服顾客。例如，明确指出对方所用的策略，并说明这种策略无用，是在演戏、在吓唬人，但表示可以理解和宽容；把对方的注意力引导到原来的洽谈议程上来，指出对方采取的措施无非想在某些方面获得利益，这些利益应通过双方的讨论与协商才能达成，进行实质性讨论而不是进行情绪性讨论。

（2）找出对方观点行为后面的因素，给予解决。例如，采用发问的形式去了解对方，而不是用批评的方式。

（3）充分利用沉默。俗话说：“沉默是金”。当对方不理睬你的关于实质性问题的讨论时，当对方提出一个极端不合理的要求时，当对方对你进行毫无道理的抨击时……推销人员完全可以运用最好的武器——沉默。它表明了推销人员的素质、修养与真诚。

（4）把人与问题分开。不谈人的问题，而立即就实质性问题进行讨论，或请第三者提出双方都可以接受的方案。

（5）如对方属于蓄意欺骗，应坚持客观标准，在情况属实后尽快结束洽谈，寻求法律保护。

相关链接

推销谈判中的让步技巧

第一种让步型态（0/0/0/60）。这是一种坚定的让步，先让对方一直以为妥协无望。若是一个三心二意的买主早就放弃讨价还价了。但如果遇到一个坚强的非买不可的买主，他在卖方一次做出重大的让步后，会更加斗志昂扬，坚守阵地，会继续施加压力让买主做出让步。

第二种让步型态（15/15/15/15）。这是一种平均步伐的让步，极易刺激买主的更大期望。第四次让步后，若卖主坚持不再让步，买主就会失望，很可能达不成交易。

第三种让步型态（8/13/17/22）。这是一种既大踏步前进，又大踏步后退的大起大落的让步方法，同第二种让步型态一样的不可取。因为它会使买主相信“再坚持一下，令人鼓舞的价钱就在前面”。前面要求会越来越高，最后很可能给卖主造成很大的损失。

第四种让步型态（22/17/13/8）。这是一种表示卖主的立场越来越坚强，又表示卖主虽然愿意妥协，但防卫森严，不会轻易让步的一种型态。

第五种让步型态（26/20/12/2）。这是一种表示出具有强烈妥协愿望的让步型态。不过它同时也告诉买主，所能做的让步是有限的。当卖主的倾向已经很明显后，聪明的买主便会领悟出更进一步的让步已经是不可能的了。

第六种让步型态（59/0/0/1）。这是一个很巧妙，但又是一个很危险的让步方法。巧妙的是，它能造成对方的心理由喜到忧、又由忧变喜的波折。危险的是，卖主永远不知道买主是否能在更高的价格上成交，因为他一下子让步59，步伐太大。容易失去在较高价格上成交的有利时机。

第七种让步型态（50/10/-1/+1）。这种型态巧妙在当第二次让步后，价钱又回升1元，如果买主再坚持压价，便又减去1元。总的让步仍为60元，但却使买主在心理上得到了很大的满足。

第八种让步型态（60/0/0/0）。这是和第一种让步型态完定相反的另一个极端，同样是与卖方不利的型态。它对买主会产生十分强烈的影响。一下子削价60元，使买主顿时充满了信心和希望，但接下来的便是失望。如果卖主不再降价，很可能失去这个交易的机会。

总之，纵观以上几种让步基本类型，可以得出这样几点有益的结论：

■ 千万不要做出一次性的巨大让步，也不要进行大起大落的让步，应该把计划中的让步组成一个巧妙的链条。

■ 理想的让步方式是：假如你是买主，应先做一点大的让步，然后再长时间缓缓让步，最好其中能上下浮动一两次，而最后一次一定是要让一点。因此，有经验的售货员在顾客称东西时，都是称完后再抓一点加上去。顾客就很满意了；如果称完后再从秤盘上抓下来点，尽管是很少很少，顾客心理反应就完全不同了，最后让一步的道理就在这里，使对方心理感到满意。

[引自赵宗晋、郭学德、范传统主编的《现代企业经营管理》，中国经济出版社，1999年]

阅读资料

推销洽谈技巧：反其道而行之

一位推销员推销的是某名牌的红酒。向顾客推销时，他通常会遵循一定的顺序，由高档到中挡，最后到低档。

先介绍高档红酒时，他会说："这是我们公司最顶级的红酒，贴有传统的古典酒标，很有贵气。"

介绍中档红酒时，他会说："这是第二等级的红酒，也相当不错，口味甜美。"

介绍低档红酒时，他会说："这是一般的等级，清新怡人。"然后，他向顾客劝说："我觉得你应该买这款最顶极的红酒……"

顾客一听，常常会说："太贵了，我还是买别的吧。"

结果，大多数的顾客都会选择中档的红酒。

这时候，这位推销员又会说："您真有眼光，这是最聪明的选择，要知道，在这么多款酒里，这款性价比是最高的。"

顾客一听，感觉很得意，自然，掏钱也爽快了。其实，该推销员一开始最想推销的就是中档红酒。那么，他为什么没有力荐中档红酒呢？因为，他了解顾客的心理。任何一位顾客去买东西，对推销员，或多或少都有一些戒备心理。顾客总是担心推销员推荐的产品是利润最高的或者卖不动的，因此，往往会出现这样的状况：推销员推荐什么，顾客偏偏不买什么。

这位红酒推销员恰恰懂得了顾客的这一心理，于是，反其道而行之，虽然一开始就决定好了推荐目标，却不露声色，甚至反而推荐顾客可能不会选择的商品，结果，顾客中计了，选择了推销员最想推销的那一款，还自鸣得意，“这东西没问题，是我自己决定的”或“推销员都不得不承认我有眼光，看来我真是选对了”。

[引自 http://www.360doc.com]

训练设计

一、简答题

1. 进行推销面谈时，什么商品用照片与插图效果比较好？什么商品用样品示范效果比较好？

2. 推销洽谈中的技巧可归纳为哪几类？

3. 某推销人员向顾客推销吸尘器，为证明吸尘器的噪音小，他把该吸尘器启动起来，让顾客听声音大小，以证明吸尘器符合顾客的需要和愿望。请问该推销人员采用的是什么推销技巧？

二、案例分析

推销洽谈演示过程中的意外

张强是某家电销售公司的推销人员，他特别擅长向顾客演示他所推销的各种家用电器。例如，滚筒式洗衣机是他最乐意向顾客示范推荐的一种家用电器。为了向顾客演示滚筒洗衣机如何不伤衣料、纽扣，他把钢笔放入滚筒里，让它随洗涤物一起滚动。有一次，当他正向顾客做演示时，钢笔裂开了，墨水沾满了正在洗衣机内洗涤的衣物。

问题： 你对张强演示商品的方法有何意见？如果你是张强，你将如何向顾客解释？又该如何做？

三、自测题

选用一种合适的商品组织一次模拟推销洽谈。

四、实训与实战

【实训与实战目标】

1. 熟练掌握推销洽谈的技巧与策略，并灵活运用。

2. 正确理解“顶尖推销人员都是顾客的心理专家”这句话。

【实训与实战内容、方式】

1. 内容：某商场的一位推销人员正在给走近柜台的一位顾客进行如下推销；推销人员：“您好，大姐。你想买哪一种款式的羊毛衫？”顾客：“不，我只是看看。”推销人员满脸微笑道：“没关系……”过了一会，推销人员一边拿出一件商品，一边又说道：“您看，这件挺不错的，我看比较适合您的风格、气质，您试穿一下，不买也没关系的。”一边说，一边拉顾客到镜子前，帮顾客试穿。推销人员又说道：“我看不错，挺好的，这个款式好像就是为您设计的。”顾客：“好吧，就这个款式给我包一件吧。”

2. 方式：在教师的指导下，全体学生参与，模拟商场的推销人员与顾客的推销洽谈。

【实训与实战要求】

1. 模拟训练——“实战演习”。
2. 请全体学生谈谈“顶尖推销人员都是顾客的心理专家”这句话的含义。

【实训与实战成果检测】

1. 在课堂上，请全体学生展示模拟训练的结果。
2. 教师点评。

项目小结

推销洽谈也称推销面谈，是指推销人员运用各种方式、方法和手段，向顾客传递推销信息，协调双方利益，说服顾客购买推销品的过程。

推销洽谈从主题角度可以分为商品要素洽谈、交易方式洽谈、签订合同洽谈。

推销洽谈从参加人员的多少可以分为一对一的洽谈、小型洽谈、中型洽谈、大型洽谈。

推销洽谈按洽谈方式可分为美国式洽谈、北欧式洽谈、德国式洽谈、日本式洽谈、中国式洽谈、阿拉伯式洽谈。

推销人员在进行推销洽谈时，应遵循针对性、鼓动性、参与性、诚实性四大原则。

推销人员在推销洽谈前应做好充分的准备工作，准备工作的内容包括：收集情报，充分了解掌握要洽谈的顾客的具体情况，熟悉推销品的性能特点和能提供的服务情况；制定一个可操作的洽谈计划；做好洽谈的心理准备和物质准备。

推销人员在推销洽谈时，针对不同的商品、不同的顾客可以采用不同的洽谈技巧。

推销洽谈的开谈技巧，通过建立和谐的洽谈气氛和适时的提问，顺利地转入推销品的业务谈判上来。

推销洽谈中的倾听技巧，通过主动地倾听顾客的讲话，了解顾客的真正需求和对推销品效用期望。

洽谈中的提问与答复技巧，通过限制性、启发性的提问，介绍性、解释性的答复来进一步展示推销人员的风采，增强顾客对推销人员的好感。

推销洽谈的演示技巧，通过推销人员的产品演示、文字演示、图片演示、音响影视演示来真实地展示推销的性能特点，以增强顾客对推销品的可信度。

推销洽谈的报价技巧，推销人员通过对先行报价、对比报价、均摊报价、高价报价手段的灵活运用，为推销品争取一个合理的价格。

推销洽谈的拒绝技巧，在于洽谈中拒绝顾客的无理要求。

推销人员在洽谈中，除了掌握洽谈技巧外，还需制定相应的洽谈策略，主要有原则性洽谈策略、合作式洽谈策略、胜负式洽谈策略。

掌握推销洽谈的技巧和策略有助于推销人员做好推销洽谈工作。

项目七

顾客异议处理

学习目标

能正确鉴别和认识各种顾客异议。能准确把握顾客异议处理原则、时机和方法。能描述常见的顾客异议，并能阐明处理的方法。记住：“推销是从顾客的拒绝开始的”。

导读案例

某食品研究所生产一种果汁饮料，一名女大学生前往一家公司推销，拿出两瓶样品怯生生地说：“这是我们刚研制的新产品，想请你们销售。”经理好奇地打量了一眼这个文绉绉的推销人员，正要一口回绝，却被同事叫去听电话，就随口说了声：“你稍等。”打完了一个漫长的电话，经理已忘记了这件事。而这位推销人员整整坐了几个小时的冷板凳。临下班时，经理才想起这位等回话的大学生，感动得要请她吃饭。面对这个讷于言的书生，经常与说得天花乱坠的推销人员打交道的经理内心一下子感到很踏实，当场拍板进货。

提示：本案例说明，推销人员在与顾客交往中，只要适当做出让步，可以消除顾客的异议，并取得成功。本案例中，女大学生最后能打动老资格的经理，也说明缓和处理法的作用，只要有足够的耐心和毅力，有以柔克刚的精神，推销人员也是能够让顾客在喜欢产品前喜欢上你，从而信任你，尊重你，接受你，与你合作。

一条推销戒律就是：一开口就谈生意的推销人员是二流推销人员。

任务一　顾客异议的概念及产生原因

任务驱动

小组讨论：请指出下列顾客异议的类型并说明异议划分的标准：

(1) 顾客：“这个皮包的设计、颜色都非常棒，令人耳目一新，可惜皮子的质量不太好。”

(2) 顾客：“这个金额太大了，不是我马上能支付的。”

（3）顾客："我们一直都是从顺达公司购买，我们没有理由中断和他们的购销关系，转而购买你们公司的产品。"

（4）顾客："我们老板不在，我不能作主。"

（5）顾客："给我15%的折扣，我今天就下订单。"

（6）顾客："连你（推销人员）都不会用，更别说我了，我还是不买了，太复杂了。"

（7）顾客（一中年妇女）："我都这把年纪买这么高档的化妆品干什么，一般的护肤品就可以了。"

提示：从主要的顾客异议去理解。异议划分的标准很多，如按性质划分、按内容划分等。

［引自龚荒主编的《商务谈判与推销技巧》，清华大学出版社、北京交通大学出版社，2010年］

必备知识

一、顾客异议的概念

在接近客户、调查、产品介绍、示范操作、提出建议书到缔结签约等的每一个推销步骤，顾客都有可能提出不同异议，如果懂得处理异议的技巧，就能冷静、坦然地化解不同异议，使成交更有希望。一位大师曾说过："推销是从顾客的拒绝开始的。"

（一）顾客异议的含义

1. 异议

异议是什么？《辞海》中的解释是这样的：不同的或反对的议论。《后汉书·耿龠传》："以列候奉朝清，每有四方异议，辄召入问筹策。"

2. 顾客的异议

所谓顾客的异议，简单地说，是指推销人员在推销过程中，顾客提出质疑或拒绝的一种反应。例如，当推销人员上门拜访一位顾客时，顾客说对不起，没时间；当推销人员去了解、询问顾客的需求时，顾客隐藏了真正的动机；当推销人员推销产品时，顾客对推销人员不信任，或对产品品牌、产品式样、花色品种、产品包装、产品价值和质量保证、服务承诺等表示怀疑，如此等等。

在销售实践中，许多推销人员应该说都有过吃闭门羹的"恐怖"经历，但是若对于一个有经验的推销人员来说，则能从另一个角度来体验顾客的异议，也同样能想方设法地寻找各种处理的方法和手段。

（二）几种主要的顾客异议

1. 价格异议

顾客对产品的异议大多与产品的价格有关。这也是最常见的一种异议。推销人员在推销过程中常常会听到："这种产品太贵了""要价太高了，别人比你的便宜""我还是等跌价时再来买"，等等。对于顾客的这些价格异议，应正确认识和处理，否则会影响推销的成功率。

2. 商品异议

对于大多数顾客来说，尤其是顾客在购买商品时更看重商品本身的性能或效用。因为其购买商品主要目的是为了消费。如果买后的商品不能给其带来预期效益，甚至带来许多麻烦，那么其就不愿购买。因此顾客在购买商品时较为谨慎，同时也会提出许多异议。商品异议主要是顾客对商品本身的质量、样式、设计、结构、规格等方面的异议，带有一定的主观色彩，作为推销人员应先对推销的商品有充分的了解和认识，然后才能运用适当的方法和手段去消除顾客的异议。

3. 服务异议

这种异议也是较为常见的，例如，“顾客常常抱怨送货方式和时间不能满足顾客的需要”“售后服务不够理想”，等等。

服务异议同样由于顾客的不同背景和社会的影响带有较强的主观色彩，而且随着社会的进步，顾客自我保护意识的不断加强，市场竞争的加剧，这方面的异议会越来越多，提出的要求也愈来愈高，需要推销人员不断理解和掌握企业的政策规定和行销程序，提高自身的素质，运用恰当的方法去取得顾客的谅解、支持和合作。

4. 推销人员的异议

有时候我们也会常常见到这样的情形，有些顾客购买商品时提出的异议，不是因为商品本身质量方面引起的，而只是对推销人员个人或推销人员所代表的企业有一些偏见或成见，所以不愿去接近推销人员，更不愿去接近推销的产品。因此，作为一个推销人员，必须处理好与顾客之间的关系。有一位营销大师曾这样说过：“推销产品时，首先应推销自我。”这句话非常深刻，它告诉推销人员在推销产品时首先应做什么。

5. 购买时机的异议

这类异议主要是顾客不想购买你所推销的产品时所找的一些托辞。例如，“过几天我再来看看”“让我考虑考虑，然后给你回复”，等等。顾客提出这种异议，有时可能是因为顾客对你在推销说明中的某个观点还不明白，有时可能是觉得你的商品价格太贵，或者顾客没有最后的决定权。因此，对于这种情形应尽可能说服顾客做出决定。

6. 竞争者的异议

有时候顾客正在使用其他企业提供的同类产品，他们就会说：“我用的是某品牌的产品”“我们已经习惯用某品牌的商品”，等等。对于这种异议作为一个有经验的推销人员来讲，不能操之过急，要因势利导，只要你能证明你推销的产品比竞争对手的产品更物美价廉，那么就能较好地消除顾客的异议。

例文示范

消除顾客的购买疑虑

一位电视机的推销人员，为了消除购买者的疑虑，使对方从不同的产品比较中增加对自己的推销产品的信心，说：“您提到某某牌电视机，请您向购买了该牌子电视机的用户了解一下，也许您就明白是怎么一回事了。”这位推销人员并没有直接去批评竞争对手，也不与客户去争论，而是让准客户自己去联想，自己做出购买决定。

7. 需要方面和支付能力的异议

这也是来自于顾客方面的异议。需要方面的异议主要是顾客对自己的生活方式往往把握不准，特别是对在改善现有生活方式过程中产生的需要，因受认识水平的制约而不能明了，结果当推销人员向其推销时持有不同的看法。支付能力的异议则是顾客自认为无钱购买推销人员所推销的商品而产生的一种不同看法。支付能力异议又分真实异议和非真实异议两种。一般来讲，顾客能购买多少商品主要取决于他们的支付能力，但是，顾客决定利用这笔钱购买哪些商品则是另一个问题，因此，作为推销人员应认识到这一点，区分真假支付能力，根据具体情况分别对待处理。

8. 货源的异议

这种顾客异议主要原因是顾客对推销人员推销的产品以及产品生产单位、推销人员本身等方面的不了解甚至于不满意而可能引起拒绝购买产品。例如，“这个品牌口碑不好，我不要”“这个产品不是名牌货，我想要有名气的产品”，等等。对于这类顾客推销人员不能针锋相对，要更加耐心等待，多寻找一些积极的措施来化解异议。

9. 权力的异议

这种异议主要原因是顾客可能是真正缺乏购买决策权，或者说可能出于价格因素、需求因素、支付能力因素、产品因素等而故意推托来拒绝购买产品。对于这类顾客，推销人员要有一双“慧眼”，或一种判断能力，准确地鉴别哪些是真正有权力购买的顾客，哪些是有购买权力但由于某种原因暂时不想购买的顾客，这样可以针对不同的顾客采取不同的对策。

二、顾客异议产生的原因

顾客的异议既可以看作是成交的障碍，又可以看作是成交的信号。顾客异议的产生是必然的，推销人员对此应有正确的态度和认识。顾客提出异议后，应冷静地分析异议产生的原因，并由此着手来解决问题。

顾客的异议产生的原因是多方面的，有可能是因为顾客本身所引起的，也有可能是因为推销人员及其代表的企业所引起的，也有可能是商品本身所引起的，甚至有可能是社会的因素作用导致的，归纳起来主要有以下几种：

（一）顾客的主观意识和习惯

顾客应该说是一个有相对独立思考与行为能力的人，对许多问题的认识和见解又往往带有强烈的感情色彩，有时又不合逻辑性，光靠用讲道理的办法难以消除，由此所产生的异议，在不影响推销的前提下，要尽可能避免讨论偏见、成见和习惯问题。

顾客的心情和自我表现也是产生异议的一个原因。当顾客心情不佳时，顾客可能提出各种异议，借题发挥，有些顾客为表现自己知识丰富、有主见而提出不同意见。对此推销人员应注意多在事先进行了解，并理解他们，这样能消除异议，取得顾客的支持。

例文示范

原一平如何面对米店老板

原一平是日本明治公司的保险推销员，他因出色的推销才能及同样出色的业绩而被誉为“推销之神”。

有一天，原一平心血来潮，突然涌出一种童年时喜欢恶作剧的念头，故意到他曾工作过的米店去向老板推销寿险。

一番寒暄后，老板问：“你在哪里高就啊?”

“我是明治保险的推销员。”

“噢！那真是很大的转变啊！工作很辛苦吧！”

“嗯，辛苦是蛮辛苦的，好在客户一直在增加。当年在米店服务，承蒙您教导我要‘勤劳节俭’，我一直奉行不渝才有今天的小小成果。”“很好！很好！勤劳节俭必成功。”

“我还有事请教，您似乎还没投保寿险吧……”

一提到保险，老板立刻打断他的话！

“嘿！甭想向我推销保险。你刚刚提到‘勤劳节俭’的店训，你应当不会忘记吧！人各有志，你去当寿险推销员，我当然无权过问。你今天来，我是看在往日的情分上才与你交谈；若换成别的寿险推销员，我理都不理他。所以有关保险一事请勿再提。”

原来原一平单刀直入，想先发制人，没想到刚一出招，就受制于人，为今之计，只好以退为进了。

“行！我不再提保险。老板啊！我看您的脾气跟10年前还是一模一样，仍是那么执着呀!”

“哈哈哈，别挖苦我了。我看你倒是挺干脆的，闭口不提保险啦!”

原一平跟老板聊了一会儿，并诚恳地说了下面一段话，就知趣地告辞了。

“我只是想提醒您，保险主要就在于有备无患，只有身体健康才能投保，如果身体衰弱会被寿险公司拒绝的，倘若到被人拒绝时，才想要投保，那就来不及了。这一点请您仔细琢磨。”

隔了一段时间后，原本身体健壮的老板突然因故去世。原一平知道噩耗之后，急忙前去吊丧。

如今大老板去世，他的财产当然要由他养子来继承。这就牵涉到遗产的问题，原一平一边安慰他节哀顺变，一边适时地告诉他若干遗产税的知识。

原一平除教他遗产税的知识外，还主动帮他处理丧礼与其他善后问题。

就在老板死后35天，原一平被请到了米店。

“家父突然去世，谢谢您帮了很多的忙，使一切的善后事宜都能处理妥当。家父的去世，对我打击甚大。不过我会听从您的鼓励，重新振作起来。另外，我想纠正以前固执的观念，夫妻一起投保。当然，这并不完全是对您的谢意。”

[引自 https://www.wenku.baidu.com]

（二）了解商品情况的要求

顾客出于此要求而提出异议是较为正常的，表明顾客对产品已经产生了真正的兴趣，希望更详细地了解情况，以免购买决策失误。因此，推销人员对于顾客这种类型的异议，应持欢迎的态度，同时也应以令人折服的介绍，别具一格的演示和充足的证明材料等，消除顾客的种种疑问。

（三）推销人员自身方面的问题

当推销服务不周，推销礼仪不当，推销信誉不佳，提供信息不足，如推销人员的举止态度让顾客产生反感，推销人员为了说服顾客，做了一些夸大不实的陈述，推销人员说明产品时，使用了过于高深的专门术语，顾客无法理解和认同，推销人员说得太多或太少无法把握顾客的问题点，导致沟通困难、展示商品失败，事实调查或引用的资料不准确等，这时顾客就会产生不同的意见。这些意见在一些公司未能得到足够的重视，推销人员本身的素质不高，顾客对某些商品不熟悉等所造成的。

（四）推销商品方面存在的问题

当推销商品本身品质不良，功能欠缺，价格不适当等，顾客也会提出不同的意见。或者有关商品的推销证明不充分，顾客的不同意见就自然而然提出来了。

（五）在伪劣商品充斥时，人们对商品的一种不信任感

由于某种利益的驱动，一些奸商或不法分子片面追求利益而不管商品的质量要求，以次充好，以假乱真，致使假冒产品无孔不入，部分服务承诺得不到兑现，鱼目混珠，同样也给顾客心理造成极大的不信任感、恐惧感，怀疑商品、怀疑企业、怀疑推销人员等的问题也不期而来。

阅读资料

顾客异议，为推销策略的正确运用创造了条件

顾客对推销产品提出异议，说明顾客不仅对推销产品感兴趣，而且已经在考虑购买产品的细节问题了。有经验的推销人员可以从中获得三类信息：

(1) 确认进一步激发顾客产生购买欲望的最佳时机。

(2) 通过留意顾客对现有产品的不满与抱怨，了解顾客的新需要。

(3) 发现现有产品及销售工作中存在的缺点与不足。

对于第一类信息，推销人员要因势利导，趁热打铁，促使顾客达成交易，决不能坐失良机；对于第二类信息，推销人员要尽快将其反馈给企业，加快企业开发新产品的速度，尽快满足市场上出现的新需要，为企业赢得竞争优势；对于第三类信息，则要特别重视，切实对现有产品及现有销售体系进行改进，以塑造良好的质量形象。

有关研究表明，在产品推销中80%的失败是由于顾客对所推销的产品（或服务）不了解所造成的。因此，顾客提出购买异议，就等于向推销人员传递了“我对你的产品感

兴趣，但我对此不了解”的信号，需要推销人员提供更多的资料和服务答疑解惑。

[引自 http：//blog. 163. com]

训练设计

一、简答题

1. 何谓顾客异议？为什么会产生顾客异议？

2. 顾客异议主要有哪些表现？你是怎样理解的？

3. 顾客异议产生的主要原因是什么？

二、案例分析

一位顾客在某商场的化妆品柜台前住脚观看各种产品，这时，一位推销人员过来对顾客说：“××产品非常好，我看很适合您的，价格也不贵。”“我不相信你，上次也是你给我推荐的一款产品，你也说非常适合我，结果我用后反应很大，脸上都起豆豆了。”顾客说完后就自顾挑起产品来。

问题：（1）推销人员主动热情的接待为什么会遭到顾客的拒绝？

（2）如果你是这位推销人员，你听了顾客的意见后将如何分析顾客的异议？

三、自测题

请你模拟分析顾客的几种异议。

四、实训与实战

【实训与实战目标】

1. 准确识别和理解顾客异议的含义。

2. 准确分析顾客异议产生的原因，树立“顾客总是有道理”的观念。

【实训与实战内容、方式】

1. 内容：价格异议——一次，在商场内，一位顾客正在认真比对鞋子的同类商品。这时，一位推销人员走过来说：“您好，我给您推荐一款，她随手指了一种产品说，这个产品好，价格比较便宜，现在正在搞特价。”但是，没有想到顾客反驳她说：“好货不便宜，便宜没好货。”说完，就再也不理推销人员了，自顾继续挑选产品。推销人员听了顾客的话后，没有生气，反而更加热情地招呼道：“真的，我没有骗您，我给您推荐的这款确实是价廉物美，我自己也在用。”顾客犹豫了一下，最后，还是买下了。

2. 方式：在教师的指导下，全体学生参与，模拟商场推销人员与顾客的对话。

【实训与实战要求】

1. 模拟训练——“实战演习”。

2. 分小组进行，4～6人为一组，事先各小组准备好有关的场景。

【实训与实战成果检测】

1. 在教师的指导下“实战演习”，并比较各组的模拟训练结果。

2. 正确辨析顾客异议产生的原因。

任务二　顾客异议处理的原则、时机和步骤

任务驱动

小组讨论：一位男士看上去很斯文，今天他是来给他太太购买生日礼物的。他走到黄金饰品的柜台前，思考应该买什么？这时，一位推销人员走过来主动给他做起了参谋："先生，你好，我是这个柜台的推销人员，我看你很有风度，也很有气质，是给你太太买的吧？""嗯。"男士轻声回答道。"你可以到这边来看看中高档的一些款式，我看这个款式很适合你们这一层次的。"推销人员又说道。男士看了看推销人员推荐的产品，点头赞同。于是这笔生意就这样做成了。

提示：推销人员事先能准确地判断和预测顾客异议，并主动地提出异议且给予回答，不仅可以节约顾客购买的时间，同时也可以让顾客感觉到推销人员了解他的内心想法，所以很快就同意推销人员的意见了。

必备知识

一、处理顾客异议的原则

顾客异议产生后，作为推销人员来讲，最重要的就是采取积极的态度。要针对不同的异议，有的放矢地做好转化工作，从而建立起相互间的信任和合作关系，促使推销工作顺利进行。

在处理顾客异议时，应按照一定的原则、程序，把握恰当的时机，运用科学的方法进行操作。主要的原则有以下几条：

（一）推销人员面对顾客异议要自信

自信是一种良好的心理素质的表现，这也是推销人员保证推销工作顺利完成的基本保证。当推销人员在推销某种商品时，常常会遇到一些麻烦的事，如顾客诉说产品质量不够高，产品档次低，颜色、款式、品种单调，不如其他产品好、名气大等。对于这些，推销人员应树立自信心，有百折不挠的精神和宽宏大量的胸怀。

当然推销人员要做到这一点，首先要知己知彼，即对自己的公司、商品及竞争者的状况、市场行情和顾客的需求点都要十分清楚；其次衣着整齐，待客礼貌热情、周到，尤其是遭到对方的冷言冷语时，一定要沉得住气，不能流露出任何不满的言行和泄气的神情，要牢记，任何顾客是不愿与一个缺乏自信心的推销人员打交道的。

（二）推销人员应尊重顾客的异议

俗话说，要想得到别人的尊重，首先应尊重别人。作为推销人员来讲，如果要取得顾客的信任，顺利展开推销工作，就必须尊重顾客提出的各种异议。也只有这样，顾

客才会主动将一些信息及时反馈给推销人员，推销人员才有机会去深刻地认识市场和商品，真正地了解一些供需情况和问题，也才能更有利地按市场的需要来解决一些商品的问题，使商品更能适销对路。要做到上述要求，首先，推销人员应主动、诚挚地欢迎顾客提出不同的意见；其次，推销人员要认真倾听顾客提出的不同意见，不能随意打断顾客提问；最后，耐心、客观地解释回答顾客提出的不同意见，从而使顾客能接受推销人员的观点和建议。

例文示范

这件衣服的面料不是100%的羊绒

有一天，一位女士指着一件羊绒大衣的吊牌说："明明衣服吊牌上写的是面料成分含95%的羊绒，这件衣服怎么可以说是面料是100%的羊绒呢？"

一位推销员听到这里后，笑眯眯地走过去接话道："您说的情况以前的确也有顾客反映过。是这样的，我们吊牌是按照检测报告上的数据标注的，在送去检测的样品中，只是有小部分羊绒在检测过程中有几微米的差距被算成羊毛了。但国家标准规定，如果其他物质含量小于5%就可标注为100%的羊绒。有些牌子衣服就是以国家标准做吊牌，它检测出来也未必是100%这个数据。所以，按国家标准来说，我们这个也是全羊绒，我们只是更加诚实地在卖商品，您说是吧？"

（三）与顾客永不争辩

推销过程也是人与人之间相互交流、沟通的过程。推销人员与顾客保持良好、和谐的关系，可以说是推销工作能顺利展开的一个重要条件。因此，一旦顾客有异议，最好不要与之争辩。在实际工作中常用的方法是倾听顾客异议，然后找机会再做下一步的行动。

（四）推销人员应认真分析顾客的异议

顾客的异议是一种自然现象，从某种意义上讲也是一种信息。作为推销人员应正确对待顾客的异议，并认真分析顾客的各种异议，寻找契机，根据顾客的不同类型、不同心理、不同要求及时采取对策，消除顾客的疑虑和不同意见。

（五）推销人员应适时转化顾客的异议

顾客的异议从另一角度讲也可以认为是顾客在购买过程中产生的一种心理障碍，或者说是对推销人员推销工作的某种否定，如果不针对性地采取措施，排除障碍，将对推销工作产生极大不利。因此推销人员应适时地、千方百计地转化和消除顾客的异议，改变顾客对推销人员及商品包括企业的原有看法，提高对顾客的吸引力。

例文示范

推销员巧妙转化顾客的异议

一次，在销售冰箱的柜台前，一位顾客指着一台冰箱对推销员说："某品牌的冰箱与你们的冰箱是同一类型、同一规格、同一星级，可是人家的制冷速度要比你们的快，噪音也要小一点，而且冷冻室要比这款大好多，看来你们这款冰箱不如某品牌的呀！"

推销员听了以后，这样回答："是的，您说的一点不错，这款冰箱噪音是大了一些，但它在国家的标准允许范围内，制冷速度要比某品牌慢些，可耗电量却要比某品牌小得多，冰箱的冷冻室是小了些，但冷藏室却很大，现在多是小型家庭，一家三口人，每天能有多少东西需要冰冻呢？还不如冷藏室大一些呢。再说，这款冰箱要比您所说的那款冰箱价格便宜很多啊，保修期也比它要长一倍时间，我们还提供上门送货、安装和服务。"顾客听后，脸上马上展现出笑容。

二、处理顾客异议的时机

把握合适的时机来处理顾客异议，无疑对推销工作有很大的帮助和改观。对于一个合格的推销人员来讲这也是一项基本功。那么，如何把握处理顾客异议的最佳时机呢？根据经验所得，以下几种可以选择考虑：

（一）在顾客提出异议前给予处理

推销人员在推销活动中，往往会敏感地察觉到顾客可能提出的一些不同意见，因此应先发制人抢在顾客提出异议之前将答案准备好并予以正确回答。这样能使顾客提不出不同意见，有效地避免纠正反驳顾客的不同意见，减少与顾客之间的摩擦和矛盾，同时也使顾客感受到推销人员的真诚、坦率，让顾客认识到推销人员没有隐瞒自己的观点，甚至非常了解他，说出了他想说而未说出来的意见，从而起到大事化小、小事化了的良好效果，避免了顾客在一些问题上的小题大做而影响推销工作的进行。另外也节约了面谈的时间，提高了工作效率。

（二）在顾客提出异议后马上处理

一般情况下，顾客提出不同的意见后，都是希望能马上给予他们一个满意的答复，因此果断地处理顾客提出的不同意见是推销人员处理此类问题的上策和最佳时机。推销人员千万不能回避，否则顾客的疑虑会更深，并拒绝与推销人员接触甚至拒绝购买。如果推销人员有时对顾客提出的不同意见不能马上回答，也必须对顾客说明其中的原因并请求其谅解，以争取顾客的大力支持与合作。

相关链接

面对顾客真实异议，推销员应立即处理或延后处理的适用条件

- 立即处理

■ 当顾客提出的异议是属于他关心的重要事项时；

■ 当你必须处理后才能继续进行销售时；

■ 当你必须处理异议后能立即要求签约时。

- 延后处理

■ 对你权限外或确实不确定的事情，你要承认你无法立刻回答，但你保证你会迅速找到答案告诉他；

■ 当顾客提出的一些异议在后面能够更清楚证明时。

[引自 http：//c. 360webcache. com]

（三）推迟处理顾客的异议

作为一种特例，有时马上答复顾客提出的不同意见，反而对推销工作不利，则可以采取推迟处理的办法来加以解决，许多专家认为若下列情况成立，可以采取此策略：

（1）不能马上给顾客一个满意的答复。

（2）若马上答复顾客的异议反而对推销工作产生不利。

（3）顾客的不同意见将随时间逐渐减少或消失。

（4）不想反驳顾客的不同意见。

（5）想避开顾客的不同意见而不进行任何反驳。

（6）顾客的不同意见离题太远。

（四）不处理顾客的异议

顾客心情不佳时提出的一些借口或不同意见最好不予理睬，那些与推销活动无关的不同意见则更不应理睬。

以下情况成立，可以采取此策略：

（1）因顾客心情欠佳而提出的借口或异议。

（2）与购买决定无关的异议。

（3）不会影响推销工作的异议。

（4）含糊不清，令人费解的异议。

（5）不攻自破的异议。

（6）需要花很长时间才能解答的异议。

（7）超过推销员能力水平的异议。

（8）涉及较深专业知识、解释不易的异议。

相关链接

顾客异议处理时机的具体运用

- 把握时机

■ 以攻为守，先发制人。

■ 及时出击，一鼓作气。

■ 以退为进，等待时机。

- 弱化与缓解

■ 明修栈道，暗度陈仓。

■ 大事化小，小事化了。

■ 感官削弱。

■ 利益补偿。

◆ 寻找大于成本的利益。

◆ 堤外损失堤内补。

◆ 利益与成本类比。

- 调整与让步

■ 调整。

■ 让步。

［引自 http：//www. docin. com］

三、处理顾客异议的步骤

推销人员如果要想比较容易和有效地处理顾客异议，还应按一定的步骤来进行：

（一）认真听取顾客的异议

回答顾客异议的前提是应弄清顾客有什么问题。法国著名的传记作家罗斯福说过一句非常哲理的话：我们与人交谈，总觉得知音难觅，和者鲜寡，其原因之一就是人们几乎都对自己要说什么想得太多。日本营销学家齐藤竹之助也认为，在推销工作中的听是十分重要的。当推销人员在不清楚顾客异议的情况下，要使顾客满意是不可能的。因此，推销人员要做到：

1. 认真听取顾客的意见

听取顾客的意见，从某种角度来说，应该是化解矛盾、避免矛盾激化的最有效的一种手段与方式。从心理学上看，人在发泄内心不满时，实际上也是求得自我心理平衡的一种过程，所以等顾客发泄完内心的不满后，顾客的情绪就会慢慢平息，这个时候推销人员再心平气和地与其沟通解释，就会顺利解决问题，并得到非常好的结果。听取顾客的意见，同时也可以对推销人员和推销产品起到一种鞭策的作用。“逆耳忠言利于行”，对推销人员来说，经常能听到一些反面的意见，肯定对自己的推销工作、推销产品的改进与提高起重要的促进作用。

2. 让顾客把话讲完，不要随意打断

当顾客有异议时本来心里就有一种莫名的不快，如果推销人员不虚心接受，积极想办法解决问题，而是竭力为自己辩解，甚至想方设法证明顾客是错误的，这无异于火上浇油，更易激起顾客的反感，致使本来可以化解的小矛盾激化，从而导致交易的失败。

由此可见，理解顾客，诚恳倾听顾客的意见，既是做人的美德，也是推销人员应掌握的基本要求。当顾客提供一些你需要的资料信息时，应该真诚地表示感谢。这样会使推销人员和顾客之间搭起一座心灵沟通的桥梁，对推销人员的推销工作会有无穷的益处。

（二）回答顾客异议之前应作暂时停顿

顾客提出异议后，不要急于表白。因为这样做容易使顾客产生误解，认为你是随便应付的，而应该稍作考虑后再回答，这样让顾客觉得你是负责任的，诚实可靠的，同样也愿意配合你去解决问题。

（三）要对顾客表现出同情心

顾客对企业或产品提出异议，一般是带着某种主观情感的。因此，推销人员在回答问题时应表现出对顾客的一种同情心理，让其觉得推销人员是理解他的心情和要求的，这样顾客就会保持一种和气、友善的心境，也有助于问题的顺利解决。

（四）复述顾客提出的问题

当倾听完顾客提出的问题后，用自己的话将顾客提出的问题再复述一遍，这样可以向顾客表明你已经明白了他的话。许多优秀的推销人员都是这样赢得顾客的。

（五）明确回答顾客提出的问题

推销人员对顾客异议要回答清楚，这样才能使推销工作进入下一步。但必须注意：

（1）增强顾客的亲和力；

（2）不要超越自己的权限；

（3）话语简练。

相关链接

按照处理抱怨的四个步骤去做可以缓解客户的抱怨，并能有效解决客户的问题。

- 预测抱怨

在可能引起客户抱怨的失误出现以前就通知客户，这会使客户感觉你在关注着他，并降低形成抱怨的可能性。

- 鼓励客户说话

在客户向你抱怨的时候，为了缓解紧张气氛和听清有关信息，你应当鼓励客户说话，让他讲出遇到的问题。

- 给予回复

客户希望他们的问题能够得到迅速解决，或尽快得到回复，你最好了解你的公司及其经营政策，从而施以相应的措施解决这些问题。

- 表示感谢

一定要向客户真诚致谢，因为是客户的抱怨才使你认识到自己工作中的失误，并认真关注和解决该问题。同时，要为这些问题带给客户的不便表示歉意。

［引自刘永中、金才兵主编的《销售人员的十堂专业必修课》，南海出版公司，2004年］

LSCPA法处理客户的异议流程图

- L：倾听——倾听客户的意见。
- S：分担——你的心情我理解。
- C：澄清——很多客户刚开始时都认为我们的价格偏高，但后来都接受了。
- P：陈述——我们的产品质量提高了许多，所以价格也相应提高。
- A：征求——我看您还是接受我们的价格吧？

［引自孔雷主编的《训练销售精英》，企业管理出版社，2003年］

阅读资料

尊重顾客的异议

美国纽约电话公司曾遇到一个蛮不讲理的客户，他拒不付电话费，声称电话公司的记录是错的，甚至威胁要砸碎电话机，同时写信给各大报馆，向公共服务委员会抱怨。为此，与电话公司打了好几场官司。公司派了好几个人去处理此事都失败了。后来，公司派了最有耐心的乔治去处理此事。在乔治面前，他没完没了地大发脾气。第一次，乔治静静地听了三个小时，对客户所讲的每一点表示同情。后来又去了三次，乔治都静听客户的抱怨。在第四次时，客户的态度渐渐地变得友好起来。最后，乔治说服了这位客户加入了他的“电话用户保持协会”，与此同时，客户付清了全部电话欠费账单，结束了他的投诉。

［引自姚书元、沈玉良编著的《现代实用推销学》，复旦大学出版社，2004年］

训练设计

一、简答题

1. 处理顾客异议应按照哪些基本原则？
2. 处理顾客异议一般有哪些最佳的时机？
3. 有效处理顾客异议的步骤是怎样的？

二、案例分析

在某一商场内，一位推销人员正在熟练地摆弄着一对音箱，美妙的音乐也不断地从音箱中播放出来，周围的顾客听到音乐后陆陆续续地围上来看推销人员的操作。推销人员抓住机会对看热闹的顾客说：“很多人都说，这个我也会，太简单，但事实上许多顾客把音箱买回家后，发现很多地方都不清楚，甚至看了说明书后也不会把所有的结构搞清楚，最后又跑来问我。为什么？这是因为我经常在摆弄它，所以我能轻松自如地掌握它的各种性能，在这方面我可以说是专家，而顾客中的一部分人则不行。”

问题：(1) 这位推销人员为什么会对顾客这样说。

(2) 如果你是这位推销人员，你又会怎样处理呢？

三、自测题

模拟选取一种商品，对顾客异议进行时机和步骤方面的把握与处理。

四、实训与实战

【实训与实战目标】

1. 理解和掌握顾客异议处理的原则、时机和步骤。

2. 正确理解“永远不与顾客争辩”这句话。

【实训与实战内容、方式】

1. 内容：商品结算金额有错误——有一天，我去一家大型超市购买生活用品。回来后，发现超市工作人员对其中的一个商品即玉米的单价变成了芦笋的单价，这样，实际金额相差一半多。为了防止说不清的现象发生，我在给超市售后服务台工作人员打电话前，用手机先拍下了玉米包装袋以及结算小票单子，然后给他们说明了有关情况。

第二天，我去超市的售后服务台，将用手机先拍下的玉米包装袋以及结算小票单子给他们看。看完后，超市工作人员还没等我提出要求，她就非常客气地对我说：“对不起，让您多跑了一趟，真不好意思。”同时，又马上说：“这是我们的错，这样吧，我们把多结算的钱马上退还给您，玉米的钱（4.00元多一点）也不收了，算是赠送品。”

2. 方式：模拟情景法。

【实训与实战要求】

1. 分小组进行，4~6人为一组，事先各小组准备好有关的场景及台词。

2. 各小组要交换不同的角色，分别模拟。

【实训与实战成果检测】

1. 在教师的指导下“实战演习”，并比较各小组的模拟训练结果。

2. 评价分析上述实训的内容。

任务三　处理顾客异议的基本方法

任务驱动

小组讨论：一位推销人员轻轻地推门进来说：“你好，请问我能打扰你几分钟的时间吗?”，“怎么又是你，我很讨厌你和你的产品，你出去，我没有空。”顾客很生气地说，想气走推销人员。

提示：对这种顾客异议推销人员可以采取糊涂处理法进行处理。关键在于怎样去把握。

必备知识

不同的顾客异议，从理论上讲应用不同的方法进行处理。然而实践中所碰到的顾客异议是多种多样的，即使是最富有经验的老练的推销人员，他也无法也不可能掌握包括所有顾客异议的处理方法。在此只介绍一些最基本的方法。

一、反驳处理法

（一）含义

推销人员以充足的理由和确凿的证据直接否定顾客的异议。例如，顾客："这里的某产品价格比其他商店要贵得多了。"推销人员可以直接予以反驳，告诉顾客可能不太了解情况，本店的某产品价格与其他商店同类产品相比不贵，小距离的差异是因为各商店选择的进货渠道不同，故进货成本上有一定的差异。

（二）应用

直接反驳法针对性较强、能直接说明有关的情况，据理力争，说服力强，可以节约推销劝说时间和精力，提高推销效率，但也容易使顾客产生抵触情绪，甚至得罪顾客，造成推销人员与顾客之间的心理冲突。为此采用此法时必须谨慎。

（1）直接反驳法的运用条件。①顾客对公司（企业）的服务、诚信有所怀疑时；②顾客引用的资料不正确时。

（2）运用直接反驳法应注意的问题。①必须摆事实、讲道理，做到以理服人；②态度诚恳、对事不对人；③语气委婉、用词恰当。

例文示范

矿泉水推销人员的反击

一位顾客就推销员所介绍的矿泉水提出异议："听说你们的矿泉水都是灌的自来水。"这一问题显然不符事实。推销员顿时十分生气，立即进行反驳，要求顾客拿出证据来，否则就是凭空捏造。顾客也不甘示弱，双方为此发生了激烈的争吵，最终推销员还是占了上风，顾客因为没有依据而不再争辩。推销员认为，虽然这笔生意没有做成，但通过反击维护了企业和产品的信誉，还是非常值得的。

二、但是处理法

（一）含义

推销人员首先承认顾客异议有一定道理的一面，然后从另一方面进行否定。这种方法的形式表现为"对……但"，或"是的……不过，然而、并且、还有、另外"，等等。例如，顾客：“这件衣服的式样已经过时了”。这时，推销人员可以这样回答他，“对的，这是上半年的式样，有点过时，不过现在我们正在打折，打折幅度也较大，且商品本身质量相当不错，您买了以后不会吃亏”。

但是处理法也是一种有条件地接受顾客异议的处理方法。

（二）应用

但是处理法是一种先退后进的处理法，一般不会直接冒犯顾客，有利于保全顾客的面子，也有利于保持良好的面谈气氛，使顾客更容易接受推销人员的看法。

（1）但是处理法运用的条件。此方法在大多数条件下都可运用，适用面较广，但主要适用于处理顾客提出的无效异议。

（2）运用时应注意的问题。转折自然，理由要充分，尽量避免“但是”一词，以免引起反作用。

相关链接

但是处理法的步骤

第一，明确地表示同意顾客的看法，或者先不直接否定或反驳顾客的异议，而是表示理解，然后又证实顾客的观点并不全面，进行委婉地解释。然后在“但是”后面做文章，用有关事实和理由婉转地否认异议。

第二，推销员要用委婉的语言、阐明自己的看法，这有利于创造一个和谐的洽谈气氛。不过“但是”这个词否定意义太强，容易引发敌对情绪，可以用“而”字代替，这样就可以大大缓和语气，效果也会好一些。

[引自 http：//wiki. mbalib. com]

三、利用处理法

（一）含义

推销人员把顾客的异议变成劝说顾客购买的理由。例如，顾客：“这种铝制盘子太轻了。”推销人员可以顺应顾客的思路回答说：“这种盘子的优点就是轻便，正是根据使用特点设计的，用起来极为方便。”顾客：“我对广告不太感兴趣。”推销人员则可以这样说：“我在某些方面同意你的看法，广告肯定不是灵丹妙药，关于广告的许多说法都是言过其实的。但如果你想通过广告扩大销量的话……”。

利用处理法也是一种将顾客的异议当作自己的论点的一种处理方法。“以子之矛攻子之盾”。

（二）应用

利用处理法是把顾客的异议变成说服顾客的理由，以攻为守，变被动为主动，直接引证顾客的话，让顾客感觉推销人员重视自己的观点、意见，有较强的针对性；转化顾客异议及时，能有效地促成顾客购买产品。然而，如果使用不当，顾客可能会觉得推销人员在钻空子，抓了顾客的话把儿，有损顾客的面子，或者觉得推销人员强词夺理，因此，要妥善运用。

（1）利用处理法运用的条件。此方法主要适用于处理主观的顾客异议。

（2）运用时应注意的问题。①尊重顾客；②态度认真、温和；③用语恰当。

四、补偿处理法

（一）含义

推销人员利用顾客异议以外的其他有利因素抵消顾客的异议。例如，

顾客："现在是冬季，到明年夏季用电风扇，时间还好长呢。"

推销人员："你说得有道理，不过，现在购买可以享受季节差价，您仔细考虑一下，由于价格便宜现在购买还是划算的。"

顾客："这种电器怎么没有保修卡，我有点担心。"

推销人员："其实不用担心，因为这种电器几乎没有返修过，所以不用保修卡。"

（二）应用

补偿处理法在承认、肯定顾客异议的同时，说明达成交易对顾客的有利之处，可以给顾客一种实事求是的感觉，增加顾客对推销人员的信任感，也有利于保持推销人员与顾客之间的良好沟通。但是处理不好时可能会削弱顾客购买信心，增加推销劝说的难度，也可能引起顾客更大的异议，降低推销效率。

（1）补偿处理法运用的条件。此方法适用范围很广，主要适用于处理顾客难以达到心理平衡的时候。

（2）运用时应注意的问题。①处理时应客观、实事求是；②观点明确；③扬长避短，突出优势。

五、询问处理法

（一）含义

推销人员对顾客异议进行具体察问，让顾客自己化解异议。顾客的异议分为有效异议和无效异议两种。所谓有效异议就是有一定道理的异议。所谓无效异议就是没有事实依据和不能成立的异议。对于有效异议，推销人员应根据异议具体情况，有针对性地处理；对于无效异议，利用此法可以使异议不攻自破。例如，

顾客："我回家与家长要商量一下，现在不能马上决定是否购买……"

推销人员："您也是家庭的主要成员，难道您没有决定权吗？"

顾客："这种空调的质量不好。"

推销人员："您为什么会这样想？"或"请您讲一下，它的质量哪里不好。"

这种办法在许多情况下能够把异议直接消除掉，因为顾客们有时自己也非真正了解商品行情，只是道听途说得来的信息，由于掌握的证据不足，往往被人反问后自然不再继续坚持自己的观点了。

（二）应用

询问处理法可以更多地反馈信息，了解顾客的购买心理，明确顾客异议的性质，从而更有效地转化顾客的无效异议，但如果运用不恰当，容易使顾客反感，给推销工作带来更大的阻力。

（1）询问处理法运用的条件。此方法主要适用于顾客提出的特别难题时。

（2）运用时应注意的问题。①最好经常与其他方法结合使用；②分清并把握顾客异议的真假点；③对自己提出的反对理由必须充分；④通过询问能化解顾客的异议；⑤用语恰当，语气委婉；⑥讲究礼仪，询问要适可而止。

六、糊涂处理法

（一）含义

推销人员对顾客异议不予理睬或一带而过。也即对推销人员来讲其实心里明白，表面却故作糊涂。因为有时候将顾客的话全部当真，并不一定有好处，甚至可能有更大的麻烦。例如，

顾客："我知道，现在很多商品的利润都是暴利，我们可以杀价，且要狠一点。"推销人员可以不必回答或一笑带过去。

顾客："这种商品说是名牌，其实不怎么样。"

推销人员指着另一种商品说："您看这种商品怎么样？"

（二）应用

此方法可以减少不必要的时间浪费，提高推销效率；避免节外生枝，转移顾客视线，把推销精力集中在重点的问题上。但是难以进行感情的交流，不利人际关系的发展；如果不是针对有关异议，可能使顾客起疑心，难以消除异议。

（1）糊涂处理法运用的条件。①缓和洽谈时的紧张气氛；②避免落入对方的圈套；③主要适用于顾客提出显然站不住脚的借口时。

（2）运用时应注意的问题。①弄清顾客异议的性质；②态度要温和谦恭；③有宽容的精神。

七、转移处理法

（一）含义

推销人员利用时间和场所的变换处理顾客的异议。因为不管顾客心里怎么想，他们的

许多异议直接或间接地对推销人员的推销有帮助。此法是利用异议本身对推销有利的一面来处理异议，把顾客拒绝购买的理由转化为说服顾客购买的理由。例如，

顾客："我太忙，没时间与您继续谈下去。"

推销人员："我知道您是一位忙人，这也是我主动拜访的原因……"

顾客："你们公司天天在电视上、报纸上做广告，如果少做几次广告，节约点费用，成本不就可以减少了吗？"

推销人员："正是因为广告才使您轻松地了解我们的产品，这就是广告带来的魅力……"

（二）应用

转移处理法可以缓解买卖双方的紧张关系，给顾客以充分的时间进行理智思考，有利于转化因顾客情绪不佳而引起的异议，但是这种处理方法拖延的时间太长，容易失去成交的机会。

（1）转移处理法运用的条件。①推销人员本身具有良好的业务素质和善于说服人的口才；②对付那些事实根据不足的借口。

（2）运用时应注意的问题。①态度真诚、友好；②不要给顾客留下不重视他们的意见的印象；③如果顾客异议与成交无关和属于敏感性问题时，不宜用此法。

八、缓和处理法

（一）含义

推销人员在推销现场时，以适当的让步及时化解顾客的异议。顾客的异议有时是由于情绪不佳引起的，如果推销人员采取某些适当的让步，可以较好地处理顾客的异议。例如，

顾客："喂，你动作这么慢，不会快一点吗。"

推销人员可以微笑作答或答应一下："对不起，我马上就来。"

顾客对商场有意见且气冲冲地找到经理室，诉说推销人员态度不好，现要求退货。

经理先礼貌让座，并客气地倒上一杯水微笑地说："先坐坐，喝口水再给您解决问题。"

等这位顾客歇一会儿后，怒气消失了，说话也比进来时平和多了，然后通过解释工作，顾客就能心平气和地离去。

（二）应用

缓和处理法可以避免形成僵局和争吵，有效化解顾客的情绪异议，但有时有些顾客会认为你软弱无能，不断地给你找麻烦。

（1）缓和处理法运用的条件。①推销人员难以采取时间推移和场所变更的方式来处理顾客异议时；②推销人员本身具有良好的心理素质。

（2）运用时应注意的问题。①弄清异议的原因；②有足够的耐性，有以柔克刚的

精神。

九、原则处理法

（一）含义

推销人员用既定的事实和原则处理顾客的异议。在实际工作与生活中，人们往往以事实和原则去否定他人的意见。在推销劝说中，推销人员也可以用事实和原则去转化顾客的异议。例如，

顾客：“这种商品价格太高，是否可以降一些。”

推销人员可以拿出公司事先定的报价单与其他公司的定价单，送给顾客说：“请您过目，我认为我公司的价格并没有比其他公司高。”

顾客：“衣服破了，应调换。”

推销人员：“对不起，这不是质量问题，而是您使用不当造成的，所以我公司不应负责任。”

（二）应用

原则处理法可以避免许多不必要的争议，能有效地解决推销劝说难以化解的异议，但显得有些教条和生硬。

（1）原则处理法运用的条件。①推销人员自身权限范围内无法处理的异议；②事实明确，无法变更。

（2）运用时应注意的问题。①推销人员事先要有相应的准备资料；②推销人员要显示出对顾客的理解和自己的无能为力。

十、预防处理法

1. 含义

推销人员在顾客提出异议前首先化解可能提出的异议。此法是根据人的一种心理所采用的一种防止顾客提出异议的做法。例如，美国一位推销人员在日常推销中经常将顾客可能提出的几个问题写在纸上，即“不需要，不想要，没有钱，不忙买”，在推销时，请顾客说出因何种原因不买。

促使顾客发表意见。即推销人员在推销中先请顾客对公司的推销人员提意见，然后针对解决，使顾客满意。

2. 应用

预防处理法可以先发制人，能够有效地防止顾客提出异议或更多的异议，也可以使顾客把隐藏在心里的异议虚拟出来进行化解，避免暗中的异议阻碍，也可以节约推销劝说时间。但是运用不当，也可能给自己制造障碍，对推销不利。

（1）预防处理法运用的条件。①推销人员应有敏锐的洞察力和分析问题的能力；②及时与顾客进行沟通。

（2）运用时应注意的问题。①尊重顾客的个性；②准确预测顾客可能出现的异议。

除了以上几种基本方法外，处理顾客异议时还有其他的一些方法可供选择，第一，引伸归谬法。即将顾客异议进行引伸分析，详细说明顾客异议内在的含义和将会产生的后果，最终使顾客认识到并且承认其异议荒谬的一种方法。第二，例正约束借鉴法。即通过列举有力的证据来说服顾客对可以考证的有可比性的事件进行比较，分析自己的长处和优势，最终消除顾客异议的一种方法。第三，重复和削弱顾客异议。即针对某些不易消除的不正确和夸大了的反对意见，推销人员可以先使用较委婉的语言将顾客异议重述一遍，使顾客异议变得确切也较温和，甚至改变顾客异议的性质，然后再进行回答。

总之，处理顾客异议的方法有很多，应根据不同的情况灵活选择和运用。原一平先生认为："人们提出异议是因为他们想知道这件产品为什么值得购买，而这正是他们向你微妙地传达对你的产品有兴趣……"因此，作为推销人员应认真对待，努力去转化各种顾客异议。

相关链接

松下幸之助先生处理顾客异议的经验

■ 顾客并不总是正确的，但让顾客感到自己是正确的往往是有必要的，也是值得的，因为顾客的异议提供了达成交易的良好机会。

■ 对顾客提出的异议采取宽宏大量的态度是有好处的。这样做，你才能继续得到顾客的支持，并把支付索赔的费用追回来。

■ 在一定的范围内，顾客异议是难免的，不要过于敏感，要当做正常工作中的问题去解决。

■ 站在顾客的立场上来看顾客提出的异议，许多问题就迎刃而解了。

■ 感情冲动的顾客对推销人员流露出来的不信任或轻率态度特别敏感。

■ 在处理顾客为了维护个人声誉或突出自己而提出的异议时，要格外谨慎小心。

■ 不责备顾客总比责备顾客好。

■ 不要向顾客做出不切实际、不能兑现的保证，以免引起纠纷。

■ 你是不可能向一个发怒的顾客讲道理的，关键是要平息其怒气，恢复其理智。

■ 任何时候你都应当让顾客有这样一种感觉：即你认真对待他提出的异议，并且对这些异议进行处理。

■ 有些时候，你只要对顾客进行部分赔偿，顾客就感到满意了。

■ 处理顾客提出的合理异议，不必遵循任何特殊规定，要尽快处理，并承担由你造成的一切损失。

■ 处理顾客的异议，重要的不是形式，而是效果。

■ 顾客的异议也是一面镜子。

[引自吴金法主编的《现代推销理论与实务》，东北财经大学出版社，2006年]

阅读资料

卖场导购处理顾客异议方法的综合运用

• 答复异议之前

■ 目的：了解并隔离顾客异议，解除顾客“武装”。

■ 方法与步骤：

▲ 倾听——抑制自己说话的冲动。

▲“询问式”重复——摸清顾客异议。

例如：A.“这么说你认为我们的开价太高?”

B.“你是说你担心这种型号也许6个月后就会过时?”

C.“是什么问题使你产生这种看法的?”

D.“我觉得你这么说是有充分理由的，能说给我听听吗?”

■ 向其表示“理解式”同意——解除顾客“武装”。

例如：A.“我能理解您的心情……”

B.“你提出了一个很好的问题……”

C.“我明白你为什么关注……”

D.“如果我处在你的角度，我也会这样想……”

E.“你能提出这个问题说明你是个懂行的人……”

■“收敛式”提问——隔离顾客异议。

例如：A.“你还有别的问题吗?”

B.“你觉得还有什么要向我说明的吗?”

C.“你还有什么不满意的吗?”

■ 区分真实、虚假异议。

▲ 真实异议——实质性异议。

▲ 虚假异议——感情性异议。

▲ 注意：不要引出不必要的异议。

• 处理感情异议或虚假异议

■ 原则：摆脱感情异议，转化为实质性异议。

■ 方法：冷处理法——不要处理，把谈话从情感问题上引开，转向事实和内容。

话术举例：

顾客：“我现在不需要按摩保健产品，那都是骗人的，记得一年前，我经不起一个推销员的百般劝说，就向他买了一千多块钱的保健品，说是能治病，最后一点效果都没有。老实对你说吧，吃亏上当只有一次，我再也不会听你们那套销售经了。”

推销人员：“先生，您这是一朝被蛇咬，十年怕井绳，其实您说的这种情况属于推销员虚假扩大产品功效问题，您说对吗?”

顾客：“对，就是虚假扩大产品功效。”

推销人员：“您对我刚才的介绍感到哪些地方有扩大、虚假嫌疑，没关系，说出来我们分析分析。”

- 处理实质性异议

■ 记住：每一个实质性异议都是直接进入成交的机会——异议是你的朋友。

■ 方法举例：

▲ 间接否定法（但是处理法）。

▲ 直接否定法（原则处理法）。

▲ 太极法（转移处理法）。

▲ 补偿法。

▲ 询问法。

［引自 http：//blog. sina. com. cn］

训练设计

一、简答题

1. 简述顾客异议处理的一些基本方法。

2. 举例说明你若碰到顾客异议，将准备如何处理？

二、案例分析

某厂开发的新产品气功激发仪，在某商场柜台摆放3个月无人问津，而后某一天该商品却被顾客抢购了198个，产品由滞转畅的原因何在？原来是销售人员改变了销售方式。他们不仅向顾客介绍产品性能，而且还现场进行示范表演。当在一位患肩周炎的老人身上进行具体示范时，奇迹发生了，当即这位老人的胳膊不仅能抬起，而且伸直弯曲也不疼。围观的观众为之折服，纷纷购买。

问题：（1）请找出此产品摆在商场无人问津的原因。

（2）请分析本案例主要运用了何种方法才使产品“起死回生”，由滞转畅？

三、自测题

一天，一位农村来的顾客跑到商场对营业员说：“同志，我前几天刚买回一台电视机，发现电视信号不好，只有声音，没有图像。”营业员听了这位顾客的话后有点不相信。就告诉顾客说将电视机拿回商场给专业人员看看，结果电视机拿到商场后发现电视信号完全正常，这样这位顾客只好心存疑虑地将电视机又拿回家去了。但过了一天，他又来诉说电视信号不好，并要求退货。商场的营业员不相信他的话，并由商场自己的维修人员跟去看看情况，结果证实顾客没有错。顾客再次提出退货。这时商场主动提出请商场的维修人员再去现场维修，但顾客不同意。

问题：假若你是商场的推销人员，你打算如何处理此事？

四、实训与实战

【实训与实战目标】

1. 理解和掌握处理顾客异议的基本方法。

2. 正确理解“把不满的顾客变为一辈子的顾客”这句话。

【实训与实战内容、方式】

1. 内容：有一次，一位在校男生去商场购买冬天用的护肤用品。在商场柜台护肤用品的低价格产品区，他正仔细比较考虑应该购买哪一种品牌的产品，这时，一位女营业员走过来问他想买什么产品，男生告诉营业员（手指一下），像是要买低价格产品区的东西。营业员看了后笑了笑说："小伙子，我认为你不适合买这类产品，因为你气质好，再说这种低价格护肤用品用后对皮肤的副作用大，所以我建议你买那边的产品（指另一个中高档产品区的东西），使用后，你会发现你更有青春活力和魅力。"小伙子听后再也不好意思去购买低价格产品区的东西了，马上购买了中档护肤用品了。

2. 方式：模拟情景法。

【实训与实战要求】

1. 分小组进行，4~6人为一组，事先各小组准备好有关的场景及台词。

2. 各小组要交换不同的角色，分别模拟。

【实训与实战成果检测】

1. 在教师的指导下"实战演习"，并比较各小组的模拟训练结果。

2. 评价分析上述实训的内容。

项目小结

顾客的异议是指推销人员在推销过程中，顾客提出质疑或拒绝的一种反应。其主要有价格异议、商品异议、服务异议、推销人员的异议、购买时机的异议、竞争者的异议、需要方面和支付能力的异议等。

顾客的异议，它既是成交的障碍，又是顾客有购买意向的征兆。福布斯曾经说过"对推销而言，可怕的不是异议而是没有异议，不提出任何意见的客户通常是令人头疼的客户。"有一句经商格言："褒贬是买主，无声是闲人"，说的就是这个道理。

从现代营销学的角度上讲，有异议的顾客是企业的重要资源，因为顾客的异议从某种程度上可以理解为是企业进步的机会。顾客的异议可能会使企业有机会拉开与其他企业的差距，也可能会使企业流失客户。企业必须通过满足客户的需求赢得利润，从而使企业得以生存和发展。顾客的异议根源在于他们的某种需求没有得到满足。研究表明，对顾客的问题能得到较好的解决，其忠诚度会比从来没有提出异议的顾客高，企业解决问题的诚意友好态度，也会使顾客感到信赖感，从而认同企业的目标，为未来的合作奠定良好的基础。因此，推销人员只有通过对顾客异议的分析与处理，才可能准确地把握对方心理，从而对症下药。目前处理顾客异议的做法很多。处理顾客异议要把握一定的原则，包括推销人员面对顾客异议要自信、推销人员应尊重顾客的异议、与顾客永不争辩、推销人员应认真分析顾客的异议及适时转化顾客的异议等。同时注意处理的时机，如在顾客提出异议前予以处理、在顾客提出异议后马上处理，推迟处理顾客的异议。在此基础上，要灵活运用各种方法与策略，包括反驳处理法、但是处理法、利用处理法、补偿处理法、询问处理法、糊涂处理法、转移处理法、缓和处理法、原则处理法、预防处理法等。通过以上的这些做法，积极消除顾客的异议，提高顾客对企业的信任度以及对产品的满意度，从而促使交易的成功，以保证企业长久立足于市场。

项目八 成 交

学习目标

了解和熟悉成交应具备的基本条件。理解和掌握成交的基本策略和方法。理解和掌握成交的后续工作，尤其是结算及开具票据等一些基础工作。

导读案例

克里斯·亨利是从事工业用阀门、法兰及密封剂的推销人员，他正在拜访壳牌石油公司的购买者格雷·马斯洛，希望他能使用 Furmanite 牌子的密封制品来防渗漏。克里斯刚和购买者讨论完产品的特色、优点和利益，也说明了公司的营销计划和业务开展计划。以下是他们两人的推销对话：

克里斯：我来总结一下我们刚才谈到的问题。您说过您喜欢因为快速修理所节省下来的钱，您也喜欢因我们的快速反应而节省的时间，您喜欢的最后一点是我们的服务实行3年担保。是这样的吗？

格雷：是的，大概是这样的吧。

克里斯：我提议带一些人来修理这些渗漏的阀门，您看是让我的人星期一来呢？还是别的时间来？

格雷：不用这么快吧！你们的密封产品到底可不可靠？

克里斯：非常可靠。去年，我们为美孚做了同样的服务，至今为止我们都未因担保而返回修理，您听起来觉得可靠吗？

格雷：我想还行吧。

克里斯：我知道您还具有丰富的决策经验，而且富有专业性，同时您也认同这是一个对你们正确的、有益的服务！就让我安排一些人来吧，您看是下星期还是两周内？

格雷：克里斯，我还是拿不定主意。

克里斯：一定有什么原因让您至今犹豫不决，您不介意我问这个问题吧？

格雷：我不能肯定这是否是一个正确的决策。

克里斯：就是这件事让您烦恼吗？

格雷：是的。

克里斯：只有您对自己的决策充满自信，您才可能接受我们的服务，对吧？

格雷：可能是吧。

克里斯：让我告诉您我们已经达成共识的地方，由于能节省成本，您喜欢我们的在线修理服务；由于能得到及时的渗漏维修，您喜欢我们快捷的服务反应；而且您也喜欢我们训练有素的服务人员及时服务。是这些吧？

格雷：没错。

克里斯：那什么时候着手这项工作呢？

格雷：计划看起来很不错，但我这个月没有钱，或许下个月我们才能做这项工作。

克里斯：没问题，格雷。我尊重您在时间上的选择！下个月5日我再来这里，确定维修工人动手的时间。

［引自王富祥主编的《推销理论与实务》，大连理工大学出版社，2010年］

提示： 本案例中的推销人员主要运用了利益成交法，最终使双方的共识越来越多，并达成交易。

任务一 成交应具备的基本条件

任务驱动

小组讨论： 著名魔术师霍瓦特·图斯顿在40年里走遍了全球许多国家，几千万观众看过他的表演。当有人请图斯顿披露他成功的秘诀时，他说："懂得魔术表演的人很多，但是他们大都把观众当成来看热闹来寻开心的人。而我却把台下的观众看作上帝，正因为他们来看演出我才有所收益，我的生活才有保障。因此无论何时我都要尽心尽力表演，只有当人们喜欢我的表演了，才会在休息时间来这里观看我的演出。他们满意了，高兴了，就会口口相传，又带来更多的观众。这就是我成功的诀窍：观众是最重要的。"

［引自陈龙著的《成交圣经》，中华工商联合出版社，2010年］

提示： 做销售也是一样的，只要客户理解了、满意了，他才会买你的商品。当然这不能一蹴而就，需要你与客户在沟通中逐渐达成。

必备知识

一、成交的含义

（一）含义

所谓成交是指顾客接受推销人员的建议及其推销劝导，并且立即购买推销品的行动过程。它是面谈的继续，也是整个推销工作的最终目标。简言之，也即为推销人员用来

“诱使”顾客实现购买或承诺一项建议。例如，一位保险公司的寿险营销员将一项寿险宣传单上门送到顾客手中，并且经过“三寸不烂之舌”的功夫，终于说服了顾客做出购买保险的决策，为公司较好地完成了任务。这一过程无疑就是成交。

成交的内涵可以从以下几方面来理解：

（1）是顾客接受推销洽谈的积极响应；

（2）是顾客接受推销人员建议的渐进过程；

（3）是顾客接受推销建议并立即购买推销品的行为；

（4）既是推销洽谈的结果，也是下一次推销的开始。

（二）在推销中促成交易的意义

作为推销人员在推销商品或服务的过程中，达成交易是最重要的也是最基本的目的。我们可以假设，如果推销人员在整个推销过程中付出了艰苦努力的工作，如生动的推销说明与演示技巧，正确地处理了顾客的异议，帮助顾客解决了许多问题，但是最后顾客还是没有做出购买你的商品或服务的决策，那么推销人员的这些工作将没有任何价值可言。由此也可以看到，在推销人员的推销过程中最重要的就是要达成交易，也就是说，推销人员在推销过程中必须使顾客产生购买的欲望，继而由购买的欲望如何变成一种购买的需要，最后由购买的需要如何变成购买的决策与购买行动。

达成交易是推销工作成功与否的标志，是一种商品或服务在销售过程中的自然结果，也是推销人员对推销一种商品或服务是否终结的转折点，因此这是一项关键性的工作。推销成交率是衡量推销人员优劣的重要标准。推销人员应该重视推销手段的运用，但更努力谋求达到推销成交的目的。

二、成交的主要影响因素

（一）顾客的因素

1. 顾客对商品的认识

顾客对推销人员所推销的商品还没有完全认识，推销人员所推销的商品或许是非名牌产品，或许是刚刚上市的新商品，因此顾客对产品本身不了解，不敢盲目去购买。

2. 顾客有购买意图，但其购买能力尚有一定限制

顾客对推销人员所推销的商品有一定的购买欲望和购买需要，但由于受其经济收入的限制，购买能力受到影响，故暂时放弃购买。

3. 顾客受到自身的情绪和情感的影响

在实际中，我们经常会遇到这些情形：有些顾客由于情绪特别好或情绪特别低落时，就会去商场购物，以此来平衡自己的心理；有些顾客购物纯粹是凭着自己的一种好恶感去选择购物地点和商品的，所谓“跟着广告的感觉走”，就是其中的一个典型的例子；有些顾客则较容易受周围群体的左右，从众心理突出，尤其是支配型性格的人，较为明显。

（二）商品的因素

1. 受商品的功能效用的影响

顾客多数都比较看重商品自身的质量，如果商品质量低劣，即使是其价格特别优惠，也不愿意购买。花钱买“垃圾”，谁都不会做。这是影响成交的一个重要因素。

2. 受商品价格的影响

按经济学的原理，价格是价值的内在表现。“一分价格一分货”“好货不便宜”。许多时候商品的价格实际反映了商品的质量问题，然而，即使商品质量可靠、耐用，其价格过高，顾客也会感到可望而不可及，这也是影响成交的一个重要因素。

3. 受商品品牌效应的影响

一般来讲，对于有一定经济能力和大多数男性顾客，商品品牌好，知名度高，成交的可能性就相对大些，对于追求经济实惠的家庭型顾客和一些女性顾客，都偏好商品的实际效用，而不一定是知名度较高的名牌商品。

“中间商品策略”利用的就是顾客的这种心理。因此商品品牌也是影响成交的一个重要因素。

（三）推销人员自身的因素

1. 受推销人员的性格、工作态度等影响

一般来讲，推销人员本身性格是内向还是外向，工作态度是热情友善、谦和还是呆板、无表情甚至冷若冰霜，是影响实际成交的一个重要因素。对推销人员性格能力测试的一些表格，设计者们费尽心机在这些方面提出了许多敏感尖锐的问题。

2. 受推销人员业务能力的影响

在推销实践中，我们也经常可以看到这样一些情形，如果推销人员业务能力较强，则对商品的介绍分析非常合理、科学，让人深信不疑，反之，则会给人一个“听不明白”，或“越听越糊涂”，或“听了以后反增加疑虑”的感受，这必然会影响商品的成交机会。如果推销人员善于创造一种氛围，有效地诱导顾客，则肯定会多一些成交机会，反之，即使有了成交机会，可能也会丧失。

三、成交应具备的基本条件

（一）必须让顾客对你所推销的商品及价格有全面了解的机会

在实际推销过程中，可以假设，如果顾客比较熟悉推销人员推销的商品，他们就会表现出购买的热情，或表现出想与推销人员沟通的意向，甚至接受推销人员的推销建议，反之他们就会毫不客气地拒绝推销人员包括推销人员手中的商品。因此，作为推销人员，应该主动地向顾客展示自己的商品，主动地介绍商品的各种优势、性能、用途等问题，尽可能消除顾客的疑虑。总之，根据顾客的不同心理多给顾客一个了解的时间和机会。

（二）必须让顾客对推销人员及其所代表的公司有良好的信任度

从前面影响成交的几个因素中可以得出，如果顾客对推销人员及其所代表的公司没有足够的信心和依赖，那么即使推销人员手中的商品质量再好，价格再优惠，顾客购买商品的要求也会产生动摇、变化。因此，推销人员推销商品时，必须取得顾客的信任，这是成交的必要条件。

（三）必须让顾客对推销人员所推销的商品有强烈的购买欲望

根据市场营销学的原理，人类的需要是有限的，但其欲望却很多，当具有购买能力时，欲望便转化成需求，这就说明市场营销者连同社会上的其他因素，只是影响了人们的欲望，并试图向人们指出何种特定商品可以满足其指定需要，进而使商品更有吸引力，适应顾客的支付能力且使之容易得到，从而影响需求。因此，作为市场营销者的一员——推销人员，工作重心应放在做好推销说明工作，这样才能影响和带动顾客的购买欲望。

（四）在适当的动机促使顾客做出购买决策

“事在人为”，只要通过努力都有可能改变或影响某一事物的发展和变化。因此，作为推销人员要等待合适的时机，必要时要想办法制造合适的时机，促使顾客做出购买决策。例如，与顾客的谈话达到高潮的时机、重大的节假日时机，等等。

（五）必须将最后阶段的洽谈准备好

作为推销人员应对推销工作有一个全面的安排方案，根据方案明确自己的工作目标和方向，同时也明确自己下一步的工作规划和要求。尤其是在洽谈的最后阶段，对顾客提出的意见要处理好，使顾客自始至终对推销人员的推销工作及所推销的商品保持浓厚的兴趣，要引导顾客积极参与推销人员的推销工作。

（六）推销人员必须对顾客的情况有充分全面的了解和掌握

推销过程中推销人员要使顾客尽可能全面了解和掌握推销人员、推销人员所代表的公司以及推销的商品，反过来，在实际推销工作中，也同样要求推销人员对顾客的情况有充分全面的了解和掌握。“知己知彼，百战不殆”。那么顾客的哪些情况推销人员必须了解和掌握呢？

根据经验，下列情况可供参考：

（1）哪些顾客对哪些商品感兴趣；

（2）顾客为什么会对这些商品发生兴趣；

（3）顾客有哪些不同意见；

（4）顾客本身有无购买决定权；

（5）顾客为什么会做出这样的购买决定。

了解和掌握上述情况，推销人员在实际工作中就比较容易应对，并做出科学、合理的决策。

阅读资料

成交环节中最容易犯的错误

- 因为过程太长而未能实现成交。
- 没能不懈努力。
- 不能适当、主动提出成交要求。
- 推销方法单一。
- 推销展示工作做得不充分。
- 推销态度不当。
- 语言运用不当。
- 不是每一次推销都会即时成交。
- 有不正确的认识倾向。

[引自 http://www.docin.com]

训练设计

一、简答题

1. 何谓成交？请你举例说明。

2. 简述影响成交的基本因素。

3. 为什么说推销人员必须要让顾客对推销人员所代表的公司、推销的商品有良好的信任度？

二、案例分析

一家房地产开发商在楼盘定价时，开出了每平米4万元的价位。其定价的理由是房子位于市中心的最热闹地段，又紧临江边，可以说是不可复制的一个楼盘。但紧挨着其楼盘的一些小区（建造时间比这个楼盘要早10年左右）的市场价为1.6万元~1.8万元。楼盘开出已经近两年了，但房子还没有全部卖出去，公司的资金周转受到了严重的影响。

问题：(1) 请你分析这家房地产开发商不能将房子很快卖出去的原因主要是什么？

(2) 如果你是销售经理，你又会怎样做呢？

三、自测题

模拟一家公司的推销人员，进行成交应具备的基本条件分析。

四、实训与实战

【实训与实战目标】

1. 正确理解“知己知彼，百战不殆”这句话。

2. 正确认识和掌握成交的主要影响因素，准确捕捉成交信号。

【实训与实战内容、方式】

1. 内容：成交信号——一天，一位客户在看微信时，发现许多人都在购买一种预防各种疾病的人身意外保险。于是，她试探着去问在一家保险公司上班的熟人，问购买这种保险的一些细节问题。

2. 方式：模拟情景法。

【实训与实战要求】

1. 分小组进行，4~6人为一组，事先各小组准备好有关的场景及台词。
2. 各小组要交换不同的角色，分别模拟。

【实训与实战成果检测】

1. 在教师的指导下"实战演习"，并比较各小组的模拟训练结果。
2. 评价分析上述实训的内容。

任务二　成交的基本策略和方法

任务驱动

小组讨论：一服装品牌推销人员对顾客这样劝导："这个品牌的服装现在销售情况特别好，再说这个品牌的服装主要特点是它的式样和颜色重复率不高，许多年轻人尤其是办公室的文员都比较喜欢，我们每天都卖得快要脱销了。"

提示：这是一种从众成交法的应用。从众心理是一种普遍的社会现象，它一方面可以说是一种个体行为，同时也可以说是一种社会行为，因为它比较多地受到社会团体环境的影响。推销人员就是利用这种社会心理进行交易的。

必备知识

一、成交的基本策略

（一）保持自然良好的成交态度

推销成交的障碍除了顾客、商品本身以及外界其他条件外，同时还有来自于推销人员自己的一种情绪和心态。如果推销人员在这个阶段中表现出自信心不足，害怕遭到顾客的拒绝，不敢主动提出成交要求，被动地去等待顾客，那么毫无疑问推销是不可能取得成功的。因此，作为推销人员来讲，一是要克服自身的心理障碍，坚定自信心，即坚信自己一定能够说服顾客采取购买行动。二是要保持自然沉稳的态度。如果顾客决定购买，推销人员不要过分喜形于色，过分热情；顾客拒绝购买，也不要表现得失望沮丧。推销人员应以自然良好的态度去赢得顾客的信任、尊重与支持合作的机会。

（二）防止意外介入

在推销成交阶段，最忌意外发生和第三者介入阻挠。一般来说，推销成交过程中，顾客随时会出现修正、推迟、改变交易的心理和行为。任何意外的发生都可能影响顾客做出购买决定。因此，在这个阶段中，推销人员应排除阻挠，这也是成交阶段的一个重要策略。主要做法为，一是要灵活机动，即不能死抱着一种信念、一种计划，“一棵树上吊死”；二是要随时成交，即根据具体情况随时修正、改变自己的做法，与对方达成交易。

（三）注意成交信号，把握成交时机

许多情况下，顾客都不会主动请求购买，因此推销人员要随时留心成交信号，及时把握成交时机。当然，一方面不可太教条主义，过分重视介绍的完整性，自认为商品介绍还未完，就一直滔滔不绝地讲下去，使顾客听得兴致索然，从而失去购买热情；另一方面要认识到顾客购买激情或交易时机不止会出现一次，失去一次还可能第二次、第三次……推销人员应尝试着反复去实践，不断地试探成交的可能性。通常在以下几个方面推销人员可以试探顾客的购买行动：

（1）当顾客表示对某种商品非常有兴趣时。例如，推销人员：“你想试试吗?”或“你先试用一下吧!”。如果顾客接受了推销人员的建议，表明顾客的兴趣增大，这时推销人员可以继续努力。

（2）当推销人员对顾客的问题做了解释说明之后。例如，推销人员：“你觉得这种商品怎样?”或“你是否清楚?”，然后等着顾客的回答。

（3）当介绍了某种商品或服务的优势之后。例如，推销人员留心顾客的表情信号和语言信号，然后再打算下一步的推销工作。

（4）当克服了顾客的异议之后。例如，推销人员可以进一步帮助解决，并提出问题，然后让其满意，并做出下一步工作的打算。

（5）当顾客对某一推销要点表示赞同之后。例如，推销人员可以将商品拿到顾客面前，建议他试试。

（6）当顾客仔细研究商品、商品说明书、报价单、合同等时。例如，推销人员可以观察顾客的不同反映，然后做出下一步工作的打算。

知识拓展

几种成交的信号

■ 成交信号是指顾客通过表情、言语、行动等显示出来的，表明其可能采取购买行为的暗示信号。

典型的四种信号如下：

◆ 表情信号：其主要是通过顾客的面部表情表现出来的成交信号，是一种无声的语言，表现顾客的心情与感受。例如，神色活跃、态度友好、表情自然、频频点头、定神凝视、探身前往、记笔记等。

◆ 语言信号：这是一种最直接、最明显的表现形式，比较容易察觉。例如，顾客对产品颜色、包装、规格、产地、成分、付款条件、售后服务等提出具体的要求和意见，或用假定的口吻谈及购买、使用与保养等问题。

◆ 行为信号：观察顾客的行为可以识别顾客的成交意向。若有可能成交，顾客会有类似的行为表现。例如，由静变动——由不动声色转为动手操作产品等；由紧张变轻松——由原来细心倾听、身体前倾变为放松姿态、身体后仰、做出舒展动作；由单方面变为多方面动作——由远而近、由一个角度到多个角度观察产品，翻阅说

明书；有签字倾向的动作——找笔、摸口袋、靠近订货单、仔细研究订货单。

◆ 事态信号：与推销活动有关的事态发展所表示的购买信号。例如，推销气氛更和谐、向推销员介绍有关购买的其他人员、提出变更推销程序、改变洽谈地点与环境、对推销员的态度更友好、乐意接受推销员的约见等。

［引自 https：//www.taodocs.com］

（四）掌握洽谈主动权

掌握主动权是取得成功的必要条件之一。在推销成交阶段，由于顾客随时都有可能修改、推迟、改变购买行为的心理倾向，因此要求推销人员做到：

（1）做好准备工作。要规划好洽谈阶段工作，做好充分的准备，在知己知彼情况下，制定完善的洽谈计划。

（2）运用各种方法引导洽谈按既定的轨道前进，千方百计使顾客自始至终顺着自己的思路走，直到达到目的为止。

（3）不要把掌握主动权理解为操纵和控制顾客。推销人员不能有任何强迫的态度和做法要求顾客按你的意志办事，而应当积极引导、鼓励顾客发表观点和提出要求，然后通过对顾客观点和要求做出恰当的反应来操纵和控制主动权。

（五）保留一定的成交余地

任何交易的达成都必须经历一番讨价还价。推销人员在成交之前如果把所有的优惠条件都毫无保留地告诉顾客，当顾客要求再做出让步同意成交时，就会变主动为被动，毫无退让的余地，不利于最后的成交。因此，推销人员应讲究一定的策略，知道哪些应毫无保留地讲出来，哪些暂不能讲，到最后的关键时候再作为一种突破的手段，即“杀手锏”，才能取得想象不到的奇效。

二、成交的主要方法与技巧

成交方法是在成交过程中，推销人员在适当的时机，用以启发顾客做出购买决定，促成顾客购买的推销技巧和手段。对于推销人员来讲，熟悉和掌握各种成交的方法和技巧是非常重要的。从推销实践来看，成交的方法和技巧各种各样，有些是推销人员经过多年实践总结提炼出来的，有些则是推销人员临场应变发挥创造出来的。在这里，根据有关专家的研究成果和推销活动的实践经验总结，介绍常用的几种方法和技巧。

（一）主动请求法

1. 含义

推销人员用简单明确的语言，向顾客直截了当地提出购买建议，也叫直接请求成交法，这是一种最常用也是最简单有效的方法。例如，推销人员：“师傅，您刚才提出的问题都得到解决了，是否现在可以谈购买数量了？”

2. 应用

主动请求法的优点是可以有效地促成购买；可以借要求成交向顾客直接提示并略施压力；可以节省洽谈时间，提高推销效率。但它也存在一些局限性，如过早直接提出成交可能会破坏推销气氛；可能会给仍没有最后下决心购买的顾客增加心理压力；可能使顾客认为推销人员有求于他，从而使推销人员处于被动；等等。

运用主动请求法应把握成交时机，一般来说以下情况下可以更多地运用此方法：

(1) 向关系比较好的老顾客推销时；

(2) 在顾客不提出异议，想购买又不便开口时；

(3) 在顾客已有购买意向，但犹豫不决时。

(二) 自然期待法

1. 含义

推销人员用积极的态度，自然而然地引导顾客提出成交的一种方法。自然期待法并非完全被动等待顾客提出成交，而是在成交时机尚未成熟时，以耐心的态度和积极的语言把洽谈引向成交。例如，推销人员："这是我们刚上市的新产品，价格适中，质量绝对没有问题，您看看怎么样?"

2. 应用

自然期待法优点是较为尊重顾客的意向，避免顾客产生抗拒心理；有利于保持良好的推销气氛，循循诱导顾客自然过渡到成交上；防止出现新的僵局和提出新的异议。其缺点主要是可能贻误成交时机，同时，花费的时间较多，不利于提高推销效率。

推销人员运用自然期待法时，既要保持耐心温和的态度，又要积极主动地引导。推销人员在期待顾客提出成交时，不能被动等待，要表现出期待的诚意，简述成交的有利条件，或用身体语言进行暗示。

(三) 配角赞同法

1. 含义

推销人员把顾客作为主角，自己以配角的身份促成交易的实现。从性格学理论来讲，人的性格分为多种多样，如外向型与内向型，独立型与支配型，等等。一般的人都不喜欢别人左右自己，对于内向型与独立型的人，更是如此，他们都处处希望自己的事情由自己做出主张。在可能的情况下，推销人员应营造一种促进成交的氛围，让顾客自己做出成交的决策，而不要去强迫他或明显地左右他，以免引起顾客的不愉快。例如，推销人员："我认为您非常有眼光，就按您刚才的意思给您拿一件样品好吗?"

2. 应用

配角赞同法的优点为既尊重了顾客的自尊心，又富有积极主动的精神，促使顾客做出明确地购买决策，有利于推销成交。但这种方法的缺点也非常明显的，它必须以顾客的某种话题作为前提条件，不能充分发挥推销人员的主动性。

运用这种方法时，关键应牢记一个法则，即始终当好配角，不能主次颠倒。可以借鉴四六原则，即推销人员只做引导性的发言和赞同的附和，一般占洽谈内容的十分之四；启发顾客多讲，一般占洽谈内容的十分之六。当然，不能忘记，在当配角的过程中，应认真倾听顾客的意见，及时发现和捕捉有利时机，并积极创造良好的氛围，促成交易。

（四）假定成交法

1. 含义

推销人员以成交的有关事宜进行暗示，在假设顾客接受推销建议的基础上，再通过讨论一些细微问题而推进交易的方法。例如，推销人员："师傅，既然您对商品很满意，那么就这样定了吧。"

2. 应用

假定成交法的优点是节约时间，提高推销效率；可以减轻顾客的成交压力。因为它只是通过暗示，顾客也只是根据建议来做决策。这是一种最基本的成交技巧，应用性很广泛。但它的局限性也是存在的，主要是可能产生过高的成交压力，破坏成交的气氛，不利于进一步处理顾客异议；如果没有把握成交时机，就会引起顾客反感，产生更大的成交障碍。

推销人员在运用此种方法时，必须对顾客购买的可能性进行分析，在确认顾客已有明显购买意向时，才能以推销人员的假定代替顾客的决策，但不能盲目地假定；在提出成交假定时，应轻松自然，决不能强加于人。最适用的条件为：较为熟悉的老顾客和性格随和的顾客。

（五）肯定成交法

1. 含义

推销人员以肯定的赞语坚定顾客购买的信心，从而促成交易的实现。从心理学的角度来看，人们总是喜欢听好话，多用赞美的语言认同顾客的购买能力，可以有力地促进顾客无条件地选择并认同你的提示。例如，一位服装推销人员看到一位顾客进来时，就热情地招呼：师傅，您看看这件衣服挺漂亮的，您试穿一下吧，反正不收您的试穿费用；当顾客试穿衣服时，他又开始赞美：您看，这件衣服穿在您身上有多合适，好像特意为您做的。许多顾客听了类似的赞美词后会痛快地购买。

2. 应用

肯定成交法先声夺人，先入为主，免除了许多不必要的重复性的说明与解释；推销人员的热情可以感染顾客，并坚定顾客的购买信心与决心。但它有时有强加于人之感，运用不好可能遭到拒绝，难以再进行深入的洽谈。

运用此方法，注意必须事先进行实事求是的分析，看清对象，并确认产品可以引起顾客的购买兴趣，且肯定的态度要适当，不能夸夸其谈，更不能愚弄顾客。一般可在成交时机成熟后，针对顾客的犹豫不决而用此方法来解决。

（六）选择成交法

1. 含义

推销人员直接向顾客提供一些购买决策选择方案，并且要求顾客立即购买推销品的一种成交方法。它是假定成交法的应用和发展。推销人员可以在假定成交的基础上，向顾客提供成交决策比较方案，先假定成交，后选择成交。例如，推销人员："您要红颜色的还是灰颜色的商品。"

2. 应用

选择成交法的理论依据是成交假定理论，它可以减轻顾客购买决策的心理负担，在良好的气氛中成交；同时也可以使推销人员发挥顾问的作用，帮助顾客顺利完成购买任务，因而具有广泛的用途。但是如果运用不当，可能会分散顾客注意力，妨碍顾客选择。

运用此方法时应自然得体，既要主动热情，又不能操之过急，不能让顾客有受人支配的感觉。

（七）小点成交法

1. 含义

推销人员通过次要问题的解决，逐步过渡到成交的实现。从心理学的角度看，顾客一般都比较重视一些重大的成交问题，轻易不表态，而相反，对于一些细微问题，顾客往往容易忽略，决策时比较果断、明确。小点成交法正是利用了顾客的这种心理，避免了直接提示重大的和顾客比较敏感的成交问题。先小点成交，再大点成交；先就成交活动的具体条件和具体内容达成协议，再就成交活动本身与顾客达成协议，最后达成交易。例如：顾客提出资金较紧，推销人员对于不那么畅销的商品，这时可以说："这个问题不大，可以分期付款，怎么样？"

2. 应用

小点成交法可以避免直接提出成交的敏感问题，减轻顾客成交的心理压力，有利于推销人员推进，但又留有余地，较为灵活。它的缺点是可能分散顾客的注意力，不利于针对主要问题进行劝说，影响顾客果断地做出决择。

运用此方法时，要根据顾客的购买意向，选择适当的小点，同时将小点与大点有机结合起来，先小点后大点，循序渐进，达到以小点促成大点的成交目的。

（八）从众成交法

1. 含义

推销人员利用大多数人的购买心理和行为促成交易的实现。心理学研究表明，从众心理和行为是一种普通的社会现象。人的行为既是一种个体行为，又是一种社会行为，受社会环境因素的影响和制约。从众成交法也正是利用了人们的这种社会心理，创造众人争相购买的氛围，促成顾客迅速做出购买决策。例如，大街上我们经常可以看到这样一种景象：一帮人正围着一摊主抢购某种商品，其实，这一帮人并不是真正的顾客，而是摊主同伙人，他们的做法目的就是为了营造一种"抢购"的氛围，让大家都来购买。有时我们将这种现象也称为"造人气"。

2. 应用

从众成交法有利于吸引更多的顾客，可以省去许多推销环节，简化推销劝说内容，促成大量的购买，有利于顾客之间的相互影响，有效地说服顾客。

但是其不利于推销人员准确地传递推销信息，缺乏劝说成交的针对性，只适用于从众心理较强的顾客。

运用此方法，要掌握顾客购买的心态，进行合理的诱导，不能采取欺骗手段，诱使顾客上当。

（九）最后机会法

1. 含义

推销人员向顾客提示最后成交机会，促使顾客立即购买的一种成交方法。这种方法的实质是推销人员通过提示成交机会，限制成交内容和成交条件，利用机会心理效应，增强成交的说服力。例如，推销人员："这种商品今天是最后一天降价。"

2. 应用

最后机会法利用人们怕失去能得到某种利益的心理，能够引起顾客对购买的注意力，可以减少许多推销劝说工作，避免顾客在成交时再提出各种异议；可以在顾客心理上产生一种"机会效应"，把他们成交时的心理压力变成成交动力，促使他们主动提出成交。但是，也有可能失去顾客对推销人员的信任和影响公司的信誉。

运用此方法，要注意选择有利的机会，不能欺骗愚弄顾客，要根据顾客的不同心理和购买动机，有针对性地确保推销重点。

（十）优惠成交法

1. 含义

推销人员通过向顾客提供一定的优惠条件而促成成交的一种方法。这种方法实际上是对顾客的一种让步，主要满足顾客的求利心理动机。例如，答应在某一阶段内销售数量达到某一额度时，可追补一些广告费用；顾客购买某商品，可以获得赠品；顾客购买量达到一定数量时，可以给予特别折扣；等等。

2. 应用

优惠成交法通过向顾客提供优惠成交条件，有利于巩固和加深买卖双方的关系，对于较难推销的商品，能够起到有效的促销作用。但它增加推销费用，减少收益。

运用此方法，要注意针对顾客求利的心理动机，合理地使用优惠条件；要注意不能盲目提供优惠；要注意在给予回扣时，遵守有关的政策和法律法规，不能变相行贿。

除以上几种方法以外，推销人员在实际推销中，还总结出了一些好方法。例如，异议成交法、保证成交法、欲擒故纵法、相关群体法、试用成交法等。

需要强调指出的是，不管使用哪种成交方法，都应该注意以下几点：①根据不同的商品运用不同的推销方法。②根据不同的客户类型，洞察客户的心理，发现成交的信号，运用不同的成交方法达成交易。③成交方法的运用应该灵活，没有固定的模式。

阅读资料

美国推销专家格哈特的成交七准则

- 以明确的语言请求成交。
- 用一种顾客难以生硬拒绝的方式来请求成交。
- 在你提出成交请求之后，应停下来等待顾客答复，在此之前不要讲一句话。
- 如果顾客不购买，继续推销。

■ 使顾客相信，购买是一项明智的决策。

■ 在顾客不想再购买任何东西之前，你不要停止推销。

■ 对与你成交的顾客要反复致谢，顾客应受到三种方式的感谢：销售之后立即用语言表达；24 小时之内打电话、写信表示感谢；在以后的交往中经常表示感谢。

［引自谢和书、陈君主编的《推销实务与技巧》，中国人民大学出版社，2013 年］

训练设计

一、简答题

1. 通过观察顾客的购买信号，对促成交易有很大的帮助，你认为可以通过哪些方法来观察顾客的购买信号？

2. 成交有哪几种策略和方法，举几个例子并谈谈其特点和应用。

3. 请做一做下面的练习，看看你聆听的技巧如何，是否需要做出有效改善。

（1）我让说话的人把话说完。

很少（　） 有时候（　） 总是（　）

（2）我确定自己了解对方的观点之后再做回答。

很少（　） 有时候（　） 总是（　）

（3）我聆听重要的论点。

很少（　） 有时候（　） 总是（　）

（4）我试着去了解对方的感受。

很少（　） 有时候（　） 总是（　）

（5）我想到解决方法后再发言。

很少（　） 有时候（　） 总是（　）

（6）我先预想自己的回答再发言。

很少（　） 有时候（　） 总是（　）

（7）聆听时我能控制自己，很放松，很冷静。

很少（　） 有时候（　） 总是（　）

（8）我发出聆听的附和声。

很少（　） 有时候（　） 总是（　）

（9）别人说话时，我会做笔记。

很少（　） 有时候（　） 总是（　）

（10）我以坦荡荡的心聆听。

很少（　） 有时候（　） 总是（　）

（11）即使对方是个无趣的人，我也会听他说话。

很少（　） 有时候（　） 总是（　）

（12）即使对方是个混球，我也会听他说话。

很少（　） 有时候（　） 总是（　）

（13）我注视着说话的人。

很少（　）　有时候（　）　总是（　）

（14）我耐心地聆听。

很少（　）　有时候（　）　总是（　）

（15）我问问题以确定自己了解情况。

很少（　）　有时候（　）　总是（　）

（16）聆听时我不会分心。

很少（　）　有时候（　）　总是（　）

二、案例分析

半路杀出一个“程咬金”

有一天，一位寿险业务员去一家客户单位做业务。这家客户单位原来与寿险业务员已经谈好，这次是去最后敲定，然后签订合同。在客户的办公室里，寿险业务员正在与客户谈有关集体办理价格优惠的问题，这时突然来了另外一家保险公司的业务员，告知客户如果与他们合作，价格肯定比现在优惠，这时客户犹豫不决，希望与另一家保险公司接触后再决定。

问题：（1）本案例采用的是什么成交方法？

（2）为什么可以采用这种方法？有没有比这个更好的成交方法？

三、自测题

推销人员：“师傅，这种商品是刚刚上市的新产品，质量好，款式新，且是独家经营的，您看是否让我帮您挑选，保您满意。”

顾客：“我也知道，产品是不错的，就是价格太贵了。”

推销人员：“对了嘛，您看我这里的产品是相当不错的，别的地方还买不到，像您这样有身份的人，我看这种价格您是承受得了的。我帮您挑选一下，您先看看。”

顾客：“这……”一边在犹豫，一边不由自主地跟着推销人员去挑选商品了。

问题：（1）推销人员用的是一种什么成交法？用这种方法是根据顾客的哪种心理来推测的，有成功的把握吗？

（2）若站在顾客的角度，请分析一下能接受推销人员的这种方法吗？

四、实训与实战

【实训与实战目标】

1. 正确理解和掌握成交的基本策略。

2. 进一步灵活运用成交的各种基本策略。

【实训与实战内容、方式】

1. 内容：留有余地——我有一位学生是新华保险公司宁波分公司的营业部经理。他一有空，就到我这来坐坐。表面上看，好像也没有要求我去购买他的产品，但他总是有意识或无意识地向我灌输购买产品后的好处，试图让我去了解和接近他的产品，偶尔也会问我，有没有熟人要购买。这样，一次又一次，耐心地反复地进行着……

2. 方式：模拟情景法。

【实训与实战要求】

1. 分小组进行，4~6人为一组，事先各小组准备好有关的场景及台词。

2. 各小组要交换不同的角色，分别模拟。

【实训与实战成果检测】

1. 在教师的指导下“实战演习”，并比较各小组的模拟训练结果。

2. 评价分析上述实训的内容。

【实训与实战目标】

1. 正确理解和掌握成交的方法。

2. 进一步灵活运用成交的各种基本方法。

【实训与实战内容、方式】

1. 内容：折扣销售——某商场门口，我们经常可以看到这样的情景：悬挂着的大横幅上写着：“商场内部要装修，格局要重新布置，因此，部分商品以成本价（或亏损价）销售，机不可失……”当顾客走进商场里面，营业员更是热情地招呼：今天是活动最后一天了，明天马上就恢复原价了，不买就没有机会了。

2. 方式：模拟情景法。

【实训与实战要求】

1. 分小组进行，4~6人为一组，事先各小组准备好有关的场景及台词。

2. 各小组要交换不同的角色，分别模拟。

【实训与实战成果检测】

1. 在教师的指导下“实战演习”，并比较各小组的模拟训练结果。

2. 评价分析上述实训的内容。

任务三　做好成交的后续工作

任务驱动

小组讨论：有一天，一位顾客来到商场对推销人员说：“对不起，这是前几天我在你们这儿刚买的东西，现在我不想要了，我要求退货。”“那请出示购买发票。”推销人员紧接着说。“不好意思，发票我找不到了。”顾客又补充说。

提示：推销结束后，推销人员是否还重视与顾客的关系，将直接影响到推销活动是否能持续发展。所以推销人员要积极、主动地想办法帮顾客解决问题。

必备知识

一、认真做好结算及开具票据工作

（一）结算工作

商品成交后，紧跟其后的一项主要工作是结算工作。这个工作是回收货款的前提，它是推销人员与顾客之间对由商品交易、劳务供应等经济往来所引起的货币收付关系进行的了结和清算。按照银行现行结算办法规定，各种经济往来，除了按国家现金管理规定可以使用现金外，都必须办理转账结算。

(1) 现金结算是一种直接用现金进行的款项支付方式。其主要适用于个人与个人、单位与个人的款项收付。单位与单位之间不足转账金额的小额收付也可用现金结算。例如，零售商店推销人员与顾客之间的结算。

(2) 转账结算是一种非现金结算。它是指银行将结算款项从付款单位的存款账户转入收款单位存款账户的收付方式。常用的一些方式有支票（包括现金支票和转账支票两种）、银行汇票、商业汇票、银行本票、汇兑、托收承付、委托收款等。对于零售商品销售活动，多数是用支票转账结算方式。

由于各种结算方式各有利弊，推销人员在选择时必须根据实际情况谨慎对待。在实际工作中，推销人员对某些商品采取了分期付款或延期付款的弹性推销办法。一般情况下，推销商品后的结算常常采用非托收承付结算方式和托收承付结算方式进行。购货单位若采用“支票”“汇票”“信用卡”等非托收承付结算方式，商品发出后，即可收回货款或取得收取货款的权利；而采用托收承付结算方式来推销商品，要等商品发运到目的地后，购货单位在验收其数量、质量和单据，并确定无误后，办理入库登记等手续，并将入库通知单连同发票、运单等一起交送财务部门，经财务部门人员通知银行付款才算结清货款。若购货单位在验收中发现数量、质量或单据不符合推销合同的规定，应及时通知收货单位，推销人员接到通知后应及时赶到现场处理，办理补送、调换或退货等事宜。实际工作中，如果不发生重大的一些差错问题，只要推销人员与供货单位的有关人员事先约定，一般对方也是认可的。

（二）货款回收工作

货款回收是成交后续工作中特别重要的工作。目前，很多单位对推销人员销售成绩的考核都是以货款回收作为主要依据。但是货款回收是一项比较复杂的工作，必须按一定的程序来进行。一般来说，应包括以下几个方面的工作：

1. 货款回收准备

(1) 对顾客进行信用调查，顾客的资信状况往往决定着货款回收的难易程度。资信状况好的顾客，一般能及时结清货款；相反，资信状况差的顾客，则有可能拖欠货款，甚至造成呆账与坏账，对单位的生存与发展造成灾难性的后果。因此，推销人员必须做好此项调查工作。对顾客的信用调查，以企业的角度看，可分为两大类：一类为第三者进行调查，包括专门的资信调查机构、往来银行、同行和近邻关系等，这是一种有偿调查，即企业要支付一定的调查费用；另一类为企业自己调查，包括本企业专门机构进行的调查和推销人员进行的调查。选择哪一类调查方式，企业可以根据具体情况而定。

(2) 选择、确定信用调查的时机与内容。信用调查的时机主要有五种，即：①交易条件发生变化时，如交易价格、数量、金额、交货期限与付款方式、付款期限等发生变化时；②开拓新顾客时；③当听到顾客的经营状况恶化时；④接受大批订单时发现老顾客一反常态大量或连续不断地订货时，或初次与对方接触，对方就不假思索地要求大量订货，或自己未曾访问过的订货单位或自己不知底细的公司订货时，等等；⑤交易对方扩大经营范围进行多种经营时。

信用调查的内容主要包括：①交易对方工作人员及其工作态度，如对方内部机构的变更、对方职工的工作态度变化情况以及是否离职、对方产品或劳务的销售秩序等；②对方进货量与库存量的变化，如进货对象变化情况、订货数量变化情况、库存积压等；③对方财务状况，如付款方式的变化、职工工资的发放情况、远期支票情况、与其交易的其他公司的情况等；④对方经营者的生活态度，如生活的奢华程度、对公司经营的热情程度、人际关系等。

相关链接

回款难的预防

- 尽可能用现金交易
- 尽量少赊销
- ■ 坚持信用评估。
- ■ 不对新客户赊账。
- ■ 谨慎面对“大方”客户。
- ■ 不要随便放宽赊销政策。
- ■ 选择风险较小的结算方式。
- ■ 强化责任管理。
- 做好客户信用管理和应收款预警
- ■ 该客户是否做多元化投资。
- ■ 该客户是否有不良恶习。
- ■ 注意客户倒闭前的征兆预警。
- ■ 建立信用机制。
- 尽早把欠款要回来
- ■ 千万不可心存侥幸，想当然地以为客户会按期付款。
- ■ 不要让客户养成延期付款的习惯。
- ■ 同本公司财务部门密切配合。
- ■ 不要怕催款而失去客户。
- ■ 当机立断，及时中止供货。
- 做好相应的法律文书和证据保全工作

[引自 http：//www.doc88.com]

2. 货款回收的方法

（1）制定一份货款回收计划。制定货款回收计划应按一定的要求，其依据为与顾客交易的截止日期，以及顾客的付款日期和顾客所在地区。

（2）对货款回收管理表进行分析。货款回收管理表由销售线、收款线、兑现线和现金线四条向右逐步上升的曲线组成。根据货款回收管理表，可以了解和掌握推销人员一年中完成的销售额、应收货款额、兑现金额和现金回收等动态，推销人员可据此控制自己的货款回收计划。

相关链接

回款实战手段

• 定期拜访	• 服务制胜	• 聚众联手	• 引入竞争
• 博得同情	• 寻找“内应”	• 利益诱导	• 避公就私
• 旁敲侧击	• 疲劳战术	• 警告客户	• 登门造访
• 以情动人	• 借“梯”登天	• 赞美客户	• 专业讨债
• 法律维护			

［引自 http：//www.doc88.com］

3．货款回收时应注意的问题

（1）推销人员必须培养完全回收货款的习惯，不能允许例外发生。

（2）当顾客不愿马上付款时，推销人员可以采取攻心的办法，如向顾客诉求其良心、公德心；分析利害关系；求助于顾客的同情心；等等。

（3）要理性、客观分析顾客情况，不能被其假象所迷惑。

（4）应尊重顾客，不能当着其他人面催讨顾客的货款。

（5）要准时拜访顾客，不能给顾客任何延迟付款的借口。

（6）登门要款时，必须准备好收据、印章和合同。

（7）如顾客不能按时付款，必须将顾客下回应付的金额与日期，在顾客面前清楚地写在备忘录中。

（三）开具票据工作

推销人员在做好成交结算工作的同时，还应做好开具票据工作。这里的票据主要是销货票据。销货票据是售货的原始资料和依据，对顾客来讲，它又是购货的凭证。因此销货票据实际上是一种很重要的商业凭证，需要国家有关部门统一负责印制，或批准同意印制，不得擅自印制，更不能倒卖。

销货票据一般有两种，一种是属于单位集团购买可作为报销凭证的专用发票，还有一种是不能作为报销凭证的普通发票。这种票据一般适用于不能报销的商品，或集中收款商店作为发货单使用凭证，或仅作为顾客购货的证明。格式和前面一种基本一样，只是在票头上注有“不作报销用”字样，发票本身是一式三联，也有一式两联或四联的，可根据实际情况选用。

1．开票要求

（1）字迹端正、清晰、不得涂改。确需涂改，涂改处必须加盖本人印章。

（2）合计金额要大写。

（3）填全栏目的内容，不得颠倒和漏填。

（4）计价要准确，金额栏中大小写数字要吻合，并有“栏头断尾”的记号。如小写金额前面加“￥”的记号；尾数填到“分”栏；大写第一个数字顶格，尾数后加个“整”字。

（5）全部联需要一次填写，上、下联内容的金额一致。

（6）全面复核，如采用平行复核的方法进行。

（7）发票联和抵扣联加盖财务专用章或发票专用章。

（8）按照规定的时限开具票据。

（9）不得伪造专用票据。

（10）不得拆撕发票本，要使用专用票据。

（11）不得开具票样与国家税务局统一制定的票样不相符合的专用票据。

2. 具体操作

（1）用复写纸一次填写完毕，票据如有填写错误，可以重写。但必须将开错的票据上注明“作废”字样，不得撕下。

（2）按顺序使用。

（3）妥善保存，严防遗失（必要时交财务部部门或专职人员保管，以便备查）。

3. 开具票据时应注意以下几个事项

（1）填写转账支票的注意事项。①检查支票号码；②检查支票是否有效；③了解购货用途是否正常；④检查支票上的印鉴是否齐全，清晰；⑤字迹清晰端正。

（2）填写增值税专用发票的注意事项。①“单位”“金额”栏填写不含税单价、金额；②汇总填写专用发票，必须附有销售方开具并加盖财务专用章或发票专用章的销售清单；③必须在“金额”“税额”栏合计（小写）数前用“￥”符号封顶，在“价税合计（大写）”栏大写合计数前，用“※”符号封顶；④购货单位名称必须详细填写，不得简写；⑤“税率”栏，按适用的税率填写。

二、及时做好商品包装及发货（交货）工作

（一）商品包装工作

这里的商品包装工作是指商品销售包装工作，具体指在流通过程中保护商品、方便储运、促进销售，按一定技术方法而采用的容器、材料及辅助物等的总称。这一阶段的商品包装工作不仅便于顾客携带、保护商品，而且还可以起到美化商品和扩大宣传的效果。

1. 基本要求

牢固美观，便于携带。这一要求在具体的操作过程中应注意以下几点：

（1）力求安全牢固。

（2）力求整齐美观、醒目。

（3）方便顾客携带。

（4）包装前要注意检查商品是否有污损点。

（5）包装时要快捷稳妥，并主动征求顾客意见，以满足顾客的心理需要。

若是在零售商店中，推销人员在包装商品时，还应特别注意避免以下情况：

（1）一边聊天，一边包装商品。

（2）以慢条斯理的动作包装商品。

（3）漏包商品。

（4）让顾客自己包装商品。

2. 礼品包装工作

随着生活水平的提高及消费观念的变化，人们对商品包装提出了更新的要求。礼品包装工作是零售推销工作的重要一环。牢固精致的包装，既能给顾客提供方便，也给人带来美的享受。

（1）礼品包装工作的操作程序。①依照挑选好的礼品，选择礼品盒（袋）；②礼品装入礼品盒（袋）；③用包装纸包装礼品盒（袋）；④缎带捆扎，打上花结；⑤点缀配饰物，也可附上贺卡或名片之类的东西。

有些时候也不一定用包装纸，直接扎上缎带就可以了，点缀和附贺卡等可以根据不同情况灵活处理。但礼品包装最主要应表达出这样一个信息：送礼人的一片深情厚谊。

（2）包装礼品的注意事项。①按礼品的形状和大小选择和裁剪包装纸；②包装小巧的礼品最好选择高档的包装纸，以示“豪华”；③包装时折痕要和礼盒的边、角对齐，尽量不要凸出来；④尽量使用双面胶在里面粘贴，包装纸要拉紧；⑤注意色彩和花形的配合。

（二）商品交货工作

这里讲的商品交货工作主要是零售商店的推销工作以及推销人员直接与顾客打交道的交货工作。

1. 基本要求

（1）主动递交。将商品交给顾客，并根据不同顾客和不同商品，做一些必要的交待。例如，“小心轻放”“不能倒置”，使用和保管的注意事项，退换货的规定，等等。

（2）准确礼貌，要沉着冷静、耐心细致地把商品轻轻地交给顾客。

2. 应注意事项

（1）交错商品。

（2）把商品重重地摔在某一地方。

（3）对购买了许多东西或购买笨重商品携带又不方便的顾客毫不关心。

三、恰到好处地做好售后服务工作

（一）表达友好之情

与顾客达成成交后，推销人员又应如何对顾客施加长期影响呢？一般地说，如果认为成交了，推销过程就随之结束了，那么推销人员与顾客的关系也就结束了。但是推销工作其实是一个连续不断的过程，许多推销要接二连三地进行下去，有的要与顾客长期合作。因此推销人员不能忘记：必须向顾客表示友好之情，即让顾客知道，推销人员非常感谢他的合作或提供的帮助，不过要注意分寸。

1. 表情坦然自在

推销人员应始终保持平静，不能在顾客面前表现出异常兴奋，如当着顾客的面表现出欣喜若狂，不能控制自己，这些将对推销人员的形象产生不利影响，也会对推销活动产生不良影响。

2. 信守自己的诺言

要知道，推销人员和顾客达成的交易，并不是凭借着几句花言巧语骗来的，因此，推销人员应记住自己对顾客的承诺。正确的做法是，学会拒绝，办不到的事情决不许诺，而承诺的事情一定要办成，哪怕是小事也应该如此。

（二）选择时机与顾客道别

当推销人员与顾客达成交易以后，推销人员还应选择适当的时机和顾客道别，有礼貌地与顾客道别是推销人员应有的修养，也是文明经商的一个重要体现。因此必须做到：

1. 态度热情、亲切、自然

推销人员与顾客道别会给顾客留下良好的印象，树立公司的良好信誉。道别的基本要求是热情、亲切、自然，用语简单适当。例如，“谢谢您的光临”“欢迎下次再来”“请慢走”“再见”；等等。要注意两种极端的做法，即一种是面无表情，态度生硬、语言粗鲁；另一种是抑制不住内心的喜悦，甚至举止轻浮，当众失态，让顾客有“受骗上当”的感觉。

2. 伺机道别

推销人员要有一种素质要求，即有敏锐的判断力，根据不同情形和不同心理的顾客，选择最适当的时机道别，如大宗商品买卖成交后，不能马上离去，可以与顾客短暂的续谈，但也不能故意寻找话题，让人觉得乏味。有些顾客成交后不想马上离开，而想继续与你谈几句，这时你也不能马上离开，否则会让人产生怀疑。

（三）消除顾客的疑虑

许多顾客即使成交后也不放心自己做出的购买决定，尤其是那些勉强做出购买决定的顾客会有一种不安的感觉，因此推销人员在成交后要注意如何消除顾客的疑虑，让顾客始终觉得自己的购买决策没有错，甚至感到自己的购买决策太正确了。具体做法是：

1. 给顾客一颗“定心丸”

推销人员为了消除顾客的不安或疑虑，必要时给顾客做出一种保证或承诺，让顾客感到放心，如购买后有一个明确的质量保证条件，如有问题可以做到换货或退货自由。

2. 确保下次来访时仍受到欢迎

推销人员在向顾客道别时，不能轻易流露出对这笔交易无所谓，甚至不赏识的态度，否则当你下次再访时顾客一定会给你冷淡的态度，无论成交与否，都应保持谦虚有礼的态度，要记住自己的形象影响着公司的形象，影响到公司的声望，还会影响到下次与顾客打交道受欢迎的程度。

（四）继续不断地关爱顾客

从实际推销的大量例子来看，成交后，作为顾客他只是刚刚拿到商品，但他并没有完全肯定推销人员所推销的商品。因为他还没有对所购买的商品有一种理性的体验，他还需要在实际使用过程中继续去感受，因此对推销人员来说，成交只是意味着商品推销出去了，而推销人员与顾客的关系则远远没有结束。推销人员在商品成交后还要继续不断地去关爱顾客，只有这样才能真正赢得顾客，才能真正战胜竞争对手。具体要求是：

1. 为顾客提供各种良好的服务

为顾客提供服务不只是停留在口头上，而是应体现在实际行动中。正像美国IBM公司（美国国际商用机器公司）一样，使与之接触过的顾客都能真正深刻地体验到"IBM就是服务"的内涵，从而为推销人员创造出更多的推销机会。

2. 反思推销工作，不断改进

推销人员在完成推销工作后，应认真总结经验教训，深刻反思、检讨和审视推销工作。如了解一下自己在处理顾客异议问题方面有哪些是做得好的，哪些还做得不够好；在推销说明技巧方面哪些还可以不断完善、改进等。通过这些问题的把握，就可以较好地帮助自己在下次的推销活动中不断改进，从而提高推销技巧，增进与顾客的关系。

相关链接

售后服务的5S原则

■ 速度（Speed）——快速反应是售后服务的基本要求之一，顾客获得快速服务并解决了问题，将会提升满意度。

■ 微笑（Smile）——包括健康、体贴和心灵上的宽容。不管顾客购买与否，是投诉还是表扬，微笑是最好的润滑剂。

■ 诚意（Sincerity）——坦诚面对顾客，可以减少许多不必要的误会和不愉快。

■ 机敏（Smart）——服务要有敏捷的方式和充分的准备，给顾客以专业敬业之感。

■ 研究（Study）——要经常研究顾客的心理和接待艺术，研究商品知识和市场趋势，以便更好地服务顾客。

[引自 https://www.taodocs.com]

阅读资料

用完美的售后服务赢得回头客

李文是一家家电销售公司的电视机销售人员。一个周末的下午，她突然心血来潮，想打电话问问顾客新购买的电视机的使用情况，并没有其他目的。然而，第一个顾客告诉她，电视机买回后半个月，遥控器就不灵敏了，不过换了新电池就好了，但是不知道为什么原装的电池会这么快把电量消耗干净了。当时，她就对顾客说待会儿我就通知公司维修部门，请他们派人上门维修。后来，她又打了十几个电话，发现又有一个顾客出现同样的问题，于是她便向公司汇报了此事，公司一一上门为他们维修了，其实这仅仅是因为原厂遥控器出厂时使用的电池不好而已。

此后不久，一位顾客来公司买电视机，指名要求李文为他服务，说是朋友介绍的，朋友说李文的售后服务好，找她买电视机放心。

这件事对李文的启发很大，此后，李文便将顾客回访作为销售工作的一个重要组成部分，并列出了一个详尽的顾客回访计划，定期给顾客打回访电话。由于李文的售后服务在顾客中的口碑非常好，通过顾客的介绍给李文带来了大量的顾客资源。

[引自张德华著的《每天10分钟销售课》，石油工业出版社，2012年]

训练设计

一、简答题

1. 为什么说成交结束后，还要重视做好成交的后续工作？

2. 如何做好成交的后续工作？请举例说明。

3. 如何总结推销的经验，请谈谈你的看法。

二、案例分析

奔驰汽车公司的销售服务

德国著名的奔驰汽车公司的销售服务措施简直就是撒向全国乃至全世界的两张网。它的第一张网是推销服务网：任何一位顾客或潜在的顾客在它的推销处或推销人员那里，都可以对其汽车的样式、性能、特点等得到全面了解。而且，根据顾客的不同需要和爱好，对诸如车型、空间设备、车体颜色，甚至不同程度的保险钥匙等，都可以分别给以满足。第二张网是维修网：奔驰公司在国内共设有1000多个维修站，维修人员多达五六万人。在德国的公路上，平均不到25公里就有一个奔驰车的维修站。维修站的工作人员技术娴熟，态度热情，修车速度快。在任何一条公路上，汽车出了故障，车主只要向就近的维修站打个电话，维修站就会派技术人员来帮助修理，或者将车拉到站里进行修理，一般的修理项目当天就能完成，不影响车主使用。

[引自吴金法主编的《现代推销理论与实务》，东北财经大学出版社，2006年]

问题：（1）德国奔驰汽车公司的销售服务措施为什么搞得如此周到？

（2）你从本案例中得到何启示？

三、自测题

自选一种商品，模拟进行售后服务的系列工作。

四、实训与实战

【实训与实战目标】

1. 正确理解"顾客满意的创造"这句话。

2. 正确认识成交后续工作（成交后跟踪）的重要性。

【实训与实战内容、方式】

1. 内容：一家美容院老板的做法——有一次，一个非常偶然的机会，让我接触到了一位年轻美丽的美容院老板。在这家美容院里面，一般都是采取会员制度，客户的消费形式也是卡内消费，不付现金，老板与客户的关系很熟。美容院老板除了想把客户变成会员外，更重要的做法是：第一，员工认真对待每一位客户，美容产品保质保量。第二，认真记下每一位客户的生日，适逢客户生日时，都会奉送一份精致的小礼品，如果是客户生日时来店做美容，给予折扣优惠。第三，重大节假日时，都以老板名义向客户发送一条手机短信，表示感恩。第四，跟踪客户，观察美容后的实际效果，并经常与客户保持沟通。

2. 方式：模拟情景法。

【实训与实战要求】

1. 分小组进行，4~6人为一组，事先各小组准备好有关的场景及台词。

2. 各小组要交换不同的角色，分别模拟。

【实训与实战成果检测】

1. 在教师的指导下“实战演习”，并比较各小组的模拟训练结果。

2. 评价分析上述实训的内容。

项目小结

成交是指顾客接受推销人员的建议及其推销信号，并且立即购买推销商品的行动过程。

大量的推销实践证明，一次成交的成功率是很低的，因此，推销人员要注意把握适当的时机和效果。也就是说，要保持自然良好的成交态度，消除各种成交的心理障碍，谨慎对待顾客的否定回答；防止意外介入；要密切注意成交信号，灵活机动，随时准备成交；要掌握洽谈主动权；要充分留有余地，利用一切可以利用的成交机会，有效地促成交易。同时要讲究一定的成交方法与技巧。主要有：主动请求法、自然期待法、配角赞同法、假定成交法、肯定成交法、选择成交法、小点成交法、从众成交法、最后成交法和优惠成交法等。

销售的使命就是成交，从这个意义上来讲，成交是整个销售工作的根本目标。不能把成交简单地定位在销售活动之后，而是应将其看成是整个销售过程的主要组成部分，因此，还必须做好一系列的成交后续工作，如结算及开具票据工作、商品包装及发货（交货）工作、售后服务工作等。这样才能真正使成交成为推销人员的义务和责任，而不是客户的义务和责任。

项目九

几种常用推销方式

学习目标

了解几种常用推销方式的礼仪常识、简单历程以及注意事项，熟悉和理解常用推销方式的概念、作用和特点，掌握常用推销方式主要的操作步骤，并能灵活运用各种策略和技巧。

如何灵活运用各种推销方式进行推销

W网络公司的推销员通过运用多种推销方式成功地说服了X大饭店公共部经理，为该饭店设计制作了一个对外宣传并可以接受网上预订服务、网上客户沟通的网站。以下是其中一个工作场景：

采用方式：网络推销。

主要目的：初步交流。

参与人员：W网络公司推销员李某某、X大饭店公关部赵经理。

主要内容：W网络公司推销员李某某登录QQ，按照X大饭店前台秘书给的QQ号码，在约定的时间段内，联系上了QQ在线值班，接受旅客信息反馈的X大饭店公关部赵经理。下面为情景对话：

李某某：您好！是X大饭店公关部赵经理吗？

X大饭店公关部赵经理：您好！我是公关部赵经理。我代表饭店全体员工欢迎您！

李某某：下午好！赵经理。我是W网络公司推销员，我的名字叫李某某。

X大饭店公关部赵经理：您好！请问您有什么事吗？

李某某：我们公司为贵饭店专门量身定做了一个网站，能为贵公司的发展带来很大的积极作用，如对外宣传、客户服务、网上预订等，这可以大大提高工作效率，并提高服务水平。如果您有兴趣，我想与您约个时间，当面说说相关的内容。

X大饭店公关部赵经理：哦，不好意思，我现在很忙，我要接受旅客的反馈意见。你把相关资料的电子文档先通过QQ传过来吧，以后我再和你联系。

李某某：赵经理，我知道你的时间很宝贵，即使我把资料给您传过去，您也得花费很长时间来了解。明天我正好经过贵公司附近，不如我把打印好的资料直接送到贵公司，并向您做一个全面的介绍，只需要您10分钟时间即可。您看明天上午10：00或下午您在公司吗？

X大饭店公关部赵经理：那就明天下午3：00面谈吧。

李某某：谢谢，我将在明天下午3：00准时到您办公室面谈。请您记住，我叫李某某，是W网络公司推销员。想用10分钟时间向您介绍一下为我们为贵公司设计的网站。再见！

X大饭店公关部赵经理：再见！

［引自黄文恒、周贺来、王辉主编的《现代推销实务》，机械工业出版社，2010年］

导读案例

提示：网络推销是传统营销在网络时代的延伸，如今已经成为引人瞩目的一种推销方式。作为一名推销人员，必须学会网络推销的方法与技巧，以适应新时代发展的需要。

任务一　网络推销

任务驱动

小组讨论：谈谈网络推销与网络推广、电子商务的区别？

提示：可以从不同角度进行讨论。

必备知识

网络推销是伴随着信息技术的发展而发展的，信息技术的发展，特别是通信技术的发展，促使互联网形成一个辐射面更广、交互性更强的新型媒体，它不再局限于传统的广播电视等媒体的单向性传播，而且还可以与媒体的接受者进行实时的交互式沟通联系。可以说，互联网的发展是网络推销产生的技术基础，互联网上各种各样的产品和服务，体现出连接、传输、互动、存取各类信息的功能，使得互联网成为具备商业交易与互动沟通能力的平台。

一、网络推销的概念

（一）网络推销的含义

网络推销是指企业或推销员以现代营销理论为基础，借助计算机网络、通信和数字媒体技术，来实现企业营销目标的一种营销方式。或者说是建立在互联网基础之上、借助于互联网来更有效的满足顾客的需求和愿望，从而实现企业营销目标的一种手段或一种营销活动。

（二）网络推销与网络推广、电子商务的关系

网络推广就是以企业产品或服务为核心内容，建立网站，再把这个网站通过各种免费或收费渠道展示给网民的一种推广方式，网络推广可以做到小投入大回报的效果。简单地说，网络推广即网络传播，即利用互联网向目标受众传递各种有效的信息。常见的推广方式如整体推广、百度推广（CPC，CPS，CPV，CPA）等，免费网站推广如论坛、SNS、交换链接、B2B 平台建站、博客（微博）、微信等新媒体渠道方式。

网络推广侧重的是信息传递传播。而网络营销不仅仅是要推广，更重要的是要让客户实现行动，即从了解、信任、喜欢最后到购买，其重点是激起客户行动，也就是要提升转化率。网络营销的成功与否更多地取决于网络推广这个因素，可以说，网络推广是网络营销成功的关键所在。

电子商务是一种以信息网络技术为手段，以商品交换为中心的商务活动。或者说是在互联网（Internet）、企业内部网（Intranet）和增值网（VAN，Value Added Network）上以电子交易方式进行交易活动和相关服务的一种活动，是传统商业活动各环节的电子化、网络化、信息化。简单地说，电子商务是利用微电脑技术和网络通信技术进行的商务活动。电子商务分为：ABC、B2B、B2C、C2C、B2M、M2C、B2A（即 B2G）、C2A（即 C2G）、O2O 等模式。

电子商务是一种商业模式，主要是从模式角度来定义的，它关注的是项目整个供应链的系统问题。而网络营销是从运营管理角度来定义的，侧重的是如何把产品或者服务卖出去。

二、网络推销的特点与优缺点

（一）网络推销的特点

1. 交互性特点

交互性是互联网络媒体的最大的特点，它不同于传统媒体的信息单向传播，而是信息互动传播。通过链接可以实现供需双方的互动与双向沟通，还可以进行产品测试与消费者满意调查等活动。

2. 个性化特点

网络推销是一种“一对一”的、以消费者为主导的、循序渐进式的沟通方式，有别于传统的“一对多”推销方式，且网站一般能建立完整的用户数据库。这样较好地避免了推销人员强势推销的干扰，对用户也可以进行更细致、深入、充分、贴心的个性化服务，能与消费者建立长期良好的关系，同时促使现代推销从规模化推销向个性化推销转化。

3. 低成本特点

网络推销代替了以前的实物交换，它从许多方面可以节约开支，减少成本，如减少宣传推广成本，减少店面租金，节约水电，节约差旅费等人工成本，减少销售环节，降低商品消耗，可以大大减少流通费用，并从真正意义上说，企业实现“零库存”。

4. 信息量大特点

网络推销不同于传统的店面营销，它可以集全球各类商品质量、用户资料与供应商和供货渠道等信息，并展示在消费者面前，使消费者直接在网上实施购买行为。

（二）网络推销的优缺点

1. 网络推销的优点

（1）不受时空限制。网络推销不受任何时间、地域的限制。它可以将商品信息24小时不间断地传播到世界的每一个角落；它可以一天24小时、一年365天开店；它可以在最短时间内迅速采集用户的需要与意见以及调整市场需求，分析和预测市场变化趋势，并借助数据库分析用户的购买意向与行为，向用户提供咨询与购买服务。

（2）平等竞争、无歧视服务。网络推销供需双方是平等的、互惠互利的。只要有条件可以上网，任何一个企业或个人，不受国家或地区、地理位置、经营规模和商品的限制，可以与网上任何一个企业或个人进行沟通交流，进行商品交换，企业之间平等竞争；同样，任何一个企业或个人，也能得到同等商品质量、同等品质的无歧视服务。

（3）沟通快捷方便。网络推销具有双向沟通和反馈信息的功能。供需双方能随时抓住内容重点，找出各自所需的重要信息，即消费者可以主动在网络平台上随意选择自己感兴趣的信息、商品和服务，企业也可以根据网络上反馈的需求信息，更透彻了解市场与消费者的需求，进一步改进、开发或私人定制商品与服务。其使供需双方之间的沟通更加快捷、方便、有效。

（4）市场全球化。网络推销是在一个虚拟市场上进行的，这个虚拟市场就是网络。在网络平台上，融入了全世界不同国家地区的文化，商品呈现多样化，企业竞争趋向激烈。对消费者来说，商品选择更加丰富多彩，而对企业来说，迫使其打破传统的区域性市场观念，不断从竞争中学习，提高虚拟市场上做生意的本领与能力。

2. 网络推销的缺点

（1）诚实守信不足。诚信是市场的黄金规则、市场经济的内在要求，也是文明的基石和标志。网络推销，一切都是虚拟的市场、虚拟的商品，因此，在商品质量方面，时常会发生一些以次充好、商品的性能、寿命、安全等指数都不符合国家技术标准或行业标准的现象；在价格方面，不少企业为了追求最大化的利润，利用各种虚假的优惠价、折扣价、处理价、甩卖价、出口转内销价等欺骗消费者；在服务方面，一些企业不兑现承诺，出现供需矛盾或问题后无法调解，甚至要通过打官司解决问题。

（2）体验式营销匮乏。经济演进的过程随着现代消费形态的改变，已从过去的农业经济、工业经济、服务经济转到“体验式经济”的时代，体验式营销是一种新的营销方式。正如联想公司所认为的那样：“在全面客户体验时代，不仅需要对用户深入和全方位的了解，而且还应把对使用者的全方位体验和尊重凝结在产品层面，让用户感受到被尊重、被理解和被体贴。”而网络推销，恰恰在这一方面是一个“短板”，人们无法亲身接触、感受真实的商品、实体店内优雅舒适的购物环境以及乐此不疲的逛街雅趣。

（3）主动权难以掌控。网络推销，其前提条件是“等客上门”，即网络平台上的各种商品广告信息，只能先等待网友上网浏览、舍取，商家不能像传统意义上的市场或店家一样主动去招徕客户，主动与客户联系与沟通，这种做法无异于“守株待兔”，缺乏主动权。

三、网络推销的步骤

（一）确定网络推销对象

网络推销的对象是针对企业在网络市场上已经拥有的具有购买能力和有网络消费历史的顾客群，以及有可能转化为本企业产品购买者的新消费群体，一般包括产品使用者、决策者、影响者以及购买者。随着网络的迅速蔓延及网络产品在价格等方面的优势，网络消费群体在不断增长。要实施网络推销活动，首先要确定推销活动的直接受众。

1. 产品的使用者

实际使用或购买了产品的人，其实际的需求构成了顾客购买的直接动因，首先抓住这一部分长期消费者，那么网络销售就有了相对稳定的市场。

2. 产品购买的决策者

实际购买产品的人，在许多情况下，产品的使用者和购买决策者是一致的，特别是在虚拟的网络市场上更是如此。因为大部分的上网人员都有独立的决策能力，也有一定的经济收入。但在另外一种情况下，产品的购买决策者和使用者则是分离的。如没有直接经济收入和来源的学生，在购买决定中起主导作用的是他们的长辈。婴儿用品则更为特殊，产品的使用者是婴儿，但购买的决策者却是婴儿的父母或其他有关的成年人。所以，网络推销除了直接针对独立的购买者外，同样也应当把购买决策者纳入到考虑范围。

3. 产品购买的影响者

其是指在看法或建议上对最终购买决策可以产生一定影响的人。在感性产品的购买决策中，产品购买的影响者的影响力较小，但在高价理性产品的购买决策上，产品影响者的影响力较大。这是因为对高价产品的购买，购买者往往比较小心谨慎，希望广泛征求意见和进行多方面的比较后再做决定。

4. 产品的实际购买者

产品的实际购买者是指拥有正式职权去选择供应商及安排采购条件的人。其按不同的条件区分，一般可以分为：

（1）中青年消费者市场。从我国网民来看，这一部分比例的人占绝大多数，也是商家比较看好的一部分消费人群。

（2）中低等收入的消费者市场。同样，这一部分比例的人也是目前网络市场的主导力量。

（3）较高文化层次的消费人群。网上浏览需要一定的文化水平，因此，对上网者的文化水平有一定的要求，如上网者必须具有快速阅读的能力，同时，还应熟悉计算机的操作，对于一些国外的站点，还应具有一定的外语水平。

（4）不愿意花时间或面对售货员的消费者市场。由于某种原因，有些消费者不愿意花太多的时间去实体店购物，或者不愿意看售货员的脸色去购物。

（5）企业购买的消费者市场。除了一般消费者以外，网上购物还有一种群体，即为中小型的企业购买者。在较复杂的采购中，企业购买者可能包括参与谈判的高层主管。

相关链接

网络经纪人

网络经纪人是互联网孕育出的一个新行当，是电子商务化的中介。其主要满足服务电子商务化过程中商家为实现网络营销而产生的服务需求。网络经纪人通过协助商家完成各种营销行为，譬如开设网点、发布经营信息等，帮助商家提升口碑，吸引客流，并从商家获取一定报酬。

［引自 https：//baike. so. com］

（二）确定适合在网上销售的产品

一般来说，网络上推销产品，应根据不同的消费者市场类型，确定适合网络上推销的产品。具体地说，可以从以下几点进行研究考虑：

（1）成本低于其他销售渠道的产品。

（2）市场涵盖面或者销售区域宽广的产品。

（3）满足消费者个性化服务需要的产品。

（4）适合网络推销的产品。

（三）制定网络推销的价格

网络推销价格的制定，不仅仅是一个十分敏感的问题，而且在一般的销售方式中也是一个重要的问题。在制定时，一般应考虑以下几个因素：

（1）国际化要素。

（2）价格的趋低化和弹性化。

（3）价格解释体系。

（四）确定网络用户服务的范围和内容

1. 范围

网上服务的程序与一般推销方式是一样的，也有售前、售中和售后服务三种。

2. 内容

网上服务的内容同样与一般推销方式是一样的，主要是根据用户的需求而定。

（五）组织货源

网络货源的组织，主要有以下两种方式：

（1）商家直接向厂商采购，然后再推销给消费者。这种方式又表现为两种形式，一是售前就备好货源；二是获得订单以后再组织货源。一般情况下，受成本因素的影响，虚拟商店不会大量储存货物，但对于一些畅销而且紧俏的产品，有一定的备货也是十分必要的。

（2）由虚拟商店提供信息，厂商直接将货物推销给用户，后者向前者支付信息费或代理费。

具体采取什么样的形式，则是根据虚拟商店的经营实力和所推销的产品而定。

（六）安排结算方式

对于一般的消费者来说，国内主要的结算方式为第三方支付平台。这种支付模式是买方选购产品后，使用第三方平台提供的账户进行货款支付，并由第三方通知卖家货款到账、要求发货；买方收到货物，并检验产品进行确认后，就可以通知第三方付款给卖方，第三方再将款项转到卖方账户上。其他的结算方式，还有货到由配送部门收款、信用卡结算、银行转账、邮局汇款等。

（七）落实配送

网络推销最后一个步骤是通过配送将货物快速安全地送达最终消费者手中。目前，绝大多数的虚拟商店、公司把这一环节都交于专业的物流公司去完成，这样更能降低物流成本。这一环节也已成为网络推销的核心环节，它与传统商业不同，对信息系统要求更高，需要对整个物流过程加以精心的组织与严格的管理。

为了更好地服务于消费者，企业必须根据消费者的需要和自己的实际情况，做好推销网点的建设和站点推广工作。

四、网络推销的常用方式

（一）搜索引擎营销（SEM）

搜索引擎营销（Search Engine Marketing）是目前最主要的网站推广营销手段之一，这种方法一般是通过自建官网，以及对官网的优化与更新，使网站在搜索引擎中有一个好的排名。另外一种做法是通过付费推广使网站的某个关键词在搜索引擎中有个好的排名。其主要方法包括搜索引擎优化（SEO）、付费排名、精准广告以及付费收录等。目前，国内使用最广泛的搜索引擎为百度搜索。

搜索引擎营销的特点是精准匹配性、广泛覆盖性、强大的信息聚合性。

（二）电子邮件营销（Email）

电子邮件营销（Email）以订阅的方式将自身产品信息通过电子邮件的方式提供给所需要的用户，以此建立与用户之间的信任关系。这种营销方式已成为互联网基础应用服务之一。

电子邮件营销的具体方式有电子刊物、新闻邮件、注册会员通信、新产品通知、顾客服务及顾客关系邮件、顾客定制信息等。

电子邮件营销的特点是互动性强、操作简单、成本低廉、应用范围广、针对性强。

电子邮件营销的实施步骤是确定营销方案、收集目标用户的邮箱、评估邮件发送工具、制订营销邮件发送方案、发送 Email、邮件发送方式、邮件跟踪、更新邮件列表。

（三）论坛营销（FM）

论坛营销（Forum Marketing）是以论坛为媒介，通过文字、图片、视频等方式发布企业的产品和服务，建立自己的知名度和权威度，提升口碑和美誉度，从而达到宣传自己的产品和服务的网络营销活动。论坛营销是品牌基于网络论坛进行的口碑性营销。

论坛营销的特点是论坛营销成本低，见效快、传播广、可信度高、互动与交流信息精准度高、针对性强。

论坛营销的基本流程是明确产品定位、制定工作计划、注册登录账号、准备发帖内容。

（四）博客营销（BM）

博客营销（Blog Marketing）也称微博营销，一般以行业评价、工作思想和专业技术等作为企业博客的内容，使客户更加信赖企业。

博客营销的常用形式有企业网站博客频道模式、第三方 BSP 公开平台模式、建立在第三方企业博客平台的博客营销模式、个人独立博客网站模式、博客营销外包模式、博客广告模式。

博客营销的特点是成本低、贴近大众、新鲜等。

（五）视频营销（VM）

视频营销（Video Marketing）是通过在广泛传播的视频中植入广告或在博客网站进行创意广告征集等方式来进行品牌宣传推广。

视频营销的方式有电视广告、网络视频、宣传片、微电影等。

视频营销的特点是互动性、主动传播性、传播速度快、成本低廉等。

视频营销的方法与步骤：

（1）拍摄视频（从网络下载视频），即用 DV 拍摄有意义的公司视频或在网络上寻找好的视频，然后通过在线视频下载；

（2）编辑视频（推荐软件会声会影），即使用会声会影软件对视频进行编辑，添加片头与片尾，配上合适的音乐，配上对应的字幕；

（3）注册视频网账号，完善资料，即视频编辑制作完毕后，通过视频网注册一个账号，并完善好自己的资料；

（4）视频上传，即通过视频网上传功能上传视频，要注意标题与描述的写法；

（5）开始进行视频营销，即通过不同 IP 对视频进行访问，并使用不同账号对视频进行“点赞”（视频左下角）。

（六）数据库营销（DM）

数据库营销（Database Marketing）通过收集和积累客户资料，然后有针对性地使用前面几种网络营销方式进行深度挖掘客户和关系维护的营销方式。或者说，数据库营销就是以与顾客建立一对一的互动沟通关系为目标，并依赖庞大的顾客信息库进行长期促销活动的一种全新的销售手段。

数据库营销的特点是提供直接可控的、个性化的服务；竞争隐蔽化；沟通渠道多样化；成本最小化，效果最大化；科技含量高；可变数字整合营销思路。

数据库营销的策略是基础运营方式、数据租赁运营方式、数据购买运营方式。

（七）病毒式营销（VM）

病毒式营销（Viral Marketing）是利用公众的积极性和人际网络，让营销信息像病毒一样传播和扩散，营销信息被快速复制传向数以万计、数以百万计的观众，它能够快速复制，迅速传播，将信息短时间内传向更多的受众。它也是一种常用的网络营销方式，常用于进行网站推广，品牌推广等。

病毒式营销是口碑营销的一种，它是利用群体之间的传播，从而让人们建立起对服务和产品的了解，达到宣传的目的。

病毒式营销的特点是有吸引力的病源体、几何倍数的传播速度、高效率的接收、更新速度快。

（八）网络广告（NA）

网络广告（Network Ad）就是在网络上做广告，其通过在网络广告平台上投放广告横幅、文本链接、多媒体等方法，在互联网刊登或发布广告，通过网络传递到互联网用户的一种高科技广告运作方式。网络广告是主要的网络营销方法之一。

网络广告的形式有横幅广告、竖幅广告、文本链接广告、电子邮件广告、按钮广告、浮动广告、插播式广告（弹出式广告）、富媒体广告、其他新型广告、EDM直投、定向广告、旗帜广告。

网络广告的特点是网络广告的互动性、消除时间以及空间的限制、网络广告更具经济性、网络广告效果的可测评性、网络广告的目标性、针对性强。

（九）网上商店（OS）

网上商店（Online Shop）又称“虚拟商店”“网上商场”“电子空间商店”或“电子商场”，是电子零售商业的典型组织形式，是建立在因特网上的商场。其是一个可以让顾客随时购物、商人可以销售产品或服务，又可以缩减维护实际店面营销成本的地方。

网上商店的种类有综合商城、百货商店、垂直商店、复合品牌店、轻型品牌店、服务型网店、导购引擎型等。

网上商店的特点：

（1）缩短了企业开展电子商务的周期，也减少了前期的资金投入；

（2）简化了开展电子商务的复杂过程；

（3）拓宽了网上展示产品的窗口；

（4）可以直接获得网上销售收入而不仅仅是产品宣传；

（5）便于管理维护。

（十）移动营销（MM）

移动营销（Mobile Marketing）指面向移动终端（手机或平板电脑）用户，在移动终端上直接向分众目标受众定向和精确地传递个性化即时信息，通过与消费者的信息互动达到市场营销目标的行为。其早期也称作手机互动营销或无线营销。

移动营销的实现方式有短信营销、微信营销、LBS、AR、APP等。

移动营销的特点是移动营销的整合性、移动营销的互动性、移动营销的精准性。

移动营销的策略是依托当地运营商如手机报等媒体，充分精准覆盖传播目标人群；与强势无线媒体进行合作共同组织线上线下活动；与移动广告平台进行精准推广。

（十一）软文营销（SAM）

软文营销（Soft Article Marketing）是指通过特定的概念诉求、以摆事实讲道理的方式使消费者走进企业设定的“思维圈”，以强有力的针对性心理攻击迅速实现产品销售的文字模式和口头传播。例如，新闻、第三方评论、访谈、采访、口碑等。

软文的形式为悬念式、故事式、情感式、恐吓式、促销式、新闻式、诱惑式等。

软文营销的本质是广告；伪装形式是文字资源；宗旨是制造信任；关键要求是把产品卖点说得明白透彻；着力点是兴趣和利益；重要特性是口碑传播性。

软文话题的策划要准确把握用户群的特点，根据营销的导向性来策划话题。

五、网络促销策略

网上促销（Cyber Sales Promotion）是指利用Internet等电子手段来组织促销活动，以辅助和促进消费者对商品或服务的购买和使用。网上促销是网络营销常用手段，根据促销对象的不同，网上促销策略可分为：消费者促销、中间商促销和零售商促销等。本书主要阐述针对一般消费者的网上促销策略。

（一）网上折价促销

折价亦称打折、折扣，是目前网上最常用的一种促销方式。因为目前网民在网上购物的热情远低于商场超市等传统购物场所，因此网上商品的价格一般都要比传统方式销售时价格要低，以吸引人们购买。由于网上销售商品不能给人全面、直观的印象，也不可试用、触摸等原因，再加上配送成本和付款方式的复杂性，造成网上购物和订货的积极性下降。而幅度比较大的折扣可以促使消费者进行网上购物的尝试并做出购买决定。目前大部分网上销售商品都有不同程度的价格折扣。

（二）网上赠品促销

赠品促销目前在网上的应用不算太多，一般情况下，在新产品推出试用、产品更新、对抗竞争品牌、开辟新市场情况下利用赠品促销可以达到比较好的促销效果。赠品促销的优点：可以提升品牌和网站的知名度；鼓励人们经常访问网站以获得更多的优惠信息；能根据消费者索取赠品的热情程度总结分析营销效果和产品本身的反应情况等。

（三）网上抽奖促销

抽奖促销是网上应用较广泛的促销形式之一，是大部分网站乐意采用的促销方式。抽奖促销是以个人或数人获得超出参加活动成本的奖品为手段进行商品或服务的促销，网上抽奖活动主要附加于调查、产品销售、扩大用户群、庆典、推广某项活动等。消费者或访问者通过填写问卷、注册、购买产品或参加网上活动等方式获得抽奖机会。

（四）网上积分促销

积分促销在网络上的应用比起传统营销方式要简单和易操作。网上积分活动很容易通过编程和数据库等来实现，并且结果可信度很高，操作起来相对较为简便。积分促销一般设置价值较高的奖品，消费者通过多次购买或多次参加某项活动来增加积分以获得奖品。积分促销可以增加上网者访问网站和参加某项活动的次数；可以增加上网者对网站的忠诚度；可以提高活动的知名度等。

（五）网上联合促销

由不同商家联合进行的促销活动称为联合促销，联合促销的产品或服务可以起到一定的优势互补、互相提升自身价值等效应。如果应用得当，联合促销可起到相当好的促销效果，例如，网络公司可以和传统商家联合，以提供在网络上无法实现的服务；网上销售汽车和润滑油公司联合等。

（六）网络文化促销

网络文化促销是将网络文化与产品广告相融合，借助网络文化的特点来吸引消费者。例如，将产品广告融于网络游戏中，使网络使用者在潜移默化中接受了促销活动。企业可以组建用户俱乐部以吸引大批网友交流思想、经验，从而实现网络文化传播的作用；企业也可以将其产品和企业形象精确地传播到每一个对产品感兴趣的用户；企业也可以通过网络交流来影响网络文化，从而制定行之有效的营销策略。

以上六种方式是网上促销活动中比较常见又较重要的方式，其他如建立会员制、一对一行销、网上竞赛、问题征答、畅销产品排行榜、节假日的促销、事件促销、提供免费送货和无条件更换保证等，同时，以上几种促销方式企业可以根据具体情况进行综合应用。但要想使促销活动达到良好的效果，必须事先进行市场分析、竞争对手分析以及网络上活动实施的可行性分析，与整体营销计划结合，创意地组织实施促销活动，使促销活动新奇、富有销售力和影响力。

例文示范

纽约大都市歌剧院的网络推销

该院创设了一个数据库，保存了150万名歌剧迷的资料，并用计算机分析各种类型顾客的特点，找出潜在的顾客，然后以直接邮寄或电话联系的方法售票，这样既可以有针对性地向顾客大力宣传，又可以准确而迅速地了解歌剧迷们的各种反应和购票情况。因而能及时地决定有关推销方针，采取促销措施。

这样一来，每当歌剧票在剧场正式发售之前，70%的票都已经过数据库直接推销出去了。据统计，目前名列美国销售额榜首的500家企业中，已经有100家从事各种各样的网络推销活动。

[引自黄文恒、周贺来、王辉主编的《现代推销实务》，机械工业出版社，2010年]

阅读资料

深圳电信的效益型网络营销

深圳电信是中国电信系统内的优秀单位，其网上客服中心网站作为深圳电信业务服务平台，也具有行业领先性。为了进一步提升SZ10000网站的用户满意度和网站使用率，深圳电信需要从一个第三方的客观角度、用户的角度找出影响用户使用网站的不方便因素，全面提升网站的用户满意度，达到人气旺盛，增加网上渠道业务量的目标。

新竞争力网络营销管理顾问受托在对SZ10000网站易用性进行评估的过程中，采用了定量评价与定性测评相结合的科学的评估方式，制定了定量评价指标体系与定性测评工作流程，全面考察网站前后台的用户体验质量。

深圳电信同时通过网站平台开展了大规模的“我为电信献良策”有奖调查活动，由于电信用户对SZ10000网站的较高忠诚度，活动每周都收到大量反馈意见，涉及网站建设及运营的细节问题给用户带来的各种困扰，与新竞争力易用性报告中指出的诸多问题不谋而合。在对用户体验问题进行深度挖掘并给出解决方案的同时，新竞争力还针对深圳电信业务的网站特点总结了一份“网站易用性建设规范”，作为其长期参考的管理文件。这个案例也成为现在网络营销案例中一个非常经典的效益型网络营销案例。

[引自https：//zhidao.baidu.com]

训练设计

一、简答题

1. 什么叫网络推销？你是如何理解的。
2. 简述网络推销的特点及优缺点。
3. 简述网络推销的步骤。
4. 网上促销应掌握哪些策略？

二、案例分析题

百事可乐的网络推销策略

百事可乐建立了与其公司形象和定位完全统一的中英文网站，以游戏、音乐、活动为主题，其背景则依然是创新的标志和年轻的蓝色。

百事可乐的网络推销策略，具体体现在三个方面。

1. 媒介策略：与 Yahoo 携手

2000 年 4 月，百事可乐公司首先宣布与 Yahoo 进行全面的网络推广合作；在音乐站点，如 MTV. com 的投放力度加大；同时，还涉足于体育类网站，如 NBA. com、美国棒球联盟等。网络广告投放活动是长期行为，2000 年 1 月至今从未间断过。每年 3 ~4 月份随着气温的升高，伴随饮料消费高峰期的来临，网络广告投放高峰期便告开始，通常会延续到当年 11 月份。

2. 创意策略：推崇激情

比较可口可乐的传统广告，百事可乐的网络广告较为活泼，无论是画面构图，还是动画运用，都传达着一种"酷"的感觉。在 2000 年这一年间，便有拉丁王子瑞奇·马丁、小甜甜布兰妮和乐队 Weezer 先后出现在百事可乐的广告中。从 NBA 到棒球，从奥斯卡到 2001 年中国申奥成功，百事可乐的网络广告独具匠心，气势非凡的画面采用了有动感的水珠，传达出了百事可乐品牌的充沛活力。醒目的文字表达出百事可乐对北京申奥的支持。广告方案利用"渴望无限"和"终于解渴"的双关语，将中国人对奥运的企盼巧妙地与百事可乐产品联系在一起，并与其他宣传高度一致。

3. 竞争策略：针锋相对

（1）体育角逐。可口可乐成为冬奥会的指定饮料，可以拿冬奥会大做文章。而百事可乐则利用 NBA 和美国棒球联盟寻找平衡点。在中文网站设有"百事足球"世界、精彩足球，包括 2001 年百事可乐足球联赛、百事全能挑战足球赛、"百事"预祝十强赛中国足球超越梦想等。

（2）音乐角逐。这是百事可乐最精彩的策略之一，包含有百事可乐音乐的主题活动，巨星、新星、音乐卡片和音乐流行榜等。

（3）活动角逐。这是为自己创造吸引品牌注意力的最好机会之一，如百事可乐在网上发动网民投票评选百事可乐最佳电视广告片等。

问题：（1）百事可乐具体采取了哪些网络营销策略？

（2）百事可乐网络推销的成功，给我们什么启示？

［引自张红妮主编的《推销实务》，立信会计出版社，2010 年］

三、自测题

请你自测一下，作为一名合格的网络推销人员，你具备了哪些能力要求？

四、实训与实战

【实训与实战目标】

1. 进一步理解和掌握网络推销的含义、特点及优缺点。

2. 进一步理解和掌握网络推销的操作步骤。

3. 熟练掌握网络推销的技巧和方法。

【实训与实战内容、方式】

1. 内容：某店"我画你猜"微信营销活动，用户猜中后在微信上回复就可能中奖。某店借助主题活动后，使用户在参与过程中能感受到趣味性和互动感，同时也借此去获得用户自发的口碑传播。

2. 方式：模拟某店每天用微信推送一个图画给用户。

【实训与实战要求】

1. 先分组，组长与组员自行确定。共分8个小组，分别进行模拟操作（在电脑房或实训室操作）。

2. 时间：45分钟。

3. 参与学生与教师共同点评。

【实训与实战战果检测】

1. 教师与学生共同点评，并打分。

2. 记录分数作为平时成绩。

任务二　门店推销

任务驱动

小组讨论：李某从事服装工作已有4年了，之前在其他店里上过几年班，每天以真诚的微笑迎接、服务过好多顾客。

一晃，在哈森服饰女装店上班也快2年了，每天她都会笑迎与欢送好多顾客。哈森的姐妹们亲和的微笑也迎得了好多顾客的称赞。

有一天晚上下雨了，街上的客人比较少。店里来了一对夫妻顾客，看了几款衣服，也试穿了几件。顾客试完衣服问价格，李某说这衣服是特价，面料也很好。可顾客说："太贵了。"李某的搭档倒了杯水给顾客喝，顾客也拒绝了。顾客出门后，李某和同事讨论说："顾客为什么不敢喝水呢？可能是顾客有压力吧。"这对夫妻顾客刚一出门，又进来一对夫妻顾客，她们很开心地又去迎接。顾客看了几款后，看中了其中一款，她们拿给顾客试穿，在试衣服时，李某的搭档也倒了水给顾客喝。试穿后，顾客比较满意，问她们："这衣服怎么卖？"她们就说了价格，顾客想了想说："好贵。"李某和搭档就一同说服顾客："不贵，面料好着呢。"顾客总说贵，后来还了一个价钱，她们没卖，于是顾客出去了。她们没有放弃，跟着顾客出门，最终还是把顾客给劝回来了。

顾客一进门，她们又给顾客倒水喝，笑着说："外面下雨呢，先避避雨吧。"搭档补充道："刚才这件衣服您穿着很合身，价格很实惠呢。"在她们的说服下，这对顾客就买了。买单后，她们拿了一双袜子，说："再送您一双袜子吧。"顾客接过袜子，很高兴。因看到顾客穿的毛衣有点旧，于是她们又说："买件毛衣吧！我们家的毛衣品质很好的。"开始顾客一直说："家里有。"她们说："换件新的吧。"顾客听了有些心动，就随她们去看毛衣了，他们看中了一款，并问了价格。她们说出价格后，顾客说有些贵。她们建议顾客："去看看那些特价的毛衣吧，款式很漂亮，品质又好，很实惠的，因为断码才特价的。"顾客点了点头，随她们来到特价毛衣区，试了几件，最后一件穿在身上很好看、很满意，顾客说："看在你们真的很热诚、热心服务的份上，我就再买一件吧。"就这样，一单生意又成交了，当时她们心里真是好开心。她们说："谢谢您。"顾客买单后，她们把顾客送出门。他们夫妻俩提着购物袋，共撑着一把伞，渐渐地消失在雨中。

提示：加强员工树立顾客至上的服务理念，树立顾客至上的理念就要从最基本的做起，诚心为顾客服务，始终以客人为中心，设身处地为客人着想，树立以诚相待的态度，要用心去对待顾客，特别是针对特殊顾客，最大限度满足客人的要求，树立服务为先的意识，掌握客人的信息，针对性服务，让顾客至上的理念成为“品牌”，保证让顾客满意，从而培养顾客长期稳定的忠诚度。

必备知识

一、门店推销的概念

门店推销是指推销人员在固定的营业场所向前来寻购的顾客推销商品的活动过程。

二、门店推销的步骤

(一) 察言观色，寻找时机

零售商店，顾客往来的频率高，数量大，需求多样而且具体。在所有往来顾客中，一部分顾客是为了某种需求而来的，也有一部分人没有明确的购买意向。但后者也可能受到情感因素的影响而产生某种购买心理或购买行为。由于顾客的购买目的不同，需求各异，他们在商店所表现出的心态、表情和言行都会有某种区别。因此，应该对顾客的具体心态、表情和言行进行判断，从而确定真正具有购买动机的“准顾客”。

知识拓展

消费者的购买心理主要动机分析一览表

动　机	主要目的	核　心	特　点
求实	追求商品的实际使用价值	实用、实惠	看重商品的实际利益
求新	追求商品的时尚和新奇	时髦、新奇	注重产品特色，寻求与众不同和引人注目的效果
求美	追求商品的欣赏价值	精美、艺术	强调商品美的特征和美化功能
求名	追求名牌、仰慕传统、提升价值	荣耀、纪念	追逐名望、声望，显示消费品位
求廉	追求物美价廉	便宜、节省	够用就好，看重的是价格
求便	追求方便	方便、快捷	省力、省事、省时
炫耀	追求“人无我有，人有我先”	表现、夸耀	“引领潮流”，显示自己的时尚和地位
好胜	追求“人有我有，人有我优”	攀比、要强	“随波逐流”“争强好斗”
嗜好	追求满足个人特殊需要	兴趣、偏爱	满足个人爱好
惠顾	追求情感满足	好感、信任	因信任而购买

[引自劳动和社会保障部教材办公室、上海市职业培训研究发展中心组织编写的《商品营业员》（中级），中国劳动社会保障出版社，2009 年]

（二）主动接近，热情服务

营业员经过判别，确定了具有真正购买动机的准顾客后，就可以抓住时机主动接近顾客，热情地为顾客服务。最佳的时机如当顾客注意某一商品或商品标签时；当顾客较长时间拿着某一商品思考时；当顾客从商品上抬起头看的时候；当顾客对几种商品进行比较的时候；当顾客对商品的广告认真观看，或拿着笔记本对照商品观看的时候；当顾客在柜台前搜寻的时候；当顾客突然在柜台前停住脚步的时候；等等。对于这些顾客，我们可以通过商品展示与报价、质量说明、询问顾客等服务措施和途径，帮助顾客了解商品的使用价值，同时更加清楚地了解顾客的购买动机。

（三）展示商品，激发欲望

通过观察及与顾客的初步接触，了解到顾客已对某商品产生兴趣，营业员就应针对顾客的需求提供他们所需要的商品，即出示和介绍商品进一步激发顾客的购买兴趣。出示的商品可以是一种，也可以是多种。

出示商品时，要一边望着顾客的脸，一边用手拿着商品给顾客看，并且要心情愉快，面带笑容地向顾客介绍商品的特点、性能、价格等，顾客对所看的商品不满意时，要迅速选出别的商品让顾客选择，并做有比较的推荐，以便激发顾客的购买欲望。

知识拓展

展示商品的几种主要方法

■ 敞开展示法：其是一种直接的展示方法，将商品敞开展示，以展示商品全貌，引起顾客注意的方法。

■ 器械展示法：其是一种间接的展示方法，通过器械或仪器、仪表来显示商品性能的方法。

■ 示范展示法：这种方法用得比较多，主要是通过推销员的示范操作来展示商品性能和全貌的方法。

■ 表演展示法：其是通过推销员利用商品来进行表演的方法，以达到展示商品性能、质量的目的。

■ 试尝展示法：其是让消费者亲自品尝商品的味道，以体验口感的展示方法，也称试味展示法。

■ 局部展示法：其是推销员通过展示商品的关键或核心部位来显示商品内在质量的一种方法。

■ 拆装展示法：其是通过对商品进行拆卸和组装来显示商品质量的方法。

［引自劳动和社会保障部教材办公室、上海市职业培训研究发展中心组织编写的《商品营业员》（初级），中国劳动社会保障出版社，2008年］

（四）说服诱导，促成购买

对于所展示的商品，营业员应对其质量、性能、特点、价格甚至包括操作程序和使用方法做介绍说明。此外，还可客观介绍同类商品的情况，并做出客观公正的评判。对于顾客提出的问题，应以诚恳、实事求是的态度回答。通过详细介绍、透彻说明、公正客观的评判来激发顾客的购买欲望。

总之，要通过营业员的宣传介绍，使顾客意识到他所需要的商品如今已找到，是当机立断马上购买的时候了。同时，还要使顾客感觉到购买这种商品后，不仅满足了需要，而且还从中得到享受和乐趣。通过营业员的客观评判，还要让顾客认识到购买这种商品的决策是合理的、正确的。不论是商品的性能、质量，还是价格、服务，都会使其达到预期的效果。顾客听取营业员介绍说明和公正评判，加上自己的比较选择，就会产生购买欲望。一旦顾客做出购买决定，营业员就要抓住时机，马上报价收款。在收取货款时，一定要更加仔细地看一下商品标签，把价格大声报出。收取现金时，必须当面点清，“唱收唱付”。

知识拓展

零售企业推销员的主要几种诱导方法

■ 观点求同法：说服顾客接受购买建议时，要以共同观点为开端。

■ 连续肯定法：所提问题便于顾客用赞同的口吻来回答。

■ 得寸进尺法：首先向顾客提出较小的要求，待其接受以后，再提出较大的要求，又称“登门槛术”。

■ 以退为进法：在一些问题上做出必要的让步，以求对方接受主要的要求。

■ 转移注意法：把顾客的注意力从敏感的问题上引开，从侧面进行迂回劝说。

■ 逻辑引导法：推销员应该根据不同顾客不同的思维方式，使销售劝说逻辑与顾客购买逻辑相一致。

■ 情感诱导法：通过调动顾客积极的情感而进行购买诱导。

■ 委托对比法：把顾客作为代言人，让其说服影响其他购买的人。

■ 损益对比法：在谈及购买困难时，阐明购买有利条件和购买好处。

■ 二项择一法：向顾客提供两种选择，把希望对方采纳意见放在后面。

［引自朱亚萍主编的《营业员与售货技能》（中级），中国商业出版社，1998 年］

（五）包装商品，礼貌送客

营业员收取货款后，就要为顾客包装商品。包装前，仔细核实商品的规格、品牌和数量，看有无差错，有无破损。包装时，可以根据顾客的要求，进行不同的包装，但总的原则是包装牢固、外观美观、携带方便。营业员包装好商品，应用双手将商品递交顾客。

如果顾客购买的商品较多，应把它们装在一起，递交给顾客，便于顾客携带。当顾客买到称心如意的商品，准备离开时，营业员不应忘记接待顾客的最后一个环节，礼貌地与顾客告别：“谢谢您，欢迎以后再来”。还会有一些顾客经过询问、比较，最后还是没有做出购买商品的决定，营业员也决不可因此而改变态度或发出“最后通牒”，而应进一步了解顾客的要求、困难和反应，并礼貌送客，开创新的销售机会。

知识拓展

礼品包装知识

■ 礼品包装要求：包装用料要讲究；外观、花纹、图案要漂亮；整齐、美观；显示出高雅、时尚的含意。

■ 礼品包装用料：

◆ 纸张：包括不透明塑料单包纸、彩色印花纸、透明玻璃纸等。

◆ 包扎带：普通彩带；中高档缎、绸、丝制彩带。

■ 礼品包装工具：包括剪刀、美工刀、小型订书机、胶带纸切割器（普通和微型）、锥子、直尺、三角尺、透明胶带纸、有色胶带纸、各种（宽、窄）双面胶带。

■ 常用礼品包装形状：长方形、方柱形、直角三角形、等腰三角形、五边柱形、扁六角形、圆柱形、椭圆形、扁圆形、心形、梯形、球形、金字塔形、菱形。

■ 常用礼品包装点缀花形：波浪结、8字结、星星结、法式结、圆球结、蝴蝶结、玫瑰结、辫子结、闲逸结。

■ 常用礼品包装纸袋：小花袋、梯形袋、衬衫袋、牛皮纸袋。

■ 常用礼品包装花束：单枝花、盆栽包装、玩具花束、求婚花束、日常花束。

[引自劳动和社会保障部教材办公室、上海市职业培训研究发展中心组织编写的《商品营业员》（初级），中国劳动社会保障出版社，2008年]

三、门市推销的基本方式

（一）柜台售货

柜台售货是指将商品陈列于货柜、货架上，柜台将商品和推销人员与消费者分开，当消费者选购商品时，必须由推销人员传递的售卖方式。由于消费者与推销人员分别处于相对独立的空间中，因此柜台售货方式充分表现了门市推销的服务性。推销人员的推销更多地表现为按消费者要求进行商品递送，回答消费者提问等方面，往往在消费者提出展示商品或其他服务要求后，推销人员才开展有效的推销活动。

因此，柜台售货方式下的推销人员，要充分表现其友好形象，让消费者轻松自然地提出自己的要求，从而发现推销机会，并抓住它。柜台售货方式下，只要消费者提出服务要求，就已表示了明确的购买信号，要求推销人员正确地抓住消费者需求的实质，积极推荐，说服购买。

（二）开架与自选售货

开架与自选售货是指将商品陈列于货架和货柜上，消费者可自由、直接地选购商品的售卖方式。开架与自选售货方式下，消费者挑选商品一般不需要推销人员传递，推销人员负责上货、整理并照看商品，解答消费者询问。但是推销人员主动、恰到好处的推销往往能提高成交率。由于开架与自选售货方式使消费者与推销人员置于一个没有相互隔离的统一空间中，因此推销人员要站在既便于照看商品和消费者，又不至于影响消费者自由、轻松选购商品的位置，切忌像哨兵站岗一样严肃、紧张，高度警惕地站立于店堂过道中间或门口，或者紧紧盯着消费者。

总之，推销人员观察消费者动向一定要巧妙，使消费者不能觉察。当发现消费者千挑百选而不能决定时，或发现消费者观察了解商品不得要领时，或发现消费者长时间欣赏某种商品时，或发现消费者正在议论某种商品时，推销人员就要主动出击，仔细了解消费者需求，推荐、劝导、说服消费者下决心购买能满足其需要的产品，这往往能提高成交率，并获得消费者的好感。

（三）展销售货

展销售货是指将产品集中展览售卖的方式。展销售货往往使用专门的商品陈列用具，辅以一定的宣传手段，在特定时间、地点售卖商品。展销的商品要不停地演示，推销人员也要经过专门的培训才能上岗服务。

除此以外，还有自动式售货、出摊销售、流动销售、登门销售、函购邮寄销售等形式，它们是固定门市销售的补充形式。

四、常用的门市推销技巧

（一）挂牌法

挂牌法一般是指在店堂外面采用挂牌或张贴广告的方法，将商品优、廉、新、俏的信息向消费者发布，以刺激消费者的购买欲望，招揽生意。在商业实践中，中小型商店基于自身的环境和硬件设施的制约会使用此种方法；而大型商业企业出于不影响市容、店容的角度考虑，一般采用在柜台前挂牌或用立式广告的形式将商品的信息告知消费者。运用这种方法，要注意对商品的介绍应重点突出，过多、过杂的内容消费者无心仔细阅看，反而效果不好。

（二）代用法

代用法是一种推荐介绍商品的方法。一般来说，商品的品种、花色、功能之间能互相代用的可以使用代用法，它是“以有代无、带动销售”的方法。在使用此方法时，推销人员应立足于推荐和介绍商品，是否购买则由消费者自己决定，不能让消费者感觉是在强行推荐购买。同时，要做好消费者的参谋，根据消费者的需求、年龄、职业、体型、肤色等实际情况，介绍适宜的商品。

（三）连带法

连带法是根据某些商品在使用与保养上的相互关联性来推销其连带商品。实际上这种方法是从商品的关联度方面考虑的一种方法。在使用此方法时，推销人员应一方面考虑消费者的需求与便利度，另一方面考虑如何带动关联商品的销售。

（四）比较法

比较法又称对比法，是采用对不同品牌、产地或生产厂家的具有相同使用功能的商品之间的相互比较，来突出某一种商品在品质、价格、花色、款式等方面的特点或优势，消除消费者对所推荐介绍商品的疑虑，以取得消费者信任和促使其购买的方法。采用比较法应预先做好两项基础工作，一是深入了解所推荐介绍商品的特色、优点，以便推荐介绍时能全面真实地反映给消费者；二是要选择好相关用来比较的商品，并能够将它们各自的特色、优点熟记于心，以便向消费者介绍推荐时做到胸有成竹。

（五）赠物法

赠物法是一种利益惠赠的方法，它主要通过向前来购物的消费者或已购某种商品的消费者赠送纪念品的方法吸引消费者，以扩大销售。这种方法是让消费者在心理上存有合算和便宜的感受，并有可能带动销售。采用这种方法时，商店会选择一些廉价的小件商品作为纪念品惠赠消费者。如购买某种品牌的西服时，附赠给消费者衣架、领带、领带夹等物品。

（六）优惠法

优惠法也称酬宾法，是以折价或让价的优惠方式来争取消费者的推销方法。这种方法源于招徕策略。它的特点是商店确保自己最低的目标利润不受影响，留下一定的利润空间返还消费者。采用此方法，商店事前会定出相关的条件，主要有：消费者购买商品达到一定数量或一定的金额时可享优惠；在商品刚推出或试销时，消费者购买商品可享优惠；某种商品正处于销售淡季时，消费者购买商品可享优惠；商店为增加人气，规定在特定的日子或时间段内消费者购买商品可享优惠。采用此方法的技巧是确定一定的起购量，多购商品多优惠，以促进“商品跑量”销售；当商店返还的优惠达到该商品的最低目标利润线时，商店将制定返还优惠封顶，以确保自己的利润。

（七）削价法

削价法是以大幅度降价的方法来扩大某些积压商品的销售。这种方法主要用于推销积压的商品。积压的商品如过时、过季、滞销或有其他问题的商品。采用这种方法通常要配以一定的广告手段招徕消费者。值得注意的是，采用这种方法，应该告知消费者削价的原因，以免引起不必要的麻烦与争议。

其他的方法还有悬物法、预约法、标记法、集零法、引客法、摊销法、展样法、布局法等。

五、门市推销应注意的问题

（一）准确判断顾客类型

消费者作为一个群体是可以预测的，一般可把消费者分为三种类型：有明确购买目标的消费者、购买目标模糊的消费者和随意浏览的消费者。推销人员要提高推销效率就必须做到能够准确判断和接待不同类型的消费者。

（二）有效运用营业时间

推销人员当班的时间是有限的，商品交易的高峰时间也是有限的。为了提高销售绩效，每个推销人员都必须有效利用营业时间。

第一，提高推销技巧，缩短每一次交易的时间；第二，掌握同时接待多位消费者的能力和技巧，有效应对客流高峰期；第三，在非客流高峰期向老消费者介绍新到的产品，创造销售机会。

例文示范

喋喋不休的推销员

一位消费者来到一家服装店柜台前，推销员上前与消费者热情打招呼。

推销员："您好！大姐。您有看中的品牌（花色）的衣服了吗？"

消费者：她看了看推销员，没有说话，自管自地继续逛店。

推销员："大姐，我看这件比较适合您，要不您先试试？试一下不买也没有问题的。"

消费者："她又看了看推销员，还是没有说话，自管自地继续逛店。"

推销员："大姐，我看这件也比较适合您。"

消费者："我随便看看。"

推销员："大姐，您身材保养得很好啊，皮肤也很白，人如您是白领吧？"

消费者：她明显有些不高兴了，干脆走出店外。

知识拓展

国际通用商品条形码（EAN 码）

■ EAN 码是国际物品编码协会统一编制的一种商品通用条形码，它由一组规则排列的条、空和文字构成，记载着商品的相关信息。它也是目前国际上使用最为广泛的一种商品编码。我国于 1991 年 4 月加入国际物品编码协会，并从 20 世纪末开始推广应用。

■ EAN 码的几个主要信息：

◆ 代表国家或地区的前缀码。前缀码由 3 个阿拉伯数字构成。目前中国大陆地区所使用的前缀码为 690；691；692。

◆ 代表生产厂家信息的厂家信息代码。厂家信息代码由 4 位阿拉伯数字构成。这些数字符由国际物品编码协会统一分配给各国。我国的厂家信息代码由中国物品编码中心分配。

◆ 代表商品自身的商品项目代码。商品项目代码由5位阿拉伯数字构成，表示具体的商品项目，各厂家有权分配10万个商品代码。

◆ 校验码。校验码是用1位阿拉伯数字表示，用来校验编码的正误，以提高数据的可靠性。

■ 所有的EAN码在国际物品编码协会都要备案，能够在国际物品编码协会进行检索。根据国际物品编码协会对条形码的管理规定，各个国家或地区应建立相应的本地区、国家商品条形码的检索库，我国大陆地区的条形码检索库建立在中国物品编码中心。

EAN-13 标准版条形码结构

名称	前缀码	厂家信息代码	商品项目代码	校验码
EAN-13	$P_1\ P_2\ P_3$	$M_1M_2M_3M_4$	$I_1I_2I_3I_4I_5$	C

EAN-8 缩短版条形码结构

名称	前缀码	厂家信息代码	校验码
EAN-8	$P_1\ P_2\ P_3$	$M_1M_2M_3M_4$	C

[引自劳动和社会保障部教材办公室、上海市职业培训研究发展中心组织编写的《商品营业员》（初级），中国劳动社会保障出版社，2008年]

训练设计

一、简答题

1. 什么叫门市推销？你是怎样理解的？

2. 简述门市推销的步骤和基本方式。

3. 门市推销应掌握哪些技巧？每一种技巧的含义及具体应用又是如何的？应注意哪些问题？

二、案例分析题

一次成功的店堂推销

有一天下午，一家家具店迎来了一对青年男女。男士长相清秀，颇有白领风度。女士穿着入时，显然是一位注重打扮的姑娘。营业员热情地迎上去打招呼："你们想买些什么品牌的家具？"这时，男士对女士说："你看看，你看中了我们就买。"营业员心理明白了，这是这对青年男女布置新房需要的东西，而且职业与收入看上去应该不错。此刻，她一边陪着他们，一边非常专业的指着各种各样的家具进行介绍："这些样式都是今年最流行的，你们房间布置的情况怎样，大致能给我描绘一下吗？我可以帮你们参谋一下。

这对青年男女听着营业员专业的介绍，慢慢地被营业员吸引住了，他们一边看一边颇有兴趣地听着营业员的介绍与推荐，最终决定在这家家具店订购所需的家具。

问题：(1) 本案例中，营业员是怎样接待顾客的？

(2) 营业员是采用何种推销技巧成功推销的？

三、自测题

结合案例分析题内容，请你模拟营业员进行一次门市推销活动。

四、实训与实战

【实训与实战目标】

1. 熟悉和理解门市推销的含义。
2. 进一步理解和掌握门市推销的步骤与主要技巧。

【实训与实战内容、方式】

1. 内容：找一家门店（可以是学校内的便利店）进行一次门市推销。
2. 方式：由教师事先联系门店（可以是学校内的便利店），学生去门店体验营业员的生活。

【实训与实战要求】

1. 先分组，6人为一组，共4组，组长与组员自定。其中2组为模拟门市推销小组；另外2组为模拟顾客评议小组；轮流进行实战。
2. 门市推销小组和顾客评议小组角色轮流一次。
3. 重在接待顾客、推销技巧上做文章，同时考虑推销业绩。
4. 时间：2课时。

【实训与实战战果检测】

1. 门市推销小组评议打分。
2. 顾客评议小组评议打分。
3. 记录分数，作为平时成绩。

任务三　体验式推销

任务驱动

小组讨论：一部手机，一个APP，“扫码”即可显示卖家商品的信息、价格，并轻点支付页面，便可带走自己心仪的商品……目前，在许多超市以及各种实体店里，传统的收银台前，顾客可以“扫码”付款。在许多医院，除了保留原有的挂号收费处外，人们也可以在“自助收银机”自动付款，这些都大大缓解了人们排队结账的困扰。

提示：无人超市、订单配送、自动结账、手机付款……互联网、大数据和实体经济的深度融合，为各大线上平台开拓了新的消费市场，也给各类顾客带来了更舒适的购物与服务体验，新的增长点也正在形成。体验式推销把“新零售”从概念变为现实，为消费者提供更高效便捷的购物、服务体验。曾经，电商的兴起给传统实体零售业以及其他行业带来不小的冲击，但二者正在逐步从割裂走向了融合、协作。

必备知识

一、体验式推销的概念

（一）体验的含义

所谓体验“Experiences”就是人们响应某些刺激“Stimulus”（例如，由企业营销活动为消费者在其购买前与购买后所提供的一些刺激）的个别事件“Private Events”。体验通常是由于对事件的直接观察或是参与造成的，不论事件是真实的，还是虚拟的。

体验会涉及顾客的感官、情感、情绪等感性因素，也包括知识、智力、思考等理性因素，同时也可是身体的一些活动。体验的基本事实会清楚地反射于语言中，例如，描述体验的动词：喜欢、赞赏、讨厌、憎恨等；形容词：可爱的、诱人的、刺激的、酷毙的等。心理语言学家已经研究表明，类似这些与体验相关的词汇在人类的各种语言（如汉语、英语、德语、日语等）中都是存在的。

（二）体验式推销的含义

体验式推销最早是由美国专家伯恩德·H. 施密特（Bernd H. Schmitt）在《体验式营销》一书中提出的。他认为，所谓“体验营销”（Experiential Marketing）是站在消费者的感官（Sense）、情感（Feel）、思考（Think）、行动（Act）和联想（Relate）五个方面，重新设计和定义的一种营销方法，旨在突破传统上“理性消费者”的假设，认为消费者是理性和感性的结合体，其消费前、消费中和消费后的“体验”才是购买行为与消费品牌的关键。

其本质是将关注的重点从传统的商品本身特性转移到消费者从事消费行为过程的一连串事件当中。“产品”是一个实体，而“体验”是一连串事件。

对于体验营销的内涵，国内外的学者从不同的角度给出了不同的界定。本书归纳为以下几类：

（1）从企业的角色出发，着重于顾客体验的创造。此类定义强调的是，企业在体验营销中所扮演的重要角色，因为体验是被激发出来的，企业必须采取相应的策略。其缺点是没有体现体验营销最重要的特征——企业与顾客的互动。

（2）从体验的含义与营销的定义相结合的角度出发。此类定义的优点是以菲利普·科特勒的营销定义为基础，强调体验营销首先是一种营销，只是将体验因素注入到体验营销的过程中。其缺点也是忽略了体验营销中的顾客参与。

（3）从企业角色和顾客价值相结合的角度出发。这个定义的优点是突出了体验营销是一种价值营销，强调体验营销为顾客创造价值。其缺点也是没有体验营销的重要特征——顾客与企业的互动。

（4）从营销客体的角度出发。

综上所述，根据体验的含义和对营销的再认识，我们可以把体验式推销简单地定义为，体验式推销是通过认识和了解顾客，创造有价值的顾客体验，达到企业目标的一种社会管理过程。或者说，体验式推销就是通过体验的形式进行推销，让你的客户亲自来感受你的产品，在他有了亲身体会的同时把产品介绍推销给其他客户。

（三）体验式推销与营销体验区别

体验式推销是指在销售过程中让客户参与其中，亲身体验产品的功能性，在不同产品的对比下，体验销售产品的优点，从而进行一系列产品的销售行为。

营销体验是指在营销过程中对于顾客感官的刺激。营销体验包括对于顾客视觉、听觉、触觉以及情感上的感受。

（四）体验式推销产品的适合范围

体验式推销产品很多，一般空间产品、消费周期短的产品以及软件等知识产权产品非常适合体验推销。

知识拓展

体验式推销的范围（Scope）

- 运输工具（如汽车、火车、轮船、飞机等）。
- 一般工业品与高科技产品。
- 新闻及娱乐。
- 顾问咨询公司。
- 医疗及其他专业服务。
- 金融服务。
- 宾馆、饭店、主题公园等一些旅游设施的设计。
- 零售店（超市、购物中心、百货商店等）的店内环境设计。
- 建设 Web 站点。

[引自 https://zhidao.baidu.com]

二、体验式推销的悄然兴起

（一）体验式推销的出现

体验营销是1998年美国战略地平线LLP公司的两位创始人约瑟夫·派因（B. Joseph Pine I）和詹姆斯·吉尔摩（James H. Gilmore）提出的。他们对体验营销的定义是："从消费者的感官、情感、思考、行动、关联五个方面重新定义，设计营销理念。"他们认为，消费者消费时是理性和感性兼具的，消费者在消费前、消费中和消费后的体验是研究消费者行为与企业品牌经营的关键。

1. 国外的体验营销理论的发展史

（1）早期萌芽阶段。早在1959年，社会学家欧文·商夫曼在《日常生活中自我的实现》一书中提出将戏剧的原理应用到工作和社会场景中，这可以看作是将体验运用到实践的初探。1970年，世界著名的未来学家阿尔温·托夫勒在其著作《未来的冲击》一书中曾预言："服务经济的下一步是走向体验经济，人们会创造越来越多的跟体验有关的经济活动，商家将通过提供体验服务取胜。"

从20世纪60年代到80年代，体验一词隐约出现在各种论文和报告中，但大多是分散的、不系统的，但对于此后的理论发展与实践检验奠定了基础。

（2）发展实践阶段。1996年初，约瑟夫·派恩发表文章《在英国航空公司航班上的顾客服务》，第一次提出体验是独特经济提供物的概念。1999年，吉尔摩和派恩在《体验经济》中将经济价值演进分为四个阶段：体验、服务、货物和商品。2001年，波恩特·H. 施密特的《体验式营销》一书首次系统地从战略角度区分了体验营销与传统营销，指出体验营销适应的领域，认为体验战术工具由交流、信誉、产品、品牌、环境、网络和人组成。同时，阿西姆·安萨利教授提出了战略体验模块，将体验分为感觉体验、情感体验、创造性认知体验、身体体验和全部生活方式以及社会特性体验五个分支。2004年，施密特的著作《顾客体验管理——实施体验经济的工具》进一步为战略性和创造性地管理顾客体验提供了有力的工具，该书阐述了直接管理顾客体验的5个步骤：即获得客户内心深处的想法、发展体验战略的平台、创造独特生动的品牌体验、与客户进行良性互动、不断创新以提高客户的满意度。

如今，体验消费和体验式营销的基本理论渐已成熟，虽然不完全统一，但是其营销意义深深吸引着广大企业，体验式营销也悄悄在市场竞争里被应用。

2. 国内的体验营销理论的发展史

（1）理论研究。20世纪90年代末，"体验经济"刚在国外被提出时，就引起了我国学者的关注。但那时的研究仅停留在经典理论借鉴以及外文资料的翻译等较简单的层面上，较深层次的理论研究相对缺少。经济学家汪丁丁、胡延平教授等是这方面的早期研究者。2002年，姜奇平在其所著的《体验经济》一书中从心理学、哲学等角度系统地论述了商品经济、产品经济、体验经济和服务经济的划分及其经济特点，追溯了体验思想在经济思想史上的起源，为体验经济理论的进一步发展夯实了基础，为我国企业在体验经济各阶段的操作指明了方向。

我国关于体验经济与体验营销的介绍与研究始于21世纪初，从理论层面上看，目前国内的主要著作有：《体验经济》（姜奇平，2002），《体验营销》（周岩、远江，2002），《体验营销——触摸人性的需要》（马连福，2004）等。

总体分析，我国在体验营销理论方面的研究成果大多是借鉴了西方营销学界的思想与观念，尚未形成符合我国国情的体验营销理论体系。

（2）实践发展。自从1998年美国学者约瑟夫·派恩和詹姆斯·吉尔摩在《体验经济时代来临》一文中发出"体验式经济时代已经来临"的呼吁之后，如今在中国，体验式推销已经不局限在以前的大超市里试吃、化妆品柜台试妆上，更蔓延到了家电、家居、汽车、IT等大宗消费品领域。从过去的小打小闹图新鲜，到现在的形式多样全面开花。按照有关专家的说法，如今简单的体验式推销已经稀松平常，没有创新的体验消费已经不能轻易打动中国消费者了，中国的体验式推销正在悄然跨入"3.0时代"。就在中国的经营者对体验式推销普遍不看好的同时，以星巴克为代表的国际快速消费品品牌，率先用体验式推销打开了中国消费者的"心"。此前有调查表明，中国的消费者在面对体验式推销的时候，并非像很多人想的那样充满怀疑，相反比起老式的柜台购买模式，这种亲切的购买方式能让很多消费者觉得“新鲜”“有腔调”“贴近”“受到尊重”。于是，体验式推销在进入中国市场后，非但没有“水土不服”，反而是“忽如一夜春风来，千树万树梨花开”。为什么体验营销在我国传播会如此之快呢？这与我国体验消费趋势有关，而并非偶然。

（二）体验式经济出现的主要原因

1. 物质文明进步和消费者生活水平提高

伴随着物质文明的进步，人们的生活水平和消费需求也在不断发生变化。在农业社会，人们追求的是温饱的基本满足；在工业社会，生活水平由物质产品数量来衡量；在后工业社会，人们更加关心生活的质量，关心自己在心理上和精神上获得的满足程度，而体验可以说正是代表这种满足程度的经济提供物。可见，人们的消费需求从实用层次转向体验层次是社会发展的结果。

2. 产品和服务的同质化趋向

激烈的市场竞争使技术传播速度加快，行业内提供的商品和服务越来越趋同。正是因为商品和服务的趋同抹杀了商品和服务给人们带来的个性化以及独特性的感受和体验，所以体验才显得如此珍贵。

3. 科学技术的飞速发展

现代人们接触到的许多体验，如互联网游戏、网上聊天、虚拟社区等都是因现代科学技术的飞速发展而满足人们体验需求的。网络空间与生俱来就是一个提供体验的好地方，相信在未来几年里，信息技术内的电脑、电器和电信及生物技术的不断融合，提供给人体验的空间将更加广阔。基于科学技术的迅速发展，人们没有理由不愿期盼和要求更多的体验。

4. 先进企业对人们消费观念的引导和示范

许多体验性消费是由少数先进企业首先引导和示范的。例如，在索尼公司推出随身听之前，消费者并没有想到收听音乐会如此方便；在苹果公司制造出个人电脑之前，消费者不曾期望自己能够用上如此神奇的机器。先进企业是如此深挖人们心中没有表达出来的潜在需求，以至于消费者对于他们生产出来的新产品非常喜好。

三、体验式推销的特点

（一）体验的参与性

体验活动的关键核心是消费者必须参与其中，没有消费者的参与，体验也就不存在了。

例文示范

中国的电信体验式推销

在当前中国，许多电信公司都在搞体验式推销活动，着力打造网络营销服务渠道，提供网上电信便利服务，连续建成并推出了多媒体在线客户服务中心、服务平台、呼叫中心、“新视通”业务平台、电信新业务宣传以及网上营业厅等自营频道，使上网客户切实感受到了使用相关电信业务的“便利”。这样不仅使广大客户满意，还有效地带动了网站访问时长的剧增。

（二）体验的补偿性

当消费者参与活动时，如果出现令消费者不满意或者受损失的情况，体验提供者必须对消费者给予赔偿。

例文示范

日本的商场拥有十分人性化的服务体验，以东京为例，东京的百货商店位置集中，因此安排一天专门用于“购物血拼”是最合适的方案。大部分商场从上午10点或11点开始营业，闭店时间为晚上8点至10点。人们会选择在开门时间进店，上午购物的积分可以在商场顶层“大食代”换取免费午餐，从而节省一笔不小开支。

[引自 https：//www. chiphell. com]

（三）体验的知识性

体验提供者在策划体验活动时，为了使消费者能有一个愉悦的体验，有一个美好的回忆，会把体验活动布置得有声有色，使消费者在获得愉悦体验的同时又增长了知识。

例文示范

北京书市首设特色实体书店展区

“2018北京书市”将于5月11日至21日在朝阳公园拉开帷幕。记者在媒体通气会上获悉，本届北京书市将以“坚定文化自信　共建书香京城”为主题，汇聚300余家国内知名出版发行单位，集中展销40万种图书，并举办近百场文化活动。此外，本届北京书市还将首次开设特色实体书店展区。

据介绍，本届书市主旋律图书将集中展示销售，包括党的十九大学习及辅导读物、纪念马克思诞辰200周年主题图书、纪念改革开放40周年优秀出版物、“相约筑梦　燃情冬奥”精品图书等。

针对青少年读者的阅读体验需求，书市现场将开展“童趣园”全家阅读总动员系列青少年互动体验活动。例如，亲子读书会、“科技创客”体验实践活动、“英语派对”互动分享会、名家诗词朗诵会、“安全自护保卫战”青少年安全知识讲座等主题活动，让具有趣味性、知识性、参与性的书市活动进一步丰富青少年读者的课余文化生活。

［引自《北京晚报》（节选），2018年5月9日］

（四）体验具有差异性

体验作为出自消费者内心的精神和心理感受，这种心理感受当然是因人而异的，因个人所受教育、文化及亲身经历、爱好的不同，必将对同一个事物产生不同的体验经历。

例文示范

海尔以“情感体验产品品质”开启2017消夏节

海尔以情感关怀深化品牌理念，不断去赢得全国乃至全球用户的信任。在2017消夏节活动中，海尔不仅以用户需求为基础，推出了高品质的智慧家电，还让消费者亲自体验，让产品品质亲眼可见。将两条材质面料相同的白毛巾分别放置在海尔自清洁空调和普通空调的出风口下，观察一段时间后发现，普通空调出风口下的白毛巾已经变黑，而海尔自清洁空调下的白毛巾依旧洁白如新，在“一黑一白”的对比下，健康空气显而易见；在高速运转的洗衣机上，搭建而成的香槟塔“傲然而立”，让用户见识什么是“安静洗”……因为有了用户参与，所以改变了以往导购员单一介绍产品的模式，使产品品质由虚变实，成为可以触摸、可以感受到的“实体”。

［引自 http：//m. xingzuotan. com（节选）］

四、体验式推销的优势与不足

（一）体验式推销的优势

相比较以产品为中心的传统推销模式，体验式推销有以下几大优势：

1. 可以加深顾客对产品和企业的认知

消费者认知是产品销售的第一步，也是消费的前提。在当今社会，几乎所有的产品都是采用电视、媒体等进行视觉传播，如何让顾客在广告的海洋中迅速识别出自己偏爱的企业和产品，差异化的体验式推销将势在必行。企业在对传统产品进行包装销售的同时，辅以互动式体验、知识普及、文化宣传等进行全方位、多角度的宣传，消费者在为亲身体验而驻足的同时也完成了对企业和产品的认知过程。

2. 可以提高顾客对企业和产品的可信度

所谓的可信度，就是顾客在购买产品的时候，能相信产品给他带来实际的好处和价值。尤其是对新品类、新功能的产品而言，推销人员可能会对消费者讲很多好处，但是如果顾客不相信，永远也产生不了购买行为。“百闻不如一见，百见不如一用”，好的体验式推销通过对消费者视觉、触觉、听觉和嗅觉的不断触碰，激发消费者的思维体验，让消费者对产品品牌及价值深信不疑。

3. 可以提高顾客对产品和服务的满意度

在互动式体验推销过程中，消费者可充分认识并了解产品，对产品的功能和使用方法也都已经基本掌握，所以能大大降低消费者做出购买决定后的不适应甚至是后悔心理，最大程度上实现消费者的满意。

4. 可以给企业和产品带来最好的传播效果

当顾客与企业和产品有了亲密的接触以后，这之间产生了很多新的连接，这种连接不是通过广告，也不是通过一般的消费方式就能获得的一种情感联系。很多顾客的内心需求得到满足后，达成产品购买的同时，也会乐于将美好的体验经历主动向身边的亲朋好友进行传播，从而为企业和产品增加口碑传播的功能。

（二）体验式推销的不足

1. 企业的推销成本会越来越高

企业在安排体验活动时，往往需要大量的人力、物力和财力的支撑，包括策划活动的前期、过程和后期，如果不能合理地规划推销活动的投入，就有可能造成更高的成本付出，从而减少企业的利润。

2. 消费者对企业和产品可能造成的片面认识

在体验式推销活动中，消费者对企业和产品的体验是短暂的，且在这个过程中，往往更多的带有消费者个人的情绪和倾向，因此，极有可能会造成对企业和产品的某种片面认识。如开始体验产品时的认知是愉悦的，以后随着实际产品使用时间的推延，对企业的宣传和产品的真实性产生疑虑，甚至放弃转向别的企业产品。

3. 消费者对企业产品附加的要求会越来越高

消费者在开始体验产品时的认知是愉悦的，从而会较容易引起其购买的欲望，以后消费价值与需求程度的改变，以及对企业产品的深入了解，体验式推销营造的吸引力也会变得越来越弱小，最后，当不再有吸引力的时候，企业产品的推销会受到严重的影响，进而也迫使企业给消费者提供更多更高的附加产品。

五、体验式推销的步骤

（一）确定目标顾客

在实施体验营销之前，要对顾客进行细分，对不同类型的顾客，应该提供不同方式、不同深度的体验。同时，针对不同的顾客群，还应当有先后顺序。在通常情况下，应该让接受能力强，并且容易影响他人的群体作为目标顾客。

例文示范

易趣营地活动

为了获得新顾客，重新接触中断联系的老顾客，并增加当前顾客的使用率，易趣网使用一系列的易趣营地活动接触两类目标顾客，他们平时都使用自有的移动营地小屋和自有校车。移动营地小屋用作新用户的易趣101，而校车用作现有用户的易趣301。

［引自（美）克里·史密斯、丹·哈努福著，黄巍译的《体验式营销》，人民邮电出版社，2017年］

（二）了解目标顾客

分析和理解顾客的需求是成功的关键，要使体验达到效果，必须对目标顾客有一个详细深入的分析，了解目标顾客有什么特点，需求点在哪里，他们担心的是什么，顾虑的是什么，顾客的痛点在哪里。总之，对目标客户了解越深入，就越容易取得良好的体验效果。

（三）聚焦体验的主题和具体指标

体验必须围绕一个主题，而不能面面俱到，没有主题是达不到营销目的的。内衣品牌可围绕文化、健康、时尚、艺术等来设计体验活动，也可以创造和描述一个故事或一个主题思想。

（四）“体验式”的经营环境设计

在了解了顾客后，就需要考虑如何通过特定的线索来获得顾客的注意并吸引他们参与体验互动。环境体验方式是最普遍的方式。设计环境体验必须站在顾客的角度，所设计的环境体验要能够创造一种良好的体验氛围，能够符合目标顾客的审美情趣，能够呵护目标顾客的内在情感，能够满足目标顾客的情绪享受。终端环境体验设计包括服装的商品陈列和氛围营造两部分。

（五）让目标顾客参与体验

这个阶段的主角是顾客，但体验的过程可以由企业设定，企业要做好相关的服务并记录下体验旅程的各项信息。体验过程是体验营销的重点和主要部分，所花费的时间和资源也最多，这一阶段会影响顾客做出何种判断。

（六）让顾客分享体验感受

消费者天然具有社交和分享的欲望，企业在营销过程中要加强传播的管理，鼓励顾客把好的体验进行分享和传播，这些传播是建立品牌影响力和声望的重要手段。当负面的体验出现时，要进行及时地补偿，控制其传播。

（七）进行体验评价并制定改进计划

对于整个体验旅程进行评估是体验管理中非常重要的一步。通过跟标杆品牌的对比可以发现差距，分析原因，寻找应对的办法。哪个地方做得好，哪个地方有待提高。在评估的基础上，制定下一步的改革计划。

六、体验式推销的形式与模式

（一）体验式推销的形式

1. 知觉体验

知觉体验即感官体验，将视觉、听觉、触觉、味觉与嗅觉等知觉器官应用在体验营销上。感官体验可区分为公司与产品（识别）、引发消费者购买动机和增加产品的附加价值等。

2. 思维体验

思维体验即以创意的方式引起消费者的惊奇、兴趣、对问题进行集中或分散的思考，为消费者创造认知和解决问题的体验。

3. 行为体验

行为体验是指通过增加消费者的身体体验，指出他们做事的替代方法、替代的生活形态与互动，丰富消费者的生活，从而使消费者被激发或自发地改变生活形态。

4. 情感体验

情感体验即体现消费者内在的感情与情绪，使消费者在消费中感受到各种情感，如亲情、友情和爱情等。

5. 相关体验

相关体验即以通过实践自我改进的个人渴望，使别人对自己产生好感。它使消费者和一个较广泛的社会系统产生关联，从而建立对某种品牌的偏好。

（二）体验式推销的模式

1. 感觉体验模式

感性行为包括四个环节，即看、听、用、参与。

2. 娱乐体验模式

就是以顾客的娱乐体验为诉求，通过愉悦客户达成营销目标。

3. 生活式体验模式

就是让客户在日常生活中体验到所营销产品带来的方便、快捷和尊贵。

4. 情感体验模式

体验是情感与情绪的集合，在此层面上可以说，体验营销就是情感营销。

5. 氛围体验模式

创造体验氛围，让客户感受一种亲切的氛围，促成销售。

6. 文化体验模式

以制造文化体验为目标的营销模式，是针对企业的商品特点和客户的消费心理，运用文化造势，建立文化需求联结。

知识拓展

体验区产品陈列

◆ 产品陈列原则：位置优先、新颖突出、整洁时效、品种齐全、色彩或体验过渡。

◆ 如何做好体验区的产品陈列：一是抓住顾客的眼，让顾客容易见到——体现产品的特点，展现奇特、新颖的面貌。二是抓住顾客的手，让顾客易摸、易拿——所有的体验设施、操作规范、产品设计与摆放方面要简单易懂，方便顾客拿取。三是抓住顾客的心，促成客户购买——体验区工作人员要充分抓住顾客购买欲望的瞬间，促成客户购买的冲动。

◆ 产品陈列类型：宣传品陈列、体验设备终端陈列、体验营销氛围营造。

消费者在体验式购买过程不同环节的关注度

◆ 促销员介绍：26%。

◆ 产品使用和体验：59%。

◆ 文字资料：7%。

◆ 柜台/专区气氛：6%。

◆ 其他：2%。

[引自 http：//www. doc88. com]

七、体验式推销的方法

（一）定位目标顾客

准确的定位目标客户，才会有针对性的产品，体验式推销才具有现实意义。企业要想做好体验推销活动，就必须要紧紧围绕目标顾客去策划、设计，不能偏离他们的需求、喜好和主流价值观。

（二）注重品牌

价值式体验，就是让客户体验到自己所消费品牌最大的卖点以及持之以恒的精神，这就是品牌定位。如果消费者“体验”了半天，结果体验到的是跟你的品牌定位毫无相干的东西，那就是“瞎子点灯白费蜡”。

（三）追求极致创意

在营销活动中，创意至关重要，而且似乎处处需要创意，体验推销更不例外。创意不是“点子”，而是策略；它不是艺术，而是科学。一个好的创意足以盘活一个企业，一个坏的创意也足以扼杀一个品牌。

（四）细节决定成败

细节决定成败，互联网时代细节更显重要。想做好体验式推销，就必须狠抓细节，注重细节，创意细节，掌控细节，最后要赢在细节。

八、体验式推销的策略

（一）感官式营销策略

感官式营销是通过视觉、听觉、触觉与嗅觉建立感官上的体验。它的主要目的是创造知觉体验。感官式营销可以区分为公司和产品的识别、引发消费者购买动机和增加产品的附加值等。以宝洁公司的汰渍洗衣粉为例，它的广告主要是突出“山野清新”的感觉：新型山泉汰渍带给你野外的清爽幽香。公司为创造这种清新的感觉做了大量工作，后来取得了很好的效果。

（二）情感式营销策略

情感式营销是在营销过程中，要触动消费者的内心情感，创造情感体验，其范围可以是一个温和、柔情的正面心情，如欢乐、自豪，甚至是强烈的激动情绪。情感式营销需要真正了解什么刺激可以引起某种情绪，以及能使消费者自然地受到感染，并融入到这种情景中来。在“水晶之恋”果冻广告中，我们可以看到一位清纯、可爱、脸上写满幸福的女孩，依靠在男朋友的肩膀上，品尝着他送给她的“水晶之恋”果冻，就连旁观者也会感觉到这种“甜蜜爱情”的体验。

例文示范

“耐克”的体验中心

当你来到位于纽约东五十七街新开的一家最具代表性的NIKE分店时，第一个感触就是：这哪是一家商店呀！这家称之为耐克城（Niketown）的连锁店外表就似一座老式的纽约中学，你得像进运动竞技场那样从一个检票口进入，随后便发现自己置身于一个熠熠生辉、颇具未来风格的大厅，大厅高达五层楼，顶部为透明玻璃。每隔三十分钟便会有一幅三层楼高的屏幕从天而降，在逐渐强劲的音乐伴奏之下，一台放映机在屏幕上反复播放精彩的画面，使你在不知不觉之中领略到耐克产品的风采。

你还可以感受到更多独具匠心的细节：形象逼真的模特骑着自行车，足登“NIKE”鞋，个个神气十足；篮球明星乔丹的壁画，听到音响发出“NIKE”鞋摩擦的声音等。大厅内陈列着各种体育纪念品，并悬有拳击沙袋供来客即兴一击。另外，“NIKE”服、“NIKE”鞋，件件做工精美，堪称艺术品，吸引不少顾客驻足观赏。

其实与来店一游的经历相比，商品的重要性便退居其次了。到Niketown购物的感觉不会像游览一个主题公园那样一瞬即逝。Niketown中有一种奇妙的氛围，人们在此可以感受到三分怀旧之情和七分对高科技的体验。Niketown的经营宗旨就是让消费者心旷神怡。

NIKE 公司开办艺术商店——Niketown 是从纽约现代艺术博物馆罗丹雕塑引来无数人观赏中得到启示的。艺术商店自开办以来，每年都吸引数百万人参观，成为世界级的旅游“胜地”。

［引自 http：//sports. sina. com. cn］

（三）思考式营销策略

思考式营销是启发人们的智力，创造性地让消费者获得认识和解决问题的体验。它运用惊奇、计谋和诱惑，引发消费者产生统一或各异的想法。在高科技产品宣传中，思考式营销被广泛使用。1998 年，苹果电脑的 IMAC 计算机上市仅 6 个星期，就销售了 27. 8 万台，被《商业周刊》评为 1998 年最佳产品。IMAC 计算机的成功很大程度上得益于一个思考式营销方案。该方案将“与众不同的思考”标语，结合许多不同领域的“创意天才”，包括爱因斯坦、甘地和拳王阿里等人的黑白照片。在各种大型广告路牌、墙体广告和公交车身上，随处可见该方案的平面广告。当这个广告刺激消费者去思考苹果电脑的与众不同时，也同时促使他们思考自己的与众不同，以及通过使用苹果电脑而使他们成为创意天才的感觉。

（四）行动式营销策略

行动式营销是通过偶像角色如影视歌星或著名运动明星来激发消费者，使其生活形态发生改变，从而实现产品的销售。在这一方面“耐克”可谓经典。该公司成功的主要原因之一是有出色的“JUSTDOIT”广告，经常性描述著名篮球运动员迈克尔·乔丹，从而升华身体运动的体验。

（五）关联式营销策略

关联式营销包含感官、情感、思考和行动或营销的综合。关联式营销战略特别适用于化妆品、日常用品、私人交通工具等领域。例如，美国市场上的“哈雷”牌摩托车，车主们经常把它的标志纹在自己的胳膊上，乃至全身。他们每个周末去全国参加各种竞赛，可见“哈雷”品牌的影响力不凡。

阅读资料

体验营销下的新 4P 组合

策略类型	传统营销	体验营销
产品策略	要求产品的核心是品质，功能优良，形式层（品牌、包装）独具特色，延伸层涵盖更多的附加服务。	关注传递给顾客的体验价值，因而根据区别化的顾客资源，为顾客提供多样的、个性化的体验。
定价策略	成本导向、需求导向、竞争导向的成本定价法。	基于顾客可感知体验价值的定价法。

续表

策略类型	传统营销	体验营销
渠道策略	多组分销商或直销，需解决商品实体的物流与交易等问题。	依照直接渠道传递体验。
促销策略	广告、人员推销、营业推广、公共关系等。	在各种促销手段中，融入“体验”要素，强调与顾客的互动。

［引自 https：//max. book118. com］

训练设计

一、简答题

1. 什么是体验式推销？请你简单分析一下体验式推销的内涵。
2. 体验式推销的优势与不足？
3. 简述体验式推销的步骤。
4. 简述体验式推销形式、模式与流程。
5. 简述体验式推销的方法和策略。

二、案例分析题

宁波“海底捞”是一家“吃货们”比较喜欢的地方，它在宁波有好几家分店。中心店位于宁波市区药行街169号亚细亚商场（“莱迪”购物广场）的5楼，分店分别位于北仑区中和路399号“银泰城”一期4层的“银泰城”店、奉化区南山路150号“银泰城”4楼的奉化“银泰城”店等。

就以位于宁波市区药行街169号亚细亚商场的这家店来说，晚上如果顾客要到这家店去吃饭，不到6点就要去排队。在这家店里，服务员带领顾客到等候区，等位区里人声鼎沸，等待的人数几乎与就餐的相同，这就是传说中的海底捞等位场景。相对楼下服饰店冷清的画面，5楼神秘的地点容纳这么多人，可见“海底捞”的号召力。

饿着肚子等待原本是一个痛苦的过程，但“海底捞”却把这变成了一种愉悦：在等位区，服务员送上水果、饮料、零食安抚客人的胃；也有上网区，扑克，跳棋等游戏可以调节客人的心情。传说中的美甲和擦皮鞋服务也真实存在，而这些都是免费的。享受到各种服务的同时，没有过于烦躁焦急地催促（等候时饿着点菜，上菜时发现吃不下，因为已被等候区的零食填饱）。按照该有的步骤，入座后送上围裙、防味罩、热毛巾、眼镜布、套手机的塑料袋。6元一位的自选饮料有酸梅汁、柠檬汁、豆浆，免费续杯；快喝完服务员马上就会主动来倒满；每两桌就有一名服务员针对性提供服务，其实要做的无非就是换碟、倒茶、调节火力，这些大多别的店里也有提供，而传说中“只打了一个喷嚏，服务员就吩咐厨房做了碗姜汤送来”，这让顾客实实在在地找到了“上帝的感觉”。

客观来说，“海底捞”的服务没有预想中神奇，但比较贴心；味道中规中矩，食材质量挺高。消费可能比一般火锅店高，但却让人感到物有所值，不需要加收服务费也能享受到周到的服务。“海底捞”有知名度、有乐趣。

从经营角度分析。表面上“海底捞”卖的是火锅，而它的亮点不是餐饮，是服务。火锅店遍地都是，而海底捞填补了有话题、有服务、有特色的火锅这一空缺。

问题：请你谈谈从“海底捞”排队服务体验中受到的启发。

三、自测题

1. 假如你是一家高档服饰店策划部主任，请你设计策划一个体验式推销的方案。
2. 请你模拟一位手机商场的营业员，假如顾客光临，你将如何进行体验式的推销。

四、实训与实战

【实训与实战目标】

1. 熟悉和理解体验式推销的含义和特点。
2. 进一步理解和掌握体验式推销的步骤、技巧与方法。

【实训与实战内容、方式】

1. 内容：让同学模拟扮成商贩去售卖商品。
2. 方式：2 个人一组，将班级同学分为几组，分别到学生宿舍或其他地方去售卖商品。

【实训与实战要求】

1. 由学习委员或课代表事先布置工作任务及工作要求，同学们自由搭配组成工作小组，然后去学生宿舍或其他地方去售卖商品。
2. 所卖的商品由同学自己确定。
3. 时间：4 课时。

【实训与实战战果检测】

1. 结合模拟情景，让同学谈谈感想。
2. 写一篇心得体会。

项目十
推销管理与人力资源开发

学习目标

重点掌握：推销组织的作用与原则；推销人员的结构；推销控制的概念；推销控制的程序与方法；人力资源的特征；推销的人力资源开发的途径。

导读案例

三星集团投入巨资建立起来的再教育体系，几乎把集团的每一个员工都培养成了遵守道德规范、勇于开拓、身怀绝技的精英。三星集团因此也获得了“人才的宝库”美誉。

三星集团每年用于培养和教育人才的费用高达5600万美元，相当于日本同类企业的两倍，美国和欧洲同类企业的三倍。三星集团不仅开办了一系列职业教育培训中心，还拥有培养高级人才的大学和研究院，并且规定，从董事长到普通员工，每年都要接受至少一次以上的培训。

在三星培训中心，员工首先接受的是“爱三星”的教育，从而培养员工热爱三星，为三星服务的思想，并树立“我就是三星，三星就是我”的信念，这是“三星人”的入门必修课。与此同时，企业还进行“三星经营理念”的教育，即“事业报国、人才第一”“合理追求”，使新员工具备三星所要求的国家观和事业观。入门教育中还有一项叫“客观的真实性”教育，其目的是指导员工客观、全面地观察和分析事物，以便做出正确的判断，为公司创造利润。第二项教育是员工岗位互换教育。进入培训中心的员工，凡是在同一个教室里学习，又在同一个宿舍的，必须进行角色互换，“颠倒”领导与被领导的关系，即下级可以领导上级，科员可以支配科长。通过这一培训，下级可以体会上级的尊贵和荣耀，从而培养自信和勇气；上级也可以体验到下级的辛苦和苦衷，从而形成体谅下级的民主作风。通过这样的培训，企业里上下级的关系变得更加平等、和谐。

根据经济发展的需要，三星集团还开办了“总裁学校”，内容是让集团的850名高级管理人员接受6个月的培训：前3个月在本国接受训练，后3个月在海外学习外语并了解当地情况。通过这一培训，努力使员工具有国际眼光，适应国际竞争的需要，从而提高企业国际竞争力。经过这些“课程”的学习，不少员工都感到自己拥有了强烈的自信感。

此外，三星集团还有其他一些教育，可谓内容丰富。例如，大学毕业生入门指导、海外机构家属教育、海外员工教育等课程。这些都是三星比其他公司拥有更多人才的原因。

[引自王富祥主编的《推销理论与实务》，大连理工大学出版社，2010年]

提示：管理推销人员的首要工作是人员培训。只有加强对推销人员的教育培训，才能对推销人员进行有效的管理。

任务一 推销组织

任务驱动

小组讨论：IBM公司是搭建产品型销售组织结构的典范，它分别有一支负责电脑的销售队伍和负责办公设备的销售队伍。公司产品差异很大，因此需要专业的人员来负责。它的基本结构如图10－1所示。

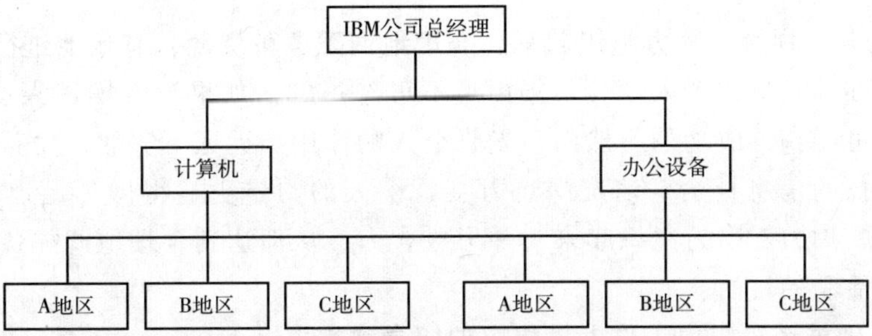

图10－1 IBM公司产品型销售组织结构图

1. 这种销售组织结构的优缺点是什么？
2. 对于IBM公司来说，这是不是一种最佳的销售组织结构？

[引自李先国编著的《销售管理教程》，北京大学出版社，2009年]

提示：1. 推销人员的组织结构是企业根据市场需要来合理安排推销人员从事推销活动的一种组织方式。产品结构式是企业先按产品的性质进行分类，然后安排每个推销人员分别负责推销某一种（类）产品的结构形式。对于IBM公司来说，这种结构有利于推销人员掌握所推销的产品情况；有利于加强推销的服务工作；有利于增强竞争力。不利之处是由于区域市场分散，所以推销人员不能很快地了解和掌握市场动态，推销费用也大。

2. 对于IBM公司来说，这种组织结构应该说是一种比较好的组织结构。因为IBM公司产品品种多，每一种产品的技术要求不同，地区差异也大，所以，应该说这种结构是比较好的。

必备知识

一、推销组织的概念与作用

（一）推销组织的概念

1. 组织

组织是指按照一定的目的、任务和形式加以编制起来的系统。

2. 推销组织

推销组织是指企业为了履行推销职能，实现企业的推销计划与任务，贯彻推销方针政策而对企业全部营销活动从整体上进行平衡协调的有机结合体。

推销组织是企业的重要组成部分，是完成企业目标的一个子系统，也是企业进行生产经营活动的一个重要力量。一个比较完善、合理、科学的推销组织对企业的成功与否有着决定性的影响。

（二）推销组织的作用

1. 能将人力、物力、财力组织起来，合理地调配各种资源，有效地进行推销活动

应该说，推销人员的个人经验、作用是不可忽视的。如果没有推销人员个人的努力，推销活动是不可能获得成功的。然而，光靠个人的作用是远远不够的。尤其是今天，我们面对的是高科技的信息社会，情况瞬息万变，个人的力量更显得微不足道，通过推销组织，能将人力、物力、财力组织起来，并形成合力，从而达到合理地调配各种资源，更有效地进行推销活动的目的。

2. 便于明确推销组织中工作人员相应的职责和权力

通过推销组织可以明确企业内部各部门、各岗位以及相应工作人员的职责和权力，这样可以保证职责分明、信息畅通、协作良好，从而促使推销组织整体高速地运转。

3. 便于按推销管理的要求精选干部，履行管理职能

推销组织在处理人员管理、士气的激励、推销活动的指导和具体问题的控制时，要求具有高超的人际关系技巧，有效的沟通能力，这就需要推销组织的干部在履行自己的管理职责时，不能偏重完成的目标，或者仅是指导推销人员本身，而应有更广泛的范围，如商品的规划和发展、价格政策、销售预测、与顾客的关系及相关部门的关系协调、广告宣传、营销策划等，它们都是推销管理工作所必须做的事务。因此，通过推销组织，便于按推销管理的要求科学合理配备干部，并履行相应的管理职能。

二、推销组织设置的原则

（一）精简

任何一个组织的建立、调整、取消都应该依据组织的目标，以及是否对实施组织目标有利作为主要的衡量标准。这种因目标、任务来设置组织、定职务、定人员的方式，能做到机构紧凑，人员精干，工作效率高。

（二）统一

统一是组织有秩序、按规律运行的一条重要保证，也是处理集权与分权时或整体与局部时的一条重要法则。没有统一，组织体系就不可能协调一致；没有统一，就可能令出多门，多头领导；没有统一，组织内的重大政策、方针就不能贯彻执行，重要的规章制度制订、各部门职权范围的划分就会发生困难，从而对整个组织的正常运转造成不利。

（三）责权对等

这个原则实际上是正确处理责任与权力的关系问题。"权"是指为了履行经济责任所赋予的指挥决策和办事的权力，"责"是指各级部门和人员在职责范围内应承担的经济责任。责任是接受和履行职权的义务，而职权则是承担责任的条件。权力大于责任，就会犯官僚主义，相反，所负责任没有相应的权力做保证，就无法完全负责。要负责，就必须有职、有权。

（四）专业化

推销职能应该说有其特殊性，它不同于其他的营销职能。为了保证推销工作和推销管理的有效进行，必须指派懂行的人去建立推销组织，并负责执行，以达到预期的、实际的效果。

三、推销组织的工作目标

（一）对市场需求做出快速反应

推销组织要使营销组织不断适应外部环境，并对市场变化做出积极反应。

了解到市场变化后，推销组织的反应涉及整个经营活动，从新产品开发到价格确定乃至包装都要做相应的调整。

（二）使市场营销效率最大化

企业内部存在许多专业化部门，为避免这些部门间的矛盾和冲突，推销组织要充分发挥其协调和控制的功能，确定各自的权利和责任。

（三）代表并维护消费者的利益

企业一旦奉行市场营销观念，就要把消费者的利益放在首位。有的企业利用营销研究人员的民意测验等来反映消费者的呼声，但仅此是不够的。必须在管理的最高层面上设置推销组织，以确保消费者的利益不受损害。

四、推销人员的组织结构

推销人员的组织结构也叫人员推销的结构，即企业根据市场需要来合理安排推销人员从事推销活动的一种组织方式。其结构主要有：

（一）个人结构式

1. 含义

企业只安排一位推销人员负责某些产品在某些市场内的产品推销。个人结构式具体又可分为以下几种模式：

（1）单一产品单一市场个人结构式。企业安排一位推销人员负责某一产品在某一特定市场范围（如某一特定区域、某类特定消费者）的产品推销。

（2）单一产品多个市场个人结构式。企业安排一位推销人员负责某一产品在整个市场范围内（即把整个消费者对产品的需求看成一个市场）的产品推销。

（3）多种（类）产品单一市场个人结构式。企业安排一位推销人员在某一特定市场范围内负责全部种类的产品推销。

2. 优点

（1）责任明确。把推销任务落实到个人，使每个人都有明确的职责和工作任务，不会发生互相推诿的现象，真正做到各司其职，人尽其责。

（2）有利于留住老顾客，发展新顾客。顾客是企业服务的主要对象。能否赢得顾客，这对任何一家企业来讲都是至关重要的。由于推销人员与消费者在长期稳固的买卖关系中建立了一种相互信赖的关系，双方之间彼此了解和理解，这样老顾客不但能成为回头客，而且他会帮你再宣传，将你的企业和产品推出去，并使潜在的一些顾客有望成为你的新顾客。直销公司中的直销做法值得借鉴。

（3）有利于推销业绩的分析评价和推销效益的提高。推销业绩的分析评价主要包括成长、安定、开拓和成本效率四个方面，它可以对推销人员做出相对客观的评价。在长期的推销实践过程中，推销人员如何去吸引顾客注意，如何向顾客介绍产品，如何捕捉顾客的需求变化动向，如何促进顾客购买行为的形成，等等，都可以通过推销人员的个人推销业绩来综合反映，并作为分析评价的主要依据，这样也有利于推动整个企业的推销效益的不断提高。

3. 弊端

个人结构式的不足主要表现为：如推销人员的绩效评价只是纵向比较；推销人员之间缺乏相互学习交流的机会；企业缺乏整体协调的团队精神；重复投资；成本开支增加，易造成不必要的浪费。

4. 加强组织管理

（1）加强推销人员之间的绩效横向比较，如实施定期轮换制，使推销人员之间有相互学习、交流的机会。

（2）加强推销人员之间的信息交流，如定期举行推销人员业务座谈会或业务研讨会，进行信息互换。

(3) 进行不同产品的推销轮训。

(二) 小组结构式

1. 含义

企业安排两个以上的推销人员负责某些产品在某些市场上的产品推销。一般适用于生产规模较大，同种（类）产品的花色、规格、型号、款式较多的企业。

2. 优点

(1) 有利于产品推销宣传达到规模效益。采用小组结构式，可以使小组内的各个推销人员针对不同顾客发挥自身优势，在同一时间里对同一产品进行不同方式的推销宣传，可以增强推销宣传的力度，提高推销宣传的效果。

(2) 有利于企业培养高素质的推销队伍，提高整体推销能力。小组结构式比较注重团队精神，要求小组内的各个推销人员必须同心协力、群策群力，不允许出现个人的某种偏向行为。它对推销人员互相之间交流经验、切磋技艺，增强整体推销能力和竞争力等都有十分重要的作用。

3. 弊端

小组结构式的弊端主要表现在：职责不明，易造成扯皮现象；分配制度上的平均主义。

4. 加强组织管理

针对这些弊端，可以采取相应措施，在充分发挥小组结构式优势的基础上，完善利益激励机制，加强监督管理。如在实行小组结构式的同时实施个人结构式，并引入竞争机制，完善分配制度，以此来激发每个推销人员的积极性，提高推销效果。

(三) 产品结构式

1. 含义

企业先按产品的性质进行分类，然后安排每个推销人员分别负责推销某一种（类）产品的结构模式。这种方式比较适合于生产技术复杂、品种多、市场差异性大的企业。

2. 优点

(1) 有利于推销人员掌握所推销产品的状况。一般情况下，推销人员不可能对企业的每种产品都了如指掌，也不可能对每种产品都能进行卓有成效的推销。采用产品结构式可以促进推销人员对自己推销的产品有详实、透彻的了解，并能根据每一种产品的性能、特点、用途等，灵活运用各种手段，准确地向顾客推销介绍。

(2) 有利于加强推销时的服务工作。对于顾客来讲，不仅仅是想得到产品，更重要的是同时想得到满意的服务。而对于推销人员来讲，如果产品过于繁杂，可能会出现对产品不熟悉和不了解，这样就不可能较好地为顾客提供满意的服务。如一个顾客需求既有家电类的，又有日用百货类的，又有文体用品类的，又有化妆品类的，等等，推销人员无论如何不可能同时掌握以上产品的各种性能特点及其他有关的问题，因此采用产品结构式这种方式，有利于对顾客就某一产品某一特殊需要提供更好、更便利的服务。

(3) 有利于企业产品的更新改造和换代，增强竞争力。随着现代科技发展速度的日益加快，产品的经济寿命周期愈来愈短，这迫使任何一个企业都必须考虑一个问题，即如何加快产品的更新改造和换代步伐。如日本早在20世纪80年代就提出，一个产品如果要在市场上有一定的竞争力，作为企业来讲必须同时考虑产品的“五代”发展周期，否则，产品的更新改造和换代的“链”就会脱节。采用产品结构式能使推销人员较早熟悉一种产品的生命周期，这样能有效地避免产品更新改造和换代的“链”的脱节。

3．弊端

推销人员对区域市场行情的掌握不利，易造成推销费用增加，影响推销效益的提高。

（四）客户结构式

1．含义

先把产品的推销对象按规模或按行业或按顾客职业阶层等标准来划分成若干类，然后再由推销人员负责某一家、某一类或几类顾客的产品推销。这种方式较适合于产品品种单一、规格多、用途广的企业。

2．优点

（1）有利于推销人员掌握客户的购买特点和购买规律。由于客户的背景条件复杂多样，如客户的性格、兴趣爱好、习惯、职业、文化程度、经济收入、社会阶层等，决定了客户的购买特点、购买习惯、购买规律及购买模式千差万别，推销人员有时很难把握。采用客户结构式则比较有针对性，推销人员可以抓住客户的典型问题进行比较分析，易掌握客户的购买特点和总结提炼出一套规律性的经验。

（2）能及时、有针对性地满足客户的需求，并获得客户的信任，增进推销人员与客户的关系。推销人员较好地掌握客户的购买特点和购买规律后，就能依照各类客户的不同情况及时、有效地满足其需求。如有的客户要求送货上门，有的客户要求对产品质量实行终身保修，有的客户要求及时提供一些新产品，有的客户要求同时提供精神上的满足，等等。对于这些需求可以分别对待，使客户能感到最大的便利和满意，从而获得客户的信任，从而增进推销人员与客户的关系。

（3）有利于掌握客户的需求动态变化情况，准确建立客户档案。现代市场经济条件下，市场状况瞬息万变，尤其是客户的需求，它会随着市场的其他因素如产品质量、价格、企业的生产经营能力以及整个宏观政治、经济因素的变化而变化。如中国加入WTO后，国外的一些组织和产品就会不断地进入中国市场，这将给中国市场带来很大的变化，重新调整市场格局已势在必行。采用客户结构式可以较好地掌握客户的各种变化，从而为准确建立客户档案奠定有利的基础。

3．弊端

增大推销成本，重复推销，由此引起浪费；内部推销人员为了争夺市场易互相排挤，以致降低企业整体的竞争力。

（五）地域结构式

1．含义

每个推销人员负责一定的地域，在该地域内，其独自负责推销企业的各种产品。这是最简单也是最常用的一种方式。地域可以按行政区域来划分，也可以按地理位置或地形气候来划分。这种方式比较适合于产品品种少的企业。

2. 优点

（1）有利于明确责任。某一地域的推销任务的落实、市场局面的控制与新市场的拓展、企业信誉在该地域的扩大、信息的收集与反馈等工作都明确到该地域的推销人员身上，对考核与管理推销人员提供了可靠的依据。

（2）有利于提高推销效率。推销人员明确自己在该地域的职责后，可以专门从事该地域的推销信息的收集、整理和分析研究工作，从而能牢牢抓住一些有利的推销因素与机会，也尽量能使推销工作的各种风险降到最低程度，提高推销的成功率，使推销效率达到最大化。

（3）有利于减少推销人员差旅费用，提高推销效益。推销成本、费用开支中，其中一项比较大的是推销人员的差旅费用。如果推销人员“满天飞”，这项费用就会“无限增大”。要缩减这项费用，最关键的措施是减少推销人员的“外出机会”。采用地域结构式，可以做到这一点，从而也能减少这项费用的支出，提高推销效益。

3. 弊端

要求推销人员掌握不同产品知识，推销培训费用较大。不同的产品，其生产工艺、产品性能特点、推销演示等技术都有很大的区别，要培养出真正能够在上述各方面技术都精通的合格推销人员，需要花费较长的时间，投入较大的推销成本，实际工作中也难找出这种“十全十美”的理想型的推销人员。

推销人员的组织结构形式不是一成不变的，它应随着企业内外情况的变化而做出相应的调整和变化，以提高企业的整体推销效益。

相关链接

销售组织设计的主要影响因素

- 销售目标
- 营销战略
- 产品及其市场属性
- 客户性质和规模
- 内部分工
- 管理跨度
- 销售人员素质

［引自李先国编著的《销售管理教程》，北京大学出版社，2009年］

阅读资料

推销组织类型的新发展

- 巡回销售。
- 派驻人员制度。

■ 团队销售。

■ 利用外部销售组织。

■ 辅助性销售组织的发展，如销售企划部、客户服务机构、产品促销机构等。

［引自 https：//wenku. baidu. com］

训练设计

一、简答题

1. 何谓推销组织？你是怎样理解的？

2. 推销组织的作用有哪些？

3. 推销人员的组织结构的具体方式有哪些？各自的利弊如何？

二、案例分析

三得利梅林食品有限公司是一家以生产饮料为主的合资企业，主要产品有三得利乌龙茶、三得利橙汁、安绮丝身体运动饮料3个品种。如图9－2所示。

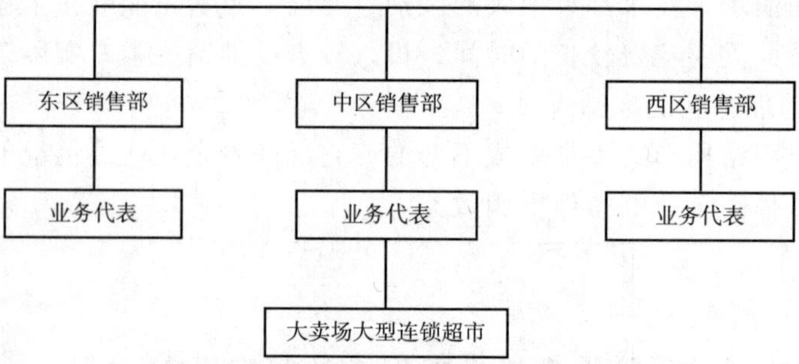

图9－2　三得利公司销售组织图

问题：试分析其销售结构类型及主要优缺点。

［引自龚荒主编的《商务谈判与推销技巧》，清华大学出版社、北京交通大学出版社，2010年］

三、自测题

模拟个人结构式进行产品的推销活动，并分析其优劣。

四、实训与实战

【实训与实战目标】

1. 进一步理解和掌握推销组织的含义。

2. 帮助学生初步搭建推销组织的结构。

【实训与实战内容、方式】

1. 内容：安利的“店铺＋销售代表”模式——自从1988年中国政府禁止传销以后，一些直销巨头们主要采取了两种策略，一种是纷纷撤离中国市场，另一种则是按中国政府的要求，转变经营模式，采取了“店铺＋销售代表”的新经营方式进行销售。

截至2005年，安利在中国设立了200多家的专卖店，直接销售安利产品。专卖店的产品都是明码标价，直接面向顾客。这种店铺形式一方面迎合了中国消费者的习惯，另一方面也使处于国内正在发育、良莠不齐的商业环境中的消费者，有了“跑了和尚跑不了庙”的感受，同时也为商家提供了良好的信誉保障。

在开设专卖店的同时，安利公司还把直销员作为最主要的销售力量。安利在美国以及世界上其他国家获得成功的最关键因素之一，就是利用直销员进行推销，这是安利公司最差异化的竞争手段，也是安利公司不可替代的核心竞争力。安利公司在中国的直销员，经过系统专业知识培训的约有9万人。这些销售代表对消费者进行生动的讲解、直观演示以及细心的服务，带动了更多的人加入安利直销员的行列，也正是直销员们的勤劳、敬业、高效的工作，铸造了安利帝国的大厦。

[引自时骅主编的《安利直销全攻略》，海天出版社，2006年]

2. 方式：点评法。

【实训与实战要求】

1. 教师担任总评人，从全体学生中随机选取4～5人，在课堂上对安利公司的推销组织的模式进行点评。

2. 全体学生准备点评材料。

【实训与实战成果检测】

1. 学生点评。

2. 教师总评。

任务二　推销控制

任务驱动

小组讨论：李某接手了市场部经理的工作，但这个职位来的太突然，他对部门里很多情况都不太了解，所以，刚上任就遇到很多难题。

这是一家去年才开办的私人企业，没有一个完整的销售计划，业务员的素质参差不齐，销售队伍一盘散沙，而且在没有计划的情况下盲目开发全国市场。如何有效管理这支队伍，使其走入正常的轨道是李某最头痛的问题。

提示：推销控制是企业从事推销活动的必要条件，是企业推销组织的重要组成部分。作为李某来说，首先要把推销组织的各个管理部门统一到同一个目标上来，规范化进行推销组织的各项工作。

必备知识

一、推销控制的概念和作用

（一）推销控制的概念

1. 含义

推销控制是将企业推销组织的各个管理部门或环节的活动约束在组织的经营方针、发展目标和计划要求的轨道上，为尽快实现企业的经营目标，取得推销活动的最佳效益，对各推销要素的运动态势及相互间的协调状况进行监督与考察、审核与评估、操纵与把握等一系列规范化约束行为的总和。推销控制是企业从事推销活动的必要条件，是企业推销组织的重要组成部分。

从管理学的角度讲，控制是管理的一项重要职能。控制就是将计划的完成情况和计划目标进行对照，然后采取措施纠正计划执行中的偏差，以确保计划目标的实现，如果把管理者制定计划、实施计划和进行管理控制看作是一个周而复始的过程，那么，控制可以说是前一次循环的结束，又是新循环的开始。

在推销管理中也是如此。推销控制的目的在于使推销组织的各项活动与组织目标保持一致，通过建立及时、有效的推销控制系统，确保推销计划的顺利执行。

2. 推销控制的本质

推销控制的本质在于对推销活动的操纵与把握，主要通过对推销活动的每个行为和事件的测试来检验其是否与原定的计划、指令、原则相吻合；是否发生了偏差，如果发生了偏差，应立即采取措施，如调整或修改原来的计划、指令或行动，以便实现既定的推销目标和任务。

（二）推销控制的作用

1. 推销控制可以使推销计划实施过程得到有效的、必要的调整

从管理学的原理可知，计划是一个组织为实现一定目标而科学地预计和判定未来的行动方案。这种行动方案多少都带有许多不确定的因素，在具体的实施过程中难免会遇到各种意外事件的冲击而发生困难。在实施计划的过程中，应经常运用某种手段检查计划的执行情况，确保计划在规定的时间内达到预定的目标。这种手段主要就是推销控制。

2. 推销控制是提高推销组织工作效率的基础

推销控制在推销计划实施过程中，可以及早地发现问题，避免事故的发生，以及寻找更好、更有效的管理方法和手段，提高推销工作的效率。例如，控制某种产品或地区市场的获利性，可使企业保持较高的获利水平；实施产品质量售后跟踪服务，可以避免顾客购买后产生不满情绪等。

另外，推销控制还有一种监督和激励作用。例如，对推销人员进行行为控制，可以检查推销人员的推销工作和任务完成的情况，预防问题的出现，及时解决推销障碍。同时，促使他们努力工作，追求卓越的工作业绩。

二、推销控制的程序与方法

（一）推销控制的程序

推销活动其实是一个较为复杂的动态过程，由于企业类型不同，企业所追求的目标要求也不同，因此推销控制的类型和程度也就各不相同，但是，控制的程序大致相同，一般有以下四个基本步骤：

1. 确定应评价的推销业务活动

这个问题实际上是要求先明确推销控制的基本对象的范围问题。因为目标过于分散，范围的工作过广，给有针对性地收集材料和检查工作带来很大难度，同时对计算成本费用也不利。

2. 建立衡量标准

这一步主要是确定推销控制的预期目标。例如，规定推销人员一年中的工作目标或任务应达到什么样的程度，推销人员每年应开拓的新市场要增加百分之几，等等。

为了便于衡量实际结果，控制标准的制定要具体和切合实际。控制标准包括质和量两方面。标准的质是指标准的特定内涵即标准所反映的质域界定。例如，推销人员工作绩效可以用某一时间内增加的新客户数或销售额、销售费用、销售利润等来说明。标准的量是指将标准加以定量化，例如，规定推销人员全年争取发展100个新客户、销售额达到50万元，销售费用不超过总销售额的5%等。

企业在确定具体标准时，要考虑综合性的影响因素，以区别对待。一般有以下几项必须考虑：

（1）每个销售人员所推销产品的具体特征；

（2）每个推销人员推销地域内的销售潜量；

（3）每个推销人员推销地域内竞争产品的竞争力；

（4）每个推销人员所推销产品的广告强度；

（5）推销人员业务熟练程度；

（6）推销人员的推销费用。

3. 实际工作绩效的检查衡量与改进

企业确定绩效标准的目的是要对具体的推销工作进行测度。而测度的前提则是对测度对象进行客观的了解与把握，这就需要采用各种方式和方法对实际工作状况进行科学地检查衡量。

检查衡量绩效就是将控制标准与实际结果进行比较。实际结果如果与预期标准相吻合，甚至优于预期标准，可以总结经验继续发扬；实际结果如果达不到预期标准，则应认真反思，找出问题的症结，以便下一步修正计划或实施方案。

4. 分析、改进绩效与修正标准

从上一步骤中也可得出，如果在检查衡量绩效的过程中，发现实际结果与预测标准不相符，则说明推销工作中存在一些问题或薄弱点，应对照预期标准，分析和寻找可能存在的原因。在实际中，通常有两种原因：一是实施过程中的，这种问题比较容易确认；二是推销计划本身的，确认这种问题相对比较困难。

在查明原因或问题以后，应采取相应的改进措施。一般来说，有三种方案可供选择：一是维持原来的标准。当实际结果略微超过或基本达到预期标准时，则不应修正预期标准，而是修正实施方案。二是纠正偏差。如果实际结果达不到预期标准时，那就必须采取相应措施对预期标准加以修订，以反映推销工作的真实情况。三是改变预期计划或标准。如果大多数推销人员大大超过预期计划或标准，就意味着这个计划或标准可能定得太低了。有时候由于环境发生了意想不到的变化，也可能使预期计划或标准变得不合理了，当出现上述情况时，就应对预期计划或标准加以修订。

（二）推销控制的方法

1. 战略控制

战略控制是审查企业的推销战略是否有效地抓住了市场机会，以及是否同变化了的企业推销环境相适应。其目的是发现企业活动所遇到的困难与战略性问题，并提出相应的改进建议，确保企业推销任务的完成。

战略控制一般由企业的最高管理层直接负责。重点多放在推销环境审查考核、内部推销系统的审查考核、各项推销业务活动审查考核三个方面。

（1）对推销环境审查考核。①企业主要市场状况；细分市场状况；市场特性与发展前景。②顾客对本企业的看法；顾客如何做出购买决策；顾客目前与未来的需要。③谁是企业的主要竞争对手；哪些竞争趋势可以预测。④可能对本企业产生影响的其他社会环境，如人口、政治、经济、技术发展状况等。

（2）对企业内部推销系统的审查考核。①目标。企业长短期总目标。②策略。企业现实目标的核心策略。③计划。企业是否有一套完善、有效的年度推销计划。④推销组织及人员，企业中从事推销活动的人员在数量、素质上是否符合要求，对各级推销人员是否有进一步培养、激励或监督的必要，推销组织结构是否能适应不同产品、不同市场与各类推销活动的需要。

（3）对各项推销业务活动的审查考核。①产品。企业主要产品和一般产品；产品系列中有哪些产品应淘汰、哪些产品应增加等。②定价。定价时是否全面考虑了成本、需求与竞争因素；价格变动可能产生的影响；顾客对商品的反应。③推销。各推销分部是否都能实现企业目标，是否按最佳分工方式组成；整个推销组织的士气、能力与成果是否相互协调；评价劳动成果的目标要素是否合理。④广告宣传。是否有完整的广告宣传计划；广告宣传目标是否切合实际；广告宣传费用是否合理；广告宣传效果如何；广告媒体的选择是否恰当。

2. 过程控制

过程控制主要是对企业推销活动的全过程进行有效调节和控制，也就是在推销计划执行过程中，对推销活动及推销人员的行为和推销的产品所进行的控制。其核心在于实际目标管理。

目标管理是由美国管理学者德鲁克提出来的，这是一种综合的以工作为中心和以人为中心的管理方法。它的中心思想是指企业围绕确定目标开展的管理活动，使企业各项工作都围绕着实现这一目标而运动，以保证目标的完成。它同企业内每个人的责任和成果密切联系，明确规定了每个人的职责和范围，并用某些措施来进行管理、评价和确立每个成员的贡献和奖励报酬等。目标管理实际上是一套科学的管理体系，它强调的是企业全部人员都要参与目标制定、分解和实施的工作，企业根据目标来组织与控制整个过程。在实际的企业推销活动组织中，一般应用以下几种方法进行过程控制：

（1）销售分析。这种方法的目的在于衡量各推销部门的实际销售额与计划销售额之间的差异。其又可分两种分析方式：①销售差异分析。适用于判断不同因素对实现销售目标影响的程度。②明细销售分析。适用于判断究竟是哪些产品或哪些地区因素的影响使所规定的销售目标未能实现。

（2）市场占有率分析。一个企业的销售额等指标并不能反映企业产品在市场上所占的份额，而通过市场占有率则可以了解企业销售额变化是由于不可控的外在因素影响，还是企业本身的问题所造成的。如果一个企业的销售额下降而市场占有率仍保持不变的话，表示整个企业受到不可控因素的影响。

进行市场占有率分析最重要的是定期收集整理整个行业及其他有关的销售资料，并据此进行分析。

（3）费用与销售比率分析。其主要是考察费用与销售收入之间的关系，确保企业以较低的投入实现最佳的销售目标。该方法的重点是放在考察广告费用与人员推销费用方面。

3. 财务控制

财务控制是为实现企业推销目标，利用推销活动内在的联系，以一定的规范和措施，制约与促进企业推销活动的过程。其目的是要把财务活动纳入计划轨道，坚持按法律、政策及制度办事以实现企业的目标。具体是指从企业资金、费用、利润等方面的核算和监督上对企业推销活动进行的控制。它可以综合反映企业推销活动过程的状况与结果，及时发现问题和解决问题。财务控制的主要方法有以下两种：

（1）推销效率测量。首先要确定各种用于推销的资源的使用效果，据此分析研究一定的推销资源可产生的推销效果，最后得出最有效的使用推销资源的决策。

（2）推销预算。其编制应与企业的预算目标相配合，预算额应依据完成企业目标所必需的数额确定。常用的推销预算又包括：①广告费用预算；②人员推销费用预算。

以上三种控制方法不是彼此孤立的，而是相互联系、互为作用和影响的。在实际工作过程中，应当尽量建立和完善各种控制的方法和手段，建立一套科学、完整、具有特色的控制系统和制度，在运用中根据具体情况灵活选择。

推销过程监控应注意的问题

- 建立和健全推销控制制度的组织系统
- 在确定控制标准时，尽量与被考核控制的人员协商
- 控制工作的出发点应该是推销工作绩效的改善
- 企业推销控制系统必须和实施目标管理制度相结合
- 企业的推销控制系统必须与企业的信息管理系统协调配套
- 控制过程应当将“针对性管理”和“例外管理”相结合

［引自王富祥主编的《推销理论与实务》，大连理工大学出版社，2010 年］

阅读资料

某服装品牌的市场督导工作职责

■ 市场督导工作职责：

◆ 跟进每日店铺数据上传的准确性和及时性。

◆ 货品到货信息发布到各店铺并跟进配货。

◆ 对每日销售与上周同期销售数据进行对比分析，对升降幅度较大的店铺进行单店

分析包括原因分析。

◆ 对无电脑专柜每日进行销售录入，下单配货，并核实其配货数量与其销售库存是否合理，从而确保正确下单。

◆ 到店检查相关工作，随时了解店铺情况。

■ 市场督导每周工作流程：

◆ 周一查看负责片区的一周销售、库存、上周活动、现有配送中心存货等，根据上周情况制定本周工作计划。

◆ 周二经营分析，总结分析上周工作情况，制定本周工作计划、活动计划。

◆ 周三店长会议，总结上周自己所负责片区的货品、人员、活动情况，告诉店长本周计划，并组织店长和其他片区店长进行交流和互动，到店检查周二晚大扫除完成情况。

◆ 每周三店长会议时收集专柜信息调查表，上周店长对员工的考核（由内务收集完成），与上周同期的销售对比分析、进销存分析，对店铺上一周整体销售进行概括总结。

◆ 下发每周"考核表""调查表"，并提供一份仓库正价与特价货品的库存表，指导其配货；收集统计"调查表"，反馈给经理、销售主管、总公司市场部；统计各店的"考核表"，于每月初反馈给市场督导审核，再交由行政部作为员工工资核算因素之一。

◆ 周四到自己所负责的片区巡店，跟进店长是否把本周工作目标认真执行，执行效果如何，跟进店铺问题是否有相关人员去解决，再把所收集到的问题汇总并请相关人员解决。

◆ 周五跟进本周末活动，如店铺货源准备情况、活动准备情况及加班人员安排。

◆ 周末到店协助销售，随时关注店铺销售情况，并做好协调工作。

◆ 每周二、周四、周六抽时间到店参加晨会。

◆ 专职陈列人员每周会根据陈列标准对店铺进行考核，专职陈列人员的责任就是在日常工作中维护各自店铺的陈列情况，主要是店铺的清洁卫生、服饰的整洁与否、宣传品的张贴情况和陈列道具的维护，还有临时出现的一些陈列问题，再按照《某某直营店铺陈列考核奖惩制度》做出评比，以保证陈列维护的执行力度，根据《某某直营店铺陈列标准》《店铺陈列考核》《某某直营店铺陈列考核奖惩制度》等规定，定期对店铺做出形象考核，时间为一个星期一次，一个月四次，每月集中评比一次，选出评比中的第一名和最后一名，对其进行奖励和惩罚。

◆ 专职陈列员每两周到直营店铺拍一次照片，把陈列状况反馈给陈列创意部。

［引自 https：//max.book118.com］

训练设计

一、简答题

1. 何谓推销控制？其本质是什么？

2. 推销控制的程序是怎样的？如何理解？

3. 比较区别推销控制的一些具体方法。

二、案例分析

某商场上半年的销售目标是销售电脑1500台，每台平均价格为5000元，销售额为7500000元。可到了6月底，才销售700台，每台平均价格为4000元，销售额为2800000元，与计划相差4700000元，相差37%。

问题：（1）试分析有多少是因售价降低导致的？

（2）试分析有多少是因销量不足引起的？

三、自测题

模拟一种新产品，对其推销活动建立一套推销控制的程序与方法。

四、实训与实战

【实训与实战目标】

1. 正确认识推销控制的含义与本质。

2. 帮助学生掌握运用推销控制的一些具体方法。

【实训与实战内容、方式】

1. 内容：某高校食堂的经验——某高校是一所两万多人的本科院校，食堂经营由专门的单位进行，学校食堂有五个餐厅，其中第一餐厅生意特别好，每天，许多学生会从不同地方赶来就餐。那第一餐厅到底是靠什么取得成功的呢？其主要做法是：

第一，价廉物美。与其他几个餐厅相比，第一餐厅的价格是最便宜的，且菜质量好，好吃。第二，服务人员的态度和蔼可亲，热情友好。与其他几个餐厅相比，第一餐厅的服务人员对学生的态度始终是笑脸相迎，亲切、谦和，让人有一种"回家"的感觉。第三，餐厅设施卫生，环境舒适。走进餐厅，让人有一种"宾馆"的享受，碗柜配有消毒机，桌子上铺着漂亮的台布和放着鲜艳的花朵；椅子模仿类似咖啡店的做法，柔柔的沙发式椅子透着一股温暖；窗子明亮、干净，环境舒适优雅。

而这些成功做法的背后，第一餐厅的领导和管理人员付出了很大的努力。第一，经常走访学生，不断听取学生对于改进饭菜的意见或建议，这样，学生对它的评价越来越好，来第一餐厅就餐的学生也越来越多，由此，第一餐厅占据了学校食堂较高的市场份额。第二，进行食材市场摸底，看看哪里的食材质量比较高，比较适合学生食堂，有时工作人员直接会到批发市场或农场以及农村去采购。第三，经常进行成本核算，如果发现食堂菜价比较高或比其他餐厅的菜价高了，管理人员马上开会并及时调整菜价，始终让食堂经营保持微利状态，不赚取高额利润。第四，对员工进行礼仪培训，要求全体员工礼貌待人，文明服务。

2. 方式：点评。

【实训与实战要求】

1. 教师担任总评人，从全体学生中随机选取4～5人，在课堂上对高校食堂的推销控制进行点评。

2. 全体学生准备点评材料。

【实训与实战成果检测】

1. 学生点评。

2. 教师总评。

任务三　推销的人力资源开发

任务驱动

小组讨论：华旗资讯是怎样培训新人的。

华旗资讯通过发展爱国者系列数码以及电脑配套产品，经10余年发展，在国内数字产品领域已占有一席之地，员工近1400人。

华旗资讯在新人培训方面很有一套，除了公司各种正式的定期培训课之外，通过制度化部门领导带新人的培训制度，使得这种旧有的“师傅带徒弟”的训练方式发挥出新的作用。

公司对部门主管的考核，在有新人进来时严格规定了一系列主管必须做的工作，比如，企划部门规定，主管该如何带领员工看市场，主管应指导新人阅读相应的营销书籍。在看市场方面，公司通过手册写明新进员工必须熟悉的细节（比如，站柜台的训练以及要把站柜台发现的问题每天通过日报的方式汇报给主管），而在图书阅读方面，公司不仅把要看什么书做了制度上的规定，还在制度上规定了一些相应措施，要求主管必须对新进员工进行考核。

新进员工的进步程度直接和主管的绩效相结合，如果新进员工进步不大或者不能适应公司的工作，则该主管要负连带责任，而如果新进员工进步明显，主管就可以获得奖励，如果新进员工晋升，那么该主管就会首先获得晋升。

提示：采取制度化培训，在对主管的成绩考核上进行体现，采取设立定期的培训课程、在员工手册上明示等措施。

必备知识

一、人力资源的概念

（一）含义

1. 人力资源

从广义的角度讲，人力资源是指智力正常的人。从狭义的角度讲，人力资源则有许多不同的含义。但这里主要是指存在于企业内外部与企业相关的人员，也即是企业、组织内外部进行生产或提供服务的现实和潜在的有活力、技能及知识的人员总称。人力既然可以作为一种资源，其价值就存在于有效的利用之中。

在市场经济社会中，各种资源的竞争异常激烈，尤其是人力资源，它的开发与管理利用将直接关系到企业的成败与兴衰。这一点已被许多人所接受。因此任何一个组织都应十分重视人力资源的开发和管理。

2. 推销人力资源开发

推销人力资源开发包括两层含义：一是指对人力资源的充分挖掘和合理运用；二是指

对人力资源的培养和发展。

（二）人力资源的基本特征

1. 人力资源具有能动性

这个特性是人力资源与其他资源的最根本区别。人具有协调、综合、判断、想象和思考的能力，而且，人们出于某种利益和意愿，又有个体差异、群体差异、组织差异和文化差异。因而人力资源在一切经济活动中起着主导作用。人力资源还是唯一的能起创造作用的因素，人具有创造性思维的潜能，能适应环境的变化和要求，能担负起应变、进取、创新、发展的任务，从而使组织充满活力。

2. 人力资源具有两重性

这个特征主要表现在：一方面人力资源是投资的结果，人力资源是社会和个人投资的产物，其质量高低取决于投资程度；另一方面人力资源又能创造财富。这一特征来源于人的知识和技能获得的后天性。为了提高知识、技能、品德和健康水平，必须接受一定的教育和训练，投入一定的物力、财力。同时人力资源也是在一定时期内可能源源不断地带来收益的资源，它与其他一些自然资源、资本资源一样具有投入—产出的规律，而且它具有高增值性。注重人力资源的开发，其依据就出自此处。

3. 人力资源具有可再生性

与其他自然资源的相似之处是人力资源在使用过程中也会出现磨损，如人自身的疲劳、疾病和衰老；知识和技能的老化，尤其是随着现代科技进步的速度不断加快，这种趋势愈来愈明显，时间愈来愈缩短。但是其与自然资源的不同之处是，自然资源在投入使用并磨损以后，一般不存在继续开发的问题，而人力资源的使用过程有一个可持续开发的独特过程，使用过程同时也是开发过程，因此，讲究工作的设计和安排，以及注重人的终生教育、继续教育是应该特别考虑的。

4. 人力资源具有时效性

人力资源的形成、开发和利用受到时间的限制。从个体生物有机体的角度看，人有幼年、少年、青壮年、中老年各个阶段，从不属于人力资源到成为有效的人力资源，最后又退出人力资源范畴的过程；从素质发展成长的角度看，有幼稚期、成长期、成熟期各个阶段，从无知到有知和高知的培养开发过程；从使用发挥的角度看，有最佳年龄段、创造力与才能发挥的最佳期，有及时使用、合理使用的过程。因此注重人力资源的培养开发、遴选配置是十分必要的。

5. 人力资源具有社会性

人是复杂社会系统中的一分子，多少都会受到社会各方面的影响和制约，因此人力资源从根本上来讲是一种社会资源。为了实现某种目标，个人与群体必须取得协调一致，必须组成集合体。这也就是行为科学中所注重的群体人际关系。这一点恰好说明工作的组织和管理必须使个人的能力（体力和智力的总和）、创造性和责任心成为整个群体的力量与绩效的源泉，这就要求人力资源管理注重人际关系的维系。

二、推销人员开发的途径

（一）发掘人才

传统的管理思想认为，人才是人力资源中层次较高的那部分人员，这样就将推销人员分为推销人才、一般推销人员两种人，持这种观点的人认为前者偏重智力，后者偏重体力。从今天的知识经济时代来看，这种人才观已相对落后。新颖的人才观认为全体从业人员都可视为“人才”，在这里，人才应理解为“有用之才”和“人各有其用”的意思，因此对推销人员的开发应是全员性的开发。从这个意义上讲，必须充分发掘人才，即对每个推销人员的才能和特点进行发掘，以及注重部分特殊优秀人才的选拔。

1. 基本标准

（1）任人唯贤，反对任人唯亲。《尚书·咸有一德》中有这样一句话：“任官惟贤才”。即发掘和选拔官员要任用有德有才的人。春秋初期齐国杰出的政治家管仲，主张“论贤人，用有能”。孔子也提出：“为政在人”，认为“依贤固不围，依富有不究”。任人唯贤用今天的话来解释，即用实际的工作能力和业务水平来衡量一个人，反对任人唯亲即凭私人感情、个人好恶和宗派主义的观点来培养、选拔人才。

（2）坚持看主流、看本质，反对求全责备。人是在一定的社会环境中生长起来的，而不是在真空中成长的。世界没有绝对“纯”的事物，“金无足赤，人无完人”，这是正常现象，也是一条客观规律。发掘人才时应抓住其本质的东西，看其长处和优势，不要抓其某些缺点，以偏概全，更不能吹毛求疵，求全责备。

（3）坚持重视人的创新精神，反对过去那种认为“老实、听话”就是好人的观念。在发掘人才时，许多领导干部比较强调一个人在政治上、思想上、行动上与其保持一致，这一点应该说有一定的道理，因为如果不能保持一致，其意图就无法很好贯彻执行，合作也会发生很大的困难。然而，光看这一点是不够的。在竞争越来越激烈的现代社会里，如果不积极动脑筋、想办法、不主动出击进攻市场，就有可能死路一条，因此在要求“听话”的前提下，更应重视人的创新精神和献身精神，只有这样才有不断追求卓越工作的干劲和工作实绩。

2. 识才的方法

识才不是一件容易的事，在实际工作中对一个组织战略威胁最大的莫过于对人才辨识上的失误。在此介绍几种常用的识才方法。

（1）面试法。即通过观察被面试者的应对反应、表述效果和言行内容来分析和判断其心理素质和思维能力、沟通能力以及人格品质的一种方法。这种方法比较强调交流与沟通。与主观传统的面试法有很大的区别。传统的面试法比较看重一个人的外表形象。实践也证明，这种方法比较切实可行。

（2）资历和家庭背景审阅法。即通过考察人的家庭出身和主要经历的事件及环境来识才的一种方法。过去实际工作中曾长期使用这种方法，也曾带来很大的弊端，即将一部分优秀人才给埋没了。但是从客观的角度来分析，也并不是说这种方法毫无根据，一个人的思想观念、性格的形成及行为的发生应该说与他的生理遗传、家庭环境以及所处的社会环境等因素有着密不可分的关系，如果能辩证地去分析，将会有助于更好地识别人才。

(3) 考核法。即通过试卷的形式来测试其学识高低、能力强弱的一种方法，这种方法始于封建社会，对官吏的考核是官吏管理的一项基本制度。如汉代以后，“入仕则有贡科之举，服官则有铨选之格，任事则有考课之法。”唐代规定，“居官必考”，每年一小考，三年一大考。宋代官吏在一个职位上任期是三年，三年期满，经过考核铨选，决定升降。明代考核京官六年举行一次。清代考核京外官三年一次。

在实践中，许多组织也是通过这种方法来识才的。如中国法官晋职就是严格按这种方法来进行的。

(4) 考察法。即通过长期的观察或委以一定的工作任务来看其工作状况，并据此进行判断和分析的一种方法。这种方法的依据主要是实际中的表现状况，也是识才的一种较好的方法。但也有弊端，即采用该方法需较长的时间（至少一年以上），而且当被考察者知道自己被列为考察对象时，就会将真实的心态隐藏起来，或刻意表现，不易被人看出其真面貌。因此使用时应注意保密。

(5) 暴露法。即通过外部的某种刺激或诱导来观察其情感反应，从中分析基本性问题。古代的《吕氏春秋》曾提出了六验鉴定法：使人高兴（喜），以考验人守分寸的能力；使人快乐（乐），以考验人的秉性；使人发怒（怒），以考验人的自制能力；使人恐惧（惧），以考验人的独立工作能力；使人哀伤（哀），以考验人的为人；使人痛苦（苦），以考验人的志气。

这种方法运用得当可以使一个人的秉性彻底“展示”出来，从而帮助“伯乐”们较为客观地分析和物色各方面的人才，但是运用不得当，也有可能使人反感，且较容易挫伤人的锐气和积极性。

(6) 调查法。其包括推荐调查法和资历调查法两种。推荐调查法要求熟悉选拔对象的长者或上级提供推荐性意见，并按问卷方式回答所设计的问题，以此来取得信息资料。资历调查法则是通过调查个人的经历和社会背景来识别人。

一般来讲，调查的对象应有广泛性和典型性，尤其是重要岗位的人员聘用，都要经过有资格人士的举荐和严格的调查。

(7) 模拟实验法。即通过计算机或情景模拟实验来识别人。这是对考核法和考察法的一种变通。如果运用得当，往往能获得良好的效果，例如，事先选定一个组织者主持某一会议或活动，在这种情形下有能耐的人往往能显示其才华，从而成为发掘选拔的对象。

3. 发掘时应注意的问题

(1) 鼓励荐才。用推荐的方式发掘人才，首先应考察推荐者本人的情况，如果推荐者本人只是一个碌碌庸才，就难以想象其能准确地去鉴定别人的才能；反之，如果推荐者本人是一位“伯乐”，就有可能推荐出较合适的人才。其次，应鼓励“毛遂自荐”。自荐的方式是现代人实现自我价值理念的一种体现，也是现代社会竞争的必然趋势，敢于自荐者至少具有良好的心理素质，能主动接受别人挑战。

(2) 积极招才。即通过媒体将人才的需求信息广告发布出来，从众多的应聘者中选择对自己组织合适的人才。

这种方法运用时应特别强调一点，即不能将眼睛盯在组织外部，尤其是一些大单位的组织，应注意内部人才的发掘，否则会出现内部人才的巨大浪费。

（3）合理择才。在人才选择中，是“重在表现”还是“重在业绩”，这是传统人才观与市场经济人才观的区别之一。从现行企业的做法来看，大多是以绩效为依据来选择人才，即对形式逐渐淡化，关键看结果。

（4）逐等取才。即在组织中建立不同（如行政和技术业务类）的等级标准，并明确规定各种等级所适合的工作岗位，在此基础上对全体员工进行定期的考核，从而确定每位员工的级别。当某些岗位出现短缺时，应在相应级别的内部员工中选择合格的人才。这种方法虽然较为复杂，但客观公正、公开，能充分激发全体员工的积极性，增强内部凝聚力，也会使人才不断脱颖而出。

（二）培养人才

1. 培养方法

（1）按时间划分，有：①职前培训。即在上岗前接受训练。近几年国家已确定168个工种可以进行标准式的职前培训。②在职培训。即“在岗培训”或叫“不脱产培训”“场内培训”。其是指在工作现场，通过工作对其进行教育培训。它是由工作在一线的管理者作为培训者而负责开展的一项教育培训，在非管理人员培训中最常用的就是这种方法。在职培训最典型的特征是边干边学，经济投入少且实用。③脱产培训。即“全日制培训”。其是指离开工作现场，由组织内外的专家和教师对组织内各类人员进行集中教育培训。脱产的时间长短不等，一般视具体情况而定。

（2）按内容划分，有：①专业培训。即按不同专业对各类员工进行脱产培训。如质量培训、安全培训、技术业务培训等。这种方法的特点是专业性和针对性强，且具有相当的灵活性和随机性。②管理培训。即根据管理职能的要求，对管理干部进行管理技巧和方法的培训。这种方法在现代组织中所占的比例已越来越大，也越来越显示出其重要性。③特殊教育培训。即除上述以外的教育培训，例如，计算机培训，日语、英语、法语培训，企业精神、企业文化培训等。

（3）按方法划分，有：①讲授法。即通常由教员向学员们宣讲某一课题或讲解某一方面的内容。这是一种较为传统的培训方法，也是较为常用的一种方法。运用这种方法时应注意多用一些启发式教学，强调教与学方面的沟通。目前讲授法中较多地融入计算机辅助教学（CAI），且实际运用中效果不错。②研讨会。其也叫讨论法。在这种方法中培训对象就某一主题进行广泛的探讨、交流。这种方法要求学员积极参与，各抒已见，最后达成共识。讨论时人数不宜过多，可分小组进行。这种方法的另一类型为案例讨论法。往往用于对中高级管理人员的培训。培训教员事先要准备好有关案例，并根据培训目的确定此案例的主要用法。在讨论时，先让学员们阅读案例，再引导他们思考解决问题。③情景模拟法。具体包括一揽子公文处理法、角色扮演法、管理游戏法和无领导小组讨论。这种方法的目的不在于找出培训对象的不足，而在于找出不足或差距后，加以改进提高，同时由于其有较强的针对性、实践性，故较受欢迎。情景模拟法通常用于对管理人员的培训。④工作轮换法。这种方法主要是让受训者到各个部门去丰富经验，确定其长处和弱点。具体做法是让受训者介入所在部门的工作。利用工作轮换可以扩大受训者对整个组织各环节、岗位工作的了解，同时能对受训者进行测试，确定他们的优势和弱点。定期改变工作部门还可以改善部门间的合作。这种方法比较适合直线管理人员的开发。⑤辅导/实习法。其也叫学徒制。这种方法也较古老传统。具体做法是由一名经验丰富的师傅负责带一名或几名新的员工。传授技能一般分为四个步骤：告知培训对象要做什么（传授）、示范给他看（示范）、培训对象跟着做（练习）、检查培训对象的工作（检查反馈）。这种方法的时间可长可短，也有一定的局限性，往往会受到个人知识、经验等的影响。

相关链接

推销人员培训的具体内容

- 思想品质教育
- 企业情况介绍
- 商品知识培训
- 市场知识培训
- 推销技能培训
- 政策法规培训
- 体能方面训练

[引自 http：//www. docin. com]

2. 应重视的几个问题

（1）确定育才的目标体系。①发挥个人的潜力，建立优秀人才群体；②为本单位的各个岗位提供更为理想的人员；③促进组织内部各类人员之间相互关系的协调，以提高整体素质；④为组织的生存发展提供优秀人才。

（2）明确育人的关键内容。①提高工作技能；②弘扬组织文化、组织精神；③增强组织对外竞争力。

（3）创新育才的方式。①进行多样化的员工培训；②产学研相结合。

（三）用好人才

用好人才说到底是能否合理用人。合理用人，主要在于能否量才录用，但关键在于管理者的胆识和用人的艺术。

如何善于用人，管理者在实际工作中应不断总结经验。下面主要列举几种：

1. 了解人，做到人尽其才

有句名言叫“垃圾是放错了位置的财宝”。管理者应该懂得，只有混乱的管理，没有无用的人。因此在人力资源开发过程中，在合理用人的过程中，要树立“人尽其才，人适其所”的观念。而真正要做到这些，必须要先去了解人，这是用人的前提与关键。

从管理学的原理来讲，一个理想的创造型的人才，要具备以下几个方面的能力：①探索问题的能力；②获得信息情报的能力；③设计、计算、实验操作的能力；④发明创造能力；⑤评价能力；⑥概括、总结和转移经验的能力；⑦交流表达能力；⑧组织管理能力；⑨完成任务的能力。

2. 用人所长

古人说："尺有所短，寸有所长。"每个人的知识和才能以及经验由于天赋、实践时间及所处的地位等不同，总是"有所为""也有所不为"，长于此，薄于彼。因此应该用人所长，扬长避短，充分发挥其长处和优势。

3. 领导者要用"善用人之人"

一个人的能力总是十分有限的，对于领导尤其是高层领导来讲，大量的事情必须依靠下属去完成。领导者如果用了一个只会自己埋头苦干而不善于用人的人，那么自上而下的管理链就很难延伸下去。相反，如果用了一个能善于用人的人，就能使各项任务迅速向纵横两个方面扩散，即能通过他人的努力来达到管理的目标，因此，领导者必须要学会用"善用人之人"，从这个意义上讲，领导者自身必须有广阔的胸怀，能够真正容人，包容有错误的人、持不同意见的人，要宽容待人，真诚关怀下属。

4. 尊重人才，信任人才

领导者在使用人才的过程中，首先应尊重人才，大胆放手让人才去做事情。要信任人才，这样才能使"宝"从地下被挖崛出来，使"龙"从云雾中升腾。

5. 营造和谐的环境

协调人与人之间的关系，营造和谐的组织环境，也是用人艺术的一个重要方面。在营造和谐的组织环境时要把握以下几个原则：

（1）对等原则。即要求管理者在处理人际关系时要公平对待每一个员工，做到尊重他人的人格，使每个人都有机会参与公平竞争。

（2）宽恕原则。即要求管理者要善于容忍他人的小过与缺陷，轻易不泄露内心的喜怒哀乐。

（3）信任原则。信任是以了解和理解为基础的，一旦许下诺言，就一定要兑现，实在无法兑现时必须及时、充分地说明原因。

（4）互利原则。即要使各方的劳动贡献与其所得能保持基本平衡，但又不是人人平均；要善于运用精神力量来平衡因物质短缺而引起的各种不平心态，在物质需求欲望不可能充分满足的情况下，就应当让人得到更多的真诚的精神安慰。

（5）谦逊原则。即要求客观的肯定他人的成绩与才智，而不要夸大自己的功绩和贡献，更不能占据他人的功劳，要诚心诚意学习他人长处，同时弥补自己的不足。

（6）合作原则。即要求在工作中学会合作，在合作中学会沟通思想情感，从而改善人际关系，使合作者感到受人尊重。

（7）沟通原则。沟通包括两个方面，即一方面是信息的沟通；另一方面是人性的沟通。人与人的交往有利于信息量的积聚，反过来，如果掌握了大量的信息，也能越来越吸引人，从而拓宽人际网络。

沟通的基础是理解和情谊，这些都是靠人际交流建立起来的。有了交流，才有可能相互了解，有了了解，才能相互理解，然后才能达到和谐共处的目的。

知识拓展

推销人力资源开发的主要原则

- 人尽其才的原则
- 坚持挖掘和培养相结合的原则
- 普及性的培训与重点开发相结合的原则
- 改善结构的原则

[引自 http：//www. doc88. com]

阅读资料

日本丰田公司销售队伍的全过程培训体系

丰田公司长期以来非常重视对员工的培训，实行全员全过程培训体系，主要包括三方面内容：

(1) 新进员工的培训：目的是使新员工成为一个真正的“丰田人”，培训期半年，首先是一般教育，传授企业概况、公司业务内容等，然后进厂实习，接着是维修实习、销售实习。这样新员工对汽车的生产、维修及销售都有了实际的体验。在各销售店，新员工的训练指导由汽车销售公司的推销人员承担。

(2) 推销人员的继续教育：具有两年以上销售经验的推销人员需到进修中心接受继续培训，利用讲座、角色扮演等学习形式提高推销技巧。此外，对于晋升人员要进行相应培训。

(3) 经销店负责人的培训。每年举办多次“经销店负责人讲座”“经销店负责人讨论会”等，通过讨论会，汽车销售公司希望把经销店的经营者培养成能适应经济环境变化的人，进而加强汽车销售和经销店的联系，互相沟通思想。丰田通过培训制度全面提高了企业的整体素质。

[引自黄文恒、周贺来、王辉主编的《现代推销实务》，机械工业出版社，2010 年]

训练设计

一、简答题

1. 何谓人力资源？如何理解人力资源的基本特征？
2. 请结合实际，谈谈推销人员培训与开发的途径及误区。
3. 如何对推销人员进行培养？

二、案例分析

安徽卫视：培训为每一次“变脸”做准备

在全国电视台中，安徽卫视对客户的优秀服务是出名的，如今，优秀的服务已经成为它留给客户最为深刻的印象。而安徽卫视优秀的服务源自于多年重视培训的积累。

安徽卫视的培训思路与众不同，除了对自身员工进行各种各样的培训外，其把培训的对象转化为业务的相关者。为此，安徽卫视成立了大客户服务中心。

对员工的培训，主要来自于服务细节的培训，比如，通过户外拓展训练的开展使得员工的服务行动一致，通过规范的文件训练和流程训练，你可以看到与众不同的一面：比如，活动邀请信里对于提醒客户在参加活动时必须注意的细节，其会用特别的图形加上一句"温馨的提示语"，让客户感觉到由衷的舒服。而在每一次开展活动前，每天客户都可以收到短信，提醒活动地的天气以及活动路线地点，让客户感受到一种尊重。

安徽卫视的大客户服务部，每年会通过深入调查发现广告主在市场发展过程中存在的一些共性问题，请专家给这些广告主做培训，使这些广告主的市场意识和安徽卫视的市场拓展目标保持一致。

安徽卫视还抓住每年自身变化和创新机会，举办广告主沟通培训会。安徽卫视每一年的"变脸行动"（改版）都会邀请广告主参加沟通培训，并且请专家在会上为广告主讲解为什么自己要变脸，变脸是基于广告主所在的市场发生了什么样的变化，使广告主也感受到了市场在发生着什么样的变化。如今，安徽卫视已经连续5年举办了5届这样的客户沟通培训会。日前，第5届变脸行动在成都伴随着川剧变脸的展示刚刚成功举办。

[引自《销售与市场》，2005年7期]

问题：（1）本案例中，安徽卫视是怎样为每次变脸做准备的？

（2）本案例中，安徽卫视设立的培训内容主要是什么？为什么？

三、自测题

某公司年初请了一家国际著名的培训公司为公司全体推销人员进行培训。每人的培训费为500元，全公司共有推销人员30人，共花费15000元，但培训效果没有达到公司领导预期的目标。原因是许多人感觉到国外的东西与实际有差距。因此该公司的人力资源部就想重新再对全体销售人员进行一次培训，以弥补第一次培训的不足。但这次与往常有所不同的是先请参加培训的推销人员来参与拟订培训方案，然后由公司人力资源部最后决策。

问题：假如你是其中的一员，你该如何拟订培训方案？

四、实训与实战

【实训与实战目标】

1. 进一步理解和掌握人力资源开发的含义、特征。

2. 帮助学生掌握推销人员开发的途径，并能灵活运用。

【实训与实战内容、方式】

1. 内容：美国微软公司的人力资源开发。第一，微软公司的工作环境。微软公司的办公楼群绿树环抱，中央有闻名的比尔湖，通往大门停车场的宽阔道路命名为"微软路"，整个楼群布置成似一所美丽的大学校园。公司期望就像大学那样永不停息地探索科学知识，期望员工就像大学里的科学家那样自发地从事科学技术的研究与开发，又像大学里的学生一样孜孜不倦地学习科学知识，因此，公司营造了类似大学校园那样的优雅宁静的工作环境。公司期望所有员工把自己的办公室看成是自己的家，就好像他们自己在大学的宿舍里那样。所有的办公室都不锁门，软饮料是免费供应的；公司不要求统一着装，没有人会西装革履，而是穿着宽松的服装，如牛仔服和T恤等。公司期望追求卓越的员工们就像是在自己家里一样轻松自在。第二，微软的工作气氛。比尔·盖茨认为，微软的成功将永远依赖于公司能否吸引保留那些优秀的员工。加入微软公司的基本条件之一是高智商。盖茨总是喜欢那些刚从大学毕业的年轻人。微软的薪酬并不是最高的，但为个人施展才华和实现个人成就与价值创造良好的工作环境与工作气氛并提供更多的机会。在微软工作时间完全是灵活机动的。程序设计是一项具有创造性而且又要精力高度集中的研究工作。因此，研究与设计人员需要轻松的感觉才能做好工作。有些人选择夜里工作，晚上10点上班，第二天6点下班。为了能够保持紧张而轻松的工作气氛，公司把员工分成5～15人不等的许多小组从事项目研发。第三，在微软，人人追求卓越，一名高级管理人员说过："周围那些极其相似的人把我包围了，而那些管理公司的人也都是一模一样，因此，你只有不停地去工作。"

2. 方式：点评

【实训与实战要求】

1. 教师担任总评人，从全体学生中随机选取4～5人，在课堂上对微软公司的人力资源开发的模式进行点评。

2. 全体学生准备点评材料。

【实训与实战成果检测】

1. 学生点评。

2. 教师总评。

项目小结

企业要实现推销目标和任务，就必须进行管理和控制。在现代企业中建立和完善以销售为中心的推销组织是进行销售目标控制的前提和保证。

推销组织是指企业中为了履行推销职能，实现企业的推销计划和任务，贯彻推销方针政策而对企业全部营销活动从整体上进行平衡协调的有机结合体。

建立和完善推销组织，能将人力、财力、物力组织动员起来，合理地调配各种资源，有效地进行推销活动；便于明确推销组织中工作人员相应的职责和权力；便于按推销管理的要求精选干部，履行管理职能。

设置推销组织要遵循精简、统一、责权对等和专业化的原则。

推销人员的组织结构主要有以下四种方法。即：第一，个人结构式，具体又可分为单一产品和单一市场个人结构式。第二，小组结构式。第三，产品结构式。第四，客户结构式。几种方法也可以根据实际情况结合起来灵活运用。

推销控制是将企业推销组织的各个管理部门或环节的活动约束在组织的经营方针、发展目标和计划要求的轨道上，为尽快实现企业的经营目标，取得推销活动的最佳效益，对各推销要素的运动态势及相互间的协调状况进行监督与考察、审核与评估、操纵与把握等一系列规范化约束行为的总和。

推销控制的作用在于：第一，可以使推销计划实施过程得到有效的、必要的调整。第二，是提高推销组织工作效率的基础。第三，是一种监督和激励。

实行推销控制需要按一定的步骤或程序来进行：第一，确定应评价的推销业务。第二，建立衡量标准。第三，实际工作绩效的检查衡量与改进。第四，分析、改进绩效与修正标准。

推销控制主要包括战略控制、过程控制和财务控制三种方法。

人力资源具备能动性、两重性、可再生性、时效性、社会性等基本特征。推销人员的开发主要有以下几个方面的途径：即发掘人才、培养人才、用好人才等。当然，在具体的运作过程中应依照客观规律，不断总结前人的经验教训，有意识、有目的地去开展工作，以提高推销人员队伍的素质。

参考文献

1. 钟立群.《现代推销技术》，电子工业出版社 2005 年版。
2. 姚书元，沈玉良.《现代实用推销学》，复旦大学出版社 1998 年版。
3. 宋素红.《推销理论与实务》，化学工业出版社 2007 年版。
4. 原一平.《推销学全书》，兵器工业出版社 2003 年版。
5. 冯华亚.《推销技巧与实践》，清华大学出版社 2008 年版。
6. 张清源.《销售人员常犯的 58 个错误》，地震出版社 2005 年版。
7. 孔雷.《训练销售精英》，企业管理出版社 2003 年版。
8. 应恩德，朱姝，陆军.《人员推销》，电子工业出版社 2001 年版。
9. 刘厚均.《推销技术》，郑州大学出版社 2008 年版。
10. 王红.《推销技巧》，武汉大学出版社 2004 年版。
11. 黄元亨.《推销实务》，高等教育出版社 2005 年版。
12. 王孝明.《推销实战技巧》，经济管理出版社 2004 年版。
13. 刘永中，金才兵.《销售人员的十堂专业必修课》，南海出版公司 2004 年版。
14. 赵宗晋，郭学德，范传统.《现代企业经营管理》，中国经济出版社 1994 年版。
15. 张弘.《解读原一平推销学》，远方出版社 2007 年版。
16. 周建波.《营销管理：理论与实务》，山东人民出版社 2002 年版。
17. 李晓东.《管理故事与哲理》，京华出版社 2005 年版。
18. MBA 智库百科（http：//wiki. mbalib. com.）。
19. 周宏，吴之为.《现代推销学（修订第三版）》，首都经济贸易大学出版社 2004 年版。
20. 陈安之.《21 世纪超级推销学》，知识出版社 2002 年版。
21. 周玫.《现代企业人员推销学》，经济管理出版社 1997 年版。
22. 吴健安.《现代推销学（第二版）》，东北财经大学出版社 2006 年版。
23. 陈思，潘平子.《现代实用推销学》，中山大学出版社 2001 年版。
24. 吴健安，王旭，姜法奎，吴玲.《现代推销学》，东北财经大学出版社 2002 年版。
25. 李桂荣.《现代推销学》，中山大学出版社 2000 年版。
26. 徐育斐.《商品推销实务》，东北财经大学出版社 2000 年版。
27. 吴健安.《实用推销学》，中国商业出版社 1999 年版。
28. 徐育斐.《商品推销技艺》，中国商业出版社 1996 年版。
29. 韩勇.《推销之术》，四川大学出版社 1994 年版。

30. 张鹤．《核心销售技巧》，中国纺织出版社2006年版。

31. 郭晓峰．《推销人员必备之书》，中国纺织出版社2006年版。

32. 武敬敏．《推销员要读的15本书》，中国物资出版社2010年版。

33. 王富祥．《推销理论与实务》，大连理工大学出版社2010年版。

34. 龚荒．《商务谈判与推销技巧》，清华大学出版社、北京交通大学出版社2010年版。

35. 陈龙．《成交圣经》，中华工商联合出版社2010年版。

36. 周锡冰．《新推销员常犯的26个错误》，中国经济出版社2011年版。

37. 吴金法．《现代推销理论与实务》，东北财经大学出版社2006年版。

38. 赵兴平．《大推销成就直销高手》，中国商业出版社2007年版。

39. 安贺新．《推销谈判与技巧》，中国人民大学出版社2010年版。

40. 董亚辉，霍亚楼．《推销技术》，对外经济贸易出版社2008年版。

41. 戴维·乔布、杰夫·兰开斯特．《推销与销售管理》（第七版），俞利军译．中国人民大学出版社2007年版。

42. ［美］克里·史密斯，丹·哈努福．《体验式营销》，黄巍译．人民邮电出版社2017年版。

43. 张红妮．《推销实务》，立信会计出版社2010年版。

44. 黄文恒，周贺来，王辉．《现代推销实务》，机械工业出版社2010年版。

45. 谢和书，陈君．《推销实务与技巧》，中国人民大学出版社2013年版。

46. 郝云宏．《管理学》，浙江工商大学出版社2015年版。

47. 陈守则．《现代推销学教程》，机械工业出版社2017年版。

48. 张德华．《每天10分钟销售课》，石油工业出版社2012年版。

49. 吴健安．《现代推销理论与技巧》，高等教育出版社2005年版。

50. 刘景斓．《行销教练》，知识出版社2002年版。

51. 文章．《销售实战一本通》，中国纺织出版社2014年版。

52. 劳动和社会保障部教材办公室、上海市职业培训研究发展中心组织编写．《商品营业员》（初、中级），中国劳动社会保障出版社，（初级）2008年版；（中级）2009年版。

53. 张立光．《推销7字真经》，中国纺织出版社2008年版。

54. 张春霞，戴克商．《现代推销技术》，北京交通大学出版社2007年版。

55. 孙淑艳．《推销与洽谈》，北京理工大学出版社2014年版。

56. 赵柳村．《推销与谈判》（第二版），暨南大学出版社2014年版。

57. 姚书元，沈玉良．《现代实用推销学》，复旦大学出版社2004年版。

58. 张亚军，包立军，王业军，等．《商务谈判与推销技巧实训》，科学出版社2007年版。

59. 朱亚萍．《营业员与售货技能》（中级），中国商业出版社1998年版。

60. 张秋林．《现代推销理论与实务》，南京大学出版社2008年版。

61. 冯华亚．《推销技巧与实践》，清华大学出版社2008年版。